大学生生涯规划与职业发展

主　编　赵新凭
副主编　解礼元　冉继强
撰　稿　焦霞蓉　冉继强　解礼元
　　　　赵新凭　卢红艳

图书在版编目(CIP)数据

大学生生涯规划与职业发展/赵新凭主编. —北京：北京大学出版社，2015.8
ISBN 978-7-301-26218-4

Ⅰ. ①大… Ⅱ. ①赵… Ⅲ. ①大学生－职业选择－高等学校－教材 Ⅳ. ①G647.38

中国版本图书馆 CIP 数据核字（2015）第 201024 号

书　　名	大学生生涯规划与职业发展
著作责任者	赵新凭　主编
责 任 编 辑	高桂芳
标 准 书 号	ISBN 978-7-301-26218-4
出 版 发 行	北京大学出版社
地　　址	北京市海淀区成府路 205 号　100871
网　　址	http://www.pup.cn　新浪微博：@北京大学出版社
电 子 信 箱	zyjy@pup.cn
电　　话	邮购部 62752015　发行部 62750672　编辑部 62754934
印 刷 者	三河市博文印刷有限公司
经 销 者	新华书店
	787 毫米×1092 毫米　16 开本　21.25 印张　424 千字
	2015 年 8 月第 1 版　2015 年 8 月第 1 次印刷
定　　价	42.00 元

未经许可，不得以任何方式复制或抄袭本书之部分或全部内容。
版权所有，侵权必究
举报电话：010-62752024　电子信箱：fd@pup.pku.edu.cn
图书如有印装质量问题，请与出版部联系，电话：010-62756370

前　言

　　就业是绝大多数毕业生所面临的重大抉择,关乎每位毕业生未来的人生方向,大学生的理想与追求有明确的目的性,面临着更多、更大的挑战与机遇,因而也承受着更大的压力与冲突。目前不容乐观的就业形势,给大学生带来了很大的思想、心理压力,也给部分大学生造成了这样或那样的障碍,这既不利于大学生就业,也影响了大学生的工作和学习。

　　如何参与市场竞争,为自己的职业生涯奠定良好的基础,是每一个大学生应该认真思考的问题。在多年的高校就业指导工作实践中,我们看到在校大学生甚至已经毕业参加工作的学生中,真正懂得和实际进行人生职业生涯规划者,寥寥无几,因而给自己的专业选择、课程学习,乃至求职择业造成极不利的影响,使其人生发展没有目标,专业学习没有方向,求职前景异常黯淡。

　　随着我国人事制度改革和毕业生就业体制改革的不断深入,高校毕业生在就业活动中的主体地位日益突出,毕业生就业服务工作的难度也在逐年加大。然而,当前我国对于大学生职业生涯规划及就业创业指导等问题的研究还远远不够深入。

　　为了更好地促进大学生就业,职业生涯规划和就业指导作为独立课程,进入了高校教育教学体系。根据教育主管部门的文件精神,为了帮助大学生解决在择业过程中遇到的种种困惑,更好地引导大学生规划职业生涯,提升职业素养,掌握求职的基本技能,完成由校园人到社会人的转变,我们组织了一批从事大学生思想政治教育、就业指导理论研究和实际工作,并且担任该门课程教学任务的骨干教师,以及对毕业生工作非常熟悉的专家学者编写了这本大学生就业指导教材。

　　本书内容来源于实践,是作者们多年来从事大学生职业生涯教育和就业指导、人力资源管理实际工作的经验总结。本书共十章,以树立正确就业观为核心,以职业生涯规划为主线,以大学生在校期间及初入职场阶段的能力培养为拓展,吸收了当前就业指导、职业指导的一些新的观点、新的理论、新的方法,结合大学生普遍的心理特质和就业特点,围绕大学生在校期间如何规划职业生涯、明了目前就业形势、做好择业心理准备、掌握求职材料编写规范、提高面试技巧、了解就业法规政策和自主创业途径等做了全面阐述,并以此提升大学生在就业过程中的预见力、应变力及创造力。

本书注重理论与实践相结合、普遍性与特殊性相结合，遵循"贴近实际、注重实效、有所创新"的基本思路，每章都配有思考题，体现了系统性、全面性和实用性的特点，不仅是一本引导大学生规划自我职业生涯和就业指导方面的教材，也是一本引导学生学习与成长的手册，同时还可以作为初入职场人士的阅读参考书。

本书由赵新凭主编，具体写作分工如下：第一章、第二章由焦霞蓉编写，第三章、第四章由卢红艳编写，第五章至第七章由赵新凭编写，第八章由解礼元编写，第九章、第十章由冉继强编写。本书在写作过程中参考了其他同类著作，在此向原作者表示诚挚的感谢。

由于编著水平有限，书中尚存错误和不当之处，恳请广大读者批评指正，以便我们进一步修订完善。

主编　赵新凭
2015 年 5 月

目 录

第一章　成功人生与职业生涯规划 ··· 1
　　第一节　成功人生与职业发展 ··· 2
　　第二节　职业发展与职业生涯规划 ··· 5

第二章　自我探索 ··· 11
　　第一节　"自我"的概念 ··· 12
　　第二节　自我探索的内容和方法 ·· 14

第三章　环境探索 ··· 66
　　第一节　大学生小环境探索 ·· 67
　　第二节　大学生大环境探索 ·· 68

第四章　职业探索 ··· 81
　　第一节　职业概述 ··· 82
　　第二节　职业的决策 ··· 93

第五章　职业生涯规划 ··· 101
　　第一节　大学生职业生涯规划的原则和方法 ································· 102
　　第二节　大学生职业生涯规划的基本步骤 ···································· 119

第六章　职业与通用技能、专业技能 ·· 128
　　第一节　职业与专业技能 ··· 129
　　第二节　职业与通用技能 ··· 138

第七章　职业与个人素质 ·· 149
第一节　个人素质的主要内容 ··· 150
第二节　个人素质的提升 ·· 173

第八章　择业与求职 ··· 182
第一节　知己知彼,合理定位 ··· 183
第二节　职业适应与角色转换 ··· 197
第三节　招聘信息的收集及处理 ··· 211
第四节　就业渠道 ··· 221
第五节　自荐材料的准备及自荐的形式与技巧 ··································· 242
第六节　面试的技巧与准备 ··· 255

第九章　就业政策与权益保护 ·· 265
第一节　就业政策和就业手续 ··· 266
第二节　就业权益保护 ·· 280

第十章　创业与职业发展 ·· 304
第一节　我国大学生的创业 ··· 305
第二节　创业过程 ··· 316

参考文献 ·· 331

第一章
成功人生与职业生涯规划

学习要点

- 明确成功的人生与职业发展、职业生涯规划的关系。
- 明确大学生发展指导的作用与意义。

第一节　成功人生与职业发展

一、人生的成功

著名职业生涯规划大师舒伯(Donald E. Super)依照年龄把每个人生阶段与职业发展配合,将生涯发展阶段划分为成长、探索、建立、维持和衰退五个阶段,然后提出了一个更为广阔的新观念——生活广度、生活空间的生涯发展观,这就是生涯彩虹图(见图1-1)。在生涯彩虹图中,纵向层面代表的是纵观上下的生活空间,是由一组职位和角色组成的,分成了子女、学生、休闲者、公民、工作者、持家者六个不同的角色,他们相互影响交织出个人独特的生涯类型。个人可以依据职业生活历程中所达到社会期望的程度,以及在各个阶段完成发展任务的情况,评估自己生涯发展的成熟程度。

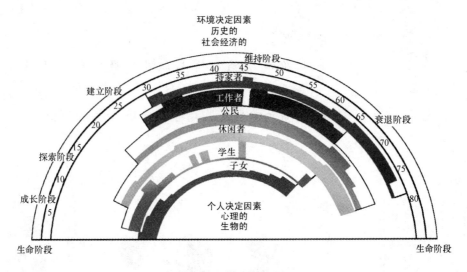

图1-1　生涯彩虹图

舒伯的生涯理论有三个层次:其一,个人生命周期有五个时间阶段,每个阶段都有其发展任务,而自我概念即自我认识在生涯发展中有着相当的重要性;其二,个人一生中大致会扮演六个角色;其三,个人根据自己的理解和需求,对扮演每个角色投入不同。

生涯发展阶段具体分述如下。

(1)成长阶段(出生至14岁)。在该阶段,孩童开始发展自我概念,开始以各种不同的方式来表达自己的需要,且经过对现实世界的不断尝试,修饰自己的角色。这个阶段发展的任务是：发展自我形象，发展对工作世界的正确态度，并了解工作的意义。

（2）探索阶段（15 岁至 24 岁）。该阶段的青少年，通过学校的活动、社团休闲活动、打零工等机会，对自我能力、角色及职业作了一番探索，因此选择职业时有较大弹性。这个阶段发展的任务是：使职业偏好逐渐具体化、特定化，并实现职业偏好。

（3）建立阶段（25 岁至 44 岁）。经过上一阶段的尝试，不合适者会谋求变迁或作其他探索，因此该阶段基本可以确定整个事业生涯中属于自己的"位子"，并在 31 岁至 40 岁，开始考虑如何保住这个"位子"。

这个阶段发展的任务是：统整、稳固并求上进。这个阶段又可细分为两个时期：一是试验—承诺稳定期（25 岁至 30 岁），个体寻求安定，也可能因生活或工作上若干变动而尚未感到满意；二是建立期（31 岁至 44 岁），个体致力于工作上的稳固，大部分人处于最具创意时期，由于资深往往业绩优良。

（4）维持阶段（45 岁至 65 岁）。个体仍希望继续维持属于他的工作"位子"，同时会面对新的人员的挑战。这一阶段发展的任务是：维持既有成就与地位。

（5）衰退阶段（65 岁以上）。由于生理及心理机能日渐衰退，个体不得不面对现实，从积极参与到隐退。这一阶段往往注重发展新的角色，寻求不同方式以替代和满足需求。

除了以上划分外，就生涯彩虹的内容来看，0~6 岁的角色是儿童；6 岁入小学之后是学生、休闲者和游戏者；25 岁左右，投入职业领域成为工作者；30 岁左右结婚成家，要扮演配偶、家长的角色；45 岁左右，工作角色中断，学生角色凸显，表现为进修充电，加强专业能力，提升技能；48 岁左右，再度在工作中冲刺，专业发展达到巅峰，同时休闲者与公民的角色逐渐重要；65~70 岁，在家庭中投入的时间较多；70 岁以后，休闲者与家长的角色最为突出，自此，有数十年的时间享受工作成就。相信人人对未来都有过许多的憧憬，回头想想，可以发现梦想会随着年龄的增长而不尽相同。

家庭、学校、社区、职场是人生的四个重要舞台，人生就是因扮演各种角色而多姿多彩，我们也因在这样的舞台上而充实快乐。家庭中，父母在，儿女的角色便存在。一个人总是先做儿女，因而需要考虑怎样扮演儿女，扮演何种儿女的角色，如何与父母建立良好的沟通关系。到了成年期，就要学习配偶的角色，这就需要了解自己，了解异性，学习与异性相处，选择一位最适合自己的人。结婚之后，要知道如何与配偶共同努力经营婚姻。有了孩子，为人父母的角色如期而至，面临的问题是：怎样教育孩子？给孩子物质关怀还是精神扶助？如何建立良好的亲子关系？在学校里，学生的角色理所当然，但是毕业后，在无形的社会大学里，就不再读书，不再是学生了吗？从终身学习的观念来看，学生角色所培养的学习能力和思考阅读习惯，将伴随人们的生涯一同发展。在职场上，作为工作者，要明白自己想在工作中获得什么，能否与人和谐相处、分工协作，对工作的满意度如何；作为领导者，则需要考虑如何营造组织气氛，科学管理，追求成就。在社区中，休闲者要培养自己可以从事的休闲活动，以疏解学习、工作、生活中的紧张与焦虑。休闲是为了调整身心，以便走好将来的人生道路。因此，如何度过休闲时光，也是学生时代的重要任务之一。作为公民，就要关心国家的大政方针及社会环境，建立自己的人生信仰，切实履行公民之责。退休者需要考虑怎样做个既健康又快乐的老人，过既有尊严又有自主的老年生活。

人的生命是有限的，每个人从出生到死亡，仅约几十年的时间。在有限的生命之中，怎样走好每一步，让自己的生命彩虹多彩迷人，就需要做出一系列的思考和抉择，这就是通常所说的生涯规划。据一项"大学生职业生涯规划现状"的调查显示：大学生中只有5%的人接受过系统的职业生涯规划服务，有近四成的人对自己目前的职业规划现状表示满意，但是他们之中，仅有12%的人了解自己的个性、兴趣和能力；18%的人清楚自己职业发展面临的优势与劣势；16%的人知道自己喜欢和不喜欢什么职业。这种对自我认识的判断与职业生涯规划的评价不相符合的现象，表明大学生并没有真正认识职业生涯规划。生涯规划是对生涯进行认真计划，妥善安排，并能依据主要方向，在短期内充分发挥自我潜能，运用环境资源促使各阶段生涯成熟的规划。通过规划，所拥有的人生就会充实，生涯彩虹也一定会绚丽多彩。

二、职业发展对人生成功的影响

每个人来到这个世界，都面临一个终生的问题，即人生要有价值，人生价值要由低水平不断地向高水平递进。在现代社会，职业在人生发展中起着越来越重要的作用，并且在人的生涯历程中占据了相当长的时光，所以职业发展与人生成功有着重要的关系。

1. 职业生涯在人生中占有重要地位

职业发展在人生中占有绝对重要的地位。就一生来讲，我们从事职业的时期是从精力充沛的二十来岁开始，到精力衰退的六十多岁结束。就一天来讲，我们每天用于工作和通勤的时间，加上业余时间里与工作相关的思考、应酬等，时间长达十多个小时。并且，职业所用时间通常皆是一天中精力最充沛的时间段。

2. 职业发展可以满足人生需求

人生的成功其实就是职业生涯的成功。一个人要想实现自己的价值，得到社会的承认，一定要通过职业活动为社会做出贡献。同时，个人需求也都是通过职业生涯来满足的。开始参加工作时主要是为了满足基本的生活需求，高层次的需求满足程度非常低；通过职业生涯开发与管理，我们在基本需求得到满足并继续增加时，可以提高需求水平，获得别人的赞赏、尊重，获得地位、荣誉，开发潜能、利用潜能等。所以，实现人生较高层次的需求最终取决于一个人的职业生涯发展水平。

3. 积极进取的人生态度是职业发展的基石

在现实生活中，我们常常看到，有的人身处逆境却百折不挠，最终取得成功；有的人在顺境中却无病呻吟，一事无成。有的人总是满怀希望和激情，勇敢地战胜困难并不断开拓人生新境界；有的人却悲观厌世，碌碌无为。所有这些差异其实都是不同的人生态度造成的。人生态度是人们对生活所具有的持续性信念及对各种生活境遇所做出的反应方式，是人们在社会实践中所形成的对人生问题的稳定心理倾向和基本意图。一个人有了积极进取的人生态度就能为实现崇高的人生目的而拼搏，能把一个弱者塑造成一个强者，能促使一个人竭尽全力克服困境，做自己想做的事情。古往今来，成功者很少是一帆风顺的，他们大体上都经历过坎坷、险恶与挫折，但他们总是意志坚定，充满信心并勇于抗争，经得起困难和失败的考验，以百折不挠的勇气取得成功。

第二节 职业发展与职业生涯规划

一、职业生涯与职业发展

所谓职业生涯，是指人的一生中的职业历程。职业生活是一个人人生全部生活的主体，在其生涯中占据核心与关键的位置。人们一生的职业历程，有着种种不同的可能：有的人从事这种职业，有的人从事那种职业；有的人一生变换多种职业，有的人终生处于一个岗位上；有的人不断追求、事业成功，有的人穷困潦倒、无所作为。造成人们职业生涯差异的原因是多样的，既有个人能力、心理、机遇方面的原因，也有社会环境的原因。

而职业发展就是在自己选定的领域里，在自己能力所及的范围内，成为专家。所谓专家，并不一定是研究开发人员或技术顾问，而是在某一领域有深入和广泛的经验，对该领域有深刻而独到的认知的人。至于行政管理能力、员工培养能力、团队建设能力、规划和沟通能力等，是个体在职业发展过程中必须培养的能力要素，它们是实现职业发展的重要工具，但不是职业发展的目标。

二、职业生涯规划对大学生成长成才的意义和作用

1. 职业生涯规划可以促进大学生感悟人生意义

大学生走入高校，进行专业选择和职业生涯规划，体现了他们的理想、志向和追求，

而后通过职业实现了个人价值和社会价值的统一，使人生更富有意义。有意义的人生，就个人来说，就是个体通过职业能够满足自身的物质需求和精神需求；就社会来说，就是个体通过职业能为单位、社会创造价值，做出贡献。当一个人能够通过劳动获得自身的物质和精神需求，能够因贡献而得到社会的认可的时候，就会有最大程度的幸福感和自尊感。

2. 职业生涯规划有助于大学生尽早明确人生方向

职业生涯规划可以使个人对自我进行全面的分析，通过认识自己、了解环境，搞清楚自己想做什么、会做什么，环境能够支持自己做什么，自己的优势是什么、不足是什么等问题，进而使理想具有可操作性。大学生职业生涯规划确立的过程是一个有弹性的动态规划过程，是一个认识自身优势与不足、机会与挑战的过程，是一个自我定位、规划人生的过程。

3. 职业生涯规划可以激励大学生勤奋学习

职业生涯规划可以使大学生看清使命、产生动力。大学生刚从中学步入大学校园，面对学习和生活方式的改变、环境的变化、人际关系的复杂性、对专业的不甚了解等问题，会产生一种无所适从的感觉。职业生涯规划可以帮助大学生了解自我、树立目标，对学业的顺利完成做到心中有数，增强他们学习成才的热情。而且，随着时间的推移，职业规划的效果越来越明显，他们会更加主动地学习知识，掌握各种技能，提高综合素质，为人生发展储备各方面的能量。

4. 职业生涯规划可以促进大学生自我完善

职业生涯规划能够引导大学生认识自身的个性特征和职业状况，从而弄清个人目标与现状之间的距离，引导他们运用科学有效的方法，不断增强自己的专业竞争力，扬长避短，完善自我。而且，职业生涯规划可以使大学生明白，现在做的每一点都是实现未来目标的一部分，从而增强自我约束力和自我管理能力。

5. 职业生涯规划为未来职业奠定基础，以更好地迎接社会挑战

当前，我国就业形势十分严峻，大学生所面临的挑战越来越大。物竞天择，适者生存。大学生要想在这场激烈的竞争中脱颖而出并立于不败之地，就必须设计好自己的职业生涯规划。有了清晰的认识与明确的目标之后再把求职活动付诸实践，学习如何做人，如何做事，学会与人交往，通过提升自己的整体素质，为毕业选择一份职业做准备。只有如此，在变化的职业世界中，才具有更强的竞争能力，才能为自己的人生发展贮备更多的资本，创造职业成功的机遇。

三、职业生涯规划的课程内容和学习方法

对于即将步入社会的大学生,要想获得事业的成功,使自己成为某个行业中的佼佼者,就应该善于计划自己的生活,设计好自己的职业生涯。大学生毕业时面临多种选择,是继续求学、攻读硕士、博士学位或出国深造,还是先找工作;是到政府机关、事业单位或到企事业、基层,还是自办公司创业等。这些都是大学生所面临的一系列选择,也会或多或少地影响其职业生涯历程。在职业选择中,往往很小的偏差就需要很大的代价来弥补。因此,对于21世纪的青年来说,在策划职业生涯的时候,必须避免盲目,要用理性的思考来应对日益变化的社会。

1. 职业生涯明目标

确定目标可以成为追求成功的驱动力,职业生涯设计有利于明确人生未来的奋斗目标。美国的戴维·坎贝尔说过:"目标之所以有用,仅仅是因为它能帮助我们从现在走向未来。"卢梭也说过:"选择职业是人生大事,因为职业决定了一个人的未来。"只有拥有了明确的目标,才会激励人们努力奋斗,并积极创造条件实现目标。事实也证明,有不少人由于对自己的职业生涯毫无计划,目标不明,结果事业失败。并不是他们没有足够的知识和才能,而主要在于他们没有设计和取得最适合于他们成长与发展的职业生涯。

在确定就业目标时,应根据社会经济发展的趋势,在考虑国有企事业单位的同时,也应该考虑非国有企事业、欠发达地区和艰苦行业,用发展的眼光、长远的观点来指导自己的择业。服从社会需要是职业选择的前提条件,劳动者要从事生产劳动,先决条件是社会对劳动力的需求。只有社会上客观存在着劳动就业的可能性,才谈得上对职业的选择。大学生应以社会利益为重,从社会需要出发选择职业。

2. 职业生涯早规划

生涯规划有学业生涯规划和职业生涯规划。在校大学生对自己的学业、社会实践、社团活动、兼职、主辅修科目、娱乐健身等活动所确定的目标和任务计划都是学业生涯规划;通过了解自我的特质与要求,了解职场世界的需求,弄清楚自己想干什么、能干什么、适合干什么,则是职业生涯规划。学业生涯规划是为职业生涯规划打基础的,最终都归结为人生生涯规划。因此,由学业生涯设计到职业生涯设计是一个逐渐提升的过程,也是探讨个人生命意义、实现自我价值的过程。

3. 职业生涯细设计

职业生涯设计是指个人和组织相结合,在对一个人职业生涯的主客观条件进行测定、分析、总结研究的基础上,确定其最佳的职业奋斗目标,并为实现这一目标做出行之

有效的安排。职业生涯设计的目的绝不只是协助个人按照自己的资历条件找一份工作,达到和实现个人目标,更重要的是帮助个人真正了解自己,为自己订下事业大计,筹划未来,明确一生的方向,进一步详细估量内外环境的优势和限制,在此基础上设计出各自合理且可行的职业生涯发展方向。有目标,生活才不盲目;有追求,生活才有动力。只有设计好自己的职业生涯,才能将想象中的人生转化为现实的人生。职业生涯设计主要从以下几个方面展开:

(1) 自我探索。

自我探索包括对自己的兴趣、特长、性格的了解,也包括对自己的学识、技能、智商、情商的测试,以及对自己的思维方式、思维方法、道德水准的评价,等等。自我探索的目的,是认识自己、了解自己,从而对自己所适合的职业和职业生涯目标做出合理的抉择。

(2) 职业和环境探索。

职业和环境探索,主要是评估周边各种环境因素对自己职业生涯发展的影响。在制订个人的职业生涯规划时,要充分了解所处环境的特点,掌握职业环境的发展变化情况,明确自己在这个环境中的地位及环境对自己提出的要求和创造的条件等。只有对环境因素充分了解和把握,才能做到在复杂的环境中避害趋利,使职业生涯规划具有实际意义。环境因素评估主要包括组织环境、政治环境、社会环境、经济环境。

(3) 职业目标抉择。

俗话说:"志不立,天下无可成之事。"立志是人生的起跑点,反映着一个人的理想、胸怀、情趣和价值观。在准确地对自己和环境做出了评估之后,我们可以确定适合自己、有实现可能的职业发展目标。在确定职业发展的目标时要注意自己性格、兴趣、特长与选定职业的匹配度,更重要的是考察自己所处的内外环境与职业目标是否相适应,不能妄自菲薄,也不能好高骛远。合理、可行的职业生涯目标的确立决定了职业发展中的行为和结果,是制订职业生涯规划的关键。

(4) 实施方案。

职业目标确定后,向哪一路线发展,如是走技术路线,还是管理路线,是走技术加管理即技术管理路线,还是先走技术路线、再走管理路线等,此时要做出选择。发展路线不同,对职业发展的要求也不同,理性做出抉择,以便及时调整自己的学习、工作及各种行动措施,沿着预定的方向前进。在确定了职业生涯的终极目标并选定职业发展的路线后,行动便成了关键的环节。这里的行动,是指落实目标的具体措施,主要包括工作、培训、教育、轮岗等方面的措施。对应自己的行动计划,可将职业目标进行分解,即分解为短期目标、中期目标和长期目标。其中,短期目标可分为日目标、周目标、月目标、年目标;中期目标一般为三至五年的目标;长期目标为五至十年的目标。分解后的目标有利于跟踪检查,同时可以根据环境变化制订和调整短期行动计划,并针对具体计划目标采取有效措施。职业生涯中的措施主要指为达成既定目标,在提高工作效率、学习知识、掌握技能、开发潜能等方面选用的方法。行动计划要对应相应的措施,要层层分解、具体落实,细致的计划与措施便于进行定时检查和及时调整。

职业生涯规划能否实现,很大程度上取决于能否立即行动。因为,只有行动,才有成功的可能;只有从现在做起,把你的职业生涯设计付诸行动,一切才会真实而明确地展现在你的面前。

(5)规划与调整。

影响职业生涯设计的因素诸多。成功的职业生涯设计需要时时审视内外环境的变化,不断对自己的设计进行评估和修订,并调整自己的前进步伐。首先,要对年度目标的执行情况进行总结,确定哪些目标已按计划完成,哪些目标未完成。其次,对未完成目标进行分析,找出未完成原因及发展障碍,制定相应解决对策及方法。最后,依据评估结果对下一年的计划进行修订与完善。如果有必要,也可考虑对职业目标和路线进行修正,但一定要谨慎考虑。

当然,仅仅有了这些步骤和方法还是远远不够的,成功的实现还要具备很多外在条件和内在条件。"凡事预则立,不预则废。"首先,要有自我提升发展的计划,没有自我计划,做事便失去了目的;其次,要把自己理想的目标分解成可操作的小目标,加上实现期限,在通往职业目标的路上,不断自我肯定,查找不足原因;最后,要加强学习,有目的地参加培训和训练,提高自己的综合素质及核心能力,同时也要善于借助于别人。终有一天你将"积跬步而至千里,积小流而成江海"。

相关职业网络资源

1. 政府人事部门创建

中国国家人才网:http://www.newjobs.com.cn

南方人才网:http://www.job168.com

中国上海人才市场:http://www.hr.net.cn

武汉人才网:http://www.job98.com

北方人才网:http://www.tjrc.com.cn

成都人才网:http://www.rc114.com

中国研究生人才网:http://www.91student.com

北京高校毕业生就业信息网:http://www.bjbys.net.cn

湖北毕业生就业信息网：http://job.e21.edu.cn

安徽大中专毕业生就业信息网：http://www.ahbys.com

江西省高等院校毕业生就业信息网：http://www.jxbys.net.cn

2. 人力资源企业创建

前程无忧网：http://www.51job.com

中华英才网：http://www.chinahr.com

智联招聘网：http://www.zhaopin.com

卓博人才网：http://www.jobcn.com

课后思考

1. 如何理解成功的人生与职业发展、职业生涯规划的关系？

2. 作为一名在读大学生，你打算如何规划自己的职业生涯？

第二章
自我探索

学习要点

- 了解"自我"的概念。
- 了解能力、兴趣、人格特质、价值观的概念。
- 理清能力、兴趣、人格特质、价值观与职业的关系。
- 掌握能力、兴趣、人格特质、价值观的评定方法。

第一节 "自我"的概念

一、自我的结构

(一) 自我意识的定义

自我意识就是主体我对客体我的意识,是人对自己及自己与周围世界关系的认识,是人的意识发展的最高阶段。它是每个人内在的一张心灵图像,这种"自我心像"也就是一个人对自我的根本认定。自我意识不仅是人脑对主体自身的意识与反映,而且人的发展离不开周围环境,特别是人与人之间关系的制约和影响,所以自我意识也反映人与周围现实之间的关系。自我意识是人类特有的反映形式,是人的心理区别于动物心理的一大特征。

(二) 自我意识的结构

自我意识是一个具有多维度、多层次的复杂心理系统。下面我们从形式、内容和自我观念方面对其进行分析。

1. 自我认识、自我体验和自我调控

从形式上看,自我意识表现为认知的、情感的和意志的三种形式,分别称之为自我认识、自我体验和自我调控。

自我认识是自我意识的认知成分,指个体对生理自我(如身高、体重)、心理自我(如思维活动、个性特征)和社会自我(如人际关系)的认识。它包括自我感觉、自我观察、自我观念、自我分析和自我评价等层次。其中,自我观念和自我评价是自我认识中最主要的方面,集中反映了个体自我认识乃至自我意识的发展水平,也是自我体验和自我调控的前提。

自我体验是自我意识的情感成分,在自我认识的基础上产生,反映个体对自己所持的态度。它包括自我感受、自爱、自尊、自信、自卑、内疚、自豪感、成就感、自我效能感等层次。其中,自尊是自我体验中最主要的方面。

自我调控是自我意识的意志成分,指个体对自己的行为与心理活动的自我作用过程。它包括自立、自主、自律、自我监督、自我控制和自我教育等层次。其中,自我控制和自我教育是自我调控中最主要的方面。

2. 生理自我、社会自我和心理自我

从内容上看,自我意识可分为生理自我、社会自我和心理自我。所谓生理自我,是指个人对自己的生理属性的意识,包括个体对自己的身体、外貌、体能等方面的意识。所谓社会自我,是指个人对自己的社会属性的意识,包括对自己在各种社会关系中角色、地位、权利、人际距离等方面的意识。所谓心理自我,就是个人对自己心理属性的意识,包括个人对自己的人格特征、心理状态、心理过程及其行为表现等方面的意识。

3. 现实自我、投射自我和理想自我

从自我观念方面来看,自我意识又可分为现实自我、投射自我和理想自我三个维度。

现实自我是个体从自己的立场出发对现实的我的看法,即对实在的我的认识,它是个体对自己现实的观感。

投射自我是个体想象中他人对自己的看法,如想象自己在他人心目中的形象,想象他人对自己的评价,以及由此而产生的自我感。但投射自我和现实自我之间往往有距离,当距离加大时个体就会感到自己不为别人所了解。

理想自我是个体从自己的立场出发对将来的我的希望,即想象中的我。理想自我是个体想要达到的完善的形象,是个人追求的目标。理想自我和现实自我也不一定是一致的,理想自我虽非现实自我,但它对个人的认识、情绪和行为的影响很大,是个人行为的动力和参考系数。

二、自我的坐标橱窗

美国心理学家 Jone 和 Hary 提出关于自我认识的窗口理论,又称橱窗分析法,它是自我剖析的重要方法之一。Jone 和 Hary 把对自我的了解比喻成一个橱窗。为了便于理解,可以把橱窗放在一个直角坐标系中加以分析。坐标的横轴正向表示别人知道,负向表示别人不知道;纵轴正向表示自己知道,负向表示自己不知道(见图2-1)。

图 2-1 橱窗分析法坐标

橱窗分析坐标图明显地把自我分成了四个部分,即四个橱窗。

橱窗 1 为"公开的我",这是自己知道、别人也知道,属于个人展现在外、无所隐藏的部分。

橱窗 2 为"隐私的我",这是自己知道、别人不知道,属于个人内在的隐私和秘密的部分。

橱窗 3 为"潜在的我",这是自己不知道、别人也不知道,有待进一步开发的部分。

橱窗 4 为"背脊的我",这是自己不知道、别人知道的部分,就像自己的背部一样,自己看不到,别人却看得很清楚。

通过四个橱窗可知,须加强了解的是橱窗 3 和橱窗 4。在进行自我剖析时,认识、了解"潜在的我"和"背脊的我",是自我认识的重点之一,也是职场新人的头等大事。

"潜在的我"是影响一个人未来发展的重要因素,因为每个人都有很大的潜能。据科学家研究发现,每个人都有巨大的潜能,人类平常只发挥了极小部分的大脑功能。如果一个人能发挥一半的大脑功能,将轻易地学会 40 种语言,背整套百科全书,拿 12 个博士学位。著名心理学家奥托·兰克指出,一个人一生所发挥出来的能力,只占他全部能力的 4%,也就是说,还有 96% 的能力未开发。赫赫有名的控制论奠基人诺伯特·维纳说:"可以完全有把握地说,每个人,即使是做出了辉煌成就的人,在他的一生中利用他自己的大脑潜能还不到百亿分之一。"

"背脊的我"是准确对自己进行评价的重要方面。如果你诚恳地、真心实意地对待他人的意见和看法,就不难了解"背脊的我"。当然,这需要开阔的胸怀、正确的态度和有则改之、无则加勉的精神,否则就很难听到别人的真实评价。我们可以采取同自己的家人、朋友、同事等交流的方式,可以借助录音、录像设备,尽量开诚布公。记住,认识自己的三个途径:第一,在和别人的比较中认识自我;第二,从别人的评价中认识自我;第三,从自己的实践中认识自我。

除了以上的两个重点外,我们也不能忽视"隐私的我"。我们可以采取撰写自传或 24 小时日记的方式来了解自我。撰写自传,可以了解我们自身成长的大致经历和自我计划情况等,而 24 小时日记通过对我们一个工作日和一个非工作日经历的对比,让我们了解一些侧面的信息。职场新人需要对此予以重视,尽管我们还年轻,不需要什么自传,但这是了解自我的一种比较不错的途径。

第二节 自我探索的内容和方法

一、能力

1. 能力的概念

能力是指人们顺利完成某种活动所必须具备的个性心理特征,是顺利完成某一活动所必需的主观条件。能力直接影响活动效率,并使活动顺利完成;能力总是和人完成一定的活动联系在一起的,离开了具体活动既不能表现人的能力,也不能发展人的能力。

气质和性格不直接影响活动效率和活动的完成,而能力是直接影响活动顺利进行的个性心理特征,如骄傲、谦虚、活泼、冷静是气质、性格特征,不属于能力范畴;而观察的精确性、记忆的准确性、思维的敏捷性是完成许多活动必不可少的心理特征。"没有金刚钻,不揽瓷器活"说的是从事某项活动必须以一定的能力为前提,而想完成任何一种活动单凭一种能力是不够的,需要有多种能力的结合。一个人如果具有完成某种活动所必需的各种能力,并且能够将这些能力很好地结合在一起成功地、出色地完成某种活动,就说明此人具有从事这种活动的才能。才能就是各种能力的完备的、独特的、质的方面的结合。

2. 能力的分类

(1) 一般能力与特殊能力。

大多数活动所共同需要的、适用范围广泛的能力,为一般能力,指观察、记忆、思维、想象等能力,通常也叫智力。它是人们完成任何活动所不可缺少的,是能力中最主要又最一般的部分。正是一般能力确保了人们比较容易和有效地认识世界、掌握知识。特殊能力是指人们从事特殊职业或专业需要的能力。它是为完成某项专门活动所必须具备的,在特殊领域内起作用的能力。例如,数字能力、音乐能力、绘画能力、体育能力、写作能力等都是特殊能力。一般能力是从事任何职业都必须具有的能力,而特殊能力对于特类职业选择非常重要。人们从事任何一项专业性活动既需要一般能力,也需要特殊能力。二者的发展也是相互促进的。

(2) 模仿能力和创造能力。

模仿能力是通过观察别人的行为、活动来学习各种知识,然后以相同的方式做出反应的能力。创造能力是产生新思想和新产品的能力。

(3) 认知能力、操作能力和社交能力。

认知能力是接收、加工、储存和应用信息的能力。它是人们成功地完成活动所需要的最重要的心理条件。知觉、记忆、注意、思维和想象的能力都被认为是认知能力。美国心理学家加涅提出三种认知能力:言语信息(回答世界是什么的问题的能力);智慧技能(回答为什么和怎么办的问题的能力);认知策略(有意识地调节与监控自己的认知加工过程的能力)。

操作能力是操纵、制作和运动的能力。劳动能力、艺术表现能力、体育运动能力、实验操作能力都被认为是操作能力。操作能力是在操作技能的基础上发展起来的,又成为顺利地掌握操作技能的重要条件。认知能力和操作能力紧密地联系着,认知能力中必然有操作能力,操作能力中也一定有认知能力。

社交能力是人们在社会交往活动中所表现出来的能力。组织管理能力、言语感染能力等都被认为是社交能力。在社交能力中包含有认知能力和操作能力。

(4) 实际能力和潜在能力。

实际能力是个体实际具备的能力。潜在能力是指个人能力发展的可能性,这种可能性在外部环境或教育条件许可时,可以通过一定的经验发展成为现实能力,包括核心潜力、增长潜力、迅速反应能力、适应变化能力、持久耐力等。

(5) 自我管理能力和主管领导能力。

自我管理能力可以细分为九种能力:

① 角色定位能力——认清自我价值,清晰职业定位。

② 目标管理能力——把握处世原则,明确奋斗目标。

③ 时间管理能力——学会管理时间,做到关键掌控。

④ 高效沟通能力——掌握沟通技巧,实现左右逢源。

⑤ 情商管理能力——提升情绪智商,和谐人际关系。

⑥ 生涯管理能力——理清职业路径,强化生涯管理。

⑦ 人脉经营能力——经营人脉资源,达到贵人多助。

⑧ 健康管理能力——促进健康和谐,保持旺盛精力。

⑨ 学习创新能力——不断学习创新,持续发展进步。

主管领导能力也可以分为九种能力:

① 领导能力——掌握领导技巧,提升领导魅力。

② 决策能力——学会科学决策,避免重大失误。

③ 绩效管理能力——重视目标执行,提高团队绩效。

④ 激励下属能力——运用激励技巧,点燃下属激情。

⑤ 教练下属能力——教练培训下属,提升下属能力。

⑥ 授权能力——善于授权放权,修炼无为而治。

⑦ 团队学习创新能力——不断学习创新,保持团队活力。

⑧ 员工管理能力——体认员工需求,体验快乐管理。

⑨ 团队组织能力——学会团队协调,促进团结凝聚。

3. 大学生能力的构成

(1) 一般能力(基本能力):包括独立生活能力、环境适应能力、基本动手能力、语言应用能力、社会交际能力,等等。

(2) 特殊能力(专业能力):包括专业基础能力(通用能力)和专业核心能力。专业基础能力是发现、分析、解决问题的能力,也是多学科理论知识综合应用的能力。例如,检索处理信息的能力(计算机应用)、外语应用能力(等级证书)、个性化专业基础能力。

专业核心能力根据各个专业的培养方案各不相同。

(3) 发展能力：大学生作为年青群体具有很强的发展性，他们的能力也呈现出不同的发展方面，如职业规划能力、进修提高能力、科学研究能力、择业就业能力、创新创业能力、特殊才能。

4. 职业与能力的关系

人的能力是有差异的，"陈力就列，不能者止"。做自己能做的事情，可以增强自信心，体验成就感、幸福感。因此，在职业生涯规划时，注意使自己的能力类型与职业所要求的能力相吻合，才能够发挥个人的优势能力，最大限度地扬长避短。我们可以参考表2-1，了解一下职业与能力的关系。

表2-1　能力与职业匹配表

能力名称	能力特点	适合的职业
语言能力	语言理解能力和口头表达能力，善于清楚而正确地表达自己的观点和向别人介绍信息	教师、律师、营业员、咨询人员等
算术能力	迅速而准确的运算能力	会计、统计、建筑师、工业药剂师等
空间判断能力	能够识别物体在空间运动中的联系，解决几何问题	建筑师、制图人员、数学家、裁缝等
形态知觉能力	对物体或图像的相关细节的知觉能力	生物学家、医生、测量员、画家、无线电修理员等
文秘能力	对言语或表格式材料的细节的知觉能力	文秘、编辑、打字员、财会等
眼手协调能力	眼手准确、迅速和协调地做出精确的动作的运动反应能力	驾驶员、运动员、网络游戏玩家、舞蹈演员等
手指灵活能力	手指迅速、准确、和谐地操作小物体的能力	纺织工、打字员、裁缝、画家、音乐家等

能力通过职业得以表现。职业发展的高度与能力的大小有直接关联。能力是能否进入职业的先决条件，是能否胜任职业工作的主观条件。无论从事什么职业，总要有一定的能力作保证。没有任何能力，根本谈不上进入职业工作；对个人来讲，也就无所谓职业生涯可言。然而，人们对某种工作有兴趣，则未必一定有能力胜任。能力与兴趣不同，能力是人们进入某种行业的资格证。

5. 能力的评定方法

个人能力的评定方法有许多种，如量表测量。此方法因为专业性强，操作要求高，对同学们自行操作时不作推介。其实就个人而言，自我反省是不错的方法，还可以请相识的人进行评定，或经过长期的实践进行检验，不断地总结经验。

成功经历回顾练习

首先仔细回想一下,从小到大,让你感到自豪和有成就感的事情,写得越多越好。不管这些事是宏大还是微小,别人怎么看都没有关系,只要这些事让你觉得很自豪。

写完后,按照让你自豪的程度对这些事情进行排序,把让你最自豪的排在前面,然后一一分析这些事情,再问自己以下几个问题。

1. 在这件事里,我做了什么?
2. 从这件事里,我发现了什么?
3. 做完这个练习,我对自身的能力有何发现?

二、兴趣

1. 兴趣与职业

兴趣是人们认识事物或从事活动的心理倾向,反映了一个人对某种事物或某项活动的选择性态度和积极的情绪。宋代思想家、教育家朱熹在《四时读书乐》中写道:春季"读书之乐乐何如?绿满窗前草不除";夏季"读书之乐乐无穷,瑶琴一曲来熏风";秋季"读书之乐乐陶陶,起弄明月霜天高";冬季"读书之乐何处寻?数点梅花天地心"。这足以抒发他对读书的浓厚兴趣及喜爱的情感。需要是兴趣产生的基础,人们因为需要交往,才对探究不同的人产生兴趣;因为需要成功,才对如何才能成功产生兴趣;因为需要成就一番事业,才对怎样成就一番事业产生兴趣。为了满足生理性需要所产生的兴趣是暂时的,会随着需要的满足而减退。例如,人们对食物、水、衣物的获取所产生的兴趣,会因为需要得到了满足而减退。为了满足社会性需要而产生的兴趣是稳定的,随着需要的满足不仅不会减退,而且会引发更加浓厚的兴趣。例如,因获取知识的满足而引发的大学毕业生攻读硕士、博士和学无止境的学习兴趣,因职位升迁的激励而引发的追求更上一层楼的兴趣,因经商获利的鼓舞而引发的扩大经营和增加投资的兴趣。美国科学家乔治·伽莫夫说过:"好奇心能造就一名科学家。"兴趣正是人们认识和从事活动的强大动力,对人们正在进行的活动产生推动作用,对未来的活动进行准备,对所从事的活动形成创造性的态度,从而使人们在活动中能够保持高度注意,身心投入,从容应对,克服困难。

2. 职业兴趣

职业兴趣是一个人对待工作的态度和对工作的适应能力,表现为有从事相关工作的愿望和兴趣。拥有职业兴趣将增加个人的工作满意度、职业稳定性和职业成就感。

在职业生涯规划中我们最为关心的当然是可以联系到职业的兴趣。虽然兴趣本身并不是为了从事什么职业而产生和形成的,但它可以根据职业的种类来进行分类。通过这种分类,我们可以比较容易地发现自己的兴趣与未来职业之间的联系。

兴趣岛

你获得了一次免费度假游的机会,有机会去下列六个岛屿中的一个。唯一的要求是你必须在这个岛上和岛上的居民一起生活至少半年的时间。请不要考虑其他因素,仅凭自己的兴趣挑出你最想前往的岛屿。

R:自然原始的岛屿

岛上的自然生态保持得很好,有各种野生动物。居民以手工见长,自己种植花果蔬菜、修缮房屋、打造器物、制作工具,喜欢户外运动。

I:深思冥想的岛屿

岛上有多处天文馆、科技博物馆及图书馆。居民喜好观察学习,崇尚和追求真知,常有机会和来自各地的哲学家、科学家、心理学家等交换心得。

A:美丽浪漫的岛屿

岛上遍布美术馆、音乐厅、街头雕塑和街边艺人,弥漫着浓厚的艺术文化气息。居民保留了传统的舞蹈、音乐与绘画。许多文艺界的朋友都喜欢来这个地方找寻灵感。

C:现代、井然的岛屿

岛上建筑十分现代化,是进步的都市形态,以完善的户政管理、地政管理、金融管理见长。岛民个性冷静保守,处事有条不紊,善于组织规划,细心高效。

E:显赫富庶的岛屿

居民善于企业经营和贸易,能言善道。岛上经济高度发展,处处是高级饭店、俱乐部、高尔夫球场,往来者多是企业家、经理人、政治家和律师等。

S:友善亲切的岛屿

居民个性温和、友善,乐于助人,社区均自成一个密切互动的服务网络,人们重视互助合作,重视教育,关怀他人,充满人文气息。

你最想去的岛屿是哪个呢?

选出前三名,按照感兴趣的程度从大到小依次写下来:

1. _____   2. _____   3. _____

根据职业的种类,可以将职业兴趣分为很多类型(见表 2-2)。

表 2-2 职业兴趣类型

类 型	特点描述
农业兴趣	喜欢播种、耕地、观察庄稼生长、收割谷物、饲养牲畜和家禽
艺术兴趣	喜欢用颜料、黏土、织物、家具、服装等来表达美和色彩的协调
运动兴趣	喜欢体育活动,如跑步、跳跃和团队运动,通过运动保持身材,喜欢看体育节目等
商业/经济兴趣	喜欢参加买卖、销售、贸易产品和服务等商业活动,喜欢拥有企业或在企业里从事管理或工作,喜欢参与财政事务,关注经济结果
档案/办公室工作兴趣	喜欢从事商业记录、整理资料、打字、撰写报告、为计算程序准备数据等注重细节、准确和整洁性的工作
沟通兴趣	喜欢通过写作、演讲或抽象的形式来表达自己的思想和学识的活动,喜欢向别人讲述故事或提供信息
电子兴趣	喜欢电子方面的工作,如电报、拆收音机或电视机、组装或修理计算机等
工程兴趣	喜欢进行工程、机械、建筑、桥梁和化工厂等方面的设计
家务兴趣	喜欢家务活动,如打扫屋子、看管孩子、做饭、缝补衣服和管理家务等
文学兴趣	喜欢阅读小说、诗词、文章、论文等
管理兴趣	喜欢为自己和别人制订计划、组织事务和监督他人
机械兴趣	喜欢用机械和工具进行工作、修理物品、在学校选修实践研讨课
医学/保健兴趣	喜欢能帮助人和动物的活动,喜欢诊治疾病和保健工作
音乐兴趣	喜欢拨弄乐器,喜欢参加音乐活动,如音乐会、唱歌、教音乐等
数学兴趣	喜欢与数字打交道,喜欢数学、代数、几何、微积分和统计等课程
团队兴趣	愿意作为团体或小组的一分子,并会为了自己所在公司、机构、部门的进展而牺牲个人的一些爱好
户外/自然兴趣	大多数时间都喜欢在户外,喜欢露营和户外活动,喜欢饲养动物和培育植物
表演兴趣	喜欢在人前活动、在聚会中给人娱乐、在戏剧中扮演角色或表演话剧等
政治兴趣	喜欢参加政治活动或选举,希望拥有权力、进行决赛、制定政策来影响自我和他人
科学兴趣	喜欢对自然界进行研究和调查,喜欢学习生物、化学、地理和物理等课程,喜欢用理性、科学的方法寻求真理
手工操作兴趣	喜欢安装或操作机器、装备和工具,喜欢使用木制品或铁器,喜欢驾驶小轿车、大卡车和重型设备,愿意当木匠、机械维修工、管道工、汽车修理工、焊工、工具或金属模型加工师
社交兴趣	喜欢与人打交道,关心他人的福利,愿意为大众解决问题、教人技术、为人们提供服务(如环保、保健和交通等方面的服务)
技术兴趣	喜欢兼具管理和责任于一身的服务于人的工作(如当工程师),喜欢承接汽车、电子等技术性的项目

以上是根据职业兴趣的个人倾向所做的划分,如果你认真做了前面兴趣岛的练习,

就会发现自己选取的三个岛屿实际上包含了更多的含义,它们分别代表着六种典型的职业生涯兴趣类型(其中,第一个是主要兴趣,第二个第三个是辅助兴趣)。

(1) 选择 R 岛。

类型:现实型(Realistic)。

喜欢的活动:愿意从事事务性的工作,喜欢户外活动或操作机器,喜欢有规则的具体劳动和需要基本技能的工作,而不喜欢在办公室工作。

喜欢的职业:制造业(木匠、农民、技师、工程师、机械师)、渔业、野外生活管理业(鱼类和野生动物专家)、技术贸易业、机械业、农业、技术、林业、特种工程师和军事工作(车工、钳工、电工、报务员、火车司机、机械制图员、电器师、机器修理工、长途公共汽车司机)等。

这类职业一般是指熟练的手工业和技术工作,通常要运用手工工具或机器进行劳动,这类人往往缺乏社交能力。

(2) 选择 I 岛。

类型:研究型(Investigative)。

喜欢的活动:处理信息(观点、理论),喜欢智力的、抽象的、分析的、推理的、独立的任务。

喜欢的职业:实验室工作人员、生物学家、化学家、社会学家、工程设计师、物理学家、程序设计员、天文气象学者、药剂师、动物学者、科学报刊编辑、地质学者、数学家,等等。

这类职业主要指科学研究和实验方面的工作,这类人往往缺乏领导能力。

(3) 选择 A 岛。

类型:艺术型(Artistic)。

喜欢的活动:喜欢通过艺术作品来达到自我表现,爱想象,感情丰富,不顺从,有创造性,能反省,喜欢写作、音乐和戏剧等。

喜欢的职业:艺术型的人缺乏办事员的能力,适合作家、艺术家、摄影师、音乐家、诗人、雕刻家、漫画家、演员、戏剧导演或编剧、作曲家、音乐教师、记者和室内装潢专家等职业。

(4) 选择 S 岛。

类型:社会型(Social)。

喜欢的活动:喜欢社会交往,常出席社交活动,关心社会问题,愿为别人服务,对教育活动感兴趣。

喜欢的职业:这类人往往缺乏机械能力,适于做导游、教师、社会工作者、牧师、心理咨询员、服务性行业人员、福利机构工作者等。

(5) 选择 E 岛。

类型：企业型(Enterprising)。

喜欢的活动：性格外向，热爱冒险活动，喜欢担任领导角色，具有支配、劝说和言语技能；喜欢领导和影响别人，或为了达到个人或组织的目的而善于说服别人；希望成就一番事业。

喜欢的职业：这类人往往缺乏科学研究能力，适合做律师、政治家、福利机构工作者、旅馆经理、广告宣传员、营销人员、市场或销售经理、公关人员、采购员、调度员、投资商、电视制片人和保险代理等。

(6) 选择 C 岛。

类型：事务型(Conventional)。

喜欢的活动：喜欢系统的有条理的工作任务，具有实际、自控、友善、保守的特点；善于组织和处理数据，喜欢固定的、有秩序的工作或活动，希望确切地知道工作的要求和标准，愿意在一个大的机构中处于从属地位。

喜欢的职业：这类人往往缺乏艺术能力，适合做会计师、银行出纳、簿记、行政助理、秘书、档案文书、税务专家、计算机操作员、成本估算员、核对员、打字员、办公室职员、统计员、计算机操作员、法庭速记员等。

舒伯强调，如果人的个性特征和兴趣符合其职业要求，则有助于职业效率的提高。兴趣是职业生涯规划的重要依据之一，它使人全身心地关注与职业相关的知识和学科发展前沿，充分发挥其积极性和主动性，情绪饱满，想象丰富，创造激情澎湃，情绪愉悦，兴致勃勃，即使遇到困难，也不会轻易放弃。对于个人而言，兴趣还是保证其职业稳定性和工作满意度的重要因素。你如果能够从事自己感兴趣的职业，就能尽快适应职业生涯的需求，令自己心情舒畅，令你所在的组织感到满意，由此保证了你从事此职业的长期性和稳定性。

3. 职业选择和职业兴趣

(1) 职业选择和职业兴趣的关系十分密切。

第一，职业兴趣影响职业定向和职业选择。有关研究资料表明，如果一个人对他所从事的工作不感兴趣，他在工作中只能发挥其全部才能的 20%～30%，而如果一个人对他的工作有兴趣，他就能发挥其全部才能的 80%～90%。因此，大学生在考虑自己未来的发展方向时，要尽可能在所学专业对应的职业群中，选择自己感兴趣的职业作为自己的发展方向。

第二，职业兴趣促进智力开发，挖掘潜能。中国著名歌手、知名音乐人刘欢在上学时是个学习成绩中等，但对音乐比较痴迷的学生。他一直是学校的文艺骨干，经常在学校里组织演出。他常常夜里在楼道弹吉他、唱歌，同屋的朋友都无法忍受刘欢的折磨。某一年,刘欢参加了一次由法国使馆举办的法语歌曲大赛,一曲法国民歌《奥维涅人之歌》令他不仅赢得了大家的掌声,还获得了到法国旅游半个月的机会。那时候大家出国多带回香水和时装,而刘欢却整日待在法国小镇寻找着属于自己的灵感,他创作的《阿尔卑斯山的小雨》就是其在法国的灵感结晶。后来做了国际关系学院团委老师的刘欢仍不断地穿梭于北京的各大录音棚,为的不是成名,也不是得利,仅仅是因为喜欢音乐,喜欢唱歌。由此可见,一个人只要对某一事物具有浓厚的兴趣,就会激发他主动求知、探索创新的欲望和热情,并促使他的智力和体力都能进入最佳状态,从而能最大限度地发挥自身潜能和创造性。

第三,提高工作效率。职业兴趣可以使人更快地熟悉并适应职业环境和职业角色。

(2) 职业兴趣对职业选择具有重要意义。

首先,职业兴趣是职业生涯选择的内在依据。一个人在一生中会选择什么样的职业,兴趣是占主导地位的,有时甚至比能力更重要。

其次,职业兴趣增强职业生涯的适应性。职业兴趣可以调动一个人工作的主观能动性,让人充分发挥才能和挖掘潜能,提高工作效率,尽快适应工作环境并保持良好的稳定性。

最后,职业兴趣是职场成功的动力。从事自己感兴趣的职业,是职业生涯迈向成功的第一步。职业兴趣是保持良好工作状态的动力源泉。

4. 职业兴趣的培养

(1) 培养广泛的兴趣。

兴趣广泛的人一般见多识广,思考问题时能从多方面受到启发,在职业选择上有较大的余地,在职业变动时也能较快地适应新的职业。

(2) 形成中心兴趣。

美国著名文学家马克·吐温说:"人的思维是了不起的,只要专注某一事业,那就一定会做出使自己都感到吃惊的成绩来。"

人的兴趣应该广泛,但还要有所集中,就像太阳光通过凸透镜的聚焦作用一样,兴趣广泛而集中才能有效地扬长避短,发挥最佳才能,在工作岗位上一显身手。如果不能形成中心兴趣,没有确定的方向,心猿意马,什么都浅尝辄止,自然难以成功。

(3) 保持稳定的职业兴趣。

一个人应该在某一方面具有持久和稳定的职业兴趣,而不能朝三暮四、见异思迁。稳定的职业兴趣能够使人爱岗敬业、不断进取,能够最大限度地发挥自身潜能,并使自己得到发展和获得成功。

(4) 培养切实的职业兴趣。

"人贵有自知之明",在培养职业兴趣的过程中也该如此。对自己的认识和评价一定要客观,既要考虑社会环境和职业需要,也要切合自身的实际,这样才能知己知彼,量力而行,实现人职匹配。

三、人格特质

1. 人格特质的概念

在心理学的概念中,人格是一个有着颇多歧义的概念。综合各家的看法,我们可以将人格界定为:人格是构成一个人思想、情感及行为的特有综合模式,这个独特模式包含了一个人区别于他人的稳定而统一的心理品质。

这个概念包括两部分内容。第一层是稳定的行为方式。当然,这并不是说人格是一成不变的。第二层是人际过程。它指发生在人与人之间的过程,即发生在我们内心、影响我们怎样行动、怎样感觉的所有那些情绪过程、动机过程和认知过程。正是人与人之间存在的个性差异,才使得整个人类的生涯彩虹更加丰富多彩。人格是一个复杂的结构系统,它包括许多成分,其中主要包括气质、性格等方面。

人格特质是指个人稳定的态度和习惯化了的行为方式,是一个人在各种场合一贯表现出来的某种特征。人格特质的概念很复杂,包括的范围很广泛,几乎涉及人的心理过程及个性特征的各个方面。

2. 气质

气质是人们不以活动的目的、内容为转移的典型的、稳定的个性心理特征之一,表现人们心理活动的速度、强度、灵活性,以及兴奋、忧苦等心态特点。气质特性与遗传有关系,比较稳定,当然,气质也会因为环境、个人所持有的态度、理想、信念等心理因素和年龄因素的影响而发生变化,只是不太容易改变。

构成气质类型的心理成分有感受性、耐受性、反应的敏捷性、行为的可塑性、情绪的兴奋性、外向性与内向性。感受性,即人对外界刺激的感觉能力。人们的感觉能力是有区别的,面对同一件事,不同的人会产生不同的感受性。例如,同样是面临大考,有的人紧张过度,寝食不安;有的人虽然紧张,但仍显从容。耐受性,是指人在经受外界刺激作用时,在时间和强度上表现的耐受程度。例如,面对重大挫折,有的人一蹶不振,自卑自闭;有的人经过自我调整会重新站起来,开始新的生活。反应的敏捷性,是指说话、记忆、思维的敏捷程度,注意转移和一般动作的迅速灵活程度等。行为的可塑性,是指人依据外界变化情形而改变自己适应性行为的可塑程度。例如,人们对环境变化适应的难或易,情绪是否愉快,行动是否果断。情绪的兴奋性,是指情绪兴奋性强弱和情绪外露的强烈程度。外向性与内向性,是指人们的动作反应、言语反应和情绪反应倾向于外或内的不同。这些不同特性的结合,就构成了四种不同的气质类型(其对应心理特征见表2-3)。

(1) 胆汁质的人,精力旺盛、表里如一、刚强、易感情用事,心理活动表现为迅速和突发。

(2) 多血质的人,反应迅速、活泼、有朝气,动作敏捷,情绪不稳定,较粗心。

(3) 黏液质的人,稳定,但不够灵活;踏实,却有点儿死板;冷静,而稍欠生气。

(4) 抑郁质的人,敏感、稳定、体验深刻、较温柔、怯懦、孤独,行动缓慢。

前苏联心理学家达维多娃,曾用一个故事形象地描述了不同气质类型的人,在同一情景中的不同行为表现。四个不同气质类型的人上剧院看戏,但是都迟到了。胆汁质的人和检票员争吵,他辩解说剧院里的钟快了,他进去看戏不会影响别人,并且想推开检票员闯入剧院;多血质的人立刻明白,通过检票员进入剧场较难,通过楼厅进场容易,就跑到楼上去了;黏液质的人看到检票员不让进入剧场,就想"第一场不大精彩,我在小卖部等一会儿,幕间休息时再进去";抑郁质的人则会想:"我运气真不好,偶尔看一次戏,就这么倒霉!"接着他就回家去了。

表 2-3 心理特征与气质类型对照表

心理特征 气质类型	感受性	耐受性	反应的敏捷性	行为的可塑性	内向性与外向性	情绪兴奋性
多血质	低	较高	速度快,灵活	有可塑性	外向	高
胆汁质	低	较高	速度快,不灵活	可塑性小	外向	高
黏液质	低	高	速度慢,不灵活	稳定	内向	低
抑郁质	高	低	速度慢,不灵活	刻板性	内向	体验深

气质特征是职业选择的依据之一。在人口分布中,具有一种典型气质类型的人较少,绝大多数人具有两种或两种以上的气质类型或类似某种气质类型。多血质和胆汁质的人,对要求迅速、反应灵活的工作较为适应,如与外界打交道,工作内容与环境充满变化性的工作。而黏液质和抑郁质的人,则适合要求持久、仔细的工作,如一些较为稳定、安静、细微的工作。由于各种气质特征之间可以互相补偿,因此不同气质类型对工作效率的影响并不十分显著。气质特征可以影响智力活动的方式,但不能预测或决定人的成就与智力高低。也就是说,任何一种气质类型的人,都有可能成为本专业的专家,也有可能一事无成。

3. 性格

性格是人们对待现实的稳定的态度和习惯化的行为方式所表现出来的个性心理特征。人与人之间在个性特征方面的差异就是通过性格反映出来的。我们平时所讲的个性,指的就是性格。性格也是一个人生活感情和人生态度的独特体现。例如,一个学习认真而勤勉的学生,遇到难题,总爱独立钻研,求得解决;而一个马虎、懒惰的学生,则可能抄袭别人的作业或不完成作业。这里所说的勤勉、马虎、懒惰就是人对客观事物的态度。它是通过独立钻研、抄袭别人的作业或不完成作业的行为方式表现的。

(1) 性格的类别。

性格一般分为外向型、内向型和中间型三类。

最早提出人的性格有"内向"与"外向"之分的是著名心理学家荣格。他认为,"内向"与"外向"即人的心理倾向性,是从人的心理活动指向这一角度来划分的。内向性格的人把他的心理能量向内释放,也就是说,内向者的兴趣所在不是外部世界而是自己的内心世界,即他自己的思想、情感和行为。内向者多数较严谨、有计划、求稳妥,严守信誉和规则。专心致志、持之以恒是内向型的人的长处。而外向者则把心理能量或者说兴趣指向外部环境。外向者中,开朗的乐天派占多数,他们热情好客,在为人处世上灵活多变。从这些差异可以看出,外向的人对环境的变化比内向的人要更敏感和迅速一些。但这并不能证明"外向"比"内向"好,事实上"内向"与"外向"并无优劣之分。中间型性格的人既有外向型的一些特征,又有内向型的一些特征,所以中间型的人在职业适应性方面更广泛。

(2) 职业性格。

大家都知道,《三国演义》中张飞是一个性格十分暴烈的人,这种性格使他在打仗时冲锋陷阵,不畏生死;绣花女则心灵手巧,绣品都是她们一针一线地悉心完成的。假如我们将张飞和绣花女调换一下,让张飞纫针绣花,让绣花女打仗,那么结果会怎样?所以,不同的职业需要不同的职业性格。

职业性格是指人们在长期特定的职业生活中所形成的与职业相联系的比较稳定的心理特征。从上面的例子可以看出,不同类型的职业对从业者的性格要求各不相同,而不同性格类型的人适合的职业也各不相同。事实上,大多数人兼有多种类型的职业性格,只不过有的占主导地位,有的占次要地位。同样,每一种职业要求从业者具有的性格类型也不是一种。

今后大多数同学将要从事某种职业,那么大家应当具备怎样的职业性格呢?根据表2-4,判断以下哪几类性格比较符合自己,并(讨论)归纳出应当具有怎样的职业性格类型。同学们可以对照一下自己的性格,看一看自己的性格与应当具有的职业性格之间有没有差距。

表 2-4 性格与职业的关系

序号	职业性格类型	性格特征
1	变化型	能够在新的或意外的工作情境中感到愉快,喜欢工作内容经常有些变化,在有压力的情况下工作得很出色,追求并且能够适应多样化的工作环境,善于将注意力从一件事转移到另一件事情上去
2	重复型	适合并喜欢连续不断地从事同一种工作,喜欢按照一个固定模式或别人安排好的计划工作,爱好重复的、有规则的、有标准的职业
3	服从型	喜欢配合别人或按照别人的指示去办事,愿意让别人对自己的工作负责,不愿意自己担负责任,不愿意自己独立做出决策
4	独立型	喜欢计划自己的活动并指导别人的活动,会从独立的、负有责任的工作中获得快感,喜欢对将要发生的事情做出决定
5	协作型	会对与人协同工作感到愉快,善于引导别人按客观规律办事,希望自己能得到同事的喜欢
6	劝服型	乐于设法使别人同意自己的观点,并能够通过交谈或书面文字达到自己的目的。对别人的反应具有较强的判断能力,并善于影响他人的态度、观点和判断
7	机智型	在紧张、危险的情况下能很好地执行任务,在意外的情况下能够自我控制、镇定自若,工作出色。在出差错时不会惊慌、应变能力强
8	自我表现型	喜欢表现自己,通过自己的工作和情感来表达自己的思想
9	严谨型	注重细节的精确,愿意在工作过程的各个环节中,按照一套规则、步骤将工作过程做得尽善尽美。工作严格、努力、自觉、认真、保质保量,喜欢看到自己出色完成工作后的效果

(3) 性格的特征。

与气质较多受先天生物因素制约不同,性格是受社会环境和社会实践等后天影响而形成的,是可以塑造和改变的,因此,性格比气质易于改变。但人的性格一旦形成,具有相对的稳定性。

 典型案例

孟母三迁

孟子,名轲,战国时期鲁国人,俗称"亚圣",是我国古代著名思想家,崇尚儒家学说,三岁时父亲去世,由母亲一手抚养长大。孟子小的时候很贪玩,模仿性很强。他家原来居住在距墓地不远的地方,房旁就有不少坟墓,有时看见他人挖穴筑墓之类的事情。孟

子感到好奇好玩,就很高兴地做起这样的游戏,"嬉游为墓间之事,踊跃筑埋"。应该说孟子这样做是少儿爱模仿的表现,并不意味着他将来要成为一个帮人挖穴筑墓之人。可是,孟母却从中看到了问题的严重性,认为这样一种生存环境不利于孟子的成长,于是就搬离了这个地方,在靠近集市的地方住了下来。谁知道孟子玩耍时,又模仿起商贾来,做起买卖人的游戏。孟母见状决定再次搬家,搬到离学校很近的地方居住下来。尔后孟子又模仿起学校的教师来,礼义周全的样子,在家里摆设礼器,进退很合礼节,孟母这才放下心来,认为此地"真可以居吾子矣",于是就在学校旁长期居住下来了。

案例分析: 孟母三迁,说明人的性格的形成会受后天的生活、学习和工作环境的影响,职业性格的形成也是如此。

心理学家认为,性格和气质之间既有区别又有联系。一方面,气质影响性格的动态和发展速度,使性格特质涂上了个人独特的色彩。例如,在性格的情绪性方面,具有勤劳性格品质的人,多血质的人表现得精神饱满、精力充沛;黏液质的人则表现得踏实肯干,操作精细;在性格的发展速度方面,胆汁质和多血质的人神经过程易于兴奋难以抑制,因此,表现得比黏液质的人更果断与勇敢。另一方面,性格在一定程度上又能够掩盖或改造气质,使之符合社会实践的要求。例如,外科手术以精细操作为特点,外科医生最好具有冷静沉着的性格特征,这种要求在职业训练过程中有可能掩盖或改造容易冲动和难以遏制的具有胆汁质气质特征的人。气质与性格之间的相互制约和影响,可以使具有不同气质类型的人形成同样的性格特征,也可以使具有同一气质类型的人形成不同的性格特征。各种气质和性格,都有其积极的一面,也有其消极的一面。在职业生涯规划中,了解自己的气质和性格特点,注意寻求与之相适合的职业,或是在职业生涯之中主动去改造自己不利于职业的气质和性格,有助于提高人们的生活质量和工作效率。

4. 人格特质与职业

人格特质和职业是互相促进的。

当人格发展还不是很成熟时,个体会更多地表现出明显偏好的缺陷,会希望自己具备另一极的特点,比如一个内向型的学生可能会不敢表达自己,从而感觉压抑和孤独,希望自己更外向。

当个体人格发展较成熟的时候,就可以更多地表现出明显偏好的优势,比如一个成熟的内向型的人,可以很好地利用自己喜欢独处思考的特点,在采取行动前会充分思考,从而发挥其内向的优势。

当人格特质和所选择的职业相一致时,就会有动力去做好职业,同时通过在职业中的锻炼,人格特质也会得到不断完善。

5. 人格的评定方法

人格评估是以人格测验为依据对被试者的人格进行评价的人格心理学研究方法。人格测验是用测验方法对人的人格进行测量，测出人在一定情境下经常表现出来的典型行为和人格品质，诸如动机、兴趣、爱好、情感、性格、气质、价值观念，等等。对人格正确全面的评估，无论对单位和部门知人善任，还是对个人提高修养、保持良好的心理健康水平都是有好处的。在人格心理学中所运用的测验已有数百种之多，基本可归纳为构造明确的问卷法和结构不明确的投射法及作业法三大类。接下来主要来介绍几种应用较广泛的人格问卷。

人格问卷测验是测量人格特点的一种测验方法（早期用纸笔测验，现在也可以用计算机操作），以受试者自己作答的方式进行，所以又称为自陈量表（Self-report Question naire）。这种量表多采用客观测验的形式设计出一系列陈述句或问题，要求受试者做出符合自己情况的报告。最早用科学方法测量人格的是英国心理学家高尔顿（F. Galton），他在 1884 年发表了品格测量，并编制了评定品格的量表。在第一次世界大战中，美国对士兵进行了广泛的测验。为了测定士兵的需要，伍德沃斯（R. S. Woodworth）曾经编制测量情绪安定性的个人调查表，这是以测定神经症倾向为目的的单一特征量表。后来许多心理学家又编制以测量复杂的人格为目的的问卷。这种量表的种类很多，常用的几种著名量表有：明尼苏达多项人格量表（MMPI）、加州心理量表（CPI）、卡特尔 16 种人格因素量表（16PF）、爱德华个人偏好量表（EPPS）、艾森克人格问卷（EPQ）、梅彼类型量表（MBTI）、部达郎-吉尔福特测验（YG 测验）等。目前在我们国内用得较多的有 MMPI、16PF、EPQ。

（1）明尼苏达多项人格量表（MMPI）。

此量表自 20 世纪 40 年代初由美国的 S. R. Hathaway 与 J. C. Mckinley 制定以来，世界上许多国家把它译成本国文字，应用于人类学、心理学及医学的研究工作中。各国测验结果表明，此量表在个性测定及精神病临床上均有一定的应用价值。

此量表对每个被测验者的个性特点提供客观评价，而这些特点是临床医师与心理学工作者所关注的。在选择量表的每个问题时，Hathaway 与 Mckinley 进行了深入细致的工作。首先由大量病史、早期出版的个性量表及医生笔记中选出了 566 个题目（其中有 16 道题重复，实际题量为 550 个），然后对正常与异常被试者进行测验，接下来通过重复测验、交叉测验，以验证每个题目的信度与效度。在临床应用上采取了十个量表，编写如下：

① HS（Hypochondriasis）：疑病。

② D（Depression）：抑郁。

③ Hy（Hysteria）：癔症。

④ Pd(Psychopathic deviate)：精神病态。

⑤ Mf(Masculinity-femininity)：男性化-女性化。

⑥ Pa(Paranoia)：妄想狂。

⑦ Pt(Psychasthenia)：精神衰弱。

⑧ Sc(Schizophrenia)：精神分裂症。

⑨ Ma(Hypomania)：轻躁狂。

⑩ Si(Social introversion)：社会内向。

除此以外还有三个效度量表：

① L(说谎分数)：分数高表示答案不真实。

② F(诈病分数)：分数高表示诈病或确系严重偏执。

③ K(校正分数)：分数高表示一种自卫反应。

每个量表题数不等，在多数情况下每一道题可应用于几个量表。

在效度量表中还有"?"量表，即"无法回答"的题目数，此数目超过一定的标准，则认为此答卷不可靠。

以上这些临床量表虽然不能对各类精神病进行确切的分类，也不能在发病机制上提出科学的依据，但在临床诊断、治疗及预防复发方面有着重要的意义。随着工作的不断深入，此量表已从精神病的临床实践发展到医学的其他领域及社会实践中。

1966 年发表了 MMPI 的修订版，内容无改变，只是题目排列次序不同。与临床量表有关的题目集中在 1~399 题内，400~566 题与另外一些研究量表有关。我国引进 MMPI 后，排列顺序没有改变，对一些不符合我国国情或汉语语法的句子稍加修改，其他内容基本未动。

(2) 卡特尔 16 种人格因素量表(16PF)。

美国伊利诺伊州立大学人格及能力测验研究所的卡特尔(R. B. Cattell)教授采用系统观察法、科学实验法及因素分析统计法确定了 16 种人格根源特质，它们分别为乐群性、智慧性、稳定性、好强性、乐观性、有恒性、敢为性、敏感性、怀疑性、幻想性、世故性、忧虑性、实验性、独立性、紧张性、控制性。据此，他编制了 16 种人格因素量表(Sixteen Personality Factor Questionnaire,16PF)。16PF 被认为是最典型的因素分析个性量表。16 种人格因素各自独立，每一种因素与其他各因素的相关度极小。每一种因素的测量能认识被试者的某一方面的人格特征，整个量表能对被试者的 16 种人格因素进行综合了解，从而全面地评价被试者的人格。

16PF 不仅能明确描绘出一个人的 16 种人格特质，而且还可以推算出许多描绘人格的双重因素。卡特尔等人除推算出上述双重因素的公式外，还确定了用于心理咨询和升学就业的公式，如心理健康者的人格特质、创造性强者的人格特质等。16PF 适用于

16 岁以上的青年和成人,它有 A、B、C、D、E 五种复本:A、B 为齐全本,每卷各有 187 道题;C、D 为缩减本,每卷各有 106 道题;E 是专为文化较低的被试者编制的实验试本,有 128 道题。16PF 可以个别测验,也可团体测验,有高中以上阅读能力者应在 45～60 分钟内完成。16PF 在法国、意大利、德国、日本等国已有修订本。20 世纪 60 年代刘永和和梅吉瑞(G. M. Meredith)将原测验的 A、B 两种合并,在 1970 年发表中文修订本(187 题,每个特质包括 10～13 题),并在港台地区测验中国学生 2000 人,做出常模。我国辽宁省教育科学研究所李绍衣等同志于 1981 年在刘、梅修订本的基础上,再进行修订。华东师范大学的戴忠恒和祝蓓里在 1988 年也进行了修订。

(3) 艾森克人格问卷(EPQ)。

艾森克人格问卷是英国伦敦大学心理系和精神病研究所教授艾森克(H. J. Eysenck)编制的。他采用因素分析的方法归纳出决定人格的三个基本因素:内外倾性(extraversion)、情感稳定性(neuroticism)和心理变态倾向(psychoticism)。这三个基本因素构成了人格的三个相互正交的维度。在这三个维度上的不同表现程度,构成了各人不同的人格特征。在这些研究的基础上,经过编制、反复修订,发展成艾森克人格问卷(Eysenck Personality Questionaire,EPQ)。问卷包括 E、N、P、L 四个分量表(L 量表是后来加进的一个效度量表),共 88 个项目。目前此问卷有成人问卷和少年问卷两种,被广泛使用。

EPQ 在我国有多种修订本,湖南医学院龚耀先教授主持全国 13 个省市的 28 个单位 2000 多人协作修订了艾森克人格问卷。北京大学陈仲庚教授等对被试的 643 人进行测试。1997—1998 年北京大学心理学系钱铭怡等完成了对艾森克人格问卷简试量表中国版的修订工作。

(4) 梅彼类型量表(MBTI)。

MBTI(Myers-Briggs Type Indicator),是美国的凯瑟琳·布里格斯(Katharine Cook Briggs)及其女儿伊莎贝尔·迈尔斯(Isabel Briggs Myers)以著名心理学家荣格所创立的心理类型理论为基础编制的一个人格自陈量表,主要测量个人特点和兴趣。MBTI 于 1962 年问世,之后该量表历经多次修订,日趋完善,最近的一次修订于 1998 年完成。新修订的量表包括四个维度,每个维度由对立的两极构成:外向—内向(Extraversion-Introversion,E-I),表示态度或心理能量的倾向;感觉—直觉(Sensing-Intuition,S-I),表示某种与获取信息相关的心理功能或知觉过程;思维—情感(Thinking-Feeling,T-F),表示某种与个体作判断相关的心理功能或判断过程;判断—知觉(Judging-Perceiving,J-P),表示与外界相处时的态度或倾向。该量表与一般的人格量表不同,它不是通过测量个体在四个维度上的量的多少来判定个体的人格类型,而是测量个体对各维度的两极的偏好程度。这四个维度是所有的个体都具有的,但实际中不同个体的基本偏好却是不同的,对这四个维度的基本偏好的不同组合便构成了 16 种心理类型。

从发行以来,MBTI 得到了广泛运用,迄今已成为西方使用最为广泛的人格量表之一。在国外,每年有 200 多万人接受 MBTI 的测量;自 1962 年第一个关于 MBTI 的使用手册发表至 1994 年,研究它的论文报告已超过 4000 篇。大量实践及研究表明,它在揭示个人的心理类型及预测其潜在的发展领域上具有极高的信度和效度。目前,该量表已被广泛用于:① 自我了解和发展;② 职业发展和指导;③ 团队组建;④ 管理领导培训;⑤ 问题解决;⑥ 人际关系咨询;⑦ 教育及课程发展等。由于 MBTI 巨大的实用性,它已被翻译成 30 多种文字。近年来随着我国经济的日益发展及经济全球化的加剧,人力资源管理备受重视,科学选拔、培训、安置各类人才日显重要,MBTI 在我国越来越受到广泛重视和应用。1994 年苗丹民等以 MBTI-G 型为蓝本,开始了修订工作。1998 年华东师范大学心理系蔡华俭等用它的新版本 MBTI-M 型,以 258 名大学生作为测试样本,对其进行了修订。他们的研究结果表明:MBTI 的修订是成功的,在中国的应用具有较为理想的鉴别力、良好的信度和效度。

MBTI 的人格类型的四个维度,共计 8 个方面,即共有 8 种人格特点,具体如下:

我们与世界的相互作用方式　　　(E) 外向—内向(I)
我们获取信息的主要方式　　　　(S) 感觉—直觉(N)
我们的决策方式　　　　　　　　(T) 思维—情感(F)
我们的做事方式　　　　　　　　(J) 判断—知觉(P)

外向(E):关注自己如何影响外部环境,将心理能量和注意力聚集于外部世界和与他人的交往上。例如,聚会、讨论、聊天。

内向(I):关注外部环境的变化对自己的影响,将心理能量和注意力聚集于内部世界,注重自己的内心体验。例如,独立思考,看书,避免成为注意的中心,听的比说的多。

感觉(S):关注由感觉器官获取的具体信息——看到的、听到的、闻到的、尝到的、触摸到的事物。例如,关注细节,喜欢描述,喜欢使用和琢磨已知的技能。

直觉(N):关注事物的整体和发展变化趋势——灵感、预测、暗示,重视推理。例如,重视想象力和独创力,喜欢学习新技能,但容易厌倦,喜欢使用比喻,跳跃性地展现事实。

思考(T):重视事物之间的逻辑关系,喜欢通过客观分析作决定评价。例如,理智、客观、公正,认为圆通比坦率更重要。

情感(F):以自己和他人的感受为重,将价值观作为判定标准。例如,有同情心、善良、和睦、善解人意,考虑行为对他人情感的影响,认为圆通和坦率同样重要。

判断(J):喜欢做计划和决定,愿意进行管理和控制,希望生活井然有序。例如,重视结果(重点在于完成任务),按部就班,有条理,尊重时间期限,喜欢做决定。

知觉(P):灵活,试图去理解、适应环境,倾向于留有余地,喜欢宽松自由的生活方式。例如,重视过程,随信息的变化不断调整目标,喜欢有多种选择。

每个人的性格都在4种维度相应分界点的这边或那边,我们称之为"偏好"。例如,如果你落在外向的那边,称为"你具有外向的偏好";如果你落在内向的那边,称为"你具有内向的偏好"。

在现实生活中,每个维度的两个方面你都会用到,只是其中的一个方面你用得更频繁、更舒适,就好像每个人都会用到左手和右手,习惯用左手的人是左撇子,习惯用右手的人是右撇子。同样,你的人格类型就是你用得最频繁、最熟练的那种。

四个维度各有两个方面,一共组成16种人格类型。16种人格类型及其通常具有的特征和对应的职业倾向见表2-5和表2-6。

表2-5　MBTI 16种人格类型及其通常具有的特征

ISTJ	ISFJ	INFJ	INTJ
沉静,认真;贯彻始终得人信赖而取得成功。讲求实际,注重事实,能够合情合理地决定应做的事情,而且坚定不移地把它们完成,不会因外界事物而分散精力。以做事有次序、条理为乐——不论在工作上、家庭上或者生活上。重视传统和忠诚	沉静,友善,有责任感和谨慎。能坚定不移地承担责任。做事贯彻始终、不辞辛劳和准确无误。忠诚,替人着想,细心;往往记着所重视的人的种种微小事情,关心别人的感受。努力创造一个有秩序、和谐的工作和家居环境	探索意念、人际关系及物质拥有欲的意义和它们之间的关系。希望了解什么可以激发人们的推动力,对别人有洞察力。尽责,能够履行他们坚持的价值观念。有一个清晰的理念以谋取大众的最佳利益。能够有条理地、果断地去实践他们的理念	有具创意的头脑,有很大的冲劲去实践他们的理念和达到目标。能够很快地掌握事情发展的规律,从而想出长远的发展方向。一旦做出承诺,便会有条理地展开工作,直到完成为止。有怀疑精神,独立自主;无论为自己或为他人,有高水准的工作表现

ISTP	ISFP	INFP	INTP
容忍、有弹性;是冷静的观察者,但当有问题出现时,便迅速行动,找出可行的解决方法。能够分析哪些东西可以使事情进展顺利,能够从大量资料中找出实际问题的重心。很重视事件的前因后果,能够以理性的原则把事实组织起来,重视效率	沉静,友善,敏感,仁慈。欣赏目前周遭所发生的事情。喜欢有自己的空间,在做事时又能把握自己的时间。忠于自己所重视的人。不喜欢争论和冲突,不会强迫别人接受自己的意见或价值观	理想主义者,忠于自己的价值观及自己所重视的人。外在的生活与内在的价值观配合。有好奇心,很快看到事情的可能与否,能够加速对理念的实践。试图了解别人、协助别人发展潜能。适应力强,有弹性;如果和他们的价值观没有抵触,往往能包容他人	对任何感兴趣的事物,都要探索一个合理的解释。喜欢理论和抽象的事情,喜欢理念思维多于社交活动。沉静,满足,有弹性,适应力强。在他们感兴趣的范畴内,有非凡的能力去专注而深入地解决问题。有怀疑精神,有时喜欢批评,常常善于分析

续表

ESTP	ESFP	ENFJ	ENTJ
有弹性，容忍；讲求实际，专注及时的效益。对理论和概念上的解释感到不耐烦，希望以积极的行动去解决问题。专注于"此时此地"，喜欢主动与别人交往。喜欢物质享受的生活方式。能够通过时间达到最佳的学习效果	外向，友善，包容。热爱生命、热爱人、爱物质享受。喜欢与别人共事。在工作上，能运用常识及注意实际现实的情况，使工作富有趣味性。富有灵活性、即兴性，易接受新朋友和适应新环境。与别人一起学习新技能可以达到最佳的学习效果	热情而热心，富有想象力。认为生活充满很多可能性。能够很快地找出事件和资料之间的关联性，而且有信心地依照他们所看到的模式去做。很需要别人的肯定，乐于欣赏和支持别人。即兴而富于弹性，时常信赖自己的临场表现和流畅的语言能力	思维敏捷，机灵，能激励他人，警觉性高，勇于发言。能随机应变地去应付新的和富于挑战性的问题。善于引出在概念上可能发生的问题，然后很有策略地加以分析。善于洞察别人。对日常例行事务感到厌倦。甚少以相同方法处理同一事务，能够灵活地处理接二连三的新事务
ESTJ	ESFJ	ENFJ	ENTJ
讲求实际，注重现实，注重事实。果断，能够很快做出实际可行的决定。能够安排计划和组织人员以完成工作，尽可能以最有效率的方法达到目的。能够注意日常例行工作的细节。有一条清晰的逻辑标准，会有系统地跟着去做，也希望别人跟着去做。会以强硬的态度去执行计划	有爱心，尽责，合作。渴望有和谐的环境，而且有决心营造这样的环境。喜欢与别人共事以能准确地、准时地完成工作。忠诚，即使在细微的事情上也能如此。能注意别人在日常生活中的需要而努力供应他们。渴望别人赞赏他们和欣赏他们所做的贡献	温情，有同情心，反应敏捷，有责任感。高度关注别人的情绪、需要和动机。能够看到每个人的潜质，要帮助别人发挥自己的潜能。能够积极地协助他人和组织的成长。忠诚，对赞美和批评都能很快地做出回应。社交活跃，在一组人当中能够惠及别人	坦率，果断，乐于作为领导者。很容易看到不合逻辑和缺乏效率的程序和政策，从而开展和实施一个能顾及全面的制度去解决一些组织上的问题。喜欢有长远的计划，喜欢有一套制定的目标。往往是博学多闻的，喜欢追求知识，又能把知识传给别人。能够有力地提出自己的主张

表2-6　MBTI 16种人格类型的职业倾向

ISTJ	ISFJ	INFJ	INTJ
● 管理者 ● 行政管理 ● 执法者 ● 会计 ● 其他能够让他们可以利用自己的经验和对细节的逐一完成任务的职业	● 教育 ● 健康护理（包括生理、心理） ● 宗教服务 ● 其他能够让他们运用自己的经验亲力亲为帮助别人的职业，这种帮助是协助或辅助性的	● 宗教 ● 咨询服务（包括个人、社会、心理等） ● 教导/教学 ● 艺术 ● 其他能够促进他们情感、智力或精神发展的职业	● 科学或技术领域 ● 计算机 ● 法律 ● 其他能够让他们运用智力创造和技术知识去构思、分析和完成任务的职业

续表

ISTP	ISFP	INFP	INTP
● 熟练工种 ● 技术领域 ● 农业 ● 执法者 ● 军人 ● 其他能够让他们动手操作、分析数据或事情的职业	● 健康护理（包括生理、心理） ● 商业 ● 执法者 ● 其他能够让他们运用友善、专注于细节的相关服务的职业	● 咨询服务（包括个人、社会、心理等） ● 写作 ● 艺术 ● 其他能够让他们运用创造和集中于他们的价值观的职业	● 科学或技术领域 ● 其他能够让他们基于自己的专业技术知识独立、客观分析问题的职业
ESTP	ESFP	ENFP	ENTP
● 市场 ● 熟练工种 ● 商业 ● 执法者 ● 应用技术 ● 其他能够让他们利用行动关注必要细节的职业	● 健康护理（包括生理、心理） ● 教学/教导 ● 教练 ● 儿童保育 ● 熟练工种 ● 其他能够让他们利用外向的天性和热情去帮助那些有实际需要的人们的职业	● 咨询服务（包括个人、社会、心理等） ● 教学/教导 ● 宗教 ● 艺术 ● 其他能够让他们利用创造和交流去帮助促进他人成长的职业	● 科学 ● 管理者 ● 技术 ● 艺术 ● 其他能够让他们有机会不断承担新挑战的工作
ESTJ	ESFJ	ENFJ	ENTJ
● 管理者 ● 行政管理 ● 执法者 ● 其他能够让他们运用对事实的逻辑和组织完成任务的职业	● 教育 ● 健康护理（包括生理、心理） ● 宗教 ● 其他能够让他们运用个人关怀为他人提供服务的职业	● 宗教 ● 艺术 ● 教学/教导 ● 其他能够让他们帮助别人在情感、智力和精神上成长的职业	● 管理者 ● 领导者 ● 其他能够让他们运用实际分析、战略计划和组织完成任务的职业

每一个偏好和类型没有好坏、对错之分。每种类型都是独特的，会在适合的环境中发挥自己的特点。世界上没有百分之百适合某种性格的职业，也没有百分之百不适合某种性格的职业，懂得用己所长，整合资源，才是问题解决之道。

(5) 瑟斯顿量表(Thurstone Scale)。

瑟斯顿量表，又称等距量表法，是由瑟斯顿(L. L. Thurstone)为构造品质态度测量方法而设计的一项技术，即从单一的维度测量态度。使用瑟斯顿技术编制量表的第一步是搜集与所研究的态度主题有关的广泛的见解(比如死刑)，按照相当消极—中等程度—相当积极排列。陈述句来自持不同观点的人们所提供的评论或大众文学作品中，然后通过大量的判断把这些陈述句分到11个等级中去，这些等级是按对态度主题从最不喜欢到最喜欢的次序排列的。再计算每一陈述评分的中位数和四分位数(Q值)；Q

值大的陈述句由于其意义不明确而被删除。对剩下的陈述句进行内部一致性项目分析,把不一致的陈述句作为离题的项目删除。从这一程序中保留下来的是一组一致的、意义明确的陈述句,它们的量表值(评分中位数)是按照1~11排列的。而态度量表本身则是由调查表中的每一组11个等距陈述句中选出的两个或更多的陈述句组成的。被试者找出所有他们同意的陈述,而每位被试者所赞同的项目依分数从高到低排列,居中的项目分数便为其态度分数。如果题库中有足够多的测题,那么选择一些配对的测题便可建构两套相同的测验,从而确定态度得分的信度。与其他技术相比较(如李克特量表、古特曼量表和奥斯古德量表),瑟斯顿量表有其优越性,但它非常耗时,大部分已被新发展起来的态度测量技术所代替。然而瑟斯顿量表是行为固定等级量表编制的关键环节。

人格问卷法的特点是使用方便,如果设计有较高的信度与效度,可在较短时间内搜集到大量的资料。但也有些值得注意的问题:被试者往往对社会赞许的问题给予肯定的回答;有时被试者对任何问题都给予同意的回答,这都会影响测验结果。因此,在问卷之外再有其他方法配合,将会得到更真实的材料。

一、贝多芬人格心理分析——自我激励的奇迹

贝多芬是西方古典音乐中的恺撒。可有谁知道,贝多芬青年时患耳疾,中年时失聪。贝多芬的音乐给人带来了无尽的享受,可他却不能在生前享受到自己创作的作品。

请注意这位天生的音乐家

1770年12月16日,贝多芬诞生在波恩市的一个音乐世家。他4岁时就会弹奏羽管键琴,8岁起就登台演出,并获得了音乐神童的美誉。10岁时,他拜师于普鲁士最著名的音乐教育家聂费。12岁时经聂费的推荐,贝多芬到瓦尔特斯坦伯爵的宫廷乐队充任管风琴师助手,这是贝多芬"音乐仆役"生涯的开始。

17岁时,贝多芬拜访音乐大师莫扎特,受到热情的接待。莫扎特在听完贝多芬弹了几首钢琴曲子后,兴奋地说:"各位,请注意这位年轻人,不久的将来他就会博得世人的称赞!"莫扎特还答应给贝多芬上课。可惜两个月后,贝多芬的母亲突然去世。从此,贝多芬的父亲意志消沉,终日酗酒,贝多芬不得不挑起了养家糊口的重担,在歌剧院当钢琴师。

19岁那年,法国大革命爆发,贝多芬满怀激情地写了《谁是自由人》的合唱曲来表达他对自由与民主的渴望。后来,贝多芬通过别人的介绍,认识了李希诺夫斯基公爵。后者很欣赏贝多芬的才华,收他为音乐仆役。贝多芬也很快以自己的即兴钢琴演奏迷住了维也纳人,其音乐旋律时而如细水潺流,时而如惊涛骇浪,时而如鸟语鸡鸣,时而如暴风骤雨。有人曾评论贝多芬的即兴曲"充满了生命和美妙"。

我要扼住命运的咽喉

30岁时,贝多芬爱上了一位伯爵小姐,但她父亲嫌贝多芬出身低贱,硬是把女儿许配给一位伯爵。这给了贝多芬极大的精神刺激,据说他的名曲《致爱丽丝》就是在这段时间内创作的。

失恋固然令他伤心,但更令他伤心的是他开始耳聋。他在给朋友的一封信中写道:"我过着一种悲惨的生活……要是干别的职业,也许还可以;但在我的行业里,这是最可怕的遭遇!"贝多芬曾竭力治疗,却无济于事,他搬到维也纳乡下去疗养了两年。结果病情不但没有好转,反而更加恶化了,就连窗口对面的教堂钟声他都听不到了。

绝望中,贝多芬多次想到了死。但他不甘心就这样离开人世,坚信只有音乐才能拯救自己。他在给朋友的一封信中写道:"我要扼住命运的咽喉,不容它毁掉我!"贝多芬立志要在余生中从事音乐创作。从此,维也纳的宫廷乐会少了一位出色的钢琴弹奏家,但世界乐坛却诞生了一位不朽的作曲家。

贝多芬从32岁起开始音乐创作,在近两年的彷徨与探索后,他终于创作出第一部具有自己鲜明特色的作品——《第三交响曲》(《英雄交响曲》),其最突出的特点是音调跌宕起伏,时而沉静凝思,时而愤慨咆哮,令人情绪激愤。贝多芬创作《英雄交响曲》,本来是想献给拿破仑的,但他听到拿破仑在巴黎圣母院加冕称帝的消息时,怒不可遏,愤而涂去原来的献词,而是把它改成:"《英雄交响曲》——为纪念一位伟大的人物而作"。

贝多芬只有一个

1809年10月,法军占领维也纳,趋炎附势的奥地利贵族们争相向占领者们献媚,其中也包括李希诺夫斯基公爵,他强迫贝多芬为法军军官弹奏钢琴曲,这使贝多芬忍无可忍,他抄起一只凳子向公爵扔去,并在当晚离开了公爵家。贝多芬行前留下一张纸条,上书:"公爵,您之所以成为一位公爵,只是由于偶然的出身所造成的;而我之所以成为贝多芬,却是由于我自己。公爵现在有的是,将来也有的是;而贝多芬却只有一个!"

还有一次，当贝多芬与歌德一同散步时，迎面撞见了皇后、太子和一群贵族们。面对他们，歌德立刻让路，而贝多芬则坦然地说："让路的应是他们，而不是我们！"但歌德还是摘下礼帽，躬身立在路旁，而贝多芬则背着双手，阔步向前。结果太子认出了贝多芬，连忙脱下礼帽向他致意，其侍从们也毕恭毕敬地分列两边，目送贝多芬挺胸而过。那次，贝多芬真正感到了做人的尊严。

贝多芬54岁时，创作出《第九交响曲》(《合唱交响曲》)。他前后用了六年时间来创作、修改这部曲子。1824年5月7日，《第九交响曲》首次在维也纳卡德剧院演奏。贝多芬亲自指挥演奏，他既不看眼前的乐谱，也听不见丝毫的琴声。他全凭自己的记忆来指挥这场演奏。结果听众们兴奋若狂，不时发出热烈的喝彩声，鼓掌次数多达五次！而皇族成员出场也不过鼓掌三次。

贝多芬自励人格的心理分析

从心理学上讲，贝多芬之所以在极度困苦的状况下，一再创作出辉煌无比的音乐篇章，这与他的自励人格有极大的关系。自励人格的突出特点是能很快将生活中的压力转化为自我励志的动力，并在不断的奋斗中获得精神上的满足。具有自励人格的人还很善于升华个人的精神痛苦，他们会把每一次生活挫折都当成个人成长的契机，从而磨炼个人的意志。

贝多芬的可贵在于他每每生活失意时，都会在音乐创作中寻求内心的平衡。例如，贝多芬因失恋而谱写出《致爱丽丝》，因向往自由而谱写出《第三交响曲》(《英雄交响曲》)，因失聪而谱写出《第九交响曲》(《合唱交响曲》)，他的音乐创作既饱含了对人生的深刻感受，又充满了激情。他最大的名言是"我要扼住命运的咽喉"。他用一生的努力去向世人证明他有这个能力！

贝多芬的可贵还在于他永远傲视达官显贵，不因自己出身卑贱就去刻意巴结他们。他在音乐创作当中也突出体现出他的傲骨，他谱写的旋律可比惊涛骇浪，气壮山河，充满了个性特征。

一个失聪之人，却能谱写出人世间最动听、最振奋的音乐篇章，这是贝多芬自励人格的不朽传奇。

(节选自杨军.世界100位名人的人格魅力[M].北京：世界图书出版公司，2004.)

二、卡特尔16种人格因素量表(16PF)

本测验包括一些有关个人兴趣与态度的问题。每个人都各有自己的看法，对问题的回答自然不同。无所谓"正确"和"错误"。请被试者尽量表达自己的意见。

下面是四个例题。请尝试回答这几个问题,选出自己的答案。每一题后附有三个选项,但只能选择一个选项。请尽量少选中性答案,每个问题都要回答。

例题:

1. 我喜欢看团体球赛:
   A. 是的　　　　　　　B. 偶然的　　　　　　C. 不是的
2. 我所喜欢的人大都是:
   A. 拘谨缄默的　　　　B. 介于A与C之间　　　C. 善于交际的
3. 金钱不能给予快乐:
   A. 是的　　　　　　　B. 介于A与C之间　　　C. 不是的
4. "女人"与"儿童",犹如"猫"与:
   A. "小猫"　　　　　　B. "狗"　　　　　　　C. "男童"

第四题的正确答案应当为"小猫",不过问卷中这一类问题比较多见。

作答时,请注意下列四点:

(1) 请不要费时斟酌,应当顺其自然地依个人的反应选答。比如第一题是有关球赛的问题,对于观看排球赛或篮球赛的爱好可能不同,你的回答应就一般球赛而论。通常每分钟可作五六题,全部问题应在半小时内完成。

(2) 除非万不得已,尽量避免如"介于A与C之间"或"不确定"这样的中性答案。

(3) 请不要遗漏,务必对每一个问题作答。有些问题似乎没有符合的答案,有些问题又似乎涉及隐私,但本测验的目的,在于研究比较青年和成人的兴趣和态度,希望被试者真实作答。

(4) 作答时,请坦白表达自己的兴趣与态度,不必顾忌到主试者或其他人的意见与立场。

问卷:

1. 我很明了本测验的说明:
   A. 是的　　　　　　　B. 不一定　　　　　　C. 不是的
2. 我对本测验每一个问题都会按自己的事实情况作答:
   A. 是的　　　　　　　B. 不一定　　　　　　C. 不同意
3. 有度假机会时,我宁愿:
   A. 去一个繁华的都市　B. 介于A与C之间　　　C. 闲居清静而偏僻的郊区
4. 我有足够的能力应付困难:
   A. 是的　　　　　　　B. 不一定　　　　　　C. 不是的

5. 即使是关在铁笼内的猛兽，我见了也会感到惴惴不安：
   A. 是的　　　　　　　B. 不一定　　　　　　C. 不是的
6. 我总是避免批评别人的言行：
   A. 是的　　　　　　　B. 有时如此　　　　　C. 不是的
7. 我的思想似乎：
   A. 比较先进　　　　　B. 一般　　　　　　　C. 比较保守
8. 我不擅长说笑话，讲趣事：
   A. 是的　　　　　　　B. 介于A与C之间　　　C. 不是的
9. 当我看到亲友邻居争执时，我总是：
   A. 任其自己解决　　　B. 置之不理　　　　　C. 予以解决
10. 在社交场合中，我：
    A. 谈吐自然　　　　　B. 介于A与C之间　　　C. 退避三舍，保持沉默
11. 我愿做一名：
    A. 建筑工程师　　　　B. 不确定　　　　　　C. 社会科学研究者
12. 阅读时，我宁愿选读：
    A. 著名的宗教教义　　B. 不确定　　　　　　C. 国家政治组织的理论
13. 我相信许多人都有些心理不正常，虽然他们都不愿意这样承认：
    A. 是的　　　　　　　B. 介于A与C之间　　　C. 不是的
14. 我所希望的结婚对象擅长交际而无须具有文艺才能：
    A. 是的　　　　　　　B. 不一定　　　　　　C. 不是的
15. 对于头脑简单和不讲理的人，我仍然能以礼相待：
    A. 是的　　　　　　　B. 介于A与C之间　　　C. 不是的
16. 受人侍奉时我常感到不安：
    A. 是的　　　　　　　B. 介于A与C之间　　　C. 不是的
17. 从事体力或脑力劳动后，我比平常人需要更多的休息：
    A. 是的　　　　　　　B. 介于A与C之间　　　C. 不是的
18. 半夜醒来，我会为种种忧虑而不能入眠：
    A. 常常如此　　　　　B. 有时如此　　　　　C. 极少如此
19. 事情进行得不顺利时，我常会急得掉眼泪：
    A. 从不如此　　　　　B. 有时如此　　　　　C. 时常如此
20. 我认为只要双方同意就可以离婚，不应当受传统礼教的束缚：
    A. 是的　　　　　　　B. 介于A与C之间　　　C. 不是的

21. 我对于人或物的兴趣很容易改变：
　　A. 是的　　　　　　　　B. 介于A与C之间　　　C. 不是的
22. 筹划事务时,我宁愿：
　　A. 和别人合作　　　　　B. 不确定　　　　　　C. 自己单独进行
23. 我常会无端地自言自语：
　　A. 常常如此　　　　　　B. 偶然如此　　　　　C. 从不如此
24. 无论工作、饮食或出游,我总是：
　　A. 很匆忙,不能尽兴　　B. 介于A与C之间　　　C. 很从容不迫
25. 有时我会怀疑别人是否对我的言谈真正有兴趣：
　　A. 是的　　　　　　　　B. 介于A与C之间　　　C. 不是的
26. 在工厂中,我宁愿负责：
　　A. 机械组　　　　　　　B. 介于A与C之间　　　C. 人事组
27. 在阅读时,我宁愿选读：
　　A. 太空旅行　　　　　　B. 不太确定　　　　　C. 家庭教育
28. 下列三个字中哪个字与其他两个字属于不同类别：
　　A. 狗　　　　　　　　　B. 石　　　　　　　　C. 牛
29. 如果我能重新做人,我要：
　　A. 把生活安排得和以前不同　B. 不确定　　　　C. 生活得和以前相仿
30. 在一生之中,我总能达到自己预期的目标：
　　A. 是的　　　　　　　　B. 不一定　　　　　　C. 不是的
31. 当我说谎时,我总觉得内心不安,不敢正视对方：
　　A. 是的　　　　　　　　B. 不一定　　　　　　C. 不是的
32. 假使我手持一支装有子弹的枪,我必须取出子弹后才能心安：
　　A. 是的　　　　　　　　B. 介于A与C之间　　　C. 不是的
33. 朋友们大都认为我是一个说话很风趣的人：
　　A. 是的　　　　　　　　B. 不一定　　　　　　C. 不是的
34. 如果人们知道我的内心世界,他们都会感到惊讶：
　　A. 是的　　　　　　　　B. 不一定　　　　　　C. 不是的
35. 在社交场合中,如果我突然成为众人关注的中心,我会感到局促不安：
　　A. 是的　　　　　　　　B. 介于A与C之间　　　C. 不是的
36. 我总喜欢参加大型的聚会、舞会或公共集会：
　　A. 是的　　　　　　　　B. 介于A与C之间　　　C. 不是的

37. 在下列工作中,我喜欢的是:

A. 音乐　　　　　　　B. 不一定　　　　　　　C. 手工

38. 我常常怀疑那些过于友善的人的动机:

A. 是的　　　　　　　B. 介于A与C之间　　　C. 不是的

39. 我宁愿自己的生活像:

A. 一个艺人或博物学家

B. 不确定

C. 会计师或保险公司的经纪人

40. 目前世界所需要的是:

A. 多产生一些富有改善世界计划的理想家

B. 不确定

C. 脚踏实地的可靠公民

41. 有时我觉得自己需要做剧烈的体力劳动:

A. 是的　　　　　　　B. 介于A与C之间　　　C. 不是的

42. 我愿意与有礼貌、有教养的人来往,而不愿与粗鲁野蛮的人为伍:

A. 是的　　　　　　　B. 介于A与C之间　　　C. 不是的

43. 在处理一些必须凭借智慧的事务时,我的父母的确:

A. 较一般人差　　　　B. 普通　　　　　　　　C. 超人一等

44. 当上司(或教师)召见我时,我:

A. 总觉得可以趁机提出建议

B. 介于A与C之间

C. 总怀疑自己做错了什么事

45. 假使薪俸优厚,我愿意专任照料精神病人的职务:

A. 是的　　　　　　　B. 介于A与C之间　　　C. 不是的

46. 看报时,我喜欢读:

A. 当前世界基本问题的辩论

B. 介于A与C之间

C. 地方新闻的报道

47. 我曾担任过:

A. 一种职务　　　　　B. 多种职务　　　　　　C. 非常多的职务

48. 逛街时我宁愿观看一个画家写生,也不愿听别人的辩论:

A. 是的　　　　　　　B. 不一定　　　　　　　C. 不是的

49. 我的神经脆弱,稍有刺激的声音就会使我震惊:
A. 时常如此　　　　　　B. 有时如此　　　　　　C. 从未如此

50. 我在清早起身时,就常常感到疲乏不堪:
A. 是的　　　　　　　　B. 介于A与C之间　　　　C. 不是的

51. 我宁愿是一个:
A. 森林的管理员　　　　B. 不一定　　　　　　　 C. 中小学教员

52. 每逢节日或亲人生日,我:
A. 喜欢互相赠送礼物　　B. 不太确定　　　　　　 C. 觉得交换礼物是件麻烦事

53. 下列数字中,哪个数字与其他两个数字属于不同类别:
A. 5　　　　　　　　　 B. 2　　　　　　　　　　C. 7

54. "猫"与"鱼"就如同"牛"与:
A. "牛乳"　　　　　　　B. "牧草"　　　　　　　 C. "盐"

55. 在做人处世的各个方面,我的父母很值得敬佩:
A. 是的　　　　　　　　B. 不一定　　　　　　　 C. 不是的

56. 我觉得我有一些别人所不及的优良品质:
A. 是的　　　　　　　　B. 不一定　　　　　　　 C. 不是的

57. 只要有利于大家,尽管别人认为卑贱的工作,我也乐而为之,不以为耻:
A. 是的　　　　　　　　B. 不太确定　　　　　　 C. 不是的

58. 我喜欢看电影或参加其他娱乐活动:
A. 每周一次以上(比一般人多)
B. 每周一次(与通常人相似)
C. 偶然一次(比通常人少)

59. 我喜欢从事需要精密技术的工作:
A. 是的　　　　　　　　B. 介于A与C之间　　　　C. 不是的

60. 在有威望、有地位的长者面前,我总较为缄默:
A. 是的　　　　　　　　B. 介于A与C之间　　　　C. 不是的

61. 就我来说,在大众面前表演或演讲是一件不容易的事:
A. 是的　　　　　　　　B. 介于A与C之间　　　　C. 不是的

62. 我宁愿:
A. 指挥几个人工作　　　B. 不确定　　　　　　　 C. 和团体共同工作

63. 纵使我做了一件贻笑大方的事,我也仍然能够坦然处之:
A. 是的　　　　　　　　B. 介于A与C之间　　　　C. 不是的

64. 没有人会在我遭遇困难时幸灾乐祸：

    A. 是的　　　　　　　B. 不确定　　　　　　　C. 不是的

65. 堂堂男子汉应该：

    A. 考虑人生的意义　　B. 不确定　　　　　　　C. 为家庭谋温饱

66. 我喜欢解决别人已弄得一塌糊涂的问题：

    A. 是的　　　　　　　B. 介于A与C之间　　　　C. 不是的

67. 当我十分高兴的时候总有好景不长之感：

    A. 是的　　　　　　　B. 介于A与C之间　　　　C. 不是的

68. 在一般的困难处境下，我总能保持乐观：

    A. 是的　　　　　　　B. 不一定　　　　　　　C. 不是的

69. 迁居是一件极不愉快的事：

    A. 是的　　　　　　　B. 介于A与C之间　　　　C. 不是的

70. 在我年轻的时候，如果我和父母的意见不同，那我经常：

    A. 坚持自己的意见　　B. 介于A与C之间　　　　C. 接受他们的意见

71. 我希望我的爱人能够使家庭：

    A. 有其本身的欢乐与活动

    B. 介于A与C之间

    C. 成为邻里社交活动的一部分

72. 我解决问题多数依靠：

    A. 个人独立思考　　　B. 介于A与C之间　　　　C. 与人互相讨论

73. 需要当机立断时，我总是：

    A. 镇静地运用理智

    B. 介于A与C之间

    C. 常常紧张兴奋，不能冷静思考

74. 最近，在一两件事上，我觉得自己是无辜受累：

    A. 是的　　　　　　　B. 介于A与C之间　　　　C. 不是的

75. 我善于控制自己的表情：

    A. 是的　　　　　　　B. 介于A与C之间　　　　C. 不是的

76. 如果薪俸相等，我宁愿做一位：

    A. 化学研究工作者　　B. 不确定　　　　　　　C. 旅行社经理

77. "惊讶"与"新奇"犹如"惧怕"与：

    A. 勇敢　　　　　　　B. "焦虑"　　　　　　　C. "恐怖"

78. 下列三个分数中,哪一个与其他两个属不同类别:
   A. 3/7　　　　　　　　B. 3/9　　　　　　　　C. 3/11

79. 不知什么缘故,有些人故意回避或冷淡我:
   A. 是的　　　　　　　B. 不一定　　　　　　C. 不是的

80. 我虽善意待人,却得不到好报:
   A. 是的　　　　　　　B. 不一定　　　　　　C. 不是的

81. 我不喜欢那些夜郎自大、目空一切的人:
   A. 是的　　　　　　　B. 介于A与C之间　　　C. 不是的

82. 和一般人相比,我的朋友的确太少:
   A. 是的　　　　　　　B. 介于A与C之间　　　C. 不是的

83. 万不得已时我才参加社交集会,否则我总是设法回避:
   A. 是的　　　　　　　B. 不一定　　　　　　C. 不是的

84. 在服务机关中,对上级的逢迎得当,比工作上的表现更为重要:
   A. 是的　　　　　　　B. 介于A与C之间　　　C. 不是的

85. 参加竞赛活动时,我看重的是竞赛活动,而不计较其成败:
   A. 总是如此　　　　　B. 一般如此　　　　　C. 偶然如此

86. 我宁愿我所从事的职业有:
   A. 固定可靠的薪水
   B. 介于A与C之间
   C. 薪资高低能随我工作的表现而随时调整

87. 我宁愿阅读:
   A. 军事与政治的事实记载
   B. 不一定
   C. 一部富有情感与幻想的作品

88. 有许多人不敢犯罪,主要原因是怕受到惩罚:
   A. 是的　　　　　　　B. 介于A与C之间　　　C. 不是的

89. 我的父母(或保护人)从不严格地要求我事事顺从:
   A. 是的　　　　　　　B. 不一定　　　　　　C. 不是的

90. "百折不挠,再接再厉"的精神似乎完全被现代人忽视了:
   A. 是的　　　　　　　B. 不一定　　　　　　C. 不是的

91. 如果有人对我发怒,我总是:
   A. 设法使他镇静下来　B. 不太确定　　　　　C. 也会恼怒起来

92. 我希望大家都提倡：

　　A. 多吃蔬菜以避免杀生

　　B. 不一定

　　C. 发展农业，消灭对农产品有害的动物

93. 无论是在极高的屋顶上还是在极深的隧道中，我都很少觉得胆怯不安：

　　A. 是的　　　　　B. 介于A与C之间　　　　C. 不是的

94. 只要没有过错，不管人家怎样归咎于我，我总能心安理得：

　　A. 是的　　　　　B. 不一定　　　　　　　　C. 不是的

95. 凡是无法运用理智来解决的问题，有时就不得不靠权力来处理：

　　A. 是的　　　　　B. 介于A与C之间　　　　C. 不是的

96. 我十六七岁时与异性朋友的交游：

　　A. 极多　　　　　B. 介于A与C之间　　　　C. 比别人冷淡

97. 我在交际场合或在所参加的组织中是一个活跃分子：

　　A. 是的　　　　　B. 介于A与C之间　　　　C. 不是的

98. 在嘈杂声中，我仍能不受妨碍，专心工作：

　　A. 是的　　　　　B. 介于A与C之间　　　　C. 不是的

99. 在某些心境下，我常因困惑引起幻想而将工作搁置下来：

　　A. 是的　　　　　B. 介于A与C之间　　　　C. 不是的

100. 我很少用难堪的话去伤害别人的感情：

　　A. 是的　　　　　B. 不太确定　　　　　　　C. 不是的

101. 我更愿意做一名：

　　A. 商店经理　　　B. 不确定　　　　　　　　C. 建筑师

102. "理不胜辞"的意思是：

　　A. 理不如辞　　　B. 理多而辞寡　　　　　　C. 辞藻丰富而理由不足

103. "锄头"与"挖掘"犹如"刀子"与：

　　A. "雕刻"　　　　B. "切割"　　　　　　　　C. "铲除"

104. 我常在大街上回避我不愿招呼的人：

　　A. 很少如此　　　B. 偶然如此　　　　　　　C. 有时如此

105. 在我倾听音乐时，如果人家高谈阔论：

　　A. 我仍能够专心听，不受影响

　　B. 介于A与C之间

　　C. 我会因为不能专心欣赏而感到恼怒

106. 在课堂上,如果我的意见与老师不同,我常:
   A. 保持缄默　　　　　　B. 不一定　　　　　　　C. 当场表明立场

107. 我和异性友伴交谈时,极力避免有关"性"的话题:
   A. 是的　　　　　　　　B. 介于A与C之间　　　　C. 不是的

108. 我待人接物的确不太成功:
   A. 是的　　　　　　　　B. 不尽然　　　　　　　C. 不是的

109. 每当考虑难题时,我总是:
   A. 一切都未雨绸缪　　　B. 介于A与C之间　　　　C. 相信到时候会自然解决

110. 我所结交的朋友中男女各占一半:
   A. 是的　　　　　　　　B. 介于A与C之间　　　　C. 不是的

111. 我宁可:
   A. 结识很多的人　　　　B. 不一定　　　　　　　C. 维持几个深交的朋友

112. 我宁为哲学家,而不作机械工程师:
   A. 是的　　　　　　　　B. 不确定　　　　　　　C. 不是的

113. 如果我发现某人自私不义时,我总不计一切地指责他:
   A. 是的　　　　　　　　B. 介于A与C之间　　　　C. 不是的

114. 我善用心机去影响同伴,使他们能协调实现我的目标:
   A. 是的　　　　　　　　B. 介于A与C之间　　　　C. 不是的

115. 我喜欢做戏剧、音乐、歌剧等新闻采访工作:
   A. 是的　　　　　　　　B. 不一定　　　　　　　C. 不是的

116. 当人们表扬我时,我总觉得不好意思:
   A. 是的　　　　　　　　B. 介于A与C之间　　　　C. 不是的

117. 我认为现代最需要解决的问题是:
   A. 政治纠纷　　　　　　B. 不太确定　　　　　　C. 道德目标的有无

118. 我有时会无缘无故地产生一种面临大祸的恐惧:
   A. 是的　　　　　　　　B. 有时如此　　　　　　C. 不是的

119. 我在童年时,害怕黑暗的次数:
   A. 极多　　　　　　　　B. 不太多　　　　　　　C. 没有

120. 黄昏闲暇时,我喜欢:
   A. 看一部历史探险片　　B. 不一定　　　　　　　C. 看一本科学幻想小说

121. 当人们批评我古怪时,我觉得:
   A. 非常气恼　　　　　　B. 有些动气　　　　　　C. 无所谓

122. 在一个陌生的城市找某地时,我经常:
   A. 找人问路　　　　　B. 介于A与C之间　　　　C. 参考市区地图

123. 朋友们声言要在家休息时,我仍设法怂恿他们外出:
   A. 是的　　　　　　　B. 不一定　　　　　　　C. 不是的

124. 在就寝时,我:
   A. 不易入睡　　　　　B. 介于A与C之间　　　　C. 极容易入睡

125. 有人烦扰我时,我:
   A. 能不露声色　　　　B. 介于A与C之间　　　　C. 要说给别人听,以泄气愤

126. 如果薪俸相等,我宁愿做一名:
   A. 律师　　　　　　　B. 不确定　　　　　　　C. 飞行员或航海员

127. "时间永恒"是比喻:
   A. 时间过得很慢　　　B. 忘了时间　　　　　　C. 光阴一去不复返

128. 下列三项记号中,哪一项应紧接：XOOOOXXOOOXXX：
   A. XOX　　　　　　　B. OOX　　　　　　　　C. OXX

129. 在陌生的地方,我仍能清楚地辨别东西南北的方向:
   A. 是的　　　　　　　B. 介于A与C之间　　　　C. 不是的

130. 我的确比一般人幸运,因为我能从事自己所热爱的工作:
   A. 是的　　　　　　　B. 不一定　　　　　　　C. 不是的

131. 如果我急于借用别人的东西而物主恰又不在,我认为不告而取也无大碍:
   A. 是的　　　　　　　B. 介于A与C之间　　　　C. 不是的

132. 我喜欢向友人讲述一些以往有趣的社交经验:
   A. 是的　　　　　　　B. 介于A与C之间　　　　C. 不是的

133. 我更愿意做一名:
   A. 演员　　　　　　　B. 不确定　　　　　　　C. 建筑师

134. 工作学习之余,我总要安排计划,不使时间浪费:
   A. 是的　　　　　　　B. 介于A与C之间　　　　C. 不是的

135. 与人交际时,我常会无端地产生一种自卑感:
   A. 是的　　　　　　　B. 介于A与C之间　　　　C. 不是的

136. 主动与陌生人交谈,对于我来说:
   A. 是一件难事　　　　B. 介于A与C之间　　　　C. 毫无困难

137. 我喜欢的音乐多数是:
   A. 轻快活泼的　　　　B. 介于A与C之间　　　　C. 富于情感的

138. 我爱做"白日梦"（完全沉浸于幻想之中）：
   A. 是的　　　　　　B. 不一定　　　　　　C. 不是的

139. 未来20年的世界局势定将好转：
   A. 是的　　　　　　B. 不一定　　　　　　C. 不是的

140. 童年时我喜欢阅读：
   A. 战争故事　　　　B. 不确定　　　　　　C. 神话幻想故事

141. 我素来对机械、汽车、飞机等有兴趣：
   A. 是的　　　　　　B. 介于A与C之间　　　C. 不是的

142. 我愿意做一个缓刑释放的犯罪的管理监视人：
   A. 是的　　　　　　B. 介于A与C之间　　　C. 不是的

143. 人们认为我不过是一个能苦干、稍有成就的人而已：
   A. 是的　　　　　　B. 介于A与C之间　　　C. 不是的

144. 在逆境中，我总能保持精神振奋：
   A. 是的　　　　　　B. 介于A与C之间　　　C. 不是的

145. 我认为节制生育是解决世界经济和平问题的关键：
   A. 是的　　　　　　B. 不太确定　　　　　C. 不是的

146. 我喜欢独自筹划，避免受别人的干涉和建议：
   A. 是的　　　　　　B. 介于A与C之间　　　C. 不是的

147. 我相信上司不可能没有过错，但他仍有权做当权者：
   A. 是的　　　　　　B. 不一定　　　　　　C. 不是的

148. 我总设法使自己不粗心大意，不忽略细节：
   A. 是的　　　　　　B. 介于A与C之间　　　C. 不是的

149. 与人争辩或险遭事故后，我常发抖、精疲力竭，不能安心工作：
   A. 是的　　　　　　B. 介于A与C之间　　　C. 不是的

150. 没有医生的处方，我从不乱用药：
   A. 是的　　　　　　B. 介于A与C之间　　　C. 不是的

151. 为了培养个人兴趣，我愿意参加：
   A. 摄影组　　　　　B. 不确定　　　　　　C. 辩论会

152. "星火"与"燎原"对等于"姑息"与：
   A. "同情"　　　　　B. "养奸"　　　　　　C. "纵容"

153. "钟表"与"时间"犹如"裁缝"与：
   A. "西装"　　　　　B. "剪刀"　　　　　　C. "布料"

154. 生动的梦境常常滋扰我的睡眠:

A. 时常如此　　　　　B. 偶然如此　　　　　C. 从未如此

155. 我过去曾撕毁一些禁止人们自由的布告:

A. 是的　　　　　　　B. 介于A与C之间　　 C. 不是的

156. 在一个陌生的城市中,我会:

A. 到处游荡　　　　　B. 不确定　　　　　　C. 避免去较不安全的地方

157. 我宁愿服饰素洁大方,而不愿争奇斗艳惹人注目:

A. 是的　　　　　　　B. 不太确定　　　　　C. 不是的

158. 黄昏时安静的娱乐远胜过热闹的宴会:

A. 是的　　　　　　　B. 不太确定　　　　　C. 不是的

159. 我常常明知故犯,不愿意接受好心的建议:

A. 偶然如此　　　　　B. 罕有如此　　　　　C. 从不如此

160. 我总把"是非""善恶"作为判断或取舍的原则:

A. 是的　　　　　　　B. 介于A与C之间　　 C. 不是的

161. 我工作时不喜欢有许多人在场参观:

A. 是的　　　　　　　B. 介于A与C之间　　 C. 不是的

162. 我故意为难一些有教养的人,如医生、教师,并认为是一件有趣的事:

A. 是的　　　　　　　B. 介于A与C之间　　 C. 不是的

163. 在各种课程中,我较喜欢:

A. 语文　　　　　　　B. 不确定　　　　　　C. 数学

164. 那些自以为是、道貌岸然的人最使我生气:

A. 是的　　　　　　　B. 介于A与C之间　　 C. 不是的

165. 与平常循规蹈矩的人交谈:

A. 颇有兴趣,亦有所得　B. 介于A与C之间　　 C. 他们思想的肤浅使我厌烦

166. 我喜欢:

A. 有几个平时对我很苛求,而却富有感情的朋友

B. 介于A与C之间

C. 不受别人的牵涉

167. 作民意投票时,我宁愿投票赞同:

A. 切实根绝有心理缺陷者的生育

B. 不确定

C. 对杀人犯判处死刑

168. 我有时会无端地感到沮丧痛苦:
    A. 是的   B. 介于A与C之间   C. 不是的
169. 当我与立场相反的人辩论时,我主张:
    A. 尽量找出基本观点的差异
    B. 不一定
    C. 彼此让步以解决矛盾
170. 我一向重感情而不重理智,因此我的观点常常动摇不定:
    A. 是的   B. 大致如此   C. 不是的
171. 我的学习效率多有赖于:
    A. 阅读好书   B. 介于A与C之间   C. 参加团体讨论
172. 我宁愿选一个高薪的工作,不在乎有无保障,而不愿从事低薪的固定工作:
    A. 是的   B. 不太确定   C. 不是的
173. 在参加辩论以前,我总是先把握住自己的立场:
    A. 经常如此   B. 一般如此   C. 必要时才如此
174. 我常被一些无谓的琐事烦扰:
    A. 是的   B. 介于A与C之间   C. 不是的
175. 我宁愿住在嘈杂的城市,也不愿住在安静的乡村:
    A. 是的   B. 不太确定   C. 不是的
176. 我宁愿:
    A. 负责领导儿童游戏 B. 不确定   C. 协助钟表修理
177. 一人(　　)事,众人受累:
    A. 愤   B. 偾   C. 喷
178. 望子成龙的家长,往往(　　)苗助长:
    A. 揠   B. 堰   C. 偃
179. 气候的转变并不影响我的情绪:
    A. 是的   B. 介于A与C之间   C. 不是的
180. 因为我对于一切问题都有些见解,所以大家都认为我富于思想:
    A. 是的   B. 介于A与C之间   C. 不是的
181. 我讲话的声音:
    A. 洪亮   B. 介于A与C之间   C. 低沉
182. 人们公认我是一个活跃热情的人:
    A. 是的   B. 介于A与C之间   C. 不是的

183. 我喜欢有旅行和变动机会的工作,而不计较工作本身是否有保障:
   A. 是的　　　　　　B. 介于A与C之间　　　　　C. 不是的

184. 我治事严格,凡事都务求尽善尽美:
   A. 是的　　　　　　B. 介于A与C之间　　　　　C. 不是的

185. 在取回或归还东西时,我总是仔细检查东西是否还保持原状:
   A. 是的　　　　　　B. 介于A与C之间　　　　　C. 不是的

186. 我通常精力充沛,忙碌多事:
   A. 是的　　　　　　B. 不一定　　　　　　　　C. 不是的

187. 我确信自己没有遗漏或漫不经心地回答上面的任何问题:
   A. 是的　　　　　　B. 不确定　　　　　　　　C. 不是的

四、价值观

1. 价值观

价值观指一个人对周围的客观事物(包括人、事、物)的意义、重要性的总评价和总看法。其一方面表现为价值取向、价值追求,凝结为一定的价值目标;另一方面表现为价值尺度和准则,成为人们判断价值事物有无价值及价值大小的评价标准。个人的价值观一旦确立,便具有相对稳定性。但就社会和群体而言,由于人员更替和环境的变化,社会或群体的价值观念又是不断变化的。传统价值观念会不断受到新价值观的挑战。对诸事物的看法和评价在心目中的主次、轻重的排列次序,构成了价值观体系。

价值观和价值观体系是决定人的行为的心理基础。价值观是一个庞大而又整合的系统,用于判断人、事、物的好坏、对错,可取与不可取。价值观中也包括对自己的看法,这就是自我概念。一个人先有自己的看法,然后才能决定自己的做法。这也是知与行的问题。价值观是人们所认可的最重要的信念,因此,只有依自己所需而量身定做的价值观,才可以得到内化,个人愿意为此负责,并以此形成自己的生活方式。如果将某些价值观强加于自身,就如同被套上了一身不合体的衣服,得不到认同、内化,个人不愿意对此负责,就不能为人们提供行动的指南。

当今时代是一个多元价值的时代,学校里有多种专业,社会上有各种职业,个人的发展前途也应该异彩纷呈、各有价值。由于功利取向的价值影响,一边倒、一窝蜂似的追功逐利现象处处可见。例如,什么专业热门学什么专业,什么职业热门就寻求什么职业,却忽视了自己的价值判断,结果是学后才知不爱学,干后方知不愿干,产生价值冲突,陷入内心苦恼。因此,价值观的学习是必要的,这种学习只能在生活历练之中去选择和调适,在同人与事的接触之中去独立思考,在勇于尝试之中去学习体验。价值观是以客观为基础的主观产物,是在一系列的喜好与嫌弃、追求与逃避、能做与应做等心理冲突和调适的过程中逐渐形成的。人们必须先了解有关人、事、物的客观事实,才能形成自己的主观看法。因此,人人都有自己的价值观,但也要学会容忍和尊重别人与你不同的价值观。

拍卖会

活动说明:

这是一个全班同学参与的拍卖会。每个人都有1000元可以自由支配,你可以先安排一下你打算花在每一个项目上的最高限价(见表2-7)。你可以用全部的钱去买下面拍卖品中的一项,也可以把手中的钱同时用在几个项目上。起拍底价为100元,每次叫价增加100元。

思考:

当你选择一个项目时,你心中真正想要的价值是什么?在竞争的过程中,你的感受是否不同?

表2-7 待出售项目及安排

序号	待出售的项目	你的预算金额	你的最高价额	你赢得的项目	与项目相关的价值
1	豪宅				
2	健康长寿且没有疾病				
3	巨富				
4	一张取之不竭、用之不尽的信用卡				
5	成为一个团体或者政党中最有影响力的人				
6	一个幸福完美的家庭				
7	为自己的追求和信仰献身				
8	获得全国范围和世界性的荣誉和名望				

续表

序号	待出售的项目	你的预算金额	你的最高价额	你赢得的项目	与项目相关的价值
9	一个小岛				
10	一门精湛的技艺				
11	一座宏大的图书馆				
12	一份稳定的工作和收入				
13	一只价值100万元且每年可获得25%纯利润的股票				
14	一个勤劳忠实的仆人				
15	三五个知心朋友				
16	名垂青史				
17	一张免费旅游世界的机票				
18	直言不讳的勇敢和百折不挠的真诚				
19	创造一个能让人们自由地给予和付出爱的气氛				
20	音乐会、运动比赛等丰富多彩的活动				

对待同一件事,人们总是仁者见仁,智者见智,因为价值观只是相对的,正如世界上没有最好的职业,也没有最好的专业,只有最适合你的专业和职业。寻求自我了解和自我成长是价值观学习与形成的重要前提。价值观也是多重的,一个成熟的人应该同时具有学业、金钱、道德、爱情方面的价值观。

2. 价值观的分类

(1) 奥尔波特的分类。

美国人格心理学家奥尔波特(Gordon W. Allport)将价值观分为六种类型:

① 理论型:理性地寻求真理。

② 经济型:强调效率和实用。在追求自己个人私利的过程中,它实际上对集体、对别人也能产生积极的作用。

③ 审美型:重视外形美与协调。

④ 社会型:强调对人的热爱,如中国强调和谐社会的发展,就是这样的一种价值观。

⑤ 政治型:以权力地位为中心,重视权力的使用。

⑥ 宗教型：以信仰为中心，着眼于对宇宙整体的关照。

这六种价值观常常综合作用，我们每一个人多多少少都受其中某几条的影响。

(2) 罗克奇价值观调查(RVS)。

罗克奇价值观调查包括两类价值系统：

① 终极价值观(18项)——一种期望存在的终极状态。它是一个人希望通过一生而实现的目标。其包括：舒适的生活、振奋的生活、和平的世界、美丽的世界、成就感、平等、家庭安全、自由、幸福、内在和谐、成熟的爱、国家的安全、快乐、永恒、自尊、社会承认、真挚的友谊、睿智。

② 工具价值观(18项)——一个人偏爱的行为方式或实现终极价值观的手段。其包括：雄心勃勃、心胸开阔、能干、欢乐、清洁、勇敢、宽容、助人为乐、正直、富于想象、独立、智慧、符合逻辑、博爱、顺从、礼貌、负责、自我控制。

与奥尔波特的研究发现一致，相同职业或类别的人倾向于拥有相同的价值观(见表2-8)。

表 2-8 终极价值观与工具价值观

经营者		工会成员		社区工作者	
终极价值观	工具价值观	终极价值观	工具价值观	终极价值观	工具价值观
自尊	正直	家庭安全	负责	平等	正直
家庭安全	负责	自由	正直	和平的世界	助人为乐
自由	能干	快乐	勇敢	家庭安全	勇敢
成就感	雄心勃勃	自尊	独立	自尊	负责
快乐	独立	成熟的爱	能干	自由	能干

(3) 格雷夫斯的价值观分类。

组织行为学家格雷夫斯(F. W. Graves)将人的价值观分为以下七级：

① 反应型：这种类型的人并未意识到自己和周围的人类是作为人类而存在的。他们只是照着自己基本的生理需要做出反应，而不顾其他任何条件。这种人非常少见，实际上等于婴儿。

② 部落型：这种类型的人依赖成性，服从于传统习惯和权势。

③ 自我中心型：这种类型的人信仰冷酷的个人主义，自私和爱挑衅，主要服从于权力。

④ 坚持己见型：这种类型的人对模棱两可的意见不能容忍，难于接受不同的价值观，希望别人接受他们的价值观。

⑤ 玩弄权术型：这种类型的人通过摆弄别人，篡改事实，以达到个人目的，非常现

实,积极争取地位和社会影响。

⑥ 社交中心型:这种类型的人把被人喜爱和与人善处看作重于自己的发展,受现实主义、权力主义和坚持己见者的排斥。

⑦ 存在主义型:这种类型的人能高度容忍模糊不清的意见和不同的观点,对制度和方针的僵化、空挂的职位、权力的强制使用敢于直言。

这个等级分类发表以后,管理学家迈尔斯等人在1974年就美国企业的现状进行了对照研究。他们认为,一般企业人员的价值观分布于第二级和第七级之间。就管理人员来说,过去大多属于第四级和第五级。现在情况在变化,这两个等级的人渐被第六、七级的人取代。

3. 职业价值观

职业价值观,又名职业价值取向、工作价值观,一个人的职业价值取向包括对专业、职业本职的认识,选择专业、职业的标准,职业理想等内容,它对职业的发展有着重要作用。职业价值观往往决定了人们的职业期望和职业方向,反映了人们想从职业生涯中获得哪些东西,影响人们对职业的知觉和判断,形成一个人的行为风格及工作动机和态度,体现世界观和理想。只有了解自己,了解自己的兴趣、需要、能力等特点,才能判断并形成自己的职业价值观。

舒伯提出了15种职业价值观,依据它对自己的重要程度从1排到5(1代表最不重要,5代表最重要),就可以知道自己在工作中最重视的是什么,最不重视的是什么,这就是职业价值观。再将自己的职业价值观与工作所能提供的价值内容做个比较,就能够判断这个工作是否适合自己的价值需求了。

① 利他主义:工作的价值或目的,在于它能使你为他人或社会大众服务和尽力。

② 美的追求:工作的目的,在于它能使这个世界更美好,增加艺术气氛。

③ 创造力:工作的价值是发展新产品、设计新事物或创造新的观念。

④ 智力的刺激:工作能提供独立思考、学习与分析事理的机会。

⑤ 成就感:因完成工作和做好工作而得到的成就感。

⑥ 独立性:工作能允许以自己的方式及步调去进行,不受控制或阻碍。

⑦ 声望:工作使你受到别人的重视与尊敬,并广为人知(不仅指地位或权力)。

⑧ 管理的权力:工作能影响或控制别人,工作职权是策划及分配工作给其他人。

⑨ 经济的报酬:工作能获得优厚的报酬,使自己有足够的财力获得想要的东西。

⑩ 安全感:工作使你有保障,有安全感,免于意外或不愉快。

⑪ 工作环境:工作环境宜人,不是太热、太冷、太吵或太脏。

⑫ 与上司的关系:在工作中能与上司平等且融洽地相处。

⑬ 与同事的关系:在工作中能接触到令人愉快的同事,且相处融洽。

⑭ 生活方式的选择：工作不会使自己想过的生活受到干扰。
⑮ 变异性：工作不是一成不变的，而是可以尝试不同的差事。

职业价值观不取决于我们对职业的了解程度，受父母、社会价值观、民族文化传统、受教育经历、朋友和同伴等因素影响。有研究表明：男女价值观稍有不同，而且近30年变化不大。影响男性的因素有：工作的稳定性、发展潜力、工作类型、公司、薪水。影响女性的因素有：工作类型、公司、稳定性、同事、发展潜力。

从人们的目标职业特点可以透视出一个人的职业价值观（见表2-9）。

表 2-9　目标职业特点及对应职业价值观

序号	目标职业特点	职业价值观
1	具有吸引力，让每一认识自己的人都喜欢自己	容貌、被赏识
2	拥有健康——长寿且无疾病	健康、心理健康
3	有清晰的自我认识，知道自己是谁	智慧、自我了解、内心和谐
4	每年至少赚100万元	财富、金钱、利润
5	成为一个团体或者政党中最有影响的人	权力、领导能力、晋升
6	有时间过一种愉快、有意义的家庭生活	家庭关系、生活方式
7	参加社会活动，如音乐会、戏剧、芭蕾舞表演或体育运动	审美、休闲、刺激
8	在一个没有歧视、欺骗和不公正现象的环境中工作	公正、正义、诚实、道德
9	为贫疾人士竭诚服务	利他主义、帮助他人、友谊
10	什么时候都可以做自己想做的事情	自主、独立、生活方式
11	有一份稳定的工作和收入	工作保障、稳定、固定工作
12	能够找到生活的意义和真谛	智慧、真理、个人成长
13	精通专业，在所做的一切事情上都取得成功	成就、技能、赏识
14	有学习的条件（需要的书籍、电脑和各种辅助物）	知识、智力方面的鼓励
15	创造一个能让人们自由给予和付出爱的氛围	慈爱、爱、友谊
16	冒险，迎接挑战，过一个精彩的人生	冒险、兴奋、竞争
17	产生新思想，创造新的行动方式	创造性、多样性、变化性
18	自由决定工作的条件、时间、位置和着装等	自由、独立、个人权利
19	制作有吸引力的物品，为世界增添美丽	审美、艺术性的创造
20	获得全国范围内和世界性的荣誉和名望	被赏识、炫耀、威望
21	休长假，什么也不愿做，只要开心玩乐	休闲时间、放松、健康

4. 职业价值观与职业选择

任何人在选择职业时都会受到一定动机的支配，而择业的动机一般都是由价值观决定的。在选择职业的过程中，人们总是盼望所选择的职业能够满足自己的某种物质和精神需要。职业价值观是一个人对各种职业价值的基本认识和基本态度。由于职业的不同在很大程度上决定了人们的政治和经济地位的明显差别,所以人们对某种社会地位的仰慕,也就是对这一社会地位所占有的职业的仰慕。由此产生了人们对社会不同职业的评价,也相应地形成了个人对待职业的态度,产生了职业价值观。

社会上的各种职业都有一定的价值,不同的职业体现着不同的价值内容。各种职业的工作条件、工作方式、工作强度、工作性质,以及工作的社会和经济效果都不相同,社会舆论也会对这些价值内容做出评价。所以,人们在思想上会对不同的职业做出不同的评价和表现不同的态度。

时代不同,职业的社会评价也会有所不同。比如在战争时期,军人的地位就会很高,青年中自然就会出现从军热,并以从事军人职业为自豪的倾向。在经济备受重视的年代,成为一个企业家、创业者、自由职业者又会变成人们的愿望。另外,人们职业价值观的形成,除了受到社会和时代的制约外,还要受地域、家庭的影响。在我国,在中下层,老少边穷地区和农村的毕业生中,出人头地的思想占支配地位;而出身于上层或富裕家庭的毕业生,享乐型的思想价值观占主要地位。

职业发展不能用挣钱的多与少来判断,虽然我们的收益实际上来自于我们创造的价值,但是那不应该成为我们职业上的目标。

真正成功的职业人士,即使在他们职业生涯的早期,也没有单纯地考虑金钱,而是更多地追求自己的梦想,按照自己的价值观去发展,应该说,这样的人反而会成功,金钱只是职业发展的物质媒介。当你按照自己的梦想去追求而后成功,所有美好的东西都会朝你涌来,包括金钱。

5. 自我价值观的澄清

价值观不仅影响人对事物的选择,也影响与他人的相处与沟通,最终影响人的生活,影响人的发展。一个适应社会、身心健康、人格成熟的人应该清楚自己的价值观。通过价值观的澄清,可以强化你的分析、批判事物的能力。一个人越清楚自己的价值观、越了解自己在工作和生活中想要寻求什么、什么对自己来说是最重要的,他的生涯发展目标也就越清晰。当现实环境与理想发生冲突、鱼与熊掌不可兼得时,他也容易做出决策,因为他清楚哪些东西是可以放弃的,哪些是不可或缺的。不同的价值观会产生不同的行为选择。价值观不清晰的人,往往会陷入混乱、难以抉择。

了解自己价值观的方式有哪些呢?首先,可以回忆你的时间规划,时间用在哪些方面,这样安排后面的想法,可能就是价值观在起作用。其次,回顾那些印象深刻的经验,为什么印象深刻,对你的意义就是价值观的体现。最后,可以利用价值观测量工具。

每个人都有独特的价值观,而且不论喜欢与否,生活中重要他人(父母、同学、师长等)的价值观也常常会对我们产生影响。重要的不是去评判这些价值的对错,而是去考量他们给自己的生活和职业发展带来的影响,并适时做出调整。同时也要认识到:很少有工作能够完全满足一个人所有的重要价值观。因此,我们总是要不断地做出妥协和放弃。这是不可避免的,也是必要的。只有对自己的价值观进行澄清和排序,才能知道如何取舍。

可能有人会发现对价值的取舍和排序是一个很艰难的过程。这很正常,因为大学生还处在建立和形成个人价值观的生涯探索期,有一些混乱是必然的。重要的是对自己的职业和生活进行不断的思考和探索。价值观的澄清本身不是一劳永逸的过程。因此,有必要进行进一步的探索,并在今后的生活中不断反思。

拉舍等学者指出:真实的"价值"需要具备以下一些基本要素:

① 选择。

它是你自由选择的,没有来自任何人或任何方面的压力吗?

它是从众多的价值观中挑选出来的吗?

它是在你思考了所做选择的结果后被挑选出来的吗?

② 珍视。

你是否珍爱你的价值观,或者为你的选择感到自豪?

你愿意公开向他人承认你的价值观吗?

③ 行动。

你的行动是否与你选择的价值观一致?

你是否始终如一地根据你的价值观来行动?

对于某件事,如果你能对所有上述问题都给出肯定的答复,那么这说明你确实认为它有价值。如果对其中一些问题的回答是否定的,那么你需要思考一下自己看重的、想要得到的到底是什么。

6. 树立正确的价值观

(1) 正确地对待权力、地位、金钱。

财富并不只是权力、地位、金钱,它们只是财富中比较引人注目的一种而已。

人的一生如潮起潮落,起伏难定,在潮头风光时要看到落到潮底的危险性,在潮底的时候则要有向高峰冲击的信心和行动。林肯一生坎坷,屡受挫折,谁相信这位鞋匠的儿子能成为历史上最伟大的总统之一呢?比尔·盖茨中途退学时,谁会想到他能成为世界首富呢?世界上什么样的奇迹都可能发生,其前提只有一点——我还活着,我要努力行动,我有信心,这是人一生中最宝贵的财富。

今天我们所拥有的一切,请万分地珍视它们!你没什么大出息,可是你毕竟考上了大学,前途光明。家很温暖——这份亲情是财富,终生值得珍惜。虽然你不富裕,可还是乐于助人,亲戚关系融洽,同学朋友们喜欢与你在一起——这种善良品德、气节操守、为人处世也是你弥足珍贵的财富。我们也许没觉察到它们的重要,但它们终究会给你一份回报。

你有抱怨表示你对现状有所不满,你在试图努力改变它们,在追求你想要的东西。这种欲望、上进心也是财富。

也许现在的不如意、逆境、挫折乃至苦难都让你觉得难过,但这都是你的财富!人们常说,苦难是最好的大学,古今中外,凡成就大事者,无一不是从苦难中走来的。在逆境中,我们会经受各种考验与锤炼,百炼成钢,成就我们非凡的意志品质和能力。逆境并不可怕,可怕的是你把它看成结局而不是过程。

学会如何做人

学会做一个符合国家繁荣富强与社会不断进步发展所需要的人格健全的人。

学会做一个能正确处理人与人、人与社会、人与自然关系并使之能协调发展的人。

学会做一个有理想、有道德、有高尚情操的人。

一句话,做一个有利于社会、有利于人民、有利于国家的人。这就要求我们每个在校大学生,必须从现在做起,牢固树立正确的人生价值观。

(2) 正确处理理想与现实的关系。

人是生活在现实和理想、物质和精神的世界之中的。现实世界、物质世界是人得以生存和发展的基础,理想世界、精神世界则是人生活的动力和价值取向。

我们主张每个人都应该有他一定的物质利益,反对的是将个人利益置于社会利益之上,唯利是图、损人利己。

我们提倡的是将理想和现实、精神和物质统一起来,将个人利益和集体利益结合起来,每个大学生应自觉实践,勇于探索,读书好学,多思好问,革新创造,特别是注意要从点滴做起,从身边小事做起,求真务实,积极向党组织靠拢,在日常学习、生活的各个环节中努力学习,加强社会价值的行为规范,经过价值实践的反复强化,锻炼敏锐的思维,形成良好的判断能力,进而确立正确的人生价值观,摆正社会价值和个体价值、道德价值和功利价值的关系,努力使自己成为21世纪社会发展所需要的那种会生存、善学习、勇于创新的复合型人才。

职业价值观自测问卷

指导语：请您根据自己的实际情况,回答下列每一个问题。给每一个问题在1~5分之间打分(括号内填分数),5分表示非常重要,4分表示比较重要,3分表示一般,2分表示较不重要,1分表示不重要。

第一组

1. 您的工作能为社会福利带来看得见的效果。（　　）
2. 您的工作使您能常常帮助人。（　　）
3. 您为他人服务,他人满意,您自己也很高兴。（　　）
4. 由于您的工作,经常有许多人来感谢您。（　　）

分数之和（　　）

第二组

1. 您的工作带有艺术性。（　　）
2. 您的工作能使世界更美丽。（　　）
3. 您的工作结果不是一般产品而是艺术品。（　　）
4. 您的工作需要同电影、音乐、美术、文学等艺术打交道。（　　）

分数之和（　　）

第三组

1. 您的工作必须经常解决新的问题。（　　）
2. 您的工作是一项对智力的挑战。（　　）
3. 您的工作需要敏锐的思考。（　　）
4. 在工作中常常要您提出许多新的想法。（　　）

分数之和（　　）

第四组

1. 您的工作使您有不断取得成功的感觉。（　　）
2. 您能从工作的成果中知道自己做得不错。（　　）
3. 您可以预见自己努力工作的成果。（　　）
4. 您的工作成果常常能得到别人的肯定。（　　）

分数之和（　　）

第五组

1. 您能在您的工作范围内自由发挥。（   ）

2. 您能在工作中试行一些自己的新想法。（   ）

3. 您在工作中不会有人常来打扰您。（   ）

4. 您在工作中是不受别人差遣的。（   ）

分数之和（   ）

第六组

1. 您的工作能使您的朋友和同事非常羡慕。（   ）

2. 在别人眼里，您的工作是非常重要的。（   ）

3. 您的工作作风使您被别人尊重。（   ）

4. 您从事的那一种工作，经常在报刊、电视中被提到，因而在人们的心目中很有地位。（   ）

分数之和（   ）

第七组

1. 您的工作赋予您高于别人的权力。（   ）

2. 您的工作要求您把一些事务管理得井井有条。（   ）

3. 您的工作需要计划和组织别人的工作。（   ）

4. 在工作中，您可能做一个负责人，您信奉"宁做兵头，不做将尾"这一俗语。（   ）

分数之和（   ）

第八组

1. 您的工作奖金很高。（   ）

2. 只要努力您的工资会高于同龄人或升级加工资的可能性要比其他人更大一些。（   ）

3. 您的工作可以使您获得较多的额外收入。（   ）

4. 您的工作有数量可观的中班费、夜班费、加班费、保健费或营养费等。（   ）

分数之和（   ）

第九组

1. 在工作中您能接触到各种不同的人。（   ）

2. 您的工作经常要外出，参加各种集会和活动。（   ）

3. 您的工作有可能结识各行各业的知名人物。（   ）

4. 您的工作会使许多人认识您。（　　）

分数之和（　　）

第十组

1. 不论您怎样干，您总能和大多数人一样晋级和加工资。（　　）

2. 在工作中您不会因为身体或体力等因素，被人瞧不起。（　　）

3. 只要您干上这份工作，就不会再被调到其他意想不到的单位或岗位上去。（　　）

4. 在工作中不必担心会因为所做的事情领导不满意而受到训斥或经济处罚。（　　）

分数之和（　　）

第十一组

1. 您的工作上下班时间比较随便、自由。（　　）

2. 您的工作单位有舒适的休息室、更衣室、浴室及其他设备。（　　）

3. 您的工作场所环境整洁、灯光适度、空间宽敞、温度适宜。（　　）

4. 您的工作体力上比较轻松、精神上也不紧张。（　　）

分数之和（　　）

第十二组

1. 您的工作能使人感觉到您是团体中的一分子。（　　）

2. 您的工作中能和同事建立良好的关系。（　　）

3. 您工作单位的同事和领导人品较好，相处比较随便。（　　）

4. 在您的工作中能与领导有融洽的关系。（　　）

分数之和（　　）

第十三组分数

1. 您的工作内容经常变换。（　　）

2. 您的工作使您有可能经常变换工作地点、工作场所或工作方式。（　　）

3. 您在工作中经常接触到新鲜的事物。（　　）

4. 您在工作单位中有可能经常变换工种。（　　）

分数之和（　　）

请您找出分数之和最高的两组，这两组代表了您的职业价值观倾向。

第一组：职业价值观倾向是利他主义。您认为工作的目的和价值，在于直接为大众的幸福和利益尽一份力。

第二组：职业价值观倾向是美感。您认为工作的目的和价值，在于能不断地追求美的东西，得到美感的享受。

第三组：职业价值观倾向是智力刺激。您认为工作的目的和价值，在于不断进行智力开发、动脑思考、学习和探索新事物，解决新问题。

第四组：职业价值观倾向是成就感。您认为工作的目的和价值，在于不断创新、不断取得成就、不断得到领导和同事的赞扬或不断实现自己想要做的事。

第五组：职业价值观倾向是独立性。您认为工作的目的和价值，在于能充分发挥自己的独立性和主动性，按自己的方式、步调或想法去做，不受他人的干扰。

第六组：职业价值观倾向是社会地位。您认为工作的目的和价值，在于所从事的工作在人们的心目中有较高的社会地位，从而使自己得到他人的重视与尊敬。

第七组：职业价值观倾向是管理的权力。您认为工作的目的和价值，在于获得对他人或某事的管理权，能指挥和调遣一定范围内的人或事物。

第八组：职业价值观倾向是经济报酬。您认为工作的目的和价值，在于获得优厚的报酬，使自己有足够的财力去获得自己想要的东西，使生活过得较为富足。

第九组：职业价值观倾向是社会交际。您认为工作的目的和价值，在于能和各种人交往，建立比较广泛的社会联系和关系，甚至能和知名人物结识。

第十组：职业价值观倾向是安全感。您希望不管自己能力如何，在工作中要有一个安稳的局面，不会因为奖金、加工资、调动工作或领导训斥等而经常提心吊胆、心烦意乱。

第十一组：职业价值观倾向是舒适。您希望将工作作为一种消遣或享受的形式，追求比较舒适、轻松、自由、优越的工作条件和环境。

第十二组：职业价值观倾向是人际关系。您希望一起工作的大多数同事和领导，人品较好，相处在一起感到愉快、自然，认为这就是有价值的事，是一种极大的满足。

第十三组：职业价值观倾向是应变。您希望工作不是一成不变的，可能有变换工作地点、场所、方式的机会，能接触到新鲜的事物，认为自己有适应变化的能力，追求丰富多彩的工作变化。

课后思考

请根据本章内容,认真思考分析个人能力后,根据个人情况,填写表2-10。

表2-10 能力的评估

	强	较强	一般	较弱	弱
语言表达能力					
交往与合作能力					
自我控制能力					
适应变化能力					
自省能力					
抗挫折能力					
审美能力					
收集和处理消息的能力					
组织和执行任务的能力					
创新能力					

第三章
环境探索

学习要点

- 认识环境对个人职业发展的意义和价值。
- 掌握环境探索的基本方面和常用方法。

第一节　大学生小环境探索

一、成长环境分析

1. 家庭环境分析

家庭环境在人的性格和品质的形成及个人的成长中起着至关重要的作用。大学生在进行职业生涯规划时,考虑更多的是家庭的经济状况、家人的期望、家族的文化等因素对本人的影响。个人职业发展规划的确立,总是同自身的成长经历和家庭环境相关联的。个人在成长过程中,不同时期也会根据自己的成长经历和所受教育的情况,不断修正、调整,并最终确立职业理想和职业计划。正确而全面地评估家庭情况才能有针对性地设计适合自己的职业规划。

2. 亲人环境分析

在成长环境中,从某种意义上讲,父母及亲友的就业观会直接影响大学生的择业取向。

由于我国传统观念的积淀,子女与父母之间依赖与被依赖、控制与被控制性较强。受不同情况的影响,大学生在择业中的表现是不尽相同的:有的学生缺乏自主的勇气,依赖于父母的经验,选择什么样的职业岗位由父母做主;有的父母怕子女缺乏经验,生活阅历浅,控制子女的择业行为,不允许其自己做主;有的父母支持和鼓励子女自主选择,并提供参考意见。这几种影响方式,对大学生择业所产生的结果是不同的。尤其是年龄较小的大学生对父母的依赖程度或受父母控制的程度更强。也有的大学生因为父母的从业境况或能力欠缺等原因,通过较有影响的亲友做主或征求其意见,最终决定自己的择业去向。

二、教育环境分析

1. 个体受教环境分析

教育是按照一定的要求,对受教育者德、智、体诸方面施以积极影响的一种有计划的活动。事实上,社会上的一切教育活动都会给受教育者产生某种积极或消极的影响。一切教育形式所产生的结果,大都能反映在学生的素质及他们的择业意识、择业行为上。

2. 学校环境分析

学校环境是指所在学校的教学特色与优势、专业的选择、社会实践经验等。但随着近些年来各校的扩招和扩建,面对严峻的就业形势,职业发展受到市场供需比例的影响。所以,要求在做职业生涯规划时,不能太苛求自己,可以尝试向边缘化方向发展。以医学专业为例,毕业生可选择的就业面还是非常广的,如果性格外向、乐于与人沟通,可以尝试做医疗方面的销售;如果思维敏捷,乐于挑战,可以尝试应聘医学专业杂志或相关咨询岗位……一个专业大致可以对应五种职业:技术、销售、媒体、咨询及支持服务。

3. 教育者环境分析

教育者在这里特指在学校对大学生就业有重要影响的老师,如辅导员、班主任、专任教师等。在以往的计划经济条件下,大学生的就业岗位是在辅导员、班主任和其他老师共同参与下决定的,老师的意见起主导作用。在市场经济条件下,老师的意见仍对学生的择业意向和择业行为产生着重要的影响。比如,专业教师对本专业的情感和对某一类或某种职业的认同。思想教育和就业指导老师的意见也直接或间接地影响着学生的择业意向和择业行为。当然,老师的意见不能完全摆脱个人主观的色彩,由于不同的老师职业价值观的不同,对学生择业的影响结果也存在一定的差别。

我们应该认识到,大学生所受的不同阶段的教育和大学期间不同内容的教育,诸如专业教育、思想教育、就业指导等,都具有互补性。前一阶段所受教育的欠缺,可能得到后一阶段的补充;各种教育内容的相互交叉和渗透,可以促进整体素质的提高。因此,大学生应当自觉认识自己成长的家庭环境与受教育的条件对其个性形成的影响,并通过主观努力,改变自己的不利因素,全面提高素质,为求职择业创造更加有利的条件。

第二节 大学生大环境探索

一、社会环境与职业生涯规划

作为新时代的弄潮儿和主角的大学生们,从学校的"小舞台"走向社会的"大舞台",是否已经做好了充分的准备?如何在聚光灯下尽情地展示自己的才华和舞姿?对于这个大舞台自己又了解多少?越来越多的大学生开始进行职业生涯规划,而一份有效的职业生涯规划要求我们全面认识、了解自己,也要清楚地认识外部环境特征,以评估职业机会。其实就是看一看外面有没有可以让自己施展拳脚的机会,哪里有机会,是什么样的机会。你、我、他都是社会的一分子,任何人都不可能离群索居。"采菊东篱下"、遁世逍遥的故事只在遥远的古代才可能发生。现今的社会,科学技术的发展改变了个人的生活方式和企业的运作模式。互联网技术早已使地球变小,使个人的空间扩大,直接影响到个人生活的方方面面。同时,在这个变革的社会里,没有一成不变的事物。今天最热门的技术,明天就可能无人理睬;去年时髦的职业,今年就可能被打入"冷宫"。因而个人要想谋求职业生涯的发展和成功,就必须考虑外部环境的需求和变化趋势,力求适应环境变化,进而突破陈窠。

职业生涯规划还要充分认识与了解相关的环境,评估环境因素对自己职业生涯发展的影响,分析环境条件的特点、发展变化情况,把握环境因素的优势与限制。

人脱离不了社会,因此对社会环境进行了解和分析也是职业生涯规划的内容之一。所谓社会环境分析,包括对社会政治环境、经济环境、法律环境、科技环境、文化环境等宏观因素的分析。社会环境对我们的职业生涯乃至人生发展都有重大影响。通过对社会大环境的分析,了解国家或地区的政治、经济、科技、文化、法制建设、政策要求与发展方向,有助于寻找各种发展机会。

对社会环境因素的了解主要包括以下几个方面:第一,社会政策环境,主要是人事政策和劳动政策;第二,社会变迁,如知识经济和信息化社会的发展,会对人的职业生涯发展产生较大的影响;第三,社会价值观,价值观会随着社会的不断发展和进步而发生不同程度的变化,从而会影响社会对人的认识和对职业的要求;第四,科学技术的发展,科技的发展会带来理论的更新、观念的转变、思维的变革、技能的补充等,而这些都是职业生涯规划中不可或缺的要素。

从宏观社会环境角度,大学生必须进行政策环境分析、经济环境分析、社会心理环境分析。

(一)政策环境分析

大学生就业政策是国家为实现一定时期的路线、方针而制定高层次人力资源配置的行动准则,体现了一定时期社会发展的需要,是大学生就业过程中所应遵循的基本规范。我国大学生就业制度经历了一个不断发展和改革的过程,有关的政策也作过相应的调整。不同历史阶段有着不同的政策内容,政策体现着一定的导向性、调控性和约束性。

当前,在社会主义市场经济条件下,高等教育适应市场经济发展的特点,首先表现在毕业生就业这一环节上。现在正在运行的毕业生就业制度,是在国家就业方针、政策指导下,毕业生和用人单位双向选择的制度。

虽然毕业生有自主择业的权力,但不是说,就业政策就失去了导向、调控、约束的功能。用人单位有自主用工的权力,因此毕业生自主择业不是毕业生的一厢情愿或随心所欲。双向选择是选择与被选择的关系,是主客体的辩证统一,选择的双方不是谁必须服从谁的问题,而是双方在相互满足对方需要基础上而达成的一种契约关系。因此,双向选择体现毕业生就业中的更本质的关系。既然是契约关系,就摆脱不了政策的导向、调控和约束。比如,挑选毕业生单位的劳动用工政策、吸引人才的政策,发达地区和中心城市的进入控制政策,都将对毕业生择业产生重要的制约作用。而且还要看到,有些约束性的政策不是在择业期才体现出来,而是在招生时和培养过程中就形成的一种契约关系,比如对委托培养生、定向培养生及享受专业奖学金的学生的政策等,它直接制约着择业者的择业行为。

除大学生就业政策的直接影响外,劳动人事制度中诸如人才流动、工资、公务员制度等,以及社会职业结构调整的有关政策,都会对大学生择业产生直接的或间接的影响。

(二) 经济环境分析

一个国家、一个地区在一定时期内的经济状况,直接影响其劳动就业状况。大学生选择职业,不可避免地要受到当时的社会经济状况的影响。从整个国家范围来说,经济的发展和科学技术的进步,劳动生产率的提高,职业演化速度的加快,就业岗位的增加,都是极为相关的因素。从一个国家的区域性经济发展状况来说,由于其不平衡性,往往使经济发展速度快的地区成为大学生择业的热点。目前,我国经济增长方式的转变和经济结构的调整及科教兴国和可持续发展两大战略的实施,对大学生就业的影响已显现出来。

社会经济状况直接反映到职业的经济地位和行业的经济状况上。近几年IT产业发展迅速,在国民经济中的地位直线上升,需求数量大幅上升,质量要求较高,毕业生就业出现结构性矛盾,表现为专业与需求、层次与需求的失衡现象。由于学校培养周期与社会需求变化的频率非同步发生,学校针对社会需求的调适往往是滞后以致错位,这就要求大学生要认识客观经济环境对就业的直接影响,充分发挥主观能动性,克服客观环境的不利因素,主动适应社会需要。

(三) 社会心理环境分析

社会心理一般反映的是人们的日常意识,是指一定时期内人们普遍流行的精神状态,包括人们的要求、愿望、情感、情绪、习惯、道德风尚、审美情趣等。传统的就业理论和现时流行的就业意识形成了影响大学生就业的社会心理环境,如社会时尚、传统的性别观念等。

1. 社会时尚

社会时尚就是在社会中流行一时的风气或风尚,它是一种非常规的集体行为模式。时尚在人们生活中是非常广泛的。它可以发生在人们日常生活最普遍的领域,如衣着、服饰等方面;也可以发生在人们参与社会活动的接触交往中,如语言、娱乐等方面;还有的发生在社会意识形态方面,以影响人们的社会心理方式表现出来,如政治、道德、宗教、教育等。由于时尚表现出的时髦性、时热性、时狂性等特点,人们崇尚的行为取向就会表现出社会时尚运动,这对大学生择业的影响是不可忽视的,如大学生择业中出现过的大城市热、合资企业热、"孔雀东南飞"及现在盛行的公务员热、考研热等。时尚又与社会舆论有关。社会舆论能够引导时尚运动,时尚也能形成较为集中的舆论和热门话题;反过来,舆论或热门话题又促进或阻滞时尚运动。时尚对人们的正负面影响,会造成行为结果的不同。健康的时尚,会激发人们的责任感和使命感,形成正向行为导向;非健康或带有偏见的时尚,会造成人们思想意识的褊狭和行为取向的偏差,在大学生择业中易于形成从众、攀比、自卑等灰色心理倾向和盲动的行为。

2. 性别差异

男女性别的差异,导致劳动能力和工作时间的差别,这是客观事实。正因如此,才要求人职合理匹配。对于女大学生来说,除了某些特殊的职业岗位外,应当说具有广泛的职业适应领域。但是,有两种情况左右着女大学生的择业心理和择业行为:有的女大学生择业范围狭窄,对有些可以适应的职业岗位有畏难情绪,有不如男同学的心理定式;有的用人单位从本部门利益出发,不愿意接收女毕业生,即使是女毕业生较适应的职业岗位也存在这种情况,这就造成了女毕业生一定的心理压力。

作为新时期的大学生,虽然在择业问题上受社会影响因素较多,但应确立起主体意识,养成科学的思维方式,不人云亦云,应对自身条件和社会需要作出判断,摆脱对父母的依赖,逐渐树立自主、自立、自助、自择等适应市场经济的新观念。作为女毕业生,也应变压力为动力,增强自信心,努力提高自身素质,主动迎接挑战。当然,社会舆论导向及对女毕业生就业的保障机制的建立等方面,也应做出更大的努力。

总体来说,我们现在面临着一个非常好的宏观环境:社会安定,政治稳定;经济发展迅速,并逐步与全球一体化接轨;法制建设不断完善;文化丰富繁荣自由;尖端技术、高新技术突飞猛进。

二、行业环境与职业生涯规划

(一)什么是行业环境分析

行业环境分析包括对目前从事或拟从事的目标行业的环境分析。其内容应包括行业的发展状况,国际、国内重大事件对该行业的影响,目前行业的优势与问题,行业发展趋势,等等。在分析行业环境时,一定要结合社会大环境的发展趋势。由于科学技术的飞速发展,会使某些行业如同夕阳坠落,逐渐萎缩、消亡;更有许多极具发展前途的朝阳行业不断出现、发展起来。同时还要注意国家政策的影响,了解国家对某一行业是支持、鼓励和引导,还是限制、控制和制约。要尽量选择那些有前景、发展空间较大的行业。例如,我国近年来狠抓环境保护,推行可持续发展战略,保护生物多样性,在农业生产中控制化学制品的使用,开发"绿色食品"等,使环境保护产业如初生朝阳,充满生机,导致环保设备生产、环保技术咨询等行业迅速发展,提供了大量就业岗位。而这时如果不了解情况,为了一时利益,盲目进入那些污染严重的行业谋职,必将给自己的职业生涯造成严重的不良后果。

(二)行业的生命发展周期

行业的生命发展周期主要包括四个发展阶段:起步期、成长期、成熟期、衰退期。判断行业所处生命周期阶段的主要指标有市场份额、需求增长率、产品品种、竞争者数量等。

1. 起步期

这一时期的市场增长率较高,需求增长较快,技术变动较大,行业中的企业主要致力于开辟新用户、占领市场,但此时技术上有很大的不确定性,在产品、市场、服务等策略上有很大的余地,对行业特点、行业竞争状况、用户特点等方面的信息掌握不多,企业进入壁垒较低。

2. 成长期

这一时期的市场增长率很高,需求高速增长,技术渐趋定型,行业特点、行业竞争状况及用户特点已比较明朗,企业进入壁垒提高,产品品种及竞争者数量增多。

3. 成熟期

这一时期的市场增长率不高,需求增长率不高,技术上已经成熟,行业特点、行业竞争状况及用户特点非常清楚和稳定,买方市场形成,行业盈利能力下降,新产品和产品的新用途开发更为困难,行业进入壁垒很高。

4. 衰退期

这一时期的市场增长率下降,需求下降,产品品种及竞争者数目减少。衰退有可能是由于生产所依赖的资源的枯竭所导致的衰退;也可能是由于效率低下的比较劣势而引起的行业衰退。

(三)PEST 分析法

PEST 分析法是战略外部环境分析的基本工具,它通过政治的、经济的、社会的和技术的角度或四个方面的因素分析从总体上把握宏观环境。

(1) P 即 Politics,政治要素,是指对组织经营活动具有实际与潜在影响的政治力量和有关的法律、法规等因素。当政治制度与体制、政府对组织所经营业务的态度发生变化时，当政府发布了对行业具有约束力的法律、法规时，行业的发展会受到影响。法律环境主要包括政府制定的对企业经营具有约束力的法律、法规，如反不正当竞争法、税法、环境保护法及外贸法规等。政治、法律环境实际上是和经济环境密不可分的一组因素。这些相关的法律和政策能够影响到各个行业的运作和利润。

（2）E 即 Economic，经济要素，是指一个国家的经济制度、经济结构、产业布局、资源状况、经济发展水平及未来的经济走势等。构成经济环境的关键要素包括 GDP 的变化发展趋势、利率水平、通货膨胀程度及趋势、失业率、居民可支配收入水平、汇率水平、能源供给成本、市场机制的完善程度、市场需求状况，等等。由于行业处于宏观大环境中，经济环境决定和影响行业的发展。

（3）S 即 Society，社会要素，是指组织所在社会中成员的民族特征、文化传统、价值观念、宗教信仰、教育水平及风俗习惯等因素。构成社会环境的要素包括人口规模、年龄结构、种族结构、收入分布、消费结构和水平、人口流动性等。其中人口规模直接影响着一个国家或地区市场的容量，年龄结构则决定消费品的种类及推广方式。

每一个社会都有其核心价值观，它们常常具有高度的持续性，这些价值观和文化传统是历史的积淀，通过家庭繁衍和社会教育来传播延续，因此具有相当的稳定性。而一些次价值观是比较容易改变的。每一种文化都是由许多亚文化组成的，它们由共同语言、共同价值观念体系及共同生活经验或生活环境的群体构成，不同的群体有不同的社会态度、爱好和行为，从而表现出不同的市场需求和不同的消费行为。

自然环境是指企业业务涉及地区市场的地理、气候、资源、生态等环境。不同地区自然环境的不同，对于企业会有一定程度的影响。我国是一个幅员辽阔的国家，这种影响尤其明显，如同一种行业在我国东南部的广东地区的发展情况与西藏等西北高寒地区有较大差距。

（4）T 即 Technology，技术要素，其不仅包括那些引起革命性变化的发明，还包括与企业生产有关的新技术、新工艺、新材料的出现和发展趋势及应用前景。在过去的半个世纪里，最迅速的变化就发生在技术领域，像微软、惠普、通用电气等高技术公司的崛起改变着世界和人类的生活方式。同样，技术领先的医疗、大学等非营利性组织，也比没有采用先进技术的同类组织具有更强的竞争力。

（四）波特五力分析模型

迈克尔·波特（Michael Porter）提出的"五力分析模型"是最具代表性并被广泛应用的战略分析模型，用以确定企业在行业中的竞争优势和行业可能达到的最终资本回报率，如图 3-1 所示。

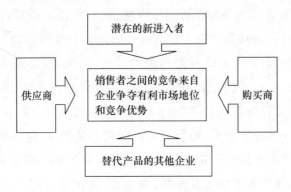

图 3-1　波特五力分析模型

1. 行业潜在新进入者的威胁

新进入者的威胁力度和数量很大程度上取决于各种进入壁垒的高度。决定进入壁垒高度的主要因素有以下几个方面：

(1) 规模经济。规模经济的作用迫使新进入者以较大生产规模进入行业，并冒着被现有企业强烈反击的风险；新进入者也可以较小规模进入，但要长期忍受产品成本高的劣势。

(2) 客户忠诚度。在市场存在了很长时间或拥有良好形象而获得的信誉会提高消费者的忠诚度，从而使新进入者难以建立品牌知名度并以此获得新的市场份额。

(3) 资本金投入。有些行业（如制药行业和科技行业）要求投入大量的资金来建立公司并进行研究和开发，因而与资本金投入相关的投资风险会阻碍新公司进入该行业。

(4) 转换成本。如果一个消费者从一个供货商转向另一个供货商会招致较高的成本，那么无论是在时间、金钱方面考虑，还是在方便性方面考虑，消费者改变购买意向的可能性都较低。

(5) 对销售渠道的使用权。新进入者想通过已有渠道来销售其产品和服务可能会遇到困难，因为这些渠道已经被现有的竞争对手垄断。

(6) 政府政策。政府可能通过限制执照发放（如通信和电视广播行业）和限制外资的方式来限制某些公司进入某行业。

(7) 现有产品的成本优势（与规模经济无关）。当现有公司对市场非常了解、拥有主要客户的信任、在基础设施方面投入了大量资金并且拥有专利产品技术、独占最优惠的资源、占据市场有利位置、获得政府补贴和经验曲线效应时，新进入者无论具有什么样的规模经济，都很难在市场上获得一席之地。

2. 供应商的议价能力

许多因素会提高供应商在行业中的议价能力，从而降低公司在该行业中的盈利性，这些因素包括：

(1) 市场中没有替代品，因而没有其他供应商。

(2) 该产品或服务是独一无二的，且转换成本非常高。

(3) 供应商所处的行业有少数几家公司主导并面向大多数客户销售，如软件行业。因为行业中可供选择的供应商只有少数几家，购买商与供应商在价格、质量的条件上进行谈判时没有什么选择余地。

(4) 供应商的产品对于客户的生产业务很重要。

(5) 企业的采购量占供应商产量的比例很低。

(6) 供应商能够直接销售产品并与企业抢占市场。

3. 购买商的议价能力

从本质上来说，购买商的议价能力与供应商的议价能力是相反的。在以下情况中，购买商处于有利的谈判地位：

(1) 购买商从卖方购买的产品占了卖方销售量的很大比例。

(2) 购买商所购买的产品对其经营来说不是很重要，而且该产品缺少唯一性，导致购买商不需要锁定一家供应商。

(3) 转换其他供应商购买的成本较低。

(4) 购买商所购买的产品或服务占其成本的比例较高，在这种情况下，购买商更有可能进行谈判以获得最佳价格。

(5) 购买商所购买的产品或服务容易被替代，在市场上充满供应商的竞争者。

(6) 购买商的采购人员具有高超的谈判技巧。

(7) 购买商有能力自行制造或提供供应商的产品或服务。

4. 替代产品的威胁

购买商面临的替代产品越多，购买商的议价能力就越强。因此，替代产品通过以下方面来影响一个行业的盈利性：设置价格上限（因为消费者可以轻易地转而购买可以满足相同需求的其他替代品）、改变需求量和迫使企业投入更多资金并提高其服务质量。

5. 同业竞争者的竞争强度

竞争强度取决于下列因素：

(1) 竞争者的数量。市场中的竞争者很多，某些企业会为了占有更大的市场份额和取得更高的利润，在竞争中突破本行业约定俗成的一致行动的限制，排斥其他企业。

(2) 行业增长率。如果行业增长缓慢，但新进入者为了寻求发展，需要从其他竞争者那里争取市场份额，则竞争程度会加剧。此外，如果产业增长速度较为缓慢甚至停滞，现有企业之间争夺既有市场份额的竞争就会变得激烈。

（3）行业的固定成本。如果行业的固定成本较高，企业唯有寻求降低单位产品的固定成本，或增加产量，结果导致企业在价格上互相竞争。

（4）产品的转换成本。如果产品缺乏差异性或具有标准化，购买商可轻易地转换供应商，则供应商之间会相互竞争。

（5）不确定性。当一个企业不确定同行业中另一个企业会如何经营时，则更可能制定更具竞争力的战略。

（6）战略重要性。如果企业最重要的战略目标是获得成功，则企业可能会采取具有竞争力的行为来达成目标。

（7）退出壁垒。使现有供应商难以退出某行业的障碍会令同业的竞争激烈化。

三、区域环境与职业生涯规划

1. 区域经济发展的动向

区域经济是在一定区域内经济发展的内部因素与外部条件相互作用而产生的生产综合体，每一个区域的经济发展都受到自然条件、社会经济条件和技术经济政策等因素的制约。水分、热量、光照、土地和灾害频率等自然条件都影响着区域经济的发展，有时还起到十分重要的作用。在一定的生产力发展水平条件下，区域经济的发展程度受投入的资金、技术和劳动等因素的制约；技术经济政策对于特定区域经济的发展也有重大的影响。

2. 区域发展前景预测

不同的区域具有不同的发展特色，我们要利用区域经济发展提供的机遇，来规划个人的职业发展道路，如果大家能够充分了解区域经济发展的动向，了解区域经济的特点，充分利用本地优势，掌握本区域重点发展行业所需人才必须掌握的技能，无疑将会获得更好的发展机遇和空间。

四、组织环境与职业生涯规划

进行全面的组织环境分析是我们"知彼"的核心，毕竟你所选择的这个组织将与你息息相关。况且，在面试过程中，考官一般比较欣赏那些对本行业、本企业有所了解的有心人。

个人在选择组织（单位）时，有必要通过个人可能获得的一切渠道来了解单位的有关情况。组织（单位）环境分析包括：用人单位的声誉和形象是否良好；组织（单位）实力如何；在本行业中的地位、现状和发展前景如何；所面对的市场状况如何；产品和服务在市场上的发展前景如何；能够提供哪些工作岗位；组织（单位）是否与自己适合对路；有无良好的培训机会;组织(单位)领导人如何;组织(单位)管理制度如何;是否先进开明;组织(单位)文化是否与自己吻合;福利待遇是否完善;等等。具体包括以下四个方面。

(一) 组织实力

组织实力是指组织在较长时期内的市场竞争能力,不仅包括现在的生存状态,也包括将来的发展前景。综合各项因素,组织实力包括:① 综合经济实力;② 综合服务功能;③ 综合发展环境;④ 综合创新能力;⑤ 综合管理水平;⑥ 员工综合素质。

具体而言,需要从以下几个方面去了解组织的实力:组织在社会中的地位和声望如何;服务和活动范畴是什么;发展领域在哪些方面;发展前景如何;战略目标是什么;技术力量和设施是否先进;在本行业中是否具备很强的竞争力;是发展扩张,还是倒退紧缩,处于一个很快就会被吞并的地位;谁是竞争对手;目前的财务状况如何;要仔细观察是真正在"做大""做强",还是徒有其名;有没有长久的生命力;组织结构是怎样的,是扁平的还是等级制的;等等。

(二) 组织领导人

主要领导人的抱负及能力是组织发展的决定性因素,而且个人在职场的运气很大一部分来自于你的领导。很多成功的大企业都有一位出色的企业家作为掌舵人。因此,要了解主要领导人是真心要干一番事业,还是想捞取名利;管理是否先进开明;他有没有足够的能力带领员工开创新天地;他有没有战略眼光和措施;他是否尊重员工,等等。

(三) 组织文化

除了很好的福利、吸引人的薪酬、舒适的工作环境和出色的管理之外,优秀的组织还会创造积极的组织文化,让员工感到快乐和受尊重,而使员工的工作更有创造性。员工与组织相互配合良好的关键在于组织文化。因此,在求职时选择什么样的组织文化氛围让你觉得最舒服,才是至关重要的。

1. 组织价值观

组织价值观是指组织及其员工的价值取向,简言之,即对事物的判断标准。因为有了这一判断标准,所以员工知道什么是重要的,什么是可有可无的,什么是该做的,什么是不该做的,什么是可贵的,什么是要抛弃的。

2. 组织的经营哲学

组织的经营哲学就是组织的指导思想,体现出组织的历史使命感和社会责任感。

3. 组织精神

组织精神是指组织所拥有的一种积极向上的意识和信念。组织精神是一种个性化非常强的文化特征。每个成功组织都有自己独特的组织精神,但大凡成功的组织都有相似的组织精神。

4. 组织的道德规范

组织的道德规范是用来调节和评价组织和员工行为的规范的总称。

5. 组织规则

组织规则即组织行为规章和准则的总和。

6. 组织的产品

组织的产品是组织文化的凝固。

7. 组织的环境

组织的环境是一个组织精神风貌的直接体现,是组织的"衣妆"。

8. 文化传统

企业文化是一个民族的文化传统在企业中的发扬。相应地,通过企业文化,又折射出一个民族的文化传统。

(四)组织制度

组织制度是指在一定的历史条件下所形成的组织经济关系,包括组织经济运行和发展中的一些重要规定、规程和行动准则。

组织制度涉及的范围比较广,包括管理制度、用人制度、培训制度等,要尽可能了解这些信息,了解组织结构上的特征与发展变化趋势,分析这种安排对自己的未来可能带来什么样的影响。特别要注意组织用人制度如何,能否提供教育培训机会,提供的条件是什么;自己将来有没有可能在该组织担任更高级的职务或担负更大的责任;个人待遇提升的空间有多大;是基于能力还是工作年限;组织的标准工作时间是固定的还是可以变通的;当然也还要考虑组织提供的薪酬和福利待遇与行业内其他组织比较如何。

总之,通过以上分析,应理出一条清晰的线索,确定自己的职业生涯在这个组织中有没有足够的发展空间,衡量自己的目标在该组织得以实现的可能性。

五、职业环境分析

所谓职业环境分析,就是要认清所选职业在社会大环境中的发展状况、技术含量、社会地位、未来趋势等。进行职业环境分析的要求是,通过职业环境分析弄清职业环境对职业发展的要求、影响及作用,对各种影响因素加以衡量、评估并做出反应。比如,当前热点职业有哪些,发展前景怎样;社会发展趋势对所选职业有什么要求,影响如何等。

如果你希望抓住机遇,建立明确的职业目标,有效降低机会成本和降低选择的风险,那么深入的职业环境分析是必不可少的重要一环。

1. 职业声望

职业声望是指社会中的人们对某种职业的权力、工资、晋升机会、发展前景、工作条件等社会地位资源情况的评价。它是职业社会学研究的范畴之一。对职业声望的研究，始于19世纪末期。1897年W.亨特在研究美国职业的社会地位时，将职业分为产业主级、秘书级、熟练工人级和非熟练工人级四个等级。1925年，G.康茨第一次使用他自己编制的职业声望量表，对美国的职业声望进行调查。第二次世界大战后，对职业声望的经常性调查，在许多国家已成惯例。

决定职业声望高低的主要因素有三个。

（1）职业环境。职业环境是任职者所能获得的工作条件的便利与社会经济权利的总和，包括职业的自然环境与社会环境，如工作的技术条件、空间环境、劳动强度、工资收入、福利待遇、晋升机会等。

（2）职业功能。职业功能是指一定的职业对于提高国家的政治、经济、科学、文化水平的意义及其在社会生活中对人民的共同福利所担负的责任。

（3）任职者素质。例如，文化程度、能力、政治态度、道德品质等。

职业环境越好，职业功能越大，任职者素质越强，职业声望就越高。人们对职业声望的评价具有相当大的一致性。职业声望对社会环境的影响是显性的，它始终是一个社会大环境的"晴雨表"。改革开放初期，"做导弹的不如卖茶叶蛋的"，当时职业声望最高的是"下海经商者"，而其背后的社会大背景则是市场经济的方兴未艾。现如今，科学研究人员、大学教师紧随公务员，排在职业声望榜前列，说明我们的社会对科研、教育工作者的重视程度越来越高。

职业声望对社会的作用主要体现在以下几个方面。

（1）高声望职业排名符合社会主流价值观。

（2）反映社会的供需关系。

（3）职业声望对就业选择的影响十分突出，尤其是大学生就业群。

2. 职业要求

未来人才素质的差别，不仅体现在专业知识技能上，更体现在人才基本素质的差别上，因此大学生在注意培养自己专业素质的同时，切忌忽视自身基本素质的培养。大学生要注意从以下几个方面来培养自己的基本素质：

（1）思想政治素质的基本要求。

（2）人文素质和科学素质的基本要求。

（3）身体素质的基本要求。

（4）心理素质的基本要求。

3. 待遇

（1）五险一金："五险"包括养老保险、医疗保险、失业保险、工伤保险和生育保险；"一金"指的是住房公积金。其中，养老保险、医疗保险和失业保险是由企业和个人共同缴纳保费，工伤保险和生育保险完全是由企业承担的，个人不需要缴纳保费。这里要注意的是"五险"是法定的，而"一金"不是法定的。

（2）奖金与补贴。

（3）提供个人学习与培训的机会。

（4）有晋升的发展空间。

4. 工作环境

一是关于内在人的：办公条件，交通、通信工具，还应包括单位风气、领导作风、和谐程度等；待遇不仅限于工资、奖金、福利，还应包括荣誉奖励、激励晋升等。

二是关于外在物的：工作硬件的配备，工作空间内的温度、湿度与气味，绿化与文化墙的布置等方面。

最后，需要对社会发展趋势作总体把握。对于目前所从事的职业有何影响和需求？你选择的这个职业是不是社会越来越需求的职业？在此行业里，企业是否具有竞争力和发展机会？你如何让自己在选择的职业中保持核心竞争力？可能的风险是哪些？我们可以通过有效的职业环境分析得到启示或答案。

课后思考

1. 把握区域经济发展中的机遇对我们的职业生涯发展有哪些意义？
2. 选定一个行业，上网查查该行业近几年的发展，看看对你的职业选择会提供什么机遇。
3. 《孙子兵法》中说："知己知彼，百战不殆。"请你从这个角度谈谈对职业生涯规划外部环境的认知和理解。
4. 如果你未来的职业选择与家庭意见发生了冲突，你将如何解决这个冲突？

第四章
职业探索

学习要点

- 了解有关职业的知识,建立职业意识。
- 掌握职业信息的主要内容和职业选择的常用方法。
- 了解职业发展的趋势。

第一节 职业概述

三个工人在砌一堵墙。

有人过来问:"你们在干什么?"

第一个人没好气地说:"没看见吗?砌墙。"

第二个人抬起头笑了笑,说:"我们在盖一幢高楼。"

第三个人边干边哼着歌曲,他的笑容很灿烂:"我们正在建设一座新城市。"

10年后,第一个人在另一个工地上砌墙;第二个人坐在办公室中画图纸,他成了工程师;第三个人呢,成为前两个人的老板。

这个故事告诉我们,理想是高扬在我们心中的一面旗帜,它会产生一种无形的创造性和张力,让平凡的工作充满想象,并引领我们为之努力奋斗。

案例分析: 从上述案例不难看出职业认识的重要性。对大学生来讲,只有对未来就业目标有一定的认知,在求职择业的时候才不会盲目。

一、职业的特征与功能

(一)职业的概念

职业是指从业人员所从事的有偿工作的种类,既是人们为社会做贡献,实现人生价值的舞台,也是人们谋生的手段。职业可以界定为是人们相对固定从事的有一定专门职能的并取得经济报酬的工作,是人的生活方式、经济状况、文化水平、行为模式、思想情操的综合反映,也是一个人的权利、义务、职责和社会地位的一般体现。

职业包含了以下几方面的含义:

(1)职业的经济性。从事职业活动的就业者能获得经济收入,并且相对稳定、持续。

(2)职业的技术性。从事职业活动的就业者,需要具备相应的知识和技术。随着社会的进步和发展,许多职业对劳动者所具备的知识和技术水平的要求会越来越高。

(3) 职业的社会性。人们的职业劳动不仅为个人谋生,同时也是尽社会义务,一个人通常只能从事一种或几种具体的劳动,不可能生产出个人所需要的所有生活资料。人和人之间是相互依存的,需要用自己的劳动成果与别人的劳动成果交换。通过交换,在满足自己需要的同时,也满足其他社会成员的需要,从而起到为他人服务的作用,对国家和社会也做出了贡献。

(4) 职业的连续性。从事职业活动的就业者,其从事的劳动是具有稳定的、螺旋上升的,明显的连续性。

(5) 职业的规范性。从事职业活动的就业者,其从事的每一种职业都有其特定的职业规范,有其应遵守的各种操作规则和章程。

(二) 职业的基本特征

根据职业产生、发展的历史及其对人类社会发展的影响,职业具有以下特征。

(1) 产业性。一个国家、一个社会,就大的方面可以分为三类产业:第一产业和第二产业都是物质生产部门,第三产业虽然并不生产物质财富,但却是社会物质生产和人民生活必不可少的部门。在传统农业社会,农业人口比重最大;在工业化社会,工作领域中的职业数量和就业人口显著增加;在科学技术高度发达和经济发展迅速的社会,第三产业职业数量和就业人口显著增加。

(2) 同一性。相同或相似的职业,其劳动条件、工作对象、生产工具、操作内容相同或相近,由于环境的同一,人们就会形成同一的行为模式,有共同的语言习惯和道德规范,因而形成诸如行业协会、商会等组织。

(3) 差异性。不同职业间存在着很大的差异,劳动条件、工作对象、工作性质、工作方式及报酬等都不相同。这体现了社会本身的多种分工和劳动者相互间的差异。随着社会的进步和发展,新的职业将会不断涌现,各种职业间的差异也会不断变化。

(4) 职位性。所谓职位,是一定的职权和相应责任的集合体。职权和责任是组成职位的两个基本要素。职权相同,责任一致,就是同一职位。在职业分类中同种职业都含有职位的特性。从社会需要角度来看,职业并没有高低贵贱之分,但是,现实生活中由于对从事职业的素质要求不同及人们对职业的看法或舆论的评价不同,职业便有了层次之分,这种职业的不同层次往往是由不同职业体力、脑力劳动的付出、收入水平、工作任务的轻重、社会声望、权力地位等因素决定的。

(5) 组群性。无论以何种依据来划分职业都带有组群特点。例如,科学研究人员中包含哲学、社会学、经济学、理学、工学、医学等。再如,咨询服务事业包括科技咨询工作者、心理咨询工作者、职业咨询工作者等。

(6) 稳定性。社会分工要求劳动者相对稳定,这样才能不断积累经验,不断丰富各个职业门类的知识。任何一个相对复杂的职业都需要具备一定的专业素质、能力素质、身体素质和道德素质的从业者,职业对从业人员的素质要求越高,该职业的稳定性也就越高。

(7) 时空性。随着社会的发展和进步,职业变化迅速,除了弃旧更新外,同一种职业的活动内容和方式也会发生变化,所以职业的划分带有明显的时代性,不同时代有不同的热门职业。我国曾出现过的"当兵热""从政热",后又发展到"下海热""外企热"等,都反映出特定时期人们对某种职业的热衷程度。

(三) 职业的功能

职业是人与社会联系的纽带,职业生活在人类社会生活中居首要地位。不同的职业把劳动者区分在不同的职业岗位上,相互合作,从其功能(价值取向)而言,正如黄炎培先生所概括的,职业是为己谋生,为群服务。这是不可分割的两面。职业生活质量高,对社会的贡献大,人生的价值就容易实现,因此,职业在人生的发展过程中至关重要。

1. 职业的个人功能

职业是人生的主要活动,从多方面决定了个人特征和境遇。职业是个体实现个性功能的重要渠道,当一个人从事的职业符合其个人的特点、兴趣时,这个人的工作积极性就会得到充分发挥,也就促进了个性的充分发展。职业是个人为社会作贡献的重要途径,职业活动既是一个实现自身价值的过程,也是为社会创造价值的过程,个人对社会的贡献主要通过其职业活动来实现,人们通过从事职业活动,获得相应的荣誉、权力、地位和收入,满足了个人的经济需要,也满足了受到社会尊重的价值需要,获得对社会、单位的归属感,促进了个人的全面发展。

2. 职业的社会功能

职业是社会分工的结果,是社会存在的内容。职业是劳动者的社会角色,每个劳动者通过职业活动与社会发生关系,形成社会关系。职业作为一种社会存在,不仅是人的社会身份的体现,其本身也构成了人类社会存在的一个内容。职业种类越多,社会活动越多样化,社会生活就越丰富多彩;职业是社会发展的动力。职业的社会运动,包括个人改善职业的向上流动、与社会经济结构相联系的职业结构变动、不同职业阶层间的矛盾冲突及解决等,构成了社会发展与社会进步的动力。

3. 职业的经济功能

职业是个人获得经济收入的来源。人们通过职业活动获取相对稳定的报酬,以维持个人生存、家庭生活和职业发展。职业劳动创造社会财富,人们通过职业劳动为社会创造物质精神财富,推动社会不断进步。职业分工是构成社会经济制度运行的主体,随着社会不断进步,职业分工更加合理,社会经济制度也将越来越完善。

二、职业与行业、专业

(一)职业与行业

行业是职业的背景,职业的发展和行业前景息息相关。行业环境将直接影响企业的发展状况,也影响到个人的职业选择。职业是针对"个人"所从事的"工作类别"而言的,行业是针对"单位"所从事的主要"经济活动性质"而言的。职业和行业之间是相互交叉的,不同行业可以含有相同职业,同一行业也可以包括不同的职业。例如,教育行业、网络管理员职业。

这里我们除了要关注职业与行业的交叉性之外,对于大学生职业规划而言,可能更多的恐怕是如何进行正确的行业选择的问题了。对今天的大学生而言,"职业规划"早已从一个学术上的名词变为必须认真思考的现实问题。认真细致的职业规划是获得更高效率职业发展的基础,而职业发展不仅意味着个人绝对价值(如薪酬、职位等)的提升,还意味着个人相对价值(如与他人比较等)的优越体现。

从某种程度上说,行业选择甚至是职业发展中最重要的决策。从一般意义的行业选择方面,笔者建议大学生认真考虑以下三个因素:

(1)对其他行业的渗透度。如果一个行业能够为其他行业提供更多的支持,这就意味着其技能具有某种通用性,或其商业模式与其他组织是协同在一起的,那么,从业者在未来职业选择方面就会有更广阔的空间。而如果一个行业只能服务于简单的上下游,那么,从业者的职业流动势必会受到限制。

(2)与人们日常生活的关系。如果一个行业能够与大多数人的日常生活直接发生关系,那是再好不过的了。而如果一个行业只是为了非常狭小的市场或某些特定人群服务,职业的风险就会比较大。

与人们日常生活关系密切的组织通常会有较大的市场空间,尽管这其中的竞争也很激烈,如快速消费品领域。这两个因素对大学生来说都是好消息:较大的市场空间会保障职业的相对稳定性,不会因为市场需要突然消失而整个公司消失掉;激烈的竞争只会增加大学生的价值,当然,这其中的前提是,大学生必须具备一定的竞争力。

(3)行业内组织提供的职业的深度和广度。深度能够提供更专业的知识,广度能够提供更开阔的视野。一个具有深度和广度的行业会使员工得到一种综合的提升和锻炼,这些经历会为其未来的职业发展提供巨大的动力。

(二)职业与专业

专业与职业既有区别又有联系,专业为职业服务,职业对专业具有引领作用。每一个专业都为若干相近的职业群提供必要的基础知识和基本技能(见图4-1)。如果说,职业理想和就业目标是目的地,那么专业选择就是路线的主要内容。我们知道不同的职业需要不同的知识、技能及身体条件,而不同的知识和技能则是专业的主要内容。

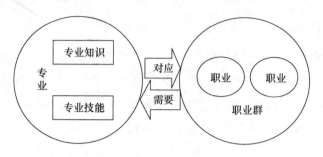

图 4-1　职业与专业的关系

从经济和效率的角度来看,我们所选择的专业当然应该是职业目标所需要的知识和技能。然而从专业与职业的相关性来讲,它们之间的关系可以概括为三种:一对一、一对多、多对一的关系。比如,数控机床专业学生毕业后最适合的也只是在企业中做数控机床的操作与维护人员,最后发展成为高级技师;烹饪专业学生毕业后最适合的也只是成为一名厨师。同时有些专业的职业方向比较宽泛,如经济学专业毕业的学生可以从事企业管理、经济学研究、新闻记者、策划营销、经济分析、高校教师等多种职业;而对于某一职业,如新闻记者,它可以接收经济学、新闻、中文、哲学、历史等许多专业的学生,那么我们在进行学业规划的时候,就首先要研究和分析专业与职业的相关性。到底是一对一、一对多,还是多对一? 在确定了这些问题之后,我们具体来讨论这三种情况下的专业选择。

1. 一对一

这种情况最为简单。一个专业方向对应一个职业目标,这类专业一般都存在于中职类学校或高职学院,培养目标单一明确。此类职业的技术含量比较高,也比较单一,它属于学业规划中比较主动的一种态势。可以让我们先定目标,后选路线,在各种路线中选择求学成本最低的一条,这类专业和职业一般都适合于专业技术人员。

2. 一对多

这类专业一般都存在于普通高校中,人们常说的宽口径、厚基础就是指这类专业。它们所对应的职业目标有多个,从职业的人格特征来看,许多都对应了两种以上人格类型的职业。比如前面所说的经济学专业,从职业人格来看,它可以对应研究型人格职业(如经济学研究),可以对应管理型人格职业(如企业信息管理)等。这一定要和自己的职业人格一致,比如你属于管理型人格,你就要选定管理型人格的职业,并根据具体职业目标的标准要求有针对性地学习和开发其他必要的知识和技能。比如,还以经济学专业为例,你确定自己毕业后从事新闻记者这一职业,那么你在学经济学知识的同时,还要根据新闻记者所需要的其他知识和技能有针对性地开发和学习,如写作能力、社交能力、新闻敏感度、驾驶技术等。此种类型适合于在学业规划时先确定专业后确定职业目标的形式。应该说,先定专业再定职业目标已经是一种比较被动的人生发展状态。然而由于这一类型的存在,它可以让学生比较顺利地由被动转化为主动。因此,大学新生一定要抓住这一关键时机,从被动走向主动,否则自己的人生发展将陷入更大的被动。

3. 多对一

就是多种专业都可以发展到某一种职业的形式。这类职业一般属于管理型人格的职业。比如,高校教师、科研人员、新闻记者、编辑人员、营销主管、企业管理人员等。这种类型也适合用于先确定职业目标后确定专业方向的情形。它其实和第一种比较类似,在学业规划时处于比较主动的态势,能够比较好地找到一条求学成本最低的学业路线。

综上所述,职业方向与大学所学专业不一定相同,但这不意味着大学专业知识不重要。同一个专业毕业生也能从事不同行业中的相同或不同职业。例如,法律专业毕业生可在司法部门当法官,在律师事务所当律师,在企业做法律顾问,在基层社区做法律咨询服务,在高校担任教师等。所以在工作世界中,每个学生都有可能找到属于自己的那份工作,只是需要做好心理准备:这是一个过程,对不同的人,过程也会有长短;变化是其中必然要面对的,一个决定可能不会持续一生,也常常伴随着风险,因此需要个人不断调整和改变才能保持满意度。面对工作世界,你需要学会如何应对工作的变动,而不是刻意去回避它。

三、职业的分类

(一)职业分类的意义及特征

1. 职业分类

所谓职业分类,是指按一定的规则和标准把一般特征和本质特征相同或相似的社会职业,分成并归纳到一定类别系统中去的过程。

世界上经济发达国家都非常重视职业分类问题的研究,这不仅是形成产业结构概念和进行产业结构、产业组织及产业政策研究的前提,同时也是对劳动者及其劳动进行分类管理、分级管理及系统管理的需要。

2. 职业分类的意义

(1)同一性质的工作,往往具有共同的特点和规律。把性质相同的职业归为一类,有助于国家对职工队伍进行分类管理,根据不同的职业特点和工作要求,采取相应的录用、调配、考核、培训、奖惩等管理方法,使管理更具针对性。

(2)职业分类给各个职业分别确定了工作责任及履行职责和完成工作所需要的职业素质,这就为岗位责任制提供了依据。

(3)职业分类有助于建立合理的职业结构和职工配制体系。

(4)职业分类是对职工进行考核和智力开发的重要依据。考核就是要考查职工能否胜任他所承担的职业工作,考查他是否完成了他应完成的工作任务。这就需要制定出考查标准,对各个职业岗位工作任务的质量、数量提出要求,而这些都是在职业分类的基础上才能加以规定的。职业分类中规定的各个职业岗位的责任和工作人员的从业条件,不仅是考核的基础,同时也是进行培训的重要依据。

3. 职业分类的基本特征

(1)产业性特征。

一个国家,一个社会,就大的方面可以分为三类产业。第一产业包括农业、林业、牧业和渔业等;第二产业是工业和建筑业,工业中包括采掘业、制造业等;第三产业是流通和服务业。在传统农业社会,农业人口比重最大;在工业化社会,工业领域中的职业数量和就业人口显著增加;在科学技术高度发达和经济发展迅速的社会,第三产业职业数量和就业人口显著增加。

(2)行业性特征。

行业是根据生产工作单位所生产的物品或提供服务的不同而划分的,行业主要是按企业、事业单位,机关团体和个体从业人员所从事的生产或其他社会经济活动的性质的同一性来分类的。可以说,行业表示了人们所在的工作单位的性质。

(3)职位性特征。

所谓职位,是一定的职权和相应的责任的集合体。职权和责任的统一形成职位的功能,职权和责任是组成职位的两个基本要素;职权相同,责任一致,就是同一职位。在职业分类中的每一种职业都含有职位的特性。比如,大学教师这种职业包含有助教、讲师、副教授、教授等职位。再如,国家机关公务员包括科级、处级、厅(局)级、省(部)级等职位系列。

(4)组群性特征。

无论以何种依据来划分职业都带有组群特点。例如,科学研究人员中包含哲学、社会学、经济学、理学、工学、医学等。再如,咨询服务事业包括科技咨询工作者、心理咨询工作者、职业咨询工作者等。

(5)时空性特征。

随着社会的发展和进步,职业变化迅速,除了弃旧更新外,还有同一种职业的活动内容和方式也发生变化,所以职业的划分带有明显的时代性。从大的方面来说,在职业数量较少的时期,职业与行业是同义语,但现在职业与行业是既有联系又有区别的两个概念,在职业划分中,行业一般作为职业的门类。在空间上职业种类分布有区域、城乡、行业之间或者国别上的差别。

(二) 不同的职业分类

1. 社会劳动分工体系

社会分工是职业分类的依据。社会劳动分工根据性质的不同分为三个层次:

第一层次即最高层次是一般分工,即产业分工,产业是国民经济活动最基本类型,是不同的国民经济部门由于社会劳动分工而独立出来的专门从事某一类别生产经营活动的单位的总和。

第二层次是特殊分工,即行业分工。一个产业可以包含许多行业。行业是从事相同性质的经济活动所有单位的集合,是根据生产(工作)单位所生产的物品或提供的服务的不同类型划分的,表示就业者所在单位的性质。

第三层次是个别分工,即职业分工,是按具体工作性质进行划分的,是社会劳动分工在个人身上的体现。

2. 我国职业的分类

我国职业分类现已公布的有两种类型。一是1982年3月公布,供第三次人口普查使用的《职业分类标准》。该标准依据在业人口本人所从事的工作性质的同一性进行分类。二是1984年发布,1985年实施的《国民经济行业分类和代码》。这项标准主要按企业、事业单位、机关团体和个体从业人员所从事的生产或其他社会经济活动的性质的同一性进行分类。

三十六行,行行出状元。目前人们俗称的"三十六行",始于徐珂在《清稗类钞·农商类》中的:"三十六行者,种种职业也。就其分工而约计之,曰三十六行,倍之则为七十二行,十之则为三百六十行。"可见三十六行只是虚指数,实非具体数字。

我国于1999年5月正式颁布了由原劳动和社会保障部、原国家质量技术监督局、国家统计局联合组织编制的《中华人民共和国职业分类大典》,将职业归为8个大类,66个中类,413个小类,1838个细类(职业)。8个大类分别是:

第一大类:国家机关、党群组织、企业、事业单位负责人,其中包括5个中类,16个小类,25个细类。

第二大类:专业技术人员,其中包括14个中类,115个小类,379个细类。

第三大类:办事人员和有关人员,其中包括4个中类,12个小类,45个细类。

第四大类:商业、服务业人员,其中包括8个中类,43个小类,147个细类。

第五大类：农、林、牧、渔、水利业生产人员，其中包括6个中类，30个小类，121个细类。

第六大类：生产、运输设备操作人员及有关人员，其中包括27个中类，195个小类，1119个细类。

第七大类：军人，其中包括1个中类，1个小类，1个细类。

第八大类：不便分类的其他从业人员，其中包括1个中类，1个小类，1个细类。

由于层出不穷的新职业正不断刷新着职业的数量和种类，2005年又有77个新职业被收编进《中华人民共和国职业分类大典》。2005年12月12日又颁布了《中华人民共和国职业分类大典（2005增补本）》，同时发布了第五批10个新职业，即室内环境治理员、水域环境养护保洁员、花艺环境设计师、印前制作员、礼仪主持人、数字视频合成师、集成电路测试员、网络课件设计师、霓虹灯制作员、计算机乐谱制作师。

目前，我国已成为制造业大国，正在建立与现代制造业相配套的现代服务业体系，收编77个新职业主要集中在现代制造业和现代服务业，并以管理、策划、创意、设计、分析、制作和健康、环境管理领域的新兴职业居多。这些新职业共同的特点是，多属于高技能人才中的知识技能型，对从业人员的理论知识和实际职业能力都有较高的要求。

3. 国外职业分类

由于各国的国情不同，划分职业的标准也有所区别。国外的职业类型主要有三种。

（1）按脑力劳动和体力劳动的性质、层次进行分类。这种分类方法把工作人员分为白领工作人员和蓝领工作人员两大类。白领工作人员包括专业性和技术性的工作人员、农场以外的经理和行政管理人员、销售人员和办公室工作人员；蓝领工作人员包括手工艺人及类似的工人、运输装置机工、农场以外的工人和服务性行业工人。

（2）按心理的个别差异进行分类。这种分类方法是根据美国著名的职业指导专家霍兰德（John Holland）创立的职业人格类型理论，把人格类型划分为六种，即现实型、研究型、艺术型、社会型、企业型和常规型。与人格类型相应的是六种职业类型。现实型的职业主要指通常运用手工工具或机器进行的熟练的手工工作和技术工作，如木匠、铁匠、机械工人等；研究型的职业主要指科学研究和实验室工作，如自然科学家、计算机程序编制者、电子技术工作人员等；艺术型的职业主要是指艺术创作方面的职业，包括音乐、文学等方面；社会型的职业，主要是指为别人办事的工作，包括教育和社会福利方面的工作；企业型的职业主要是指那种劝说、指派他人去做某事的工作，包括管理、销售等方面的职业；常规型的职业通常反映各部门主管日常事务的办公室工作。

（3）依据各个职业的主要职责或从事的工作进行分类。这种分类方法是较为普遍的国际标准职业分类。国际标准职业分类把职业由粗到细分为四个层次，即8个大类、83个小类、284个细类、1506个职业项目，总共列出职业1881个。其中8个大类是：① 专家、技术人员及相关工作者；② 政府官员和企业经理；③ 事务工作者和相关工作者;④ 销售工作者;⑤ 服务工作者;⑥ 农业、牧业和林业工作者;⑦ 生产和相关工作者、运输设备操作和劳动者;⑧ 不能按职业分类的劳动者。这种分类方法便于提高国际职业统计资料的可比性和国际交流。

(三)职业资格证书

随着就业竞争的加剧,越来越多的大学生认识到,高校教育培养的仅仅是个人基本的能力和素质。工作经验不足、所学专业单一、面试经验少,使得已经竞争十分激烈的求职之路愈加艰难,因此,许多在校大学生通过参加各种职业资格考试获取证书,以此加重"择业砝码"。有人断言:"21世纪将是职业证书的时代。"过去,大学生热衷于外语、计算机类的等级考试,如今他们开始关注起各类职业资格的考试。参加各种各样的培训,考取各种各样的证书,成了大学生们选定的"必修课"。目前,在校的许多大学生都根据自己的专业和职业发展报名参加各种职业资格考试,如英语、计算机、注册会计师、公务员、电子商务师、项目分析师等。

同时,当今社会,各行各业越来越规范化,职业资格证书已经成为从事各种行业的准入证,很多企事业单位都要求员工持证上岗。职业资格考试成为热门,一是因为现在社会需要的是复合型人才,大量的专业技术人才,特别是高技能人才受到广大企事业单位的欢迎,一些拥有较高职业资格认证的人员不但可以有更多的就业机会,同时也能获得较高的薪金待遇;二是因为很多职业资格考试的报名条件都不太高,像会计从业资格证、导游证、教师证等职业资格考试的门槛都很低,只要具备高中或中专学历者都可以报考,因此,越来越多的人加入到了职业资格考试的行列。

但大学生应清晰地认识到大部分"考证"课程只是学校学习知识的延伸,并不等于实际能力的培养和提高;而且人的时间、精力和经济条件都有限,所以大学生们要注意选择专业对口、实用性强的课程,这样的课程既对求职有帮助,又能扩展自己的知识。

扩展阅读

北京市职业技能培训指导中心对于职业资格证书的专题问答

1. 什么是国家职业资格证书制度?

答:国家职业资格证书制度是劳动就业制度的一项重要内容,也是一种特殊形式的国家考试制度,它是指按照国家制定的职业技能标准或任职条件,通过政府认定的鉴定机构,对劳动者的技能水平或职业资格进行客观公正、科学规范的评价和鉴定,对合格者授予相应的国家职业资格证书。

2. 职业资格证书分为几个等级？

答：1998年我国正式确定了国家职业资格证书制度的等级设置为五个级别：国家职业资格五级(初级)，国家职业资格四级(中级)，国家职业资格三级(高级)，国家职业资格二级(技师级)，国家职业资格一级(高级技师级)。

3. 职业资格证书有哪些用途？

答：职业资格证书是反映劳动者具备某种职业所需要的专门知识和技能的证明。与学历文凭不同，职业资格证书与职业劳动的具体要求密切结合，更多地反映了特定职业的实际工作标准和规范，以及劳动者从事这种职业所达到的实际能力水平。它是劳动者求职、任职、开业的资格凭证，是用人单位招聘、录用劳动者的主要依据，也是境外就业、对外劳务合作人员办理技能水平公证的有效证件。

4. 什么是职业技能鉴定？

答：职业技能鉴定的本质是一种考试，具有考试所有的共性特征。职业技能鉴定是专门以职业技能为着眼点的考试，是一种具有特定内容、特定手段和特定目的的考试。根据我国的具体情况，可以将职业技能鉴定定义为：它是按照国家规定的职业标准，通过政府授权的考核机构，对劳动者的专业知识和技能进行客观公正、科学规范的评价与认证的活动。

5. 职业技能鉴定是如何实施的？

答：第一，由劳动和社会保障部综合管理职业技能鉴定工作，制定国家职业技能鉴定制度的规划和有关政策，并组织实施监督和检查。第二，由各省、自治区、直辖市劳动行政部门综合管理社会通用工种的职业技能鉴定工作。审核批准和管理本地区的职业技能鉴定所。3. 职业技能鉴定指导中心是职业技能鉴定工作的组织实施、指导协调机构。主要职责是按照国家制定的职业技能鉴定规划、政策、标准和有关规定，在同级劳动保障行政部门的指导下，组织、实施、指导协调职业技能鉴定工作，推行国家职业资格证书制度。4. 职业技能鉴定所是经劳动保障行政部门批准的具体实施职业技能鉴定的考试和考核场所。在职业技能鉴定中心的组织指导下，按规定具体实施职业技能考核活动。

6. 如何才能领取职业资格证书？

答：经劳动保障行政部门批准的社会职业技能培训机构，中、高等职业技术学校，企业、事业单位及社会人员的职业技能鉴定，需按照国家职业技能鉴定标准的申报条件到相应的职业技能所进行申报，经鉴定考核合格，领取相应等级的国家职业资格证书。

7. 什么是就业准入制度？

答：就业准入制度是指根据《劳动法》和《职业教育法》的有关规定，对从事技术复杂、通用性广、涉及国家财产、人民生命安全和消费者利益的职业（工种）的劳动者，必须经过培训，并取得职业资格证书后方可就业上岗的制度。

第二节　职业的决策

一、职业决策的理论

（一）职业决策发展理论

随着职业设计理论的进一步深入发展，人们意识到职业设计是一个动态的过程，除了强调人的心理特征和职业的合理匹配之外，还应该注意到个人不同的职业生涯阶段对职业决策的影响。美国的金斯伯格（Eli Ginzberg）和舒伯等人经过长期的研究，提出了职业决策的发展理论。

这个理论指出，人的职业决策和发展贯穿于人的一生，应根据不同的职业发展阶段实行不同的方式和内容的指导。发展论者把人的职业生涯划分为不同的职业发展阶段，并对各个阶段的特点和任务进行描述。虽然不同的学者在阶段划分上有所差异，但都认为每个阶段是相互联系的，前一阶段的发展情况，关系到下一阶段的职业发展状况，并以"职业成熟"来评判人员的职业成功程度。

这个理论注意到人的职业心理处于一种动态的过程中，个人和职业的匹配不是一次就可以完成的，从而能从动态角度来研究人的职业行为和职业发展阶段。虽然对个人而言，该理论较为笼统，无法直接进行各项职业决策，但它却为以后蓬勃兴起的职业管理和职业指导体系的建立奠定了良好的基础。

（二）职业人格类型理论

1959年霍兰德以自己的职业咨询经验为基础提出了一种关于职业决策的人格类型理论。这是一种在特质因素理论基础上发展起来的人格与职业类型相匹配的理论，其理论观点在于：职业决策是个人人格的反映和延伸，人格（包括价值观、动机和需要等）是决定一个人选择何种职业的重要因素；个人职业决策分为六种"人格性向"，分别为现实型、研究型、艺术型、社会型、企业型、常规型；工作性质也分为六种：现实性的、调查研究性的、艺术性的、社会性的、开拓性的、常规性的。

人格类型理论的实质在于择业者的人格特点与职业类型的适应。适宜的职业环境中个人可以充分施展自己的技能和能力，表达自己的态度和价值观，并且能够完成那些令人愉快的使命。

霍兰德创立的人格类型理论对人才测评的发展产生了重要的影响。职业决策为个人人格的延伸，相同职业的从事者，有相似的人格与相似的发展史。由于同一职业团体内的人具有相似的人格，他们对于各种情境与问题的反应也大致相似，并且因此塑造出特有的人际环境。个人的职业满意程度、职业稳定性与职业成就，取决于个人人格与环境特性间的适配性。

根据霍兰德的人格类型理论，在职业决策中最理想的是个体能够找到与其人格类型重合的职业环境。一个人在与其人格类型相一致的环境中工作，容易得到乐趣和内在满足，最有可能充分发挥自己的才能。因此在职业选拔与职业指导中，首先就要通过一定的测评手段与方法来确定个体的人格类型，然后寻找到与之相匹配的职业种类。为了确定个体的人格类型，就需要大量运用人才测评的手段与方法，霍兰德本人也编制了一套职业适应性测验（Self-Directed Search，SDS）来配合其理论的应用。它常用于面临就业的学生或工作尚未定性的职场人员，比如，重庆三峡学院数计学院的粟晏就对某大学生进行了就业指导，先对其进行霍兰德职业兴趣测验，然后用霍兰德理论分析其内部一致性、适配性和区分性，再查出该生职业兴趣类型及对应的职业索引，初步判断其适合的职业种类，最后分析、探讨并锁定职业目标。

霍兰德的人格类型理论不仅有坚实、科学的理论依据，而且可以根据实际情况给出一些有效、实际的建议，对大学生的择业和就业具有现实的指导意义。

（三）职业变动模式理论

1971年，美国心理学家施恩（Edgar H. Schein）提出个人在特定组织内的三种流动方式，以实现组织对个人职业生涯的帮助和管理。三种不同的流动方式，以典型的经营性企业为例进行探讨。

1. 横向流动模式

这种流动方式是组织内部个人的工作或职务沿着职能部门或技术部门的同一等级进行发展变动。比如，包括生产、市场、财务、技术、人事部门等，横向流动是在这些部门之间进行同一等级地位的变动。实行这种变动的原因可能是：培养掌管全局的管理人员，为以后的纵向发展做准备；工作丰富化的需要，部门之间人员的平衡和调剂。

2. 向核心地位流动模式

这种流动方式是由组织外围逐步向组织内圈方向变动的。当发生这类变动时，成员对组织情况了解得更多,承担的责任也更为重大,并且经常会参加重大问题的讨论和决策。采取这种变动的原因可能有二:一是由于个人的能力和努力取得组织的认可,但却不适合于提升到组织的更高等级;二是准备让个人沿纵向上行,但暂时无法提供相应的职位。

3. 纵向流动模式

这种流动方式是指组织内部的个人工作等级职位的升降。在一般的观念中,只有纵向的上行流动,才是得到发展和肯定。正常的向上流动是在提升的同时向组织的核心靠拢。如果某个人得到职位等级的提高,但仍然没有列入组织重要的核心活动或决策之列,则意味着"明升暗降"或是一种待遇而已。

在这个三维模式中,纵向的变动是一种上下升降的圆锥体;横向变动是围绕圆锥体周围,从一个职能或技术部门向另一种职能或技术部门变动;朝核心方向变动则是从圆锥体的外围向圆锥体的中心变动。事实中的流动安排是三种之间的有机结合。

施恩还提出了"职业锚"的概念,他认为个人不可能在最初就业就很明确自身所向往工作的特点,而是需要通过一段职业经历才能确定个人的职业价值观或所关注的工作焦点。根据在以麻省理工学院学生为主研究对象的多年研究,他认为"职业锚"有五种,即技术或功能型职业锚、管理型职业锚、创造型职业锚、安全型职业锚、自主与独立型职业锚。这种划分和霍兰德人格类型理论虽然有某种相似之处,但施恩认为即使在同一职业甚至同种工作岗位上,不同职业锚的人仍然可以追求自身的焦点。因此,在安排组织成员流动时,要注意职业锚的作用,做出合理的决策。无疑职业变动模式理论为职业管理人员的调配方法及调配过程的人员心理因素做出了精辟的论述,为组织的职业管理活动提供了理论依据。

(1) 技术或功能型职业锚。

具有较强的技术或功能型职业锚的人往往不愿意选择那些带有一般管理性质的职业。相反,他们总是倾向于选择那些能够保证自己在既定的技术或功能领域中不断发展的职业。

(2) 管理型职业锚。

有些人则表现出成为管理人员的强烈动机,"他们的职业经历使得他们相信自己具备被提升到那些一般管理性职位上去所需要的各种必要能力及相关的价值倾向"。必须承担较高责任的管理职位是这些人的最终目标。当追问他们为什么相信自己具备获得这些职位所必需的技能的时候,许多人回答说,他们之所以认为自己有资格获得管理职位,是由于他们认为自己具备以下三个方面的能力:分析能力(在信息不完全及不确定的情况下发现问题、分析问题和解决问题的能力);人际沟通能力(在各种层次上影响、监督、领导、操纵及控制他人的能力);情感能力(在情感和人际危机面前只会受到激励而不会受其困扰和削弱的能力,以及在较高的责任压力下不会变得无所作为的能力)。

(3)创造型职业锚。

麻省理工学院的有些学生在毕业之后逐渐成为成功的企业家。在施恩看来,这些人都有这样一种需要:"建立或创设某种完全属于自己的东西——一件署着他们名字的产品或工艺、一家他们自己的公司或一批反映他们的成就的个人财富,等等。"比如,麻省理工学院的一位毕业生已经成为某大城市中的一名成功的城市住房购买商、修缮商和承租商;另外一位麻省理工学院的毕业生则创办了一家成功的咨询公司。

(4)自主与独立型职业锚。

麻省理工学院的有些毕业生在选择职业时似乎被一种自己决定自己命运的需要所驱使着,他们希望摆脱那种因在大企业中工作而依赖别人的境况,因为,当一个人在某家大企业中工作的时候,他或她的提升、工作调动、薪金等诸多方面都难免要受别人的摆布。这些毕业生中有许多人还有着强烈的技术或功能导向。然而,他们却不是像持有技术或功能型职业锚的人那样到某一个企业中去追求这种职业导向,而是决定成为一位咨询专家,要么是自己独立工作,要么是作为一个相对较小的企业中的合伙人来工作。具有这种职业锚的其他一些人则成了工商管理方面的教授、自由撰稿人或小型零售公司的所有者,等等。

(5)安全型职业锚。

麻省理工学院还有一少部分毕业生极为重视长期的职业稳定和工作的保障,他们似乎比较愿意去从事这样一类职业:这些职业应当能够提供有保障的工作、体面的收入,以及可靠的未来生活。这种可靠的未来生活通常是由良好的退休计划和较高的退休金来保证的。

二、职业的决策

(一)职业决策的风格类型

职业决策是一个复杂的认知过程,通过此过程,决策者组织有关自我和职业环境的信息,仔细考虑各种可供选择的职业前景,做出职业行为的公开承诺。从这个概念中我们可以看出:职业决策是一个过程,而不单单是一种结果。

美国职业生涯专家斯科特(Scott)和布鲁斯(Bruce)于1995年认为决策风格是在后天的学习经验中逐渐形成的,将决策风格划分为五种类型:理智型、直觉型、依赖型、回避型和自发型。

1. 理智型

以周全的探求、对选择的逻辑性评估为特征。理智型的决策者具备深思熟虑、分析、逻辑的特性。这类决策者会评估决策的长期效用并以事实为基础做出决策。理智型决策风格是比较受到推崇的决策方式，强调综合全面的信息收集、理智的思考和冷静的分析判断，是其他决策风格的个体需要培养的一种良好的思考习惯。但理智型的决策风格也并不是理想的、完美的决策方式，即使采用系统的、逻辑的方式，也会出现因为害怕承担决策的后果而受到不能整合自己和重要他人观点的困扰。

2. 直觉型

以依赖直觉和感觉为特征，比较关注内心的感受。直觉型的决策风格以自我判断为导向，在信息有限时能够快速做出决策，当发现错误时能迅速改变决策。由于以个人直觉而不是理性分析为基础，这类决策发生错误的可能性较大，因此，易造成决策不确定性，容易丧失对直觉型决策者的信心。

3. 依赖型

以寻求他人的指导和建议为特征。依赖型的决策者往往不能够承担自己做决策的责任，允许他人参与决策并共同分享决策成果，会受到他人的正面评价，但也可能因为简单地模仿他人的行为导致负面的反应。依赖型的决策者需要理解生活中他人对自己的影响程度。

4. 回避型

以试图回避做出决策为特征。回避型的决策风格是一种拖延、不果断的方式。面对决策问题会产生焦虑的决策者，往往因为害怕做出错误决策而采取这样的反应。往往是由于决策者不能够承担做决策的责任，而倾向于不考虑未来的方向，不去做准备，不知道自己的目标，也不思考，更不寻求帮助。这样的决策者更容易受到学校等支持系统的忽略。所以，这些学生需要意识到自身的决策风格及其可能造成的危害，努力调整，增强职业生涯规划的意识和动机，才能从根本上得到帮助。

5. 自发型

以渴望即刻、尽快完成决策为特征。自发型的个体往往不能够容忍决策的不确定性及由此带来的焦虑情绪，是一种具有强烈即时性，并对快速做决策的过程有兴趣的决策风格。自发型决策者常会基于一时的冲动，在缺乏深思熟虑的情况下做出决策，此类决策者通常会给人果断或过于冲动的感觉。

（二）职业决策模型在生涯发展中的应用

1. 职业决策模型的应用

美国职业生涯理论家里尔登（Robert C. Reardon）等人在认知信息加工理论（CIP）中提出了CASVE决策模型。该模型认为一个良好的决策需要经历五个步骤：C（沟通）、A

（分析）、S（综合）、V（评估）和 E（执行）。

（1）沟通（Communication），包括内部和外部的信息交流，通过交流使个体意识到理想和现实之间存在的巨大差距。内部的信息交流，是指个体自身的身心状态；外部的信息交流，是指外界的一些对你产生影响的信息。通过内部和外部沟通，你意识到自己需要解决某些问题。沟通阶段需要回答的最基本的问题是：此刻我正在思考并感觉到的自己的职业决策是什么？

（2）分析（Analysis），是通过思考、观察和研究，对兴趣、能力、价值观和人格等自我知识及各种环境知识进行分析，从而更好地理解现存状态和理想状态之间的差距。

在分析阶段需要对两方面的知识进行了解。一方面是自我知识，包含了兴趣（我喜欢做什么？）、能力（我擅长做什么？）、价值观（我看重什么？）、人格（我是内向的还是外向的？）；另一方面是环境知识：每一个选择处于什么样的环境？会带来什么样的生活？需要付出什么努力？

（3）综合（Synthesis），是根据分析阶段所得出的信息，先把选择范围扩展开来，然后再逐步缩小，最终确定 3~5 个最可能的选项。通过分析阶段，我们可以把最可能从事的职业限定到 3~5 个。最后，可以问自己"假如我有这 3~5 个选择，是否可以解决问题，消除现实和理想状态的差距？"

（4）评估（Valuing），对于综合阶段得出的 3~5 个职业进行具体的评价，评估获得该职业的可能性，以及这个选择对自身及他人的影响，从而进行排序。可以通过生涯平衡单和 SWOT 分析等方法进行评估。

（5）执行（Execution），是整个 CASVE 的最后一部分，前面的步骤只是确定了最适合的职业，还不能带来职业决策的成功，需要在执行阶段将所有想法付诸实践，在执行阶段，需要制订计划，进行实践尝试和具体行动。

2. 监控和调整决策过程

在认知信息加工理论中，还需要通过元认知对自身决策状态进行觉察、监督和调控。在这里，我们思考决策制定过程，控制何时启动 CASVE 循环，何时获取更多有关自我认知或职业认知的消息，以及准备何时执行一个选择。在元认知中，有三种特别重要的技能。

（1）自我对话（self-talk）。这是一种一闪而过的念头和想法。通俗地来说，就是自己在内心对自己说的话。自我对话既可以是积极的，也可以是消极的。积极自我对话能产生两点好处：第一，它能产生一种积极的期待，让个体对即将开始的行动很有信心；第二，它能强化积极的行为。而消极的自我对话会使良好的职业生涯出问题。

（2）自我觉察（self-awareness）。这指个体知道自己正在做什么和为什么做。自我觉察会促进个体能成为更有效的问题解决者，可以知道自己的身心状态，能够明确积极或消极的自我对话,然后通过自我监控,对身心状态、自我对话进行调整。

(3) 自我监控(control and monitoring)。这是指对自身和正在做的事情的进展状况进行思考和调控。个体能够监督自己完成决策过程的方式,控制自己分配给每个时期或阶段的时间,及时调整自己的方式和策略。

掌握自我对话、自我觉察和自我监控这三项技能,可以更好地对CASVE决策过程进行监控和调整,让决策过程更有效合理地进行。

职业前景的8种类型

1. 曙光职业:东方已现亮光,但太阳仍未升,如职业规划管理师等。

2. 朝阳职业:像一轮红日冉冉升起,如项目管理师、企业培训师、人力资源管理师等。

3. 如日中天职业:已经充分并占据主流位置,如建筑设计师、会计、公务员等。

4. 夕阳职业:呈日薄西山之势,如公交车售票员等。

5. 黄昏职业:暮色环绕,从业人数剧减,即将退出历史舞台,如钢笔修理工、弹棉花工、送煤工等。

6. 恒星职业:只要人类社会延续,就一定会存在,如医生、教师、服装设计师等。

7. 流星职业:像流星般一闪而过,如传呼台的传呼员等。

8. 昨日星辰职业:曾经持续较长时间,现已完全消失,如铅字打字员等。

社会环境的变迁,不仅使新职业不断涌现,对人才提出了新的要求,而且对就业市场也产生了深刻的影响。这主要反映在十个方面:① 人才竞争全球化;② 就业形势持续严峻;③ 灵活就业和不充分就业将成为一种趋势;④ 终身学习成为职场发展之必需;⑤ 多技能、创造力成为人才竞争的重要资本;⑥ 职业素质越来越受到重视;⑦ "两阶段雇佣"将成为大学生就业的常态;⑧ 人力需求形成高、低两极化的现象;⑨ 工作与生活的界限越来越模糊;⑩ 中小企业成为就业的主渠道。

课后思考

1. 什么是职业？有哪些特征？分类有哪些？
2. 如何理解职业与行业、专业的关系？
3. 职业选择的理论主要有哪些？
4. 举例说明如何进行恰当的职业选择？
5. 你的职业选择属于哪种类型？
6. 如何把握新时期的职业发展趋势？
7. 就业观念与就业方式的变化有哪些？

第五章
职业生涯规划

学习要点
- 了解职业生涯规划的原则和方法。
- 制订大学生职业生涯规划。

第一节　大学生职业生涯规划的原则和方法

一、大学生职业生涯规划及其理论

生涯规划的前身是职业辅导,要了解生涯规划,首先应了解从职业辅导向生涯规划发展的历史。研究职业辅导和生涯规划的理论,并把握生涯及生涯规划的概念、内涵及意义。

（一）从职业辅导到生涯规划

职业辅导起源于20世纪初叶的美国。随着工业革命在美国的深入,一批社会改革家、学校行政官员和教师掀起了一场旨在教育青少年如何了解自己、他人及周围世界的辅导运动,这场职业辅导运动,标志着职业辅导的诞生,也是现代生涯辅导的萌芽。在这场运动中,戴维斯（J. B. Davis）、帕森斯（F. Parsons）等人是公认的领导人和实践者。1907年,戴维斯首创了系统的职业辅导计划,1908年帕森斯创办了职业指导局,并提出了职业选择的特质因素理论。

但帕森斯之后的30～40年间,美国职业世界求才若渴的需求影响到了职业辅导的重点倾向。在这种情形下,职业资料的提供成为职业选择最适宜的基础,因而让求职者了解职业信息资料成了职业辅导的最重要内容。

到了20世纪40年代至50年代,社会与经济的变迁使得职业辅导的重点由职业资料分析转移到重视个人特质上来,当然这也受到了罗杰斯（C. R. Rogers）理论的影响。1942年,罗杰斯名著《咨询和心理治疗》的出版,标志着心理辅导发展史又一个学派的兴起。1951年,罗杰斯的《当事人中心疗法》问世,标志着这一理论流派走向成熟。在罗杰斯所提出的当事人中心疗法的概念冲击下,对个人发展的重视渐渐成为辅导工作的重心。传统的职业辅导概念较局限于工作本身的选择,且偏重人与事的配合,而忽略与工作有关的个人情绪与人格因素。随着时代的变迁,人的发展得到了很大的重视,以个人发展为重心的观点为更多的人所重视和接受。

大约从20世纪40年代起,许多心理学、社会学的研究开始探讨职业行为与生涯发展的问题。到了20世纪50年代之后,逐渐形成更多的辅导与咨询的理论派别,也直接或间接地涉及对生涯规划问题的探讨,从而为生涯规划理论的建立做出了重要的贡献。

20世纪60年代前后,是西方生涯规划理论成型和成长的重要时期。不少著名的生涯规划理论都是在这个阶段提出或发展起来的。金斯伯格、舒伯的生涯发展理论,罗伊

(Anne Roe)的人格理论,鲍丁(E. S. Bordin)的心理动力理论、霍兰德的类型理论,克朗伯兹(J. D. Krumboltz)的社会学习理论、克内菲尔坎姆和斯列皮兹的认知发展理论,都是这个时期成型的。

生涯规划理论的大量涌现,促成了20世纪后期生涯辅导学界百家争鸣的局面,将生涯规划推向一个以注重个体生涯发展历程为重心的方向。生涯规划终于取代了职业辅导的地位,扩展了职业辅导的范围,使职业辅导成为生涯辅导的一个组成部分。

(二)生涯规划的心理学理论

从帕森斯的特质因素理论到20世纪60年代前后大量涌现的各种生涯理论,到80年代又有了较大的发展。克利茨将有关生涯的理论归为两大类,即心理学取向的理论,如特质因素理论、心理动力理论等;非心理学取向的理论,如经济论、文化与社会论等。舒伯则将这些理论归为匹配理论、发展理论、决策理论三大类。这里仅介绍几种在生涯心理辅导中常用的生涯规划理论。

1. 特质因素理论

特质因素理论的代表者是帕森斯与威廉姆逊(E. G. Williamson)。该理论是最早提出的职业辅导理论,它是以个人的个性心理特质作为描述个别差异的重要指标,强调个人特质与职业选择的匹配关系。

帕森斯认为,在选择职业的过程中,涉及三个主要因素,即对工作性质和环境的了解,对自我爱好和能力的认识,以及它们二者之间的协调与匹配。这就是"职业辅导的三大原则":原则一,了解自己,包括了解个人的智力、能力倾向、兴趣、资源、限制及其他特质;原则二,了解各种职业成功的必备条件、优缺点、酬劳、机会及发展前途;原则三,合理推论上述两类资料的关系。他强调,职业辅导首先是要在做出选择之前评估个人的能力,因为个人选择职业的关键在于个人的特质与行业要求是否相配;其次是要进行职业调查,即对工作进行分析,包括工作情形、场所、人员等;最后要以个人和职业的互相配合作为职业辅导的最终目标。他认为只有这样人们才能适应工作,并且使个人和社会同时得益。

威廉姆逊在帕森斯理论的基础上形成了一套独特的辅导方法,由于其教导意味很重,又被称为"指导学派"。威廉姆逊认为,经过心理测验后,指导咨询主要有以下三种方法。一是直接建议,即辅导者直接告诉个体最适当的选择或必须采取的计划与行动。二是说服,即辅导者以合乎逻辑的方式向个体提供他对心理测验结果所做的诊断与预测,让个体根据这些指导推断出自己应做的抉择。三是解释,即辅导者向个体说明各项资料的意义,让个体可以就每一项选择作系统化的分析、探讨,并依据心理测验的结果推测成功的可能性。威廉姆逊认为在这三种方法中,第三种方法是最完整且较能令人满意的方法。

2. 人格发展理论

人格发展理论主要强调儿童时期人格成长对职业选择的影响,其代表人物是罗伊。她虽将自己的理论命名为人格发展论,实际上其理论可以分为两个部分。

第一部分属于人格理论范畴,说明儿童时代的成长经验可以决定个人的职业选择行为。其主要由两种人格理论观点整合而成。一种是墨费(Murphy)的心理能量的渠道论,认为个体的每一种需求都会寻求一种特制的方式得到满足,而需求的满足形态及程度与个人早期经验息息相关,特别是个人早期的家庭气氛和父母的教养态度,都会反映到个人所做的职业选择上。另一种则是马斯洛的需求理论。罗伊吸收了马斯洛关于需求分层次的观点,并加上遗传因素,提出了这二者的交互作用可决定个人职业选择与职业行为的假设。

第二部分偏重职业分类系统。这部分理论的形成受到达利(Darley)、吉尔福特(J. P. Guilford)、库德(Kuder. G. F.)等人对职业兴趣因素分析研究结果的影响。罗伊把各种职业分为服务、商业交易、行政、科技、户外活动、科学、文化、艺术娱乐等八大职业组群,依其难易程度和责任要求高低分为高级、一般、半专业及管理与技术、半技术、非技术等六个等级,由此组成一个职业分类系统,并将亲子关系类型与职业选择的关系进行了进一步的研究,发现了其中一系列的关系。

3. 心理动力理论

职业辅导中的心理动力理论起源于心理学上的精神分析论。心理动力理论一方面强调人类职业选择有其潜意识的心理动机,另一方面强调职业行为的发展特性。其代表者是鲍丁。

鲍丁认为,职业是用以满足个人需要的,如果个人有自由选择的机会,必定会选择以自我喜好的方式来寻求满足需要而避免焦虑的职业。在选择过程中,每个人早期经验所形成的适应体系、需要等人格结构,是最重要的心理动力来源。后来,鲍丁更强调好奇、精确、权利、表达、是非价值观及抚育等自我需求方面在职业选择上的功能。因此,他强调辅导者必须首先了解个体的人格动力状态。

心理动力理论重视发展过程,所以鲍丁的职业辅导过程类似个人职业发展历程的缩影。他把辅导过程分为三个阶段。第一阶段是探索,尽量避免以肤浅的逻辑方式对个体问题进行表面性诊断,而强调对个人与职业间的动态关系作深入的探讨,特别是需求、心理防卫机制或早期经验等。第二阶段是人格与职业的整合,将上一阶段探索时发现的理想与现实的差距进行分析,作人格与职业两个方面的改变探索、整合。第三阶段是改变,即一旦觉得他的人格应该有所改变,就可以进入改变阶段,从自我觉察与了解开始,实施适当的改变计划,协助个体重组人格结构,发展合适的职业行为。

4. 类型理论

类型理论源自人格心理学,认为职业选择是个人人格的延伸,人格形态与行为形态影响人的择业及其对生活的适应。类型理论是一个在生涯规划和职业辅导中十分瞩目和广泛应用的理论,其代表人物是霍兰德。

霍兰德认为,选择职业是人格的一种表现。个人的兴趣组型就是人格组型。同一职业团体内的人有相似的人格,因此他们对很多的情境与问题会有类似的反应方式,从而产生类似的人际环境。人可以区分为六种人格类型,即现实型、研究型、艺术型、社会型、企业型和常规型,个人的人格属于其中的一种。人所处的工作环境也可分为以上六种类型。个人的人格与工作环境之间的适配和对应,是职业满意度、职业稳定性与职业成就的基础。

基于上述理论观点,霍兰德进行了一系列的假设研究,不同类型的人需要不同类型的工作环境,人与职业配合得当,适配性就高,反之亦然。根据他的假设,适配性的高低,可以预测个人的职业满意程度、职业稳定性及职业成就。

霍兰德的类型理论在人格类型和职业环境匹配方面,深受特质因素理论的影响,但他对6种人格类型和6种职业类型的划分是有独创性的,因而显示出其独特的学术价值和广阔的运用价值。

5. 生涯发展理论

生涯发展理论是生涯规划理论中最具整合色彩的理论。早期提出该理论的是以金斯伯格为首的一群学者,而集大成者是学科整合高手舒伯,他集差异心理学、发展心理学、职业社会学和人格发展理论于一体,进行长期研究,系统提出了有关生涯发展的观点,成为自帕森斯之后又一位里程碑的大师。

金斯伯格是从生涯发展角度研究人的职业行为中较早的一位学者。他认为职业在个人生活中是一个连续的、长期的发展过程。孕育职业选择的萌芽应从童年时期就开始,随着年龄、资历、教育等因素的变化,个体的职业选择也会表现出不同的特征。职业发展如同人的身心发展一样,可以分为几个阶段,每个阶段都有不同的特点和任务,每一个阶段的任务如果能够完成,就能达到各个阶段相应的目标。如果前一阶段的任务不能很好地完成,就会影响下一阶段的职业成熟,最后导致在职业选择时发生障碍。金斯伯格将这一逐渐成熟的心理过程分为三个阶段,即11岁前为第一阶段,空想阶段;11岁至17岁为第二阶段,尝试阶段;17岁至成人为第三阶段,现实阶段。

舒伯多年来对生涯发展进行了全面的研究,提出了12项基本命题,这12项命题可以看成是生涯发展理论的基本主张和框架基础。

命题1：生涯发展是一连续不断、循序渐进，且不可逆转的过程。

命题2：生涯发展是一有次序、具有固定形态的过程，因此每阶段的发展都是可预测的。

命题3：生涯发展是一经过统整的动态过程。

命题4：一个人的自我概念在青春期以前就开始形成，至青春期较明朗，并于成人期由自我概念转化为生涯概念。

命题5：从青少年期至成人期，个体实际的人格特质及社会的现实环境等，都会因年龄、时间的增长而增加对人的影响力。

命题6：父母亲之间的互动关系，以及他们对职业计划结果的解释，会影响到下一代对自己职业角色的选择。

命题7：一个人是否能由某一职业水平跳到另一职业水平，即是否有升迁发展机会，是由他的智慧能力、父母经济社会地位、本人对权势的需求、个人的价值观、兴趣、人际关系技巧及社会环境、经济的需求状况等共同决定的。

命题8：一个人会踏入某一类型的行业，也是由下列因素来决定的：个人的兴趣、能力、个人的价值观及需求、个人的学历、利用社会资源的程度及社会职业结构、趋势等。

命题9：即使每一种职业对从业者都有特定的能力、人格特质及兴趣的要求，但在某种范围内，仍然允许不同类型的人来从事；同样的，一个人也可从事多种不同类型的行业。

命题10：个人的工作满足感视个人是否能配合自己的人格特质，即是否能将能力、兴趣、价值观适当地发挥出来而定。

命题11：个人工作满足的程度，常决定于个人是否能将自我概念实现于工作中。

命题12：对少部分人而言，家庭及社会因素是人格重整的中心；但对大部分的人，工作是人格重整的焦点，即经过工作过程，理想我与现实我之间会逐渐融合。

舒伯根据自己"生涯发展形态研究"的结果，将生涯发展阶段划分为成长、探索、建立、维持与衰退五个阶段，其中有三个阶段与金斯伯格的分类相近，只是年龄与内容稍有不同，舒伯增加了就业及退休阶段的生涯发展。

在生涯发展阶段中，每一阶段都有一些特定的发展任务需要完成，每一阶段需达到一定的发展水准或成就水准，而且前一阶段发展任务的达成与否关系到后一阶段的发展。在以后的研究岁月中，舒伯进一步认为，在人一生的生涯发展中，各阶段同样面对成长、探索、建立、维持和衰退的问题，因而形成"成长—探索—建立—维持—衰退"的循环。

20世纪80年代，舒伯提出了"一生生涯发展的彩虹图"。这是以他的一个更为广阔的新观念——生活广度、生活空间的生涯发展观（Life-span, Life-space career development）为基础的。这个生涯发展观，除了原有的发展阶段理论之外，较为特殊的是舒伯加入了角色理论,并将生涯发展阶段与角色彼此间交互影响的状况,描绘出一个多重角色生涯发展的综合图形(见图1-1)。图中的横向层面代表的是横跨一生的生活广度。彩虹的外层显示人生主要的发展阶段和大致估算的年龄:成长阶段(约相当于儿童期)、探索阶段(约相当于青春期)、建立阶段(约相当于成人前期)、维持阶段(约相当于中年期)及衰退阶段(约相当于老年期)。图中的纵向层面代表的是纵贯上下的生活空间,是由一组职位和角色组成的。这部分理论在第一章已有详细描述,在此不再一一赘述。

6. 生涯决定的社会学习理论和认知发展理论

生涯决定的社会学习理论的提出者是克朗伯兹,他兼顾心理与社会的作用,认为二者对个人生涯选择均有影响。20世纪60年代至70年代,克朗伯兹和同事们一起对高中学生作了一连串的研究,于1979年推出《社会学习理论和生涯决定》一书,阐述了他的主要观点。克朗伯兹认为四类因素影响到一个人的生涯决定。一是遗传因素和特殊的能力。个人得自遗传的一些特质,在某些程度内限制了个人对职业或学校教育选择的自由。这些因素包括:种族、性别、外在的仪表和特征等。某些个人的特殊能力也会影响其在环境中的学习经验,个人的特殊能力包括:智力、音乐能力、美术能力、动作协调能力等。二是环境状况和事件。这些环境状况和事件来源于人类活动(如社会、文化、政治或经济的活动),也可能由自然力量引起(如自然资源的分布或天然灾害)。这些因素具体包括:工作机会的数量和性质;训练机会的多寡和性质;职业选择训练人员和工作人员的社会政策和过程;不同职业的投资报酬率;劳动基准法和工会的规定;物理环境的影响,如地震、洪水、干旱、台风等;自然资源的开发;科技的发展;社会组织的改变;家庭的影响;教育系统和社区的影响。三是学习经验。克朗伯兹认为,每个人独特的学习经验,在决定其生涯路径(career path)时扮演重要的角色作用。四是工作取向的技能(task approach skills)。上述各种因素,如遗传因素、特殊能力、社会上各种影响因素,以及不同的学习经验等,会以一种交互影响的方式使个人形成特有的工作取向技能,这些工作取向的技能包括解决问题的能力、工作习惯,工作的标准与价值、情绪反应、知觉和认知的历程(如选择、注意、保留、符号知觉等心理过程)等。其交互作用的结果,形成了个体对自我的推论、世界观的推论、工作取向的技能和行动。该理论所重视与关心的是由上述因素影响的行动,它包括初步选定一种工作,选择一个特定专业,接受一次职业训练的机会,接受升迁的职位,或是改变主修科目等。克朗伯兹还认为个人在生涯决定时无法做出妥善决策或决策方式不正确,其主要原因是世界观或工作取向技能不足,而非个人特质与工作匹配不适。因此辅导者应重在指导个体通过社会学习达到行动。

认知发展理论的代表人物是克内菲尔坎姆和斯列皮兹。他们从认知发展的观点出发,集合了佩里的智慧—伦理发展架构、埃里克森(E. H. Erikson)的人格发展阶段说,以及皮亚杰(Jean Piaget)和柯尔伯格(Kohlberg)的认知发展学说,并综合了多位学者实证研究的结果,于20世纪70年代提出了认知发展的生涯发展模式。认知发展理论认为生涯发展的过程会有一连串的质变现象,概括来说共有9项,形成一个系列,由此构成从简单的二分法的观点,到复杂的多元化的生涯观点这一连续的认知过程。这9个质变项是:语义结构、自我处理能力、分析能力、变通观点、承担责任能力、扮演新角色能力、控制点、综合能力、自我冒险能力等。根据这9个质变项,其所构成的生涯认知发展模式可分为四个时期。通过对发展层次的分析,个体对自我的认定、价值观与整体生活计划历程间的互动关系会有更趋整合的了解,因此也就能做出更满意的生涯抉择。四个时期是指二元关系期、多元关系期、相对关系期、相对关系承诺期。每个时期又可分为9个阶段。在这四个时期(9个阶段)中,人们的认知是由简单到复杂,由不成熟到成熟不断发展的,据此,他们认为,生涯辅导的目标在于促进个体对生涯发展各时期的认知,并以当前的时期和阶段为基准,提供一些挑战与支持,从而促进个体往下一时期和阶段发展。

以上理论为我们了解生涯、生涯咨询与辅导及开展生涯规划团体心理辅导提供了重要的依据和借鉴。

(三) 生涯的概念与特性

综观从职业辅导到生涯规划的发展历史及生涯规划的各种理论,我们认为,要组织好生涯规划团体心理辅导,应对生涯的概念及特性有明确的认识。

1. 生涯的概念

"生涯"一词由来已久。"生"原义为"活着";"涯"为"边际"。"生涯"是"一生"的意思。生涯的英文为career,从词源看,来自罗马文via carraria及拉丁文carrus,二者的含义均指古代的战车。在希腊,career这个词蕴含疯狂竞赛的精神,最早常用作动词,如驾驭赛马,后来又引申为道路,即人生的发展道路,又可指人或事物所经历的途径,或指个人一生的发展过程,也指个人一生中所扮演的系列角色与职位。

虽然"生涯"一词在我们日常生活中经常运用,但从学术上给"生涯"下一个定义,的确不是一件容易的事,因为每个学者对"生涯"都有不同的理解,对生涯所下的定义也不相同。生涯的概念因定义者看法和时代的不同会有所不同。但大体上来看,生涯是指与个人终身所从事工作或职业等有关活动的过程。

目前大多数学者所接受的生涯定义来自于舒伯的论点:生涯是生活中各种事件的演进方向和历程,它统合了人一生中的各种职业和生活角色,由此表现出个人独特的自我发展形态。生涯也是人自青春期以至退休后,一连串有酬或无酬职位的综合。除了职业之外,还包括任何与工作有关的角色,如学生、退休者,甚至包括了家庭和公民的角色。

"生涯"是涵盖了"职业"的。职业是劳动者能够足够稳定地从事某些有酬工作而获得的劳动角色,因此它是一种工作或岗位,也是一种特定的社会角色,具有稳定性、经济性、技术性、社会性、伦理性等特征。生涯的概念则广于职业,我们可以将"生涯"理解为介于"生命"和"职业"之间的概念,它的外延并未大到与"生命"等同,但也未小到与"职业"等义,其内容是比较宽泛的,具有丰富的内涵与自身的特性。

2. 生涯的特性

生涯具有以下特性。

(1) 终身性。生涯的发展是一生当中连续不断的过程。生涯概括了一个人一生中所拥有的各种职位、角色,因此,生涯不是个人在某一阶段所特有的,而是终生发展的过程。

(2) 独特性。每个人的生涯发展是独一无二的。生涯是个人依据自己的人生理想,为了自我实现而逐渐展开的一种独特的生命历程,不同的个体有不同的生涯,也许某些人在生涯的形态上有相似的地方,但其实质却可能是完全不同的。

(3) 发展性。人是生涯的主动塑造者。生涯是一个动态的发展历程,个人在不同的生命阶段中会有不同的追求,这些追求会不断地变化与发展,个体也就不断地成长。

(4) 综合性。生涯以个人事业角色的发展为主轴,也包括了其他与工作有关的角色。生涯并不是个人在某一时段所拥有的职位、角色,而是个人在他一生中所拥有的所有职位、角色的总和,这个总和不只局限于个人的职业角色,也包括学生、子女、父母、公民等涵盖人生整体发展的各个层面的各种角色。

(5) 影响因素的多样性。决定一个人生涯发展的因素是很多的,总括起来有以下几个方面。① 个人的特质和经验,包括心理特质,如能力、能力倾向、人格特质、自我概念、成就动机等;② 生理特质,如健康程度、形体容貌、性别、精力等;③ 经验,如教育程度、受过的训练、掌握的技能、工作经历、休闲活动、社会活动、社交技巧等;④ 个人的背景状况,包括父母的家庭背景,如父母的社会经济地位、父母从事的职业、家庭经济状况、父母的期望等;⑤ 自己的家庭背景,如婚姻关系、夫妻间依赖的程度、配偶的期望值等;⑥ 一般状况,如种族、宗教、生态环境等;⑦ 个人的环境状况,包括所处的社会经济状况、职业变化趋势、技术发展、所处的国际环境、面临的国家政策等;⑧ 不可预测的因素,包括地震、意外、疾病、死亡等难以预测的事件等。

(四) 生涯规划的内涵与意义

生涯规划又称生涯辅导(career guidance),是20世纪70年代随着生涯发展和生涯教育理念的提出而提出的新观念,大大丰富并拓宽了原职业辅导的内容,因而具有了更深远的意义。

1. 生涯规划的内涵

我们可以从生涯规划的着眼点、内容和实现途径及其去把握它的内涵。

生涯辅导是以个人的生涯发展为着眼点的。生涯发展的概念来源于哈维赫斯特（Havighurst）提出的发展任务概念。目前，学术界普遍认同舒伯的生涯发展理论。舒伯认为人的生涯发展，是由三个层面构成的：一是生涯发展的时间。指生涯发展的阶段或时期，包括生长、探索、建立、维持及衰退五个发展阶段或时期。各阶段发展的年龄大约是：生长期0～14岁，探索期15～24岁，建立期25～44岁，维持期45～65岁，衰退期为65岁以后。二是生涯发展的广度。指一个人一生所要扮演的各种不同的角色，如儿童、学生、公民、休闲者、工作者和家长等角色。三是生涯发展的深度。指个体扮演每一个角色所投入的程度。有的人在工作者角色上投入程度多一点儿，而有的人或许在家长角色上多投入一点儿。生涯发展是一个持续不断的过程，并非一成不变的，人的过去是现在的一部分，而现在又影响到未来。现在的行为与对未来的期望都会影响人的生涯发展，在发展中有时候也可改变过去的错误，生涯规划就落实在协助和促进个体生涯发展的过程之中。

生涯规划的主要内容包括以下方面。

一是生涯规划及生涯决策能力的培养。生涯发展包括一连串的生涯规划与决策的过程，必须协助人们学习如何规划人生，在面对各种抉择情境时，界定问题，收集并运用资料，以提高生涯的规划和决策的能力。

二是自我状况的了解及个人价值观的澄清。生涯规划与决策均需要个人对自我的观念及价值观清晰明了，并且对有关职业与生涯发展方面的资料有深入的了解，才能做适当的选择，所以生涯规划要协助个体了解自我，了解个体的能力、能力倾向、兴趣、个性等情况，辨析和澄清个人的职业价值、个人生涯发展的状况。

三是做出合理选择。生涯规划不仅要协助人们选择教育系统中某些特定课程，同时也要帮助他们了解生活中其他各种可能的选择。知道这些选择是否合理、适当，不仅取决于个人特定的标准和个人所追求的生涯目标，还取决于社会的发展和职业的需求。应比较各种选择之间的利弊，最后才能做出适当而合理的选择。

四是自身潜能的开发。生涯规划承认每个人的才能是有差别的，但更重要的是在辅导的过程中发现并发掘个人的潜能，给予个人充分的机会，以独特的方式去发展及表现他的才能，还应协助个人适应快速变迁的社会与职业环境，考虑比较灵活和弹性的方式，以达到个体的生涯发展目标。

生涯规划的实施主要通过生涯教育与生涯咨询两大途径。生涯教育是美国教育界最先提出的概念，指针对所有国民，从孩提时代至成年的整个教育过程中，通过生涯认知、生涯安置、生涯进展等步骤，培养人们的生涯能力，使每个人都能过上适应自身特点的美满生活。可以说它包含了个人一生全部的教育活动历程。根据1972年美国职业教育学会教育工作报告，生涯咨询是旨在促进咨询对象的自我了解以达成生涯规划行动计划的一种心理咨询。概括地说,生涯规划实施的具体途径和方式包括:开展生涯辅导活动、开设生涯发展课程、实施心理测验、建立生涯规划资料系统、举办生涯辅导周活动、开展生涯规划的个别咨询与团体心理辅导等。

综上所述,我们可以将生涯规划定义为通过生涯教育与生涯咨询,帮助个体进行生涯认知、生涯探索、生涯决策,并针对生涯目标,面向未来的岁月做好生涯构思与计划安排,以选择一种个人将学习工作与生活理想结合在一起的教育与咨询过程。而生涯规划团体心理辅导,则是以团体心理咨询的形式进行生涯规划,使团体成员在指导者的引导下进行生涯认知、探索、决策、行动,以达到个体生涯发展目标的过程。

2. 生涯规划的意义

生涯规划具有发展性、终身性、广泛性、综合性的特点。发展性指生涯规划的实施须遵循人类生理、心理、职业及社会发展的原理,实现个体的生涯发展目标。终身性指生涯规划贯穿了个体的一生,个体在一生中不同的年龄段都有生涯规划的任务,生涯规划的教育、辅导、咨询活动可以在不同年龄段的人群中开展。广泛性指生涯规划的内容很广泛,工作价值、职业观念及服务精神的培养,个人志趣、潜能及特质的最大发挥,均在生涯规划的内容之中。综合性指生涯规划需要各政治、经济、文化、教育专家和学术团体,以及学校教师、行政人员、辅导咨询人员、社会团体、家长、学生团体、社区等多方面互相配合,共同为生涯规划服务。

在大学生中进行生涯规划心理辅导意义重大。简单地说,其意义至少包括以下三个方面。

第一,生涯规划心理辅导可以使大学生顺应社会发展的要求。进入21世纪,人类面临着科学技术加速发展和急剧变革的挑战。当代科技迅猛发展,呈现出三个基本特点:一是在发展速度和发展过程上具有超常规发展和急剧变革的特点;二是呈现既高度分化又高度综合并且以高度综合为主的整体化趋势;三是科学技术转化为生产力的速度越来越快,而且还在以更猛的势头发展着。科技的加速发展和急剧变革,必然引起社会经济的变革,知识经济越来越多地引起人们的注目,以知识为基础的社会正在形成。不断变革、创新成为知识经济社会的必然要求,知识经济社会竞争会日益加剧,不创新就灭亡将成为社会发展的严酷法则。伴随知识经济时代的到来,传统工业经济也在发生根本性的变化,也使我们的工作世界发生了根本的变化。工作世界的变化,冲击最直接的就是社会职业的内涵和人们从事职业的方式,结构性失业将不可避免。从今往后人们只有对职业技能永不松懈地追求,拥有相当宽泛的职业知识基础,才有可能不失业。生涯规划就是从未来和发展的角度来看待个体一生的,使个体能够适应社会的快速变迁,了解社会职业变化的方向,规划和决定个体生涯发展的目标。

第二,生涯规划心理辅导是实现大学素质教育目标的需要。我国教育的基本性质和任务是培养全体学生成为适应社会需要的有理想、有道德、有文化、有纪律的"四有"人才,即培养学生成为适应21世纪发展需要的、具有高度时代感、责任感的新型公民。他们有高度的政治觉悟、崇高的理想、现代民主法制观念和文明生活习惯、较高的科学文化素养,从而为培养和造就更多的适应社会主义现代化建设的各级各类人才奠定最广阔的人力资源基础。生涯规划就是要使每一个学生先天获得的遗传素质得以充分的发展,同时使他们获得当今社会所需要的各种品质,通过科学的、行之有效的途径,充分发挥其天赋条件,提高素质水平;同时在某些本来不具备的或者是在心理或能力上有缺陷的方面,通过生涯的教育、实践、锻炼、培养,得到弥补和完善,所以,它是实现素质教育的有效途径之一。

第三,生涯规划心理辅导能促进人的发展。生涯规划的重要作用是要使个体发展潜力、发挥才能、把握未来,并掌握所需要的思维、判断、想象、创造的能力,所以它是一种与个体不断成熟的发展相适应的教育和探索的历程。首先,它能促进每个学生潜能得到发展。学生具有天赋的潜能,这些潜能是学生多方面发展的潜在可能性,它是相对于学生已经表现出来的现实发展水平而言的。生涯规划在使学生多方面潜在发展的可能性转化为现实发展的确定性的过程中,起着重要作用,它能把学生的潜能变成发展的现实。其次,生涯规划能促进每个学生得到全面发展。生涯规划强调每个学生的全面发展,这是因为人的生命体本身蕴含多方面发展的潜能。全面发展是人自身发展的要求,社会生活的丰富多样性也要求人的全面发展,社会发展的程度越高,对人的全面发展的要求也就越高。人的全面发展是一个不断接近的、没有终点的目标,生涯发展的目标就是要尽可能充分地实现这一目标。最后,生涯规划能促使每个学生富有个性地发展。让学生尽可能充分地全面发展,是对所有学生的共同要求。但每个学生都是独特的个体,有其个别性,因而彼此千差万别。生涯规划承认并尊重每个学生的独特性,因人而异地进行指导、探索,因此能促进每个学生既全面又富有个性地发展,以达到自己的生涯目标。

二、大学生职业生涯规划的主要方法

(一)大学生职业生涯规划的内容

一般来说,一个人的职业设计是在大学期间渐渐形成的,高考填报志愿自然也是重要的一步。作为新世纪大学生,我们应该从哪些方面进行职业生涯规划?

1. 树立正确的职业理想,确立明确的职业目标

职业理想是指人们对未来职业表现出来的一种强烈的追求和向往,是人们对未来职业生活的构想和规划。

职业理想受社会环境、社会现实制约。凡是符合社会发展需要和人民利益的职业

理想都是高尚的、正确的,并具有现实的可行性,大学生的职业理想应把个人志向与国家利益和社会需要有机地结合起来。

职业理想在人们职业生涯规划过程中起着调节和指南作用。一个人选择什么样的职业,以及为什么选择某种职业,通常都是以其职业理想为出发点的。

大学生树立职业理想的过程,也是在心目中进行职业生涯规划的过程。一旦在心目中有了自己认为理想的职业,就会依据职业理想的目标,去规划自己的学习和实践,做好各种准备。

所以,大学生应当尽快确定自己的职业目标:打算成为哪方面的人才,打算在哪个领域成才,等等。对这些问题的不同答案不仅影响职业生涯规划,也会影响个人成功的机会。

蚯蚓的目标阶梯[①]

蚯蚓是我从小到大的朋友。蚯蚓不是原名,由于他长得黑矮瘦弱,因而得名。18岁分开后,我在外为生活四处漂泊奔波;蚯蚓却上了大学,什么事都挺顺当。在这分开的十年里,我们几乎每隔两三年见一次面。每一次我都喜欢问他同一个问题:你将来的目标是什么?得到的答案总是不相同。下面记录的是蚯蚓每次谈及目标的原话。

18岁,高中毕业典礼上:我发誓要当李嘉诚第二!我要当中国首富!(好大的口气)

20岁,春节老同学团聚会上:我想创立自己的公司,30岁时拥有资产2000万元。

23岁,在某工厂当技术员,第二职业是炒股:我正在为离开这家工厂而奋斗,因为在这里工作太没前途了。我将全力炒股,三年内用5万炒到300万元。(似乎有点儿实现的可能)

25岁,炒股失意而情场得意,开始准备结婚:我希望一年后能有10万元,让我风风光光地结婚。(挺现实的想法)

26岁,不太风光的结婚典礼上:我想生一个胖小子,不久的将来当个车间主任就行,别的不想了。(是不是结婚就会使人成熟)

28岁,所在的工厂效益下滑,偏偏正是妻子怀胎十月的时候:我希望这次下岗名单里千万不要有我的名字。(这时候我还能说什么)

案例分析:从上面的小故事可以看出,蚯蚓显然没有对自己的人生进行合理的规划,刚开始的时候当技术员,但他没有去细心研究技术,而是去炒股,想赚到300万元,后

---

① 选自梁琦. 生活的科学[M]. 北京:人民邮电出版社,2015.

来炒股失败忽而又想当车间主任，最后可能技术也不是很精通，担心下岗名单中不要有他的名字。他这样一个没有规划的人生，显然是很容易失败的。

实际上我们要想在未来职业生涯中获得成功，首先应该确定一个切合实际的职业定位和职业目标，并且把目标进行分解，然后设计出合理的职业生涯规划图，并且付诸行动，经过不断努力和调整，直到最后实现我们的职业发展目标，获得人生的最大成功。

2. 正确进行自我分析和职业分析

（1）自我分析。要通过科学的方法和手段，对自己的职业兴趣、气质、性格、能力等进行全面认识，清楚自己的优势与特长、劣势与不足。自我分析要客观、冷静，不能以点代面，既要看到自己的优点，又要面对自己的缺点。

（2）职业分析。现代职业具有自身的区域性、行业性、岗位性等特性。例如：职业区域可能是城市，也可能是农村；可能是经济发达的特区，也可能是经济一般或贫困落后地区。职业生涯规划时要考虑到职业区域的具体特点，如该地区的特殊政策、环境特征，不能仅看重单位的大小、名气，而要对该职业所在的行业现状和发展前景有比较深入的了解，如人才供给情况、平均工资状况等。

3. 构建合理的知识结构

知识的积累是成才的基础和必要条件。但知识不是衡量人才的绝对标准。单纯的知识数量并不足以表明一个人真正的知识水平。大学生不仅要具有相当数量的知识，还必须要形成合理的知识结构，没有合理的知识结构，就不能展现创造功能。在职业生涯规划时，大学生要将已有知识科学地重组，建构合理的知识结构：既能很好地适应社会需要，又能充分体现个人特色；既能满足专业要求，又有良好人文修养；既能发挥群体优势，又能展现个人专长。

4. 培养职业需要的实践能力

大学生的综合能力和知识面是用人单位选择大学生的依据。用人单位不仅考核大学生的专业知识和技能，而且还考核其综合运用知识的能力、对环境的适应能力、对文化的整合能力和实际操作能力等。

大学生进行职业生涯规划时，除了构建合理的知识结构外，还要具备从事本行业岗位的基本能力和某些专业能力。一般来说，大学生应重点培养适合社会需要的决策能力、创造能力、社交能力、实际操作能力、组织管理能力和终身学习能力、心理调适能力、随机应变能力等。

5. 参加有益的职业训练

职业训练包括职业技能的培训，对职业的适应性考核、职业意向的科学测定等。

目前,高校组织大学生暑期"三下乡"活动、大学生"青年志愿者"活动、大学生毕业实习工作、大学生校园创业活动等都是很好的职业训练形式。

除此之外,高校还可以邀请成功的校友回校与大学生座谈,邀请校外知名人士来校与大学生交流,鼓励有条件的大学生利用假期到父母或亲戚单位实习,鼓励大学生从事社会兼职工作等。

除了以上几个方面,大学生在进行职业生涯规划时,还应培养良好的道德修养和健康的心理素质,如正确对待择业挫折的心理素质和敢于竞争、善于竞争的心理素质等。

(二) 职业生涯规划的方法

生涯决策通常由确定目标、建立行动计划、澄清价值、找出各种行动方案、估计可能结果的利弊得失、系统排除不适用的方案和开始行动这几部分组成。下面介绍两类生涯规划的方法。

1. 便捷的生涯规划法

伍德·沃斯(Wood Worth)曾整理出七种一般人常用的生涯规划法。

第一种是自然发生法。最常见的情形是,不少学生在高考后,填写志愿时,并未仔细考虑自己的爱好、志趣,只要找到分数所能录取的学校、专业,便草草地填上自己所学的专业和学校。

第二种是目前趋势法。跟随现在市场的趋势,盲目地投入新兴的热门行业。

第三种是最少努力法。选择最容易的专业或技术,但祈求最好的结果。例如,择偶时,男人希望能娶到一个富家女,好减少十年的努力;女人希望找到一个铁饭碗,保障安全等。

第四种是拜金主义法。选择待遇最好的行业。有不少拥有大学以上文凭的人,放弃发展自己的专业,而选择钱多事少离家近的工作。

第五种是刻板印象法。以性别、年龄、社会地位等刻板印象来选择工作:女性较适合从事服务业,男性较适合搞政治、做企业等。婚姻中,家务活通常被认为是女人的工作,男人则负责养家糊口,也是一种刻板印象。

第六种是橱窗游走法。到各种工作场所,走马观花地浏览一番,再选择最顺眼的工作。

第七种是假手他人法。听从师长的观念,一直深深地影响着我们的行为。即使在现代,许多人在思考自己的未来时,还是会不知不觉地把它交给别人来决定。这些人包括:父母或家人、朋友或同僚、老师、指导教授或辅导员。

以上七种方法,通常被称为知识导向(knowledge-oriented)、配合导向(match-oriented)和人群导向(people-oriented)的生涯规划方法。它们是最便捷的生涯规划方法。

这种便捷的生涯规划法，优点是省时省力、不用花费太多的心思，在短时间内的效率很好；缺点是无法根据个人的能力、特性做长远的规划。

2. 系统化生涯规划法

系统化生涯规划法弥补了便捷生涯规划法的缺陷，为了使焦点较为集中，仍以工作为主轴展开进行，将同样的构架延伸到情感经营或自我成长的层面上。系统化生涯规划法的优点是：可以帮助你认识自己的特质及价值所在；帮助你认识工作世界的现状与趋势；帮助你找到可以实现自己的途径；帮助你了解工作只是人生的一部分，而非全部。

系统化生涯规划法包括七个步骤。

第一，觉知与允诺。在这个阶段，你已觉悟到生涯规划的重要性，并且愿意花上一段时间，来规划自己的生涯。

第二，设定方向。人们常说："人类因梦想而伟大。人若没有理想，就像没有舵的船，永远无法到达目的地。"有时我们难免会害怕自己没有去对了地方，好在方向是死的，人是活的，在旅程中，我们若发现原先设定的方向不是自己真正想去的地方，那么我们永远会有机会修正。相反，若是一直让恐惧、焦虑占据了自己，不敢出发，那么这颗种子可能如金字塔中的种子，即使宝贵，可能三千年都不会发芽，甚至因而此腐烂、错失了绽放的时机。

第三，认识自己。系统化生涯规划是一个从内而外的过程，因此在生涯规划时，要先认识自己。问自己：我是谁？我的兴趣是什么？哪些东西是我生命中所不可或缺的？我有哪些人格特质，使我别具一格，与众不同？我的优点是什么？不足在哪里？我有哪些技能是可以赖以维生的，是高出一筹的？

第四，认识工作世界。你除了要清楚地认识自己身处的政治、经济、社会和文化环境外，还要了解职业的分类和内容；各类职业所需的技能；各类职业所需的人格特质；各类职业的报酬等。

第五，确立目标。在了解自我、认识工作世界后，要整合各种因素，并评估其可行性，在修正方向后，定出一个具体可行的目标和方案。这些过程是一个生涯决定的过程。

第六，付诸行动。当生涯规划的计划完成后，便要采取行动。在行动中积累自己的资源，是这个步骤中的重点。

第七，评估反馈。生涯规划的最后一步，是评估实行的效果。在工作世界中，即使找到一个喜欢的工作，仍有可能被杂事缠身，失去方向。这时，需要不断地澄清事情的优先级，眼光放远，才能重回航道。

职业生涯规划，不仅是根据对自身主观条件的制定，而且还有客观环境因素的分析，确立自己的职业生涯发展目标，选择实现这一目标的职业，以及制定相应的工作、培训和教育计划，并按照一定的时间安排，采取必要的行动实现职业生涯目标的过程。系统化生涯规划法除了以上七步法外,还有几种有效地了解自己的方法。

(1) 5W1H分析法。

第一,Who am I?（我是谁?）:面对自己,真实地写出每一个想到的答案,并按重要性排序,如自己的专业、家庭情况、年龄、性别、性格、动手能力、思考能力,等等。

第二,What will I do?（我想做什么?）:可以从小时候回忆,将自己喜欢做的事情写下来。

第三,What can I do?（我会做什么?）:可以把自己有能力做的事,还有通过潜能开发能够做的事写下来。

第四,What does the situation allow me to do?（环境支持或允许我做什么?）:将自己所处的家庭、单位、学校、社会关系等各种环境因素考虑进去。

第五,What is the plan of my career and life?（我的职业与生活规划是什么?）

第六,How to do?（我如何实现?）

(2) SWOT分析法。

SWOT是优势、劣势、机遇、威胁四个英文的第一个字母的组合。优势主要包括学了什么、做过什么、最成功的是什么、忍耐力如何。劣势主要包括性格弱点、经验或经历中欠缺什么、最失败的是什么。机遇主要包括现在的就业形式、各种职业发展空间、社会最急需的职业。威胁(挑战)主要包括专业过时、同学竞争激烈、薪酬过低。

通过上述方法,仔细分析就业形式与自己能力的匹配情况,规划好自己的职业生涯。无论学什么专业,必须具备除了专业、外语、计算机以外的有关企业管理(如文件运转、公文起草等)、沟通、演讲、组织等能力。

总之,生涯规划是一个周而复始的历程。在不断的探索追寻中,每个人最终都能发展出自己的"五业"。第一,努力学业。建立终生学习的观念,温故知新。第二,选对行业。参考自己的兴趣和价值观,汰旧换新。第三,建立专业。在一个领域中深耕,建立不可被取代的地位。第四,发展事业。精心经营自己的事业,建立与众不同的基业。第五,投入志业。找到一辈子的志趣,无怨无悔地投入。

当然,有时也会碰到许多挫折和不快,使我们产生怀疑,这时就要学习一些自我调适的方法。当你修正自己的做法后,如果还是成效不大,无法平复内心的不满、压力和倦怠感,这表示你可能变了——旧时的兴趣和价值观已不再适用了。这时,你可能要回到生涯规划的某一点,再次找寻一个适合成长后的你的生涯。也有可能,你需要检视自己在工作、情感和自我成长这三件大事上,是否取得平衡,并努力调整心态,去探寻这种平衡。

三、大学生生涯规划团体心理辅导的注意事项

大学生生涯规划团体心理辅导直接关系到大学生的人生发展和面临的择业求职、就业等人生关键事件,深受大学生欢迎,因此,广泛开展这类辅导将成为大学生发展性团体心理辅导的发展趋势。要组织好大学生生涯规划团体辅导,必须了解大学生在大学阶段生涯发展的过程与特征,把握时代对大学生生涯发展的要求,提高大学生生涯决策和规划的能力,并指导大学生掌握择业求职与就业适应的技能,同时进行择业求职与就业适应的心理调适。

1. 要了解大学生生涯发展的过程

金斯伯格通过对个体童年到青少年阶段生涯发展过程的研究,将个体的生涯发展划分为空想阶段、尝试阶段和现实阶段三个阶段,揭示了个体早期生涯心理的发展对其未来生涯规划和职业选择的影响。舒伯则提出了终身生涯发展理论,把人的生涯发展划分为成长、探索、建立、维护和衰退五个阶段,每个阶段又可细分为成长、探索、建立、维护和衰退五小段,循环发展,根据个体不同的年龄与心理,每个阶段有不同的任务及特征。此后的生涯理论家大多数以年龄作为划分职业生涯发展阶段的依据,并着重研究不同年龄阶段个体心理发展对其职业与生涯发展的影响。进行大学生生涯规划团体心理辅导,也必须从心理发展的角度去认识大学生的生涯发展过程,充分认识个体在不同阶段心理发展的特征,帮助大学生顺利而准确地把握生涯发展的规律,了解不同阶段生涯规划的主要任务,进而帮助他们规划好自己的人生。

2. 要把握时代对大学生生涯发展的要求

把握时代对大学生生涯发展的要求首先必须了解时代的发展趋势,特别是时代的发展对大学生即将面临的工作世界的影响和变化趋势,即了解大学生必将面临的工作世界;其次必须了解新的工作世界对人才素质的要求。

3. 要提高大学生生涯决策和规划的能力

生涯发展过程中,每个人都会面临许多抉择,需要个人做出明智的决定,这就是生涯决策。决策的过程中在选定目标之后要做好行动计划,进行科学规划。因此在大学生生涯团体心理辅导中,要着力提高大学生的生涯决策和规划的能力。

每个人面对生涯决策的情景是不同的,但目标、选择、结果、评价这四个要素是每个决策都不可缺少的。目标是决策者要达到的目的;决策者可能会面临几个选择;每一个选择都可能导致不同的结果;决策者对于各个结果要进行评估。因此在生涯决策时考虑的因素有:

第一,自我评估。知己知彼,百战不殆。只有了解自我,才能切合实际制定出所要达

到的目标。自我评估应以个人的教育背景、个性、体能、专长、爱好及价值观为依据。价值观直接影响生涯目标的确定。

第二,环境认知。生涯发展除了自身的条件外,客观的环境因素也影响很大,包括组织形态、组织氛围、竞争对手与机会等。

第三,时段安排。为了使生涯能按照计划发展,在时间上必须有明确的阶段划分。这样不但有助于评估的实施,而且有助于自我鞭策与反省。因此,根据不同时期,建立四至五个生涯发展阶段,这样才具体可行。

第二节 大学生职业生涯规划的基本步骤

一、大学生职业生涯规划的"八步法"

(一) 确定志向

大学生要充分认识到职业生涯规划的重要性,明确自己的理想,并树立向理想奋斗的决心,但同时也应该了解:有时我们所播下的种子,未必能马上发芽。但不管如何,在生涯过程中,对自己的耐心和爱心,都是不可或缺的。因此,在长期的追寻摸索的过程中,你需要给自己一个承诺:为了自己的幸福,你会全力以赴,但若一时不遂人愿,你也能善待自己、不放弃自己,让自己边调整边积累资源。因此,给自己一点儿时间,在夜深人静的时候,听听自己心底的呼唤;或是凭着过去的经验和直觉,选定一个方向,满怀着好奇心和勇气去行动。

(二) 自我评价

自我评价是为了更好地认识自我、了解自我。要通过科学认知的方法和手段,如借助于职业兴趣测验和性格测验及周围人对你的评价,对自己的职业兴趣、特长、气质、性格、能力、学识、技能、智商、情商、思维方式等进行全面审视、认识、了解。清楚自己的优势与特长、劣势与不足,即要弄清我想干什么,我能干什么,我应该干什么,在众多的职业面前我会选择什么等问题。评估自我时要客观、冷静,不能以点代面,既要看到自己的优点,又要面对自己的缺点。只有这样,才能避免设计中的盲目性,达到设计高度适宜。你可以通过各种方式来发现自己:借各种测验来了解自己;从人际互动中了解自己的个性;从自我对话中看到自己的多种面貌等。

(三) 环境评价

为了更好地进行职业选择与职业生涯规划,必须对外部环境进行分析,通过外部环境分析弄清环境对职业发展的要求、影响及作用,对各种影响因素加以衡量、评估,并做出反应。总的来说,就是要"知彼",即进行社会环境整体分析和组织(企业)环境分析。组织与社会环境分析是对自己所处的环境进行分析,以确定自己是否适应组织环境和社会环境的变化,以及怎样调整自己以适应组织与社会的需要。短期的规划比较注重组织环境的分析,长期的规划要更多地注重社会环境的分析。

(四)职业定位

职业定位就是要为职业目标与自己的潜能及主客观条件谋求最佳匹配。职业定位应注意:① 依据客观现实,考虑个人与社会、单位的关系;② 比较鉴别,比较职业的条件、要求、性质与自身条件的匹配情况,选择条件更合适、更符合自己特长、更感兴趣、经过努力能很快胜任、有发展前途的职业;③ 扬长避短,看主要方面,不要追求十全十美的职业;④ 审时度势,及时调整,要根据情况的变化及时调整择业目标,不能固执己见,一成不变。

(五)发展路线选择

现代职业具有自身的区域性、行业性、岗位性等特性。职业区域可能是城市,也可能是农村,可能是经济发达的特区,也可能是经济一般或贫困落后地区。职业生涯规划设计时要考虑到职业区域的具体特点,如该地区的特殊政策、环境特征;职业角色的发展与职业所在的行业的发展有着密切的关系,职业生涯规划时,不能仅看重单位的大小、名气,而要对该职业所在的行业现状和发展前景有比较深入的了解,如人才供给情况、平均工资状况、行业的非正式团体规范等;不同的职业岗位对求业者的自身素质和能力有着不同的要求,在职业生涯规划时,除了解所需要的非职业素质要求外,还要了解所需要的职业素质要求,除了解所需要的一般能力外,还要了解所需要的特殊职业能力。

(六)设定生涯目标

确立目标是制订职业生涯规划的关键。确立目标就是"职业方向定位",请记住它是"最重要的环节",它是你职业生涯的"镜子和尺子",具有灯塔和航标的作用。职业目标是指人们对未来职业表现出来的一种强烈的追求和向往,是人们对未来职业生活的构想和规划,确立目标可以成为追求成功的驱动力,所谓"志不立,天下无可成之事"。因此在制订职业生涯规划时,关键是要确立好目标。任何人的职业目标必然要受到社会环境和社会现实的制约,凡是符合社会发展需求和人民利益的职业都是正确的,因此,大学生确定职业目标时应把个人志向与国家利益和社会需要有机地结合起来,这才有现实的可行性。目标又分短期和长期目标。长期目标一般是以后职业规划的顶点,短期目标则一般是近期素质能力的提高等。

（七）制订行动计划与措施

在确立了职业目标后，行动成了关键环节，因为空有计划，而无行动，则一切都如梦幻泡影，目标无从实现。以工作生涯的发展为例，付诸行动时要考虑的因素，包括自己现有的教育与训练是否足够应付工作所需；如果答案是否定的，哪些机构可以提供这些服务；是否需要取得一些工作经验，短期的还是长期的，业余的还是全程的，义务性的还是要求报酬的等。因此，首先要指导大学生参加有益的职业训练。除此之外，高校还可以邀请成功的校友、校外知名人士等回校与大学生座谈交流经验；可以通过勤工俭学形式，让大学生从事社会兼职工作；组织学生开展模拟性的职业实践活动，开展职业意向测评，开展职业兴趣分析测评等。高校要指导大学生主动积极地参加有益的职业训练，更早更多地了解职业，掌握职业技能，以便更好地开展自己的职业规划设计。

（八）评估与反馈

整个职业生涯规划要在实施中去检验，及时诊断生涯规划各个环节出现的问题，找出相应对策，对规划进行调整与完善。俗话说"计划赶不上变化"，尤其在高科技信息时代，变化更是永恒的主题。影响职业生涯规划的因素很多，有的变化是无法预测的，因此，毕业生应该时刻关注环境的变化，从而不断对职业生涯规划进行评估与修订。

1. 进行职业生涯规划管理

什么是职业生涯规划管理？简而言之，职业生涯规划管理是对计划的实行、组织、指挥、协调和控制，高效率地完成既定目标。

职业生涯规划的管理方法：

实行——学生时代发展计划的落实。　　　　　　　　　　【落实在校计划】

组织——以各种具体行动来推进计划的实施。　　　　　　【实施具体行动】

指挥——按计划部署执行进度，并及时激励自己，强化必成信念。【部署进度激励】

协调——处理好与同学、集体和社会的关系。　　　　　　【处理三大关系】

控制——掌控自己的时间，监督自己的活动，制约和矫正自己的行为。

【监控制约矫正】

出众的职业生涯管理能力，珍惜在校的学生时代，会让每一位学生都能高效率地完成自己制定的发展目标，为职业生涯发展打下好基础。管理的要义是要不断地根据实际情况进行规划的评估与反馈，及时完善自己在校学习期间的职业生涯规划阶段目标，检查是否可行，及时修订。

2. 进行自我评价和监督

评价职业生涯规划的目的，在于自己职业生涯规划的可行性，是否起到提高自己的激励作用，为自己的职业生涯发展服务。我们在评价自己的职业生涯规划时，要抓住职业生涯规划的灵魂——发展,始终围绕规划能否促进个人提高,进而实现自己的职业生涯服务。

（1）他人评价。

作为一个职业人、社会人,在评价自己的职业生涯发展是否成功时,评价标准分为自我评价、家庭评价、企业评价和社会评价四类。如果一个人的职业生涯发展,能在这四类评价中都得到肯定,则其职业生涯就是成功的。

请同学们思考自己在完成近期目标后,自我、家庭、企业、社会可能有什么评价,填入表 5-1 中。

表 5-1　完成近期目标后所获得的评价

评价要素	评价者	评价内容	评价标准
自我评价			
家庭评价			
企业评价			
社会评价			

（2）他人监督。

职业生涯的成功,不但意味着个人才能的发挥,而且必须为推进人类社会发展做出贡献。我国伟大的无产阶级革命家毛泽东、周恩来、邓小平等,他们职业生涯的成功,不仅使个人才能得到了发挥,而且为推进人类社会的发展做出了重大的贡献,是经受得起历史长河的检验的。因此,青年人在自己的职业生涯发展过程中,要认真思考自己为职业生涯成功所做的努力,是否经得住历史长河的检验。作为人都会自己的缺点或弱点,毕竟要完成一项人生的使命不是一件容易的事,有时我们会有懈怠,有时我们的视野是有局限性的,有时我们的认识是有偏差的,在这些时候,我们不妨请他人来对我们的规划进行监督和促进。我们可以使用表 5-2。

表 5-2　请人督促检查表

姓名		督促人	○任课教师　○班主任　○家长　○同学　○好友		
提醒事宜			提醒方式		
1			1		
2			2		
3			3		
4			4		
5			5		

二、大学生职业生涯规划案例

案例一

经营"鸿昌",让"鸿昌"更昌盛

某职业学院2009级学生

时代总是在不停地进步,带我们走过了机械时代、蒸汽时代、电气时代,一直走到现在的信息时代。为了适应当今社会日新月异的发展趋势,人们都在不断地用新的知识武装自己。我们作为计算机专业的本科学生、未来信息时代的一员,更应该树立远大的目标,采取切实的措施,跟上时代发展的潮流,进而实现人生的价值。

认识自我

我从小在农村长大,生活在一个在当地还算是比较富裕的家庭中,父亲开着一家约有十余名工人的私营企业——"鸿昌汽保设备厂"。从小受父亲这位"企业家"的影响,对企业生产管理等有关事物具有浓厚的兴趣。妈妈也是"蓬生麻中,不扶而直",对财务管理尤为在行。因为这份兴趣和特长,我也初试锋芒,获得了一点儿小的成功。比如,在本地比较有名的"腾达"塑料厂的商标就是我设计的。

我特有的生活环境及父亲的影响铸就了我倔强的性格——不轻易服人,也决不盲从,而是有自己独到的看法,并且敢于大胆地表现自己。比如,在学校举办的辩论赛中,我赢得了"最佳辩手"的称号等。

我这个人最大的缺点就是粗心大意,做事缺乏足够的耐性,这直接导致我高考由于2分之差,没能考上本科院校。值得庆幸的是,我还能进入重点职业学院,并且选择了计算机应用专业。

我的目标

成功要靠目标来领航。如果没有一个明确的目标来领航,就会随波逐流;并且人的生命是有限的,要使有限的生命更有意义,就必须使人生具有明确的目标;沿着正确的方向和道路前进,是一个人取得成功的重要因素。我根据自身的条件和所处环境,确定了以下几个目标。

第一阶段目标:充实锻炼自己。

第二阶段目标:考上理想本科院校。

第三阶段目标:扩大"鸿昌"规模。

措施及安排

(1) 2009年7月—2010年7月:提高学习成绩。

措施:把文化课中比较弱的科目——数学补过来。在专业课上,努力做到不能有半点儿松懈,并且要注重实践,将所学知识牢固掌握。

(2) 2010年7月—2011年7月:争取学习成绩保持在前五名,为实现第二阶段目标打好基础。

措施:订阅《电脑爱好者》《学习报》等,加强对专业课及对文化课的学习。

(3) 2011年7月—2012年6月:考上一所理想的本科院校。

措施:珍惜时间,给自己加上一节早自习,充分复习每门功课,查缺补漏。

(4) 2012年9月—2013年7月:在高职院校学习期间,把自己塑造成为一名符合社会潮流的高素质人才。

措施:充分利用学校条件,学好本专业知识,利用课余时间学习企业营销知识,搜集一些成功企业的案例,为经营"鸿昌"企业做好准备。

(5) 2014—2016年:回"鸿昌"就业,结合所学知识与实践经验,提高企业的整体水平。

措施:深入企业的各个部门,找出企业自身的优势与不足,大胆改革,为企业的进一步发展注入活力。

(6) 2016—2026年:把"鸿昌汽保设备厂"的规模扩大,扩大就业能力,以转移当地农村剩余劳动力,提高当地经济的发展水平。

措施:投入资金及设备扩大"鸿昌"规模,充分利用网络优势,通过在互联网上发布信息,以扩大"鸿昌汽保设备厂"的知名度。让计算机在企业的发展中发挥重要作用。

职业生涯是人生重要的阶段,让职业生涯大放异彩是个人的需要,也是国家和社会的需要,而成功的职业生涯只属于有准备的人。相信通过我的踏实努力,未来会属于我自己。

点评

著名职业指导专家蒋乃平:这是一份对发展条件分析较好的设计。分析发展条件是客观地把握职业生涯发展的内部和外部环境的基础,是确保职业生涯设计方向正确、目标实在、符合实际的必要前提。

分析包括自身条件及其变化趋势、家庭条件及其变化趋势、行业发展趋势和就业环境三个方面。

该同学对前两点的分析具体翔实,并因此而对今后的发展目标充满了信心,相信他会运用现代信息技术使"鸿昌"更加兴旺昌盛。

该设计的缺点在于只谈了信息技术和国家宏观经济的发展趋势,涉及了自己所学专业将对鸿昌汽保设备厂发挥的作用,但缺少对"汽保"这一行业的现状和发展趋势的分析,让人感到继续投入、扩大再生产的"底数"不清。

此外,应根据自己现在所学计算机专业的特点和远期目标即经营"鸿昌"的需要,明确第二目标即报考高职的专业类别。升学时,选择适合自己现有条件和发展方向的专业,是职业生涯发展很关键的一步。

案例二

小江是一名会计专业的本科生,他制定了一个发展措施。结合他的措施我们进行案例分析。

在小江制定的发展措施中包含了三个要素:方法、标准、时间。这三个要素在措施中是怎样体现的呢?具体见表5-3。

表5-3 发展措施中的三要素

	时 间	方 法	标 准
时间进度	在校期间	一年级	基础学习考试	年终取得优异成绩,考取全国计算机一级证书
		二年级	专业理论学习考试	考取会计电算化证,考取会计从业资格证;考取全国大学英语四级证书
		三年级	专业实践学习考试	考取助理会计师证;考取全国计算机三级证书
		四年级	毕业设计、实习	到相关岗位进行毕业实习
		课余	自学、锻炼	自学专业书籍,提高自学能力;培养良好习惯,提高交际能力
		周末	自学	自学财经法规和财经职业道德
	毕业后	在出外勤时	多实践	争取多跑公司服务的中大企业,了解服务对象的需求,为中大企业排忧解难。做到对本职工作尽职尽责
		处理内务时	多学习	向老会计师学习,争取业务指导,提高处理实际账务能力;争取取得会计师资格证书,为以后通过注册会计师资格作准备
		日常工作中	多交往	正确处理与领导、同事的关系,争取得到老板的信任

点评:

制定措施的要领:具体性、可行性、针对性。

第一,在小江制定的措施中,我们可以看到,小江的措施在时间、方法和任务标准等方面都规定得非常具体,操作性很强,便于措施的落实和目标的实现。这体现了措施的具体性特点。

第二,"可行性"强调的是符合自身条件和外部环境,小江是一位会计专业的本科生,她所制定的措施非常符合自己的条件,因而措施是可行的。

思考：

（1）如果小江是学财会专业的专科生，他的措施是否可行？为什么？

（2）如果小江在他的措施中更改为"在校期间考取全国微软认证员证书，通过全国大学英语六级考试，获得注册会计师资格证书"，其措施是否可行？为什么？

（3）小江为什么毕业后一定要向老会计师学习？为什么要取得老板的信任？

第三，"针对性"主要针对的是什么？针对性是强调措施不但直接指向目标，而且指向本人与目标的差距。小江的长远目标是成为一名注册会计师，而一名注册会计师不仅需要扎实的专业理论知识，较高的专业道德修养，更需要熟练的实际操作技能。作为一名会计专业的本科生与一名会计师的要求差距较大，因此小江充分认识到这种差距，在制定发展措施时，针对这些差距采取措施，以实现自己的目标。在校期间他主要学习专业知识，掌握初步的专业技能，为毕业后当上会计师助理打下基础；毕业后，他主要应用专业知识和技能加强实践锻炼，积累工作经验，提高实际工作能力，为成为会计师奠定基础。

衡量一个发展措施制定的好坏，不仅要看措施是否包含了三个要素，更重要的是措施是否具体、可行、具有针对性，这是决定职业发展目标能否实现的关键。

制定措施的思路：① 明确"近细远粗"的思路；② 针对"三个方面"的思路；③ 找准"弥补差距"的思路。

在小江制定的发展措施中我们还可以看出，小江的措施包含在校期间和毕业后两个阶段，在校期间的措施要比毕业后的措施更加具体，更加细致（见图5-1）。这体现了我们制定措施时第一个思路："近细远粗"。实现近期或第一阶段的目标的措施要更具体，第二阶段之后的发展措施，则可以"模糊"一些。之所以要"近细"，是因为第一阶段目标

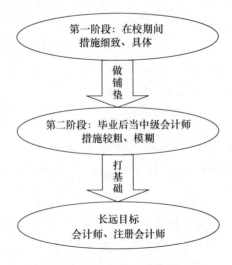

图5-1 小江制定的发展措施

是最重要的阶段目标,因而第一阶段的措施也是职业生涯发展措施中最重要的措施。后几个阶段的发展措施,可能因为本人和环境等各项因素发生变化而改变和调整,而第一阶段目标的措施,则是马上就要执行的措施,应该可操作、有指标、易量化。

小江制定的在校期间的措施是毕业后阶段措施和最终目标实现的基础。在校期间是小江职业生涯规划的第一阶段,这一阶段的发展措施要针对三个方面:一是为近期目标的实现服务;二是为第二阶段的发展做铺垫;三是为长远目标的实现打基础。这是制定发展措施时要考虑的第二个思路。

找准"弥补差距"的思路。制定第一阶段,即在校期间的措施对于落实发展目标至关重要。因此,我们在制定第一阶段措施的时候,不仅要以全面提升自身素质为目的,更要强调弥补自身条件与目标实现之间的差距。

这些差距主要有哪些呢?其一,现有职业能力与职业要求之间的差距;其二,现有知识、技能水准与职业资格标准之间的差距;其三,现有学历与岗位需求之间的差距;其四,个人职业素养与职业要求之间的差距等。针对这些差距来制定措施,应当成为第一阶段措施制定的主要依据。结合案例,我们可以思考:同学们根据专业特点和今后自己的职业目标,找一找自己的差距,应该怎样弥补这些差距?

课后思考

1. 根据近期目标制定的三个要领对自己的近期目标做出评价。
2. 到企业做实际体验调查,或采访事业有成的师兄、师姐。了解自己即将从事的职业及其所在行业的职业道德规范,了解遵循这些规范待人处事对个人职业生涯发展的作用。根据调查走访的所了解的信息,归纳有关要求。对自己的个人发展措施进行修改完善,补充有关养成良好职业道德行为习惯的内容,并以此规范自己的行为。
3. 分析成功人士是如何对待时间的,给我们哪些启示?
4. 完成在职校学习期间阶段目标计划表,按照实行、组织、指挥、协调、控制五个方面对自己的职业生涯规划进行科学、系统管理。
5. 请家长聊聊他们的职业生涯,听听他们的经历中有重大转折吗?有及时抓住机会或错失良机的情况吗?
6. 和临近毕业的高年级同学聊聊,问问他们制订过职业生涯规划吗?如果没制定,问问为什么;如果制订了,问问是否想调整,了解一下他们为什么想调整。

第六章
职业与通用技能、专业技能

学习要点

- 具体分析已确定职业和该职业需要的专业技能、通用技能要求。
- 学会通过各种途径来有效地提高这些技能。

第一节　职业与专业技能

信息技术的迅猛发展和经济全球化浪潮正快速而剧烈地改变着我们生存的环境，改变着生产组织的形式，改变着我国乃至全球的劳动力市场。这种情形带来的后果就是，即便员工的能力和业绩没有问题，单位也不能保障员工有稳定和安全的职位。员工和企业之间很难再有终身的雇佣关系，铁饭碗将不复存在，这给劳动者一个重要的启示：员工应从重视就业的安全性向重视自身就业能力的提高转变，明确自身的就业能力才是"铁饭碗"。其实，在20世纪80年代，就流行过一句话："学好数理化，走遍天下都不怕。"这句话表明我们很早就认识到，只有提高自身的知识、能力和素质，我们才能很好地应对劳动力市场的变化。从表6-1中我们不难看出时代对人才的需要发生了重大的变化，专业技能和通用技能的未来职场的重要性是同等的。

表 6-1　20 世纪与 21 世纪人才能力结构的对比

时期	20 世纪最需要的人才	21 世纪最需要的人才
能力结构	专注于创新	创新与实践结合
	专才	跨领域的综合型人才
	IQ	IQ+EQ+SQ
	个人能力	沟通与合作能力
	选择热门的工作	从事热爱的工作
	纪律、谨慎	积极、乐观

从员工应具备的各项职业能力入手，许多学者展开了大量研究。美国著名心理学家麦克利兰（David C. McClelland）于1973年提出了素质冰山模型。他认为可以显现的冰山以上部分应是基本知识、基本技能，这些都是外在表现，是容易了解与测量的部分，比较容易通过培训来改变和发展；而冰山以下部分，如社会角色、自我形象、特质和动机，则是人内在的、难以测量的部分；它们不太容易通过外界的影响而得到改变，但却对人员的行为与表现起着关键性的作用。有的学者从用人单位的角度开展了调查，以"你认为本单位聘用的毕业生最有待提高的能力是什么"为题问到大多数单位负责人时，团队精神、沟通能力被排在了前两位，责任心和承受压力的能力并列排在了第三位（如图6-1所示）。

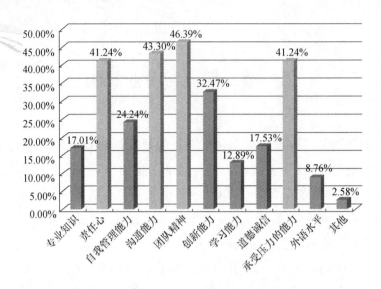

图 6-1 单位聘用的毕业生最有待提高的能力的调查结果

各用人单位对毕业生综合职业技能的要求是比较高的。职业能力的概念及构成是学术界持续多年的热点问题。很多有影响力的机构和学者对此都有自己的论述。

美国培训和发展协会（American Society for Training and Development,ASTD）认为职业技能应包括六个类别和16项技能。其中,六个类别分别是：① 基本技能(阅读、写作和计算);② 沟通技能(听、说);③ 适应能力(问题解决能力、创造性思考);④ 自我发展技能(自尊、动力、目标设定和职业生涯规划);⑤ 群体交往技能(人际关系技能、团队工作能力和协调能力);⑥ 影响能力(理解组织文化、分享领导能力)。

美国劳动部获取必要技能秘书委员会（Secretary's Commission on Achieving Necessary Skills,SCANS）则认为职业技能包括三大基础、五大能力,36项具体技能。五大能力依赖于三大基础。其中,三大基础是：① 基本技能;② 思考技能;③ 个人品质。五大能力是：① 资源统筹能力(时间、金钱和物资与设施);② 人际交往能力(作为团队成员,教导他人新技能、服务顾客、领导、协商、与各类不同员工一起工作);③ 信息获取及使用能力(获取和评估信息、组织和维持信息、阐述和沟通信息、运用计算机处理信息);④ 系统处理能力(理解系统、监督和纠正绩效系统、改进或设计系统);⑤ 技术能力(选择技术、应用技术)。

英国高等教育质量委员会（Higher Education Quality Council,HEQC）曾经就"职业技能"的内涵展开讨论,他们认为就业能力至少需要包括：① 评判性(或者分析性)思维能力;② 应对复杂问题的普遍能力;③ 沟通能力,包括言语和书面沟通;④ 与别人结为伙伴,有效地展开工作;⑤ 在执行研究项目和终身学习中独立工作的能力;⑥ 自我评判并具有反思性,能够与别的学科展开互动。

美国学者福吉特(Mel Fugate)等人于2004年提出了一个职业能力结构模型,在学界和管理领域引起了高度关注。这个理论认为,就业能力是一个由职业认同、人力资本-社会资本、个人适应性各成分在协同作用下构成的结合体。

综合以上讨论,我们将职业技能分为专业技能和通用技能两个方面。就毕业生而言,专业技能是就业的硬件必备,通用技能是就业的软件系统,在就业竞争过程中缺一不可。

下面首先讨论专业技能。

所有职业都应具备与之相应的专业技能,哪怕收废品、扫马路也不例外。大学生的专业技能,指所学专业的技术能力,主要指运用所学专业的理论知识解决相关专业领域问题的实践能力。大学生的专业技能通过学校开设的理论教学课程和实践教学课程获得。不同的学校会针对不同的专业设置相应的专业技能规范。作为大学生需要厘清目标职业和专业课程与专业技能的关系,并做出有效的学业规划。

一、目标职业与专业技能

曾经有同学说:"我希望自己能做歌手,我常常自己谱曲写词,可是别人说我弹吉他一般,唱歌也走调,我该怎么办?"这就需要明确我们的目标职业是什么,并针对这一职业开展一系列的学习培训,以增进个人的专业技能。

突出的专业技能是使一个人立于职场不败之地的保障。比尔·盖茨优秀员工十大准则中的第五条就是:具有远见卓识,并不断提高专业知识和技能。但现在因为社会现实的冲击和大学生对自己专业发展规划的欠缺,大学生专业知识的学习现状堪忧,逃课去打工,上课打瞌睡,整日沉迷于网络不能自拔的学生比比皆是。根据中国人力资源开发网"大学生就业现状及发展2006年度调查报告"显示,"对企业岗位专业知识缺乏了解"成为困扰2006届毕业生(45.47%)和在校大学生(41.45%)求职中的首要因素,这一方面说明企业和学生之间沟通了解的机制存在很大不足,同时也说明高校毕业生在岗位认知和实际操作方面普遍存在不足。高校毕业生专业知识不足是相当一部分学生不能及时就业及就业质量、就业层次偏低的原因。

目标职业的认同是一个前提工作,它是个体对于自己适合做什么工作和将来投身于何种工作的认知,是"我是谁"这个问题在职业领域中的答案。它包括了对自己的过去和现在的认识,还包括了对将来方向的确定——"我想成为什么样的人"。福吉特认为,职业认同是一个指南针,它为个体的生涯发展与就业活动指出了方向,是就业能力建构中的动机成分。

对于大学生来说,职业认同是在深入了解自己、对自己的过往经历进行深入分析的基础上,对未来将要从事的职业形成较为明确的定向状态。比如,某师范大学的三年级学生通过对自己以往参加各种教育培训实践活动的分析与反省,明确以教师职业为自己的生涯发展方向,认同自己过去的"准教师"形象,期待未来的"正式教师"角色,就是形成了稳定的职业认同。那么,这样的职业认同,将会使得他在大学期间努力地获取教师职业所需要的知识和技能,在求职过程中会对与教师相关的招聘信息更为敏感,这些方面的努力将会大大增加他成为教师的可能性。

相反地,很多大学生,甚至是研究生,由于未能及时形成稳定的职业认同,没能为任何一种职业做好充分的准备,对于未来自己将从事何种职业感到迷茫和无奈,导致在面临就业时东抓一把、西抓一把,就业竞争力大打折扣。在社会环境多变的今天,很少有单位能保障员工工作的稳定,如前所述,员工与单位之间的关系由以前的"用忠诚换取保障"的稳定型转变为"用能力换取绩效"的契约型,员工对组织的承诺也转变为对职业的承诺。人们需要通过保持自己特定的专业知识和技能水准来获得应对环境变化的能力,因此,形成稳定的职业认同对于提高大学生的就业能力有重要的作用。大学生可以通过认识自我、了解职业及理性地决策来形成自己的职业认同,这正是本教材前几章内容的重点和意义所在。

在做完目标职业认同后,需要了解职业对专业技能的要求,同学们可以通过http://www.jobsoso.com进行查询,了解相关信息,包括职业要求的相关技能、每种技能的重要程度、对技能的正确描述等,确定目标职业对相关专业技能的要求,找出差距,尽可能地学习、完善。

典型案例

机　　遇[①]

研二初秋的一个周末,因为喜欢古董,我和两位画家朋友一起去逛潘家园与古玩城,逛完后,其中一位画家说他有个朋友,刚在北京开了个画廊,开幕展出了不少好作品。于是一行三人去参观画廊。

参观的过程颇为愉快,作品着实很好,都是些难得一见的名人佳作。画廊老板不在,来自于台湾地区的资深总经理李小姐也认识这位画家朋友,招待我们饮茶、聊天,离去时,李小姐要了我的电话与地址,说以后有好的展览都会请我来看。第二天,我接到李小

[①] 选自刘世明. 大学生就业指导[M]. 杭州:浙江大学出版社,2012.

姐的电话，问愿不愿意去画廊工作，李小姐告诉我，或许我会成为优秀的艺术家，但她认为我更适合做艺术经营管理，在大陆地区，这是一个新的领域，如果我愿意尝试的话，她相信我会做得很好。

我开始了在画廊的实习。二年级结束后，我接任了总经理的职务，上午在学校上课，下午赶到画廊上班直到晚上9点，负责联络艺术家，策划展览，向收藏家做推荐与讲解……就这样我在这个画廊工作了四年，这四年也是中国当代艺术市场从无到有、从冷到热的四年，我工作的画廊成为中国及东北亚最知名画廊之一。我很感谢我的导师教给我对艺术的理解与判断，也感谢我的父亲遗传给我商业经营的头脑。

在画廊工作期间，再次发生了一件当时看来没有任何征兆与迹象的事情。2003年时，几位业界的朋友针对中国没有专业艺术博览会的状况，成立了中艺博文化传播有限公司，准备创办一个国际画廊博览会，或许因为信任，我被聘兼任董事会监事。然而这个公司却经营不善，举办的第一届与第二届博览会虽说影响很大但亏损了不少钱。两年后，股东们渐失信心与兴趣，分别表示要出售这个公司。我颇感可惜，想了想，遂花钱把这个公司买了下来，并辞去画廊的职务，全心全意举办画廊博览会。去年春天的第三届，我们的国际画廊博览会举办得相当成功，在这个基础上，今年我们付出了更多的努力，预计比去年更精彩。

二、专业课程与专业技能

专业课程的设置是学生获得专业知识技能的重要途径。专业知识技能是指那些需要通过专门的教育或者培训才能获得的知识和能力，是完成某种工作任务所必备的能力，如计算机编程能力、财务管理能力、服装设计能力等。我们在大学的专业学习主要是培养专业知识技能。在学校的学生培养中，专业课程的设置均通过不同专业的人才培养方案进行了设定。例如，以全日制本科专业金融学为例，其培养目标是培养具有良好的思想品德素质、健康的人格、扎实的理论基础、较强的创新意识和实践应用能力，具有就业竞争力与可持续发展能力，能够胜任银行、证券、保险、期货、信托等金融行业岗位的一专多能特色的应用型专门人才。其学位课程如西方经济学、财务管理学、金融学、证券投资学、财政学等，其专业核心课见表6-2。

因为金融学专业中细分科目的不同，该专业还分为几个方向，在专业课程设置上又有不同，如商业银行实务方向的课程见表6-3，学生在修完专业核心课外，还要修满表中的至少24个学分。

表 6-2 金融学专业核心课设置

课程编号	课程名称	学分	周学时	总学时	学时分配			开课学期	备注
					讲授	课程实践	实验或上机		
1020100013	国际经济学	3	3	48	48			4	
1020100036	金融市场学	3	3	54	54			3	
1020100061	证券投资学	4	3+1	64	48	16		4	
1020100002	保险学	3	3	54	54			5	
1110200182	中级财务会计Ⅱ	3	4	64	64			4	
1110200018	财务管理学	3	3	54	54			5	
1020100034	金融工程学	2	3	36	36			5	
1020100033	金融风险管理	2	2	36	36			5	
	小计	23		410	394	16			

表 6-3 金融学商业银行实务方向专业课程设置

课程编号	课程名称	学分	周学时	总学时	学时分配			开课学期	备注
					讲授	课程实践	实验或上机		
1020100044	商业银行经营管理	3	3	48	48			4	必修
1020100058	银行会计学	2	2	36	36			5	必修
1020100028	国际银行	2	2	36	36			5	必修
1020100012	国际金融与结算	3	2+1	54	36	18		5	必修
1110200164	项目评估	2	2	32	32			6	必修
1020100041	理财学	2	2	32	32			6	必修
1110200064	会计电算化	2	1+1	32	20		12	6	选修
1110100010	管理学原理	2	2	36	36			5	选修
1030100019	经济法	2	2	32	32			6	选修
1020100038	金融专业英语	2	2	36	36			5	选修
1070100014	线性代数Ⅰ	3	3	54	54			3	选修
1070100001	概率论与数理统计Ⅰ	3	3	48	48			4	选修
1020100043	商务礼仪	2	1+1	36	18	18		7	选修
1030100036	税法Ⅱ	2	2	36	36			5	选修
1020100046	市场营销	2	2	36	36			7	选修

又如证券投资方向,课程细目见表 6-4。

表6-4 金融学证券投资方向专业课程设置

课程编号	课程名称	学分	周学时	总学时	学时分配			开课学期	备注
					讲授	课程实践	实验或上机		
1020100064	证券投资分析	3	3	48	48			6	必修
1020100057	行为金融学	2	2	32	32			4	必修
1020100062	证券发行与承销	2	2	36	36			5	必修
1020100063	证券交易	2	2	32	32			6	必修
1020100004	风险投资	2	2	32	32			4	必修
1020100025	国际投资学	3	3	54	54			5	必修
1020100065	证券投资基金	2	2	32	32			6	选修
1110200064	会计电算化	2	2	32	20		12	6	选修
1110100010	管理学原理	2	2	36	36			5	选修
1030100019	经济法	2	2	32	32			6	选修
1020100038	金融专业英语	2	2	36	36			5	选修

从上述课程的设置，不难发现，专业课程的设置与专业的培养方案是紧密相连的，与社会对这个专业的要求也是紧密相关的。这样的专业课程与专业技能的培养具有较高的一致性。

三、制订大学专业学习规划

进入大学后，我们的时间不再由老师帮忙打理。于是，我们有了许多空余时间，却不知道如何好好打理。而现在我们周围的同学，很多都没制定学习规划，认为大学就应该放松，不要再像高中那么累。而有些同学虽然想好好在大学里学习一些知识，过得更充实一点，但是貌似一天从早忙到晚，也并未完成任何事情。这是为什么呢？因为我们忘记除了为自己的学业制定目标外，还应该制订一套科学可行的学习规划来实现这个目标。

凡事预则立，不预则废。做什么事有了计划就容易取得好的结果，反之则不然。有没有学习规划对学习效果有着深刻的影响。防止被动和无目的学习。毫无计划的学习是散漫疏懒，松松垮垮的。

计划是实现目标的蓝图，你需要制订计划，脚踏实地、有步骤地去实现自己的目标。通过计划合理安排时间和任务，使自己达到目标，也使自己明确每一个任务的目的。

《财富》杂志曾访问了12位成功人士,其中有咖啡王国星巴克的董事长苏卡茨。苏卡茨说:"我早晨五点至五点半之间起床,自然第一件事就是煮咖啡,或许是浓咖啡,或许是印度尼西亚的咖啡,这要看心情了。然后喝咖啡,读3种报纸——《西雅图时报》《华尔街日报》《纽约时报》。还要听过去24小时的销售报告的语音留言。这个习惯我已经坚持25年了。"

学习生活是千变万化的,它总是在引诱你去偷懒。制订学习规划,可以促使你按照计划实行任务,排除困难和干扰。实行计划是意志力的体现。坚持实行计划可以磨炼你的意志力,而意志力经过磨炼,你的学习收获又会进一步提升。这些进步只会使你更有自信心,取得更好的成功。按照计划行事,能使自己的学习生活节奏分明。从而,该学习时能安心学习,玩的时候能开心地玩。久而久之,所有这些都会形成自觉行动,成为好的学习习惯。合理的计划安排能使你更有效地利用时间。你会知道如果多玩一个小时就会有哪项任务不会完成,这会给你带来多大的影响。有了计划,每一步行动都很明确,不需要总是考虑等一会儿该干什么。

如何制订一份有效的学习规划呢?可以从以下几个方面着手。

1. 要考虑全面

学习规划不是除了学习,还是学习。学习有时,休憩有时,娱乐也有时,所有这些都要考虑到计划中。计划要兼顾多个方面,学习时不能废寝忘食,这对身体不好,这样的计划也是不科学的。

2. 长远计划和短期安排

在一个比较长的时间内,如一个学期或一个学年,你应当有个大致的计划。因为实际中学习生活变化很多,又往往无法预测,所以这个长远的计划不需要很具体。但是你应该对必须要做的事情做到心中有数。而更近一点儿,如下一个星期的学习计划,就应该尽量具体些,把较大的任务分配到每周、每天去完成,使长远计划中的任务逐步得到解决。

有长远计划,却没有短期安排,目标是很难达到的。所以两者缺一不可,长远计划是明确学习目标和进行大致安排,而短期安排则是具体的行动计划。

3. 安排好常规学习时间和自由学习时间

常规学习时间是指按学校规定的学习时间,主要用来完成老师布置的学习任务,消化当天所学的知识。而自由学习时间是指除常规学习时间外的归自己支配的时间,你可以用来弥补自己学习中欠缺的,或者提高自己对某一学科的优势和特长,或者深入钻研一件有意义的事情。

自由学习时间的安排是制订学习规划的重点。合理利用自由学习时间,对自己的学习和成长都会有极大的好处。所以我们应该提高常规学习时间的效率,增加和正确利用自由学习时间,掌握自己的学习主动权。

4. 对重点突出学习

学习时间是有限的,你的精力也是有限的,所以学习要有重点。在这里,重点一是指你学习中的弱科,二是指知识体系中的重点内容。只有抓住重点,兼顾一般才能取得更好的学习效率。

5. 从实际出发来制订计划

制订计划,不要脱离学习实际,要符合自己现在的学习压力和水平。有些同学制订计划时,满腔热情,计划得非常完美,可执行起来却寸步难行。这便是因为目标定得太高,计划定得太死,脱离实际的缘故。

虽然要从实际出发,可很多同学并不明白什么是实际。实际可以分成三个方面。

(1) 知识能力的实际:每个阶段,计划学习多少知识? 培养哪些能力?

(2) 时间的实际:常规学习时间和自由学习时间分别有多少?

(3) 教学进度的实际:掌握老师教学进度,妥善安排常规学习时间和自由学习时间,以免自己的计划受到"冲击"。

6. 注意效果,及时调整

每一个计划执行结束或执行到一个阶段,就应当回顾一下效果如何。如果效果不好,就应该找找原因,进行必要的调整。

例如,可以进行简单的回顾:是否完成了计划中的学习任务? 是不是按照计划去执行任务的? 学习效果如何? 如果有任务没有完成,那是什么原因? (安排过紧、太松?)……

回顾之后,要记得补上缺漏,重新修订计划。你也可以通过日记来记录一天的学习规划进度,便于改进和回顾。

7. 计划要留有余地

制订计划不要太满、太死、太紧,要留出机动时间,使计划有一定的机动性。毕竟现实不会完美地跟着计划走,给计划留有一定的余地,这样完成计划的可能性就增加了。

8. 脑体结合,文理交替

学习对脑力消耗非常大,所以不要长时间学习,要适当加入休息时间。而且在安排学习规划时,不要长时间地从事单一活动。学习和锻炼可以交替安排,因为锻炼时运动中枢兴奋,而其他区域的脑细胞就得到了休息。比方说,学习了两三个小时,就去锻炼一会儿,再回来学习。安排科目学习时,也要文理交替安排,相近的学习内容不要集中在一起学习。

9. 提高学习时间的利用率

早晨或晚上,或一天学习的开头和结尾的时间,可以安排着重记忆的科目。心情比较愉快、注意力比较集中、时间较完整时,可以安排比较枯燥或自己不太喜欢的科目;零星的、注意力不易集中的时间,可以安排做习题和自己最感兴趣的学科。这样可以较好地提高时间利用率。

第二节 职业与通用技能

> 教育应该帮助青年人在谋求职业时有最适度的流动性,便于他从一个职业转移到另一职业或从一个职业的一部分转换到另一部分。
> ——联合国教科文组织1972年《学会生存——教育世界的今天和明天》

20世纪五六十年代,一些发达的工业化国家科学技术蓬勃发展,劳动生产率迅猛提高,却也同时带来了失业和职业流动性的增加。为了应对这些变化,一些国际组织及主要的工业化国家日益重视对劳动力市场和劳动政策的研究,并对教育进行了调整。德国联邦劳动力市场与职业研究所所长梅腾斯在大量研究的基础上于1972年在一份题为《职业适应性研究概览》(Survey of Research on Occupational Flexibility)的报告中第一次提出了"关键能力"的概念,并提出关键能力的目标是改变"教育内容和方法,以确保全面性和可迁移性"。关键能力被看作"进入日益复杂的不可预测的世界的工具",是"促进社会变革的一种策略"。

随着经济全球化进程的加快,我们国家也进行着轰轰烈烈的经济建设,并对劳动者提出了更多的要求,为此我们把这些"关键能力"扩充为"通用技能"。

通用技能是指那些在很多工作领域里都需要的技能,如组织管理能力、沟通协调能力等。这些技能在某一个领域中得到后,可以迁移应用到不同工作之中,也称为可迁移技能。拥有一定的专业知识技能是取得工作的保障,但是以后的工作发展在很大程度上取决于通用技能的提升,特别是在一些销售、服务行业。而且这种通用技能不但在一家单位适用,在其他的用人单位也一样可以发挥价值。在现在多变的市场环境中,要经营自己的职业生涯,其中重要的一点就是要主动提高自己的通用技能。

要提高自己的通用技能,首先需要了解通用技能的分类,知道有哪些通用技能和其中哪些是更为重要的。美国著名心理学家赫伍德·斐格勒(Howard Figler)在1988年对通用技能进行了十类划分,并对这些技能在职业竞争中的作用作了高度的评价。这十种技能分别是预算管理、督导他人、公共关系、应对最后期限的压力、磋商和仲裁、公共演讲、公共评论协作(也是公共引导和宣传的表现)、组织管理和调整能力、与他人面谈的技巧和能力、教学和教导能力。

在英国,通用技能早在20世纪70年代末就被定义为核心技能,在这种界定中核心技能分为六个模块:沟通技能、数字运用、信息技术、与他人合作、提高学习能力与增进绩效、解决问题。

(1) 沟通技能。沟通技能包括听、说、读、写的技能。该技能常用于下述场合:参与工作讨论、交谈时用图表解释说明、阅读项目相关资料、填写表格或撰写文章、分析或者解释报告的复杂信息。

(2) 数字运用。数字运用技能包括解释与数字相关的信息、计算和呈现。该技能常用于测量、解释图表信息、计算总量和大小、运用图表解释计算结果、分析和解释复杂信息。

(3) 信息技术。信息技术技能包括使用电脑寻找、搜索、编制和呈现文本、数字及图像信息。该技能常用于为项目寻找信息、寻求办法解决问题、绘制图表、撰写信件或者报告。

(4) 与他人合作。与他人合作的技能包括准备计划和执行活动时在团队中与他人合作的技能。该技能可应用于参与小组活动、研讨课程或者项目、协助他人执行工作任务、参与团队的组织活动。

(5) 提高学习能力与增进绩效。提高学习能力与增进绩效的技能包括管理自我、学习与工作发展。该技能可用于设定目标提高工作绩效和学习效率、寻求方法与策略、成功修读课程和审查进展等。

(6) 解决问题。解决问题的技能包括识别问题和采取措施解决问题。该技能可用于寻求方法,解决工作、学习和生活中的问题,运用不同的方法寻求解决方案,确定方法的有效性等。

2003年年底,我国原劳动和社会保障部职业技能鉴定中心结合世界各国的先进经验和中国的实际情况,推出了中国劳动者的核心技能体系,包括8个模块:交流表达的能力、数字运算的能力、革新创新的能力、自我提高的能力、与人合作的能力、解决问题的能力、信息处理能力、外语应用能力。

下面为大家重点介绍三种通用技能。

一、人际沟通

一个人事业的成功,只有15%是由他的专业技术能力决定的,其余的85%则要依赖他与人进行沟通的能力。

——戴尔·卡耐基

美国曾经做过一个调查,结果十分令人深思。调查结果显示,在校期间成绩拔尖但是不善于人际沟通的学生,毕业后获得事业成功的只有20%,而那些在校期间学习成绩一般却显示出良好沟通能力的学生走向社会后获得事业成功的占到了80%!

沟通黄金法则

1. 讲出来,尤其是坦白地讲出来你内心的感受、感情、痛苦、想法和期望,但绝对不是批评、责备、抱怨、攻击。
2. 不无根据地批评,不责备,不抱怨,不攻击,不说教。
3. 互相尊重。
4. 绝不口出恶言,因为"祸从口出"。
5. 不说不该说的话。
6. 带情绪时不要沟通,尤其是不能够做决定。
7. 理性地沟通,不理性时不要沟通。
8. 反省。不只是沟通才需要反省,一切都需要。

人际沟通，就是将自己的想法、意见传达给别人，让别人充分理解自己的想法与意见，同时接收别人的想法、意见，让自己充分理解别人的想法与意见的过程。人际沟通的重要方面是表达能力的提升。表达能力是指运用语言阐明自己的观点、意见或抒发感情的能力，主要包括口头表达能力和书面表达能力。沟通协调能力主要是指通过情感、态度、思想、观点等各种信息的交流，来控制、激励和协调他人的活动，使之相互配合，从而建立良好的协作关系的能力。

在人际沟通中最重要的技巧是同感倾听和真诚表达。

（一）同感倾听

倾听是我们接受听到的信息，并在头脑里进行组织加工以理解信息的意义的过程。无论是在人际交往中，还是在生活工作中，有效的倾听都是至关重要的个人技能。但在很多时候，我们看起来是在听，在和对方沟通，实际上我们根本没有听到对方真正想表达的意思，或者根本没有用心去体会对方在表达时的情绪与感受，在这种情况下做出的回应，可想而知，不会给双方的关系带来积极的作用。

同感倾听又称为有效倾听，是指在听别人说话的时候，让他们明白我们已经理解他们所说的话，已经觉察到隐含在他们话语后面还没说出的感受，使他们感觉到被理解、被接纳。它要求听者有高度的注意力、理解力和信息处理能力，同时还要站在对方的立场上去体会他的情绪与感受，并予以复述、确认和反馈。同感倾听的特点表现为以下几个方面。

（1）倾听时表现出兴趣和真诚。使用语言和非言语信号，表示自己真的很关注讲话者，对他所讲的内容非常感兴趣同时避免做其他事情，让对方觉得自己是当下最重要的人物。

（2）倾听时投入感情。要辨别并体会他人的感受与情绪，并表现出与之相匹配的反应。如果别人正在讲一件伤心难过的事情，你却表现出笑嘻嘻的样子，会让别人认为你对他的不幸不关心甚至幸灾乐祸。同样，如果别人兴高采烈地给你讲一件事情，你却无动于衷，也会让对方兴味索然。

（3）倾听时给予反馈。给讲话者以回应，确认自己所听到的是否准确，适当简略重复对方的话语，或者用自己的话复述一遍，既能传达自己的认真投入，也能进一步澄清语意。如果不理解，就提问。提问可以澄清谈话内容的要点，也可以追问更多的信息。但提问一定是与谈话的内容相关，避免询问无关紧要的问题，以免干扰对方。

（4）倾听时不急于给建议和评论。不要在对方还没有把话讲完之前就急于发表个人的见解和意见，等对方把话都讲完之后再做反应。有些时候，对方其实并不需要你给予建议，他只是需要一个人能认真听他倾诉而已。

总之，运用同感倾听，我们要学会"停、看、听"，即当他人说话时，暂停手中正在进行的工作,注视他人,提供他人表达感受的时间和空间;仔细观察他人说话时的面部表情和肢体动作;倾听他人说了些什么,让他把话说完,不加评论和判断,尽量从他人的立场了解他所说的话。待他人说完,将所接收到的信息再反馈给对方,一方面可以澄清听到的是否正确,是否存在误解;另一方面,可以使他人感受到被了解、被重视。

（二）真诚表达

在维护人际关系的过程中,我们不仅需要运用同感倾听来表达对他人的接纳和尊重,也需要通过真诚的表达,让他人了解我们的情感和思想。真诚的表达与同感倾听一样,都是人际沟通中重要的内容之一。

在现实生活中,我们都经历过各种情感,如收到好朋友来信时的快乐,考试失败后的失望与沮丧,被家人或老师误解后的无助,被别人攻击时的愤怒,等等。对于这些情感,不同的人有不同的表达方式,下面我们具体讨论几种大家常用的表达感情的方式,你可以对照一下自己是否也采用过其中的一种。

1. 压抑情感

在现实生活中,我们很多人在遭受他人无端批评、蒙受满腹委屈之后,尽管心里很愤怒,但对对方没有任何的表示,只是一味地压抑自己的感情,不让自己内心的感受流露出来。心理学家研究发现,习惯性地压抑情感会导致生理问题,如胃溃疡、心脏病等,也会形成心理问题,如抑郁等,还会给人冷漠的感觉。只有当这件事情确实很细小,只是稍微有点儿不愉快时,这种处理方式才可以接受。

2. 流露情感

流露情感是指通过语言、面部表情、肢体语言或者语调、语气的反应来宣泄感情。在竞技比赛中对精彩表现大声欢呼和因球队糟糕表现而投掷手纸,当别人帮你时因为感激而对别人微笑,在食堂排队时对加塞儿的人愤怒指责等,都是情感的流露。

积极情感和消极情感在表达流露方面有不同的原则。如果体验到的情感是正面的,如快乐、感激、喜悦、满足、成就感等,流露出来就是正当的;若没有流露,会让人感到你冷漠或没有感情。倘若体验的感情是负面的,如愤怒、烦躁,那么不加掩饰地流露,会有害沟通,甚至会伤害和恶化关系。例如,当你面对食堂加塞儿的同学愤怒地大声呵斥:"你怎么这么没有教养"后,你可以想象结果——可能让被呵斥者也很愤怒,像这样一味指责他人,而没有说明自己感受的表达方式,我们称为"你的信息"的表达方式。

3. 描述情感

描述情感是以平静的、非批判的方式叙述情感的本质,这是最有效的表达情感的方式。首先,需要清楚地确认你的感觉。是有点儿不舒服、不愉快、愤怒,还是狂怒;是烦躁、焦虑、生气,还是厌恶;是害怕、忧郁、担忧,还是不安;是悔恨、困窘、狼狈,还是慌乱;

等等。因此,你在把情感描述出来之前必须要想清楚。其次,寻找适当的语言表达你感觉到的情绪,并尽可能地具体。再次,指出什么人的什么行为是造成自己这种感觉的起因。最后,用尽可能平静的语气和腔调,将起因和带来的情绪表达出来。

当别人的行为激起了我们的情绪时,我们可以采用"我的信息"的方式来与他人进行沟通。一般而言,表达"我的信息"的基本句式是"当你……我感到……因为……"也就是说,它通常包含三个部分:描述行为(只描述而不评价),指出行为的后果,说出对这个行为后果的感受。例如,你踢(行为)得我好痛(后果),我真的受不了了(感受)。

举个例子,"告诉过你多少次了,不要随便用别人的东西!"如果运用"我的信息",就可以表述为"你没有和我说就用我的电脑,我觉得很不舒服,有一种不被尊重的感觉。"这样,他人感受到的就不是责备,也不会忙于辩解,而是会体谅到你真实的处境和感受,从而自发产生消除问题的动机。

总而言之,有效处理情感的办法不是压抑它们,但也不是毫无保留地宣泄情感,正确的办法是真诚地表达情感,即用理性的语言描述感情的内容,也就是上面所谈到的描述情感。

二、时间管理

时间管理对于现代人是越来越重要了,如何在有限的时间里做更多更有价值的事情是每个员工和每个管理者都关心的问题。对于大学生来说,在大学的学习生活中,由于各种各样的活动很多,时间管理同样是个人发展必备的重要技能,而且,这种技能能够很好地迁移到未来的工作中去。

随着各种管理理论的流行和推广,时间管理已经从一个学术概念演变成一个通俗化的概念,随之而来的各种技巧、方法和训练课程也层出不穷。其实在认同了时间管理的理念之后,所谓的方法则是可以方便行事的,毕竟目标确定,通往目标的途径并不唯一,关键看是否适合自己。这里介绍的是德国塞沃特(Lothar J. Seiwert)设计的七步骤方案。这个方案的特点是由人们生活的基本任务出发,体现了以自我价值实现为导向的时间管理原则。

第一步:构思生活蓝图和理想,确定生活目标。

理想可以帮助个体找到生活的意义和方向,个体所做的一切都是为了实现自己的理想。在生活当中,人们总会有目标不确定的时候,这时人们会感到迷茫,让人觉得失去了左右未来的能力。当务之急就是重新发现自己的理想,以此为指导,选择即将走的道路。

经过前面几章的学习,很多同学可能明确了自己未来生涯发展的目标。实现这个目标是我们生活的意义,也是我们管理时间的意义。

第二步：确定生命角色。

我们在第一章里介绍过，在人的一生当中，每个人都将扮演很多角色，如孩子、父母、朋友、学生、同事、领导、房东等。而在扮演这些角色的同时，个体也就要承担起这个角色所包含的各种责任和义务。因此，在这一步里，学生需要完成两个任务：一是分辨出哪些角色是自己必须担当的（如学生和孩子），哪些则是可以选择的（如社团成员、兼职者、志愿者等）；二是确定所担当角色的具体含义，即我要如何扮演这个角色，我将以什么样的面目出现在生活当中。

第三步：定义关键任务。

在确定了自己的角色之后，为了担当好这些角色，个体就必然要去完成一些事情。塞沃特把那些最能够帮助个体担当好角色的事情，叫作关键任务。为了更明确地知道自己的关键任务，个体可以通过列表的方式进行分析（见表6-5）。

表6-5 定义关键任务

角色	关键任务
学生	提高成绩，着重提高专业操作技能
朋友	和朋友们在一起，或者打电话问候朋友
儿女	做正确的事，不让父母失望
班长	组织班级活动，使班集体更有向心力
……	……
以上所有	保持健康，合理饮食和适当锻炼

这一步对学生们来说非常重要，它实际上是一个把个人的核心问题清晰化的过程。在这一步，要让学生知道，即便每个人扮演的角色名称相同，但角色的内涵可能差别很大。

第四步：SMART设计年度目标。

前面三步更多的是从理念的层面确定自己的道路，从这一步开始则进入了更为具体的步骤。年度目标发挥着轴心的作用，它将生活理想和生命角色与短期计划联系起来。SMART公式是一种有效的确定未来一年阶段性目标的方法，根据这个公式，短期目标应符合五个标准。

S（specific）——特定性。目标应该具体、明确，否则将是空洞的幻想（我要让父母满意——我要在学习上投入更多的时间）。

M（measurable）——可测定性。该目标是具体可测量的（我要好好学习——我要平均成绩达到85分，外语超过90分）。

A（action）——操作性。目标应指明人们朝积极的方向采取行动，有操作性（我要用功学习——我要每天花 10 个小时学习,每天至少 3 个小时的晚自习)。

R(reality)——现实性。目标虽然定得很高,但一定要有实现的可能(在这一年里,我要每天早上五点起床,晚上十二点睡觉,除了每顿饭的半个小时,其他时间都要看书;在这一年里,我每天六点半起床,晚上十一点睡觉,每天至少保证 30 分钟的体育锻炼)。

T(terminable)——期限性。目标应有具体的实现期限(我要好好学习英语——在年底之前,我要通过英语六级考试)。

用这种方式确定的目标具有很高的现实性和可行性,因而能够有力地推动计划的实施。

第五步:分清主次先后顺序。

时间管理成功的关键就是集中精力做最重要的事。谁能完美地安排好事情的先后顺序,谁就能把时间掌握在自己手中。如何来划分事件的先后顺序,将会在第七章"时间管理的方法"中详细介绍。

在掌握了划分主次先后顺序的方法之后,个体就应该将年度计划进一步细化成季度、月度、周计划,方法则仍是使用 SMART 公式。

第六步:高效完成日常事务。

一天是我们制订计划的时间单位,我们每天早上应专门拿出几分钟时间,检查一下这周的计划表,看一看哪些事的确很重要,今天需要全力以赴做什么。

那么,怎样制订一天的计划呢?有人总结了七个基本原则:① 一切计划落实到书面;② 在前一天晚上做好计划;③ 估计每件事大概花多长时间,规定最高限度;④ 不要把全天时间都列入计划;⑤ 归纳相同程度的活动,描绘一天粗略的结构;⑥ 全力以赴完成重要事件;⑦ 以积极的态度开始和结束每一天。

第七步:自我约束——每日成功的基础。

赢得时间的一个重要方法就是自我约束。事情从来都是知易行难,如果不能做到自律,那么前面所有的计划都只能停留在纸面上。这其中没有什么窍门,唯有毅力。当然自律并不是要把自己完全变成一架高速运转的机器,适当的放松也是非常必要的。

三、团队合作

今天,团队被很多单位所接纳,团队合作因此成为很多单位的基本工作模式,人们的工作性质正在逐渐由个体劳动变为群体劳动,所以,理解团队的重要性并且知道如何在一个团队或小组中工作,成为现代工作者的重要技能之一。团队工作的重要特征就是既要为了团队利益而合作,又要保持相互独立。团队成员既要考虑到个人职责的完成,也要考虑到团队整体的利益和目标。因此,个体需要掌握一定的团队工作技能。

(1) 集中精力。和其他成员一起把精力集中于团队的基本问题上,为了共同的目标而努力。团队工作中个人需要认真履行团队赋予的职责,全力以赴地完成团队给自己设定的目标,任何出工不出力或者借口自己有其他事务而逃避个人责任的成员都是不受欢迎的,这是团队工作的最基本要求。在此基础上,优秀的团队成员还会去关心其他成员的工作,给予支持或者反馈。当自己确实有必要的个人事情需要处理时,应当提前和团队领导及其他成员坦诚交流,解释自己所面临的情况,并提出建设性意见。

(2) 坦率处理冲突并且愿意妥协。学习用建设性、双赢的方式处理冲突。要坚持自己认为十分重要的事情,但不必每次讨论都坚持自己的看法。必须用团队的目标和利益来考虑问题,在尊重自己也尊重他人的情况下解决冲突。在面对冲突时,要学会处理自己的情绪,上一部分中我们介绍了描述情感的处理方法,在团队工作中同样适用。处理冲突的另外一点是适当妥协,这要求我们对自己的主张有清醒的认识,哪些是必须坚持的,哪些是可以变通的,要既有坚持性,也有开放性。

(3) 既重视结果也重视过程。团队的目标固然是我们要关注的重点,但团队建设的过程也同样重要。举例来说,如果我们没有经过适当的讨论或者无视意见的分歧而做出一项决策,即便结果有利,也是不妥当的。从长远考虑,在团队建设的初期,要更为重视团队建设的过程而不是结果。如果团队能够形成一种富有建设性、充满活力的运作模式,将会给团队的发展带来巨大的潜力,团队的效能能够充分发挥,团队的能量才会真正大于个体之和。相反,如果没有形成有效机制,每个人还是按照自己固有的方式做事情,甚至由于团队领导的不当,原本的才智都无法发挥,那么团队的能量反而会小于个体之和。

(4) 积极参与团队建设并鼓励他人也积极参与。在团队建设之初,就应参与讨论各自的角色和责任、团队工作进度、每个人的参与程度与方式等,确保每人都在场参与规则的制定。最好把这些指导原则记录下来并让每个人签字,积极参与团队建设,团队才会真正形成,否则就是徒有虚名。团队成员要对团队的进程、任务、公共事务有高度的认同感和责任感,同时关心团队的其他成员。

(5) 保密。"房间里讨论的事情,必须留在房间里。"每个团队都有自己的一些秘密,必须保证这些秘密不会让团队外的其他人知道,不在公共场合讨论这些问题。有些团队秘密直接与团队的任务、利益高度相关,比如,创业计划的设计内容,一旦泄露会给团队造成重大危机;还有些团队秘密并不直接影响团队利益,但是它构成了团队成员心理认同的基础,所有成员需要共守只有团队成员才能知道的秘密,这样有利于团队的心理建设。

(6) 坦诚、积极的沟通。鼓励每个人都畅所欲言,让发言的人没有压力,即便他的发言是批评或者不满,也不去抵制或者嘲讽。充分、有效的沟通是团队良性发展的保障,每个团队成员都需要以团队目标实现为前提,充分表达对团队和他人的意见和情绪,哪怕是不满和愤怒,并对他人的表达予以建设性的倾听。这在团队建设过程中非常必要,也是真正形成团队所不容忽视的过程。坦诚、积极的沟通还包括给别人有效的反馈。反馈的方式可以表现为给别人提问题或者是回答别人的问题。如果你不同意其他人的观点,可以批评观点而不是批评人。在批评观点时如果能够给出自己的建议就更好了。

(7)善于和表现不佳的成员合作。有些成员表现不佳是能力问题,那么要帮助这些成员完成他所承担的任务,避免他被团队开除。不过要注意的是,帮助他们并不是要减轻负担,而是给他们分配一些特别的、相对容易的任务,使他们能够承担起责任来。有些人表现不佳是因为态度问题,在团队中总是缺席或者出工不出力。对这些人,需要详细讨论每个人的具体职责和明确分工,避免因为沟通或对任务理解有偏差,导致任务失败。对于那些做事情拖拉的人,需要时常提醒他们注意时间,以免影响整体进程。

除了上述这三种核心通用技能外,还有很多重要技能都是大学生在求职和未来的职业发展中所需要的,那么该怎么获得这些技能呢?要记住通用技能是体现在生活中的方方面面的,而不仅仅是在工作当中。这些技能的特点就是在任何一个领域中积累起来的,都可以迁移到其他领域中去。例如,有很多女同学爱逛街,但是生活费用有限,所以每个月需要对自己的收支进行精打细算。比如这个月基本的通话费、交通费、餐饮费、书本费,扣除以后可以有多少任意支配的余额。在逛街的时候,货比三家,还经常走街串巷,开发一些新的购物场所,以尽量买到物美价廉的商品。这其中的收支计算就很好地体现了"预算管理"的技能,而购物过程中的讨价还价则体现出与他人面谈时的沟通和谈判技能。再如,很多男同学喜欢运动,参加篮球队,组织篮球比赛等,中间就可以体现出一个同学的团队合作、组织管理能力。

一般而言,在专业学习中重点发展自己的专业能力,在课外活动中,如社团组织、志愿者活动、学生会活动等能够提高自己的通用技能。这样的分类也不是绝对的,如在专业课的学习中,老师可能要求同学们分组以团队的方式来完成作业,这样的要求既能提高专业技能,也能提高通用技能。不过更多的通用技能需要大家通过积极参加各种社会实践的方式来获得。不同的社会实践活动能够锻炼不同的技能,如参加演讲协会能够更好地锻炼自己的表达能力,参加篮球队能够锻炼身体并提高团队意识,这些差异带给各种活动以不同的价值,同学们在选择时需要考虑自己的需要。

课后思考

1. 找一个当代在某个领域的成功人士,分析一下他身上有哪些核心技能和能力。
2. 为了提升自己的某种技能,制订一个为期 3 个月的行动计划。

第七章
职业与个人素质

学习要点

- 了解职业目标对个人素质的要求。
- 制订提高个人素质的实施计划。

"素质冰山"理论认为,个体的素质就像水中漂浮的一座冰山,水上部分的知识、技能仅仅代表表层的特征,不能区分绩效优劣;水下部分的动机、特质、态度、责任心才是决定人的行为的关键因素,鉴别绩效优秀者和一般者。大学生的职业素养也可以看成是一座冰山:冰山浮在水面以上的只有1/8,它代表大学生的形象、资质、知识、职业行为和职业技能等方面,是人们看得见的、显性的职业素养,这些可以通过各种学历证书、职业证书来证明,或者通过专业考试来验证。而冰山隐藏在水面以下的部分占整体的7/8,它代表大学生的职业意识、职业道德、职业作风和职业态度等方面,是人们看不见的、隐性的职业素养。显性职业素养和隐性职业素养共同构成了所应具备的全部职业素养。由此可见,大部分的职业素养是人们看不见的,但正是这7/8的隐性职业素养决定、支撑着外在的显性职业素养,显性职业素养是隐性职业素养的外在表现。

　　因此,大学生职业素养的培养应该着眼于整座"冰山",并以培养显性职业素养为基础,重点培养隐性职业素养。当然,这个培养过程不是学校、学生、企业哪一方能够单独完成的,而应该由三方共同协作,实现"三方共赢"。

第一节　个人素质的主要内容

一、自信与自立

(一)自信的意义

　　自信又称自信心,是一个人相信自己的能力的心理状态,即相信自己有能力实现自己既定目标的心理倾向。自信是建立在对自己正确认知基础上的、对自己实力的正确估计和积极肯定,是自我意识的重要成分,是心理健康的一种表现,是学习、事业成功的有利心理条件。

　　学生的自信心主要表现在以下几个方面:学习、精神状态、社交口才、能力、个性等。对学生来说,有自信就是要做到:相信自己能学好,知道自己该怎么学好并能认真去做;有良好的精神状态,能够笑对人生,即使遇到困难和阻力也不轻易改变信念或者放弃;相信自己的社交能力,能够和多数人融洽地相处,轻松自如地交往;对自己的能力充满信心,相信自己只要努力,就能处理好一切事情;相信自己是最好的,能够全面客观地评价自己、认识自己、悦纳自己。

(二)建立自信的方法

　　自信是人生最珍贵的品质之一,是获得人生成功和幸福的最为重要的一种心态。

美国著名的成功学奠基人和励志导师罗杰·马尔腾(Roger Marton)说:"你成就的大小,往往不会超出你的信心的大小。不热烈地坚强地希求成功、期待成功,而能取得成功的,天下绝无此理。成功的先决条件就是自信——缺乏自信,就会大大减弱自己的生命力。"

人的自信从何而来?如何才能培养出强大的自信心?

人的天性中就含有自信的种子,孩童蹒跚学步时迈出的第一步即可视为这种子的萌发:我相信自己可以在这个世界上行走!之后,自信开始接受人生挫折和苦难的风雨洗礼——跌倒、爬起,再跌倒、再爬起……至于日后它会长成枯荣随季、起伏随风的蒿草,还是笑傲风雪、四季不凋的松柏,全看后天如何培养和扶植。

培养强大的自信首先要克服它的两大天敌:恐惧和自卑。

1. 克服恐惧

恐惧和喜怒哀乐一样,是人与生俱来的一种情绪,无法逃避,也难以克服。因为,使人恐惧的几大因素都是必然的。比如死亡,没有人能够幸免,从古到今,没有一个人长生不老。比如失去,没有人能够幸免,失去青春、失去亲人、失去机会等。比如失败,也没有人能够幸免,学说话、咬舌头,学走路、摔跟头,还有疾病、伤痛,等等。

如何克服死亡的恐惧?有人依靠宗教,期望轮回、往生、进入天堂;有人提出珍惜生命,活在当下;有人把生死看个通透,顺其自然。

庄子的妻子死了,惠子去悼念,见庄子蹲着,敲着瓦盆唱歌。惠子大惑不解,说:"你妻子和你在一起生活了那么久,为你生儿育女,现在她老病而死,你不哭就够可以的了,怎么还唱起来了?太过分了吧!"庄子说:"我妻子刚死的时候,我怎么能不悲伤呢!后来我想通了,她本是从虚无中来,现在又回到虚无中去,就像四季交替变化一样,很自然。我觉得再无谓地哭哭啼啼,是弱智的表现,我不打算那么干了。"

庄子即将去世时,他的弟子们打算隆重地安葬他。庄子说:"我以天地做棺材,以日月星辰做装饰,以万物做殉葬品,足够了。"其弟子说:"我们怕乌鸦和老鹰啄食先生。"庄子说:"在土上面被乌鸦和老鹰吃,在土下面被虫子吃,不是一样吗?不给乌鸦和老鹰吃,而给虫子吃,不是太偏心了吗?"

庄子就是把生死看得通透之人——既然死亡是自然的安排,是必然的结局,就没有必要为此长久悲伤,也没必要为此时刻恐慌。这是一种豁达的心态。克服失去的恐惧也要靠豁达,自然主义者说"得者我幸,失者我命",乐观主义者说"塞翁失马,焉知非福"。

克服失败的恐惧则要靠坚韧不拔的意志和必胜的信心。信心与恐惧是互为消长的,信心弱小,恐惧就强大;信心强大,恐惧就弱小。

戴尔·卡耐基(Dale Carnegie)说:"如果你想成为有勇气的人,那么你就去尝试一些至今从未做过,但却令你胆怯的事情,而且一直到取得相当的成绩为止——这就是战胜恐惧的最佳途径。"

自信心是恐惧的克星,在强大的自信心面前,不管是危险的恐惧、黑夜的恐惧、孤独的恐惧,还是莫名的恐惧,都毫无用处。英国勃莱市一家旅馆的壁炉上刻着这样一句话:"恐惧来敲门,自信心回答说:'这里没有人在。'"

2. 克服自卑

自卑是恐惧的孪生兄弟,人在感到自卑时会感受到恐惧,在恐惧时也会感受到自卑。

许多人的不幸都是从看不起自己、不相信自己开始的。当机遇来临时,自信的人会觉得"舍我其谁""当仁不让";而自卑的人却首先疑虑"我能行吗""我恐怕不行"。可想而知,随之而来的金钱、地位、荣耀或者爱情,只能属于自信的人。

自卑比起自负来,更加不堪。自负的人顶多让人厌烦,而自卑的人则往往让人瞧不起。要克服自卑,就尽量不要和自卑的人在一起,因为情绪是会传染的。

自卑并不可怕,许多大人物也曾有过自卑的时候。大文豪沈从文第一次到大学去讲课时,面对众多学生竟然紧张得说不出话来,最后在黑板上哆哆嗦嗦地写下一句话:"你们人太多,我怕了……"可是,后来经过一次又一次的磨炼,他成为一位名教授。

爱默生(Ralph Emerson)说:"明天开始,你就做些你害怕去做的事。"克服自卑最为有效的方法,就是命令自己去做一些自己认为无法做到,实际上却可以做到的事情。也就是不断尝试新的挑战,不断地磨炼自己。同时,给自己一些有益的心理暗示:"我能行""小事一桩""小菜一碟""某某那么笨的家伙都能做到,何况我这么优秀之人"。

心理暗示很重要。美国有位很有天赋的女歌唱家,刚出道的时候,总是唱不好。在一次大赛中,有位评委看出了问题,对她说:"好好唱你的歌,忘掉你的龅牙。"原来,她总觉得自己的龅牙很难看,唱歌时也试图掩饰,结果大失水准。听了那位评委的话后,她卸下了心理包袱,结果一唱成名。

如果你想消除自卑,就时刻命令自己忘掉"龅牙"。在遇到该出头的机会时,强迫自己把"我不行",换成"谁说我不行",这样你就不会不行。大学生树立自信可以从以下几个方面做起。

第一,要喜欢自己。这不是自恋,而是必要的自我肯定,也是心理健康的需要。试想,一个连自己都不喜欢的人会真心喜欢别人吗?你不喜欢别人,自然别人也不会喜欢你。你会感到被人忽略,甚至歧视,会因而变得更加自卑。

第二,要相信自己具有某种能力或优势。这个世界上从来没有一无是处之人。前英国首相梅杰小时候数学成绩很差,连申请当公共汽车售票员都未被录取,然而若干年后,他担任了英国财政大臣,还被公认为理财专家。如果你对自己的优势缺乏明确认识,可以将自己认为可能具有的某种能力和特长列在一张清单上,并有意寻找机会尝试实践。

第三,选择一项自己所长,尽可能将它磨炼到"庖丁解牛"那种程度。你必然会吸引到钦佩和赞赏,自然就会因而变得自信。

第四,对应得的荣誉和褒奖坦然接受,当仁不让。这样会增强你的自信心。反之,则会减弱你的自信心。有一次,拿破仑因为战况紧急,要一名士兵骑上他的坐骑火速赶往前线。可那位士兵看着统帅那雄壮的坐骑及其华丽的马鞍,竟然自卑地说自己不配骑乘。所以,拿破仑说:"不想当元帅的士兵,不是好士兵。"

第五,面对要做的事情,别怕弄错了、搞砸了。同时暗示自己:没问题!小意思!有把握!放心吧!即便弄错了,搞砸了,也要原谅自己。失败乃成功之母。大不了从头再来。

第六,把握每一次成功的机会。每一次成功,无论大小,都是能力的象征与价值的肯定,能让你感到成功的自信。

第七,世界著名学者赫巴特(Johann Friedrich Herbart)说过这样一段关于自信的名言,请认真领会,并按照这段话去做,你一定会收获一个美好的未来:"当你出门时,请把额头抬高,肺部吸满空气;碰着朋友,含笑地向他打个招呼;和人握手时要精神饱满,不要怕被人误解;不要浪费哪怕一分钟的光阴去想你的仇敌;做事必须打定主意,不要常常改变方向,一直向着既定的目标前进;把你的心,完全放在你所希望的光明而伟大的事情上去。

如果你照这样做下去,日子一久,你自然会知道,你已经在无意之中抓住了完成你理想的机会了。你心中必须有一个模范人物,使你做事有个楷模。这样一来,你的思想,就会不知不觉地跟着渐渐改善,成为你所崇拜的人物。思想是最有力量的,你必须保持正当的心理状态——勇敢、坦白,愉快地去用你的脑子。一切事情,都是从欲望中来的,你有虔诚的祈求,就可以得到满足。"

(三)自立的意义

自立是不依赖别人、依靠自己的努力做事的精神品质。实际上自立是一种自我生存的意识和能力。自立包括自立意识和自立能力,两者是互相影响、互相促进的,也是现代人追求的心理品质。一个人具有自立的意识和能力,不仅对社会有好处,而且对自身的健康发展也有利。人有了自立的意识和能力,便比较容易适应社会,把握机遇,发展自身。

大学生培养自立意识有十分重要的意义。

(1)自立可以提高大学生的整体素质。具备自立的精神品质的大学生,可以增加行为的自觉性、坚定性、果断性和自控性,能够立足现实,不沉湎于幻想和依赖心理,能坚定自己的理想,锲而不舍、顽强拼搏,遇到困难仍乐观向上,从而取得学业和事业上的成功,能够有更好的发展潜力,而学业和事业上的成功,又能够进一步激发和巩固大学生的自立品质和能力。所以说,自立精神是大学生能够全面发展的有效推动力。

（2）拥有自立精神可以使大学生变得更加稳重。大学生在面对日常生活、学习、工作及其他事务之时,总会遇到很多意料不到的或难以克服的困难。如果不能具备自立的品质,而是一味地寻求别人的帮助或者产生逃避心理,这对于大学生提高实践能力毫无益处。只有具有自立能力的人才能把主观能动性发挥出来,这样才能有辉煌的成就!

（3）自立可以激起一个人的斗志。具备自立精神的人,才能够大胆地发挥自己的能力,发掘获取成功的各种有利条件,控制和消除各种不良外界环境和自身消极情绪的负面作用,坚持到底,充分利用现实条件,克服困难,创造性地完成既定任务,促进和提高人们的实践能力。

（4）自立是适应社会发展的必要条件。在当前的国内和国际背景下,竞争力和发展潜力是一个人得以生存的必备条件。只有具有自立精神的大学生,才能拥有坚强的意志,能够正确地认识自我及现实的差距,能正确地对待挫折,知道自身的优缺点,明确追求目标,脚踏实地,靠着高度的自觉性、坚定性来一步步获得成功,从而在社会上拥有立足之地,找到自身的位置,适应高度竞争的社会。因而自立精神对大学生具有重要的生存价值。

扩展阅读

酬乐天扬州初逢席上见赠

〔唐〕刘禹锡

巴山楚水凄凉地,二十三年弃置身。
怀旧空吟闻笛赋,到乡翻似烂柯人。
沉舟侧畔千帆过,病树前头万木春。
今日听君歌一曲,暂凭杯酒长精神。

诗文评析:

这首诗是唐代诗人刘禹锡于敬宗宝历二年(826)冬,罢和州刺史后,回归洛阳,途经扬州,与罢苏州刺史后也回归洛阳的白居易相会时所作。"沉舟"开头的这一联诗突然振起,一变前面伤感低沉的情调,尾联便顺势而下,写道:"今日听君歌一曲,暂凭杯酒长精神。"点明了酬答白居易的题意。意思是说,今天听了你的诗歌不胜感慨,暂且借酒来振奋精神吧!刘禹锡在朋友的热情关怀下,表示要振作起来,重新投入到生活中去,表现出其坚韧不拔的意志。

(四)大学生怎样培养自立能力

自立的精神是每个人都有的,只是有的人被激起,有的人还在沉睡。那么如何激起一个人的斗志呢?为此我们应该记住以下几点。

(1)为自己制定目标。目标是人们依据一定的主、客观条件对未来的一种期望。目标激励主要是为确立一个可行的目标以激发和调动人的积极性、主动性和创造性。要培养大学生自强自立的精神就必须确立一个适合大学生实际的目标,用这个目标为导向去激励大学生不断地为之奋斗、为之行动,从而在实现目标的过程中不断地培养和确立自强自立精神。培养大学生自强自立精神的作用具体体现在三个方面:第一,目标能使人认清未来的发展前景,增强信心,激发自强自立的精神,形成实现目标的内在驱动力;第二,目标能使人产生成就感,从中看到个人价值实现的方向和未来成果的价值大小,形成一定的激发力量;第三,目标要经过努力才能取得成果,在实现过程中会遇到各种各样的障碍和困难,这是对人的意志力的考验,因而有助于培养大学生的自强自立精神品质。

(2)要看见自己的价值观、存在价值。价值澄清理论作为现当代最有影响的思想价值观念教育理论流派之一,对大学生自强自立精神培育同样具有重要指导意义。通常,高校思想政治教育的目的在于通过评价过程和价值澄清的方法,通过选择、珍视和行动这三个阶段形成价值,帮助教育对象澄清他们的价值观,促进统一的价值观的形成。如今,随着对外开放不断扩大和社会主义市场经济的深入发展,大学生也面临多元的文化、多元的价值观的冲击。应当让大学生在多元观念冲突下自由理解、认同和接受自强自立的人生品质,摈弃"等靠父母"、不劳而获、投机取巧、坐享其成的世俗化、庸俗化的人生事业发展观念和态度。积极用正确的世界观、人生观和价值观教育、弘扬和培育自强自立的精神品质。只有这样,大学生才能适应社会,才能走出一条属于自己的路!

(3)通过实践活动激起。通过有目的、有计划、有组织的实践活动,训练和培养教育目标的优良品质和行为习惯的方法。实践体验原则是一种使受教育者在改造客观世界的同时改造自己的主观世界的方法。

二、责任心与诚信

(一)责任心的概念及意义

责任心是指个人对自己和他人、对家庭和集体、对国家和社会所负责任的认识、情感和信念,以及与之相应的遵守规范、承担责任和履行义务的自觉态度。它是一个人应该具备的基本素养,是健全人格的基础,是家庭和睦、社会安定的保障。具有责任心的员工,会认识到自己的工作在组织中的重要性,把实现组织的目标当成是自己的目标。

工作责任心是指从事职业活动的人必须承担的职责和义务。一般来说,责任就是义务,工作责任心就是职业义务,工作责任心和职业义务是靠外在的行为规范力量来推动的。工作中履行职业责任和职业义务就是与得到相应的报酬紧密联系的。

责任是出色地完成自己的工作,是个人的坚守、是人生的升华,一个人具备了强烈的责任心就会拥有强烈的自信心与使命感,会不断进取,对工作投入极大的热情,会自觉地按时、按质、按量完成工作任务,会主动处理好分内和分外的一些工作。可见责任心不仅是一种习惯、一种素质,更是一个优秀的人所必备的品质。

首先,责任心是做好本职工作的前提。有一句话说得好,"在本位,尽本分",这应该是每个人对自己工作最基本的要求。要想把工作做好,提高责任心是至关重要的。其实,工作也好,做人也好,都离不开责任心。家庭需要责任心,因为责任心会让家充满爱意。工作需要责任心,因为责任心会凝聚团体的力量,使这个团体充满战斗力和竞争力。社会需要责任心,因为责任心能使社会和谐安定。

其次,责任心是工作无差错的重要保证。如果我们每个人都能抱着对工作负责的态度,那么再危险的工作也会减少风险;如果一个人没有了责任心,那么再安全的岗位也会出现险情。拥有强烈的责任心,再大的困难也可以克服。反之,如果责任心差,那么很小的问题也可能酿成大祸。在这里,责任心就好比计算机里的防火墙,它不只是被动地等计算机中了病毒后去杀毒,因为那样可能会损害到有价值的文件,而是主动地把可能会带来病毒的东西阻止在外。

最后,责任心是强化个人执行力的秘密武器。很多人可能都看过阿尔伯特·哈伯德的《致加西亚的一封信》,书中的主人公罗文之所以在困难重重中能够把信送给加西亚将军,是因为他知道自己所肩负的是一场战争的胜败,一个国家兴亡的重大责任。正是这种强大的责任心,提高了他完成任务的勇气和决心,增强了他的执行力。

(二)诚信的概念及意义

从我国古代传统文化中来讨论诚信,就道德范畴来讲,诚信即待人处事真诚、老实、讲信誉、言必行、行必果、一言九鼎、一诺千金。在《说文解字》中的解释是:"诚,信也""信,诚也"。可见,诚信的本义就是要诚实、诚恳、守信、有信,反对隐瞒欺诈、反对伪劣假冒、反对弄虚作假。

诚信是人必备的优良品格,一个人讲诚信,就代表他是一个讲文明的人。讲诚信的人处处受欢迎,不讲诚信的人会被人们忽视其存在,所以我们人人都要讲诚信。诚信是为人之道,是立身处事之本。

1. 立人之本

子曰:"人而无信,不知其可也。"人若不讲信用,在社会上就无立足之地,什么事情也做不成。

2. 齐家之道

唐代著名大臣魏徵说:"夫妇有恩矣,不诚则离。"只要夫妻、父子和兄弟之间以诚相待,诚实守信,就能和睦相处,达到家和万事兴的目的。若家人彼此缺乏诚信、互不信任,家庭便会逐渐四分五裂。

3. 交友之基

只有"与朋友交,言而有信",才能达到"朋友信之",推心置腹、无私帮助的目的。否则,朋友之间充满虚伪、欺骗,就绝不会有真正的友情,朋友是建立在诚信的基础上的。

4. 为政之法

古语云:"信,国之宝也。"指出诚信是治国的根本法宝。孔子在足食、足兵、民信三者中,宁肯去兵、去食,也要坚持保留民信。因为孔子认为"民无信不立",如果人民不信任统治者,国家朝政根本立不住脚。因此,统治者必须"取信于民",正如王安石所言:"自古驱民在信诚,一言为重百金轻。"

5. 经商之魂

在现代社会,商人在签订合约时,都会期望对方信守合约。诚信更是各种商业活动的最佳竞争手段,是市场经济的灵魂,是企业家的一张真正的"金质名片"。

6. 心灵良药

古语云:"反身而诚,乐莫大焉。"只有做到真诚无伪,才可使内心无愧,坦然宁静,给人带来最大的精神快乐。人若不讲诚信,就会造成社会秩序混乱,彼此无信任感,后患无穷。正如《吕氏春秋·贵信》所说,如果君臣不讲信用,则百姓诽谤朝廷、国家不得安宁;做官不讲信用,则少不怕长,贵贱相轻;赏罚无信,则人民轻易犯法,难以施令;交友不讲信用,则互相怨恨,不能相亲;百工无信,则手工产品质量粗糙,以次充好,丹漆染色也不正。可见失信对社会的危害何等大啊!

综观而言,诚信对于自我修养、齐家、交友、营商以至为政,都是一种不可缺少的美德,可见诚信在人类社会非常重要。

从现在社会角度来讨论诚信,诚信这一范畴是由"诚"和"信"两个概念组成的。诚,指真诚、诚实;信,指信任、信用和守信。"诚"与"信"合起来作为一个科学的道德范畴,是现代社会的产物。在现代社会,经济的市场化和国际化、政治的民主化和法制化,以及文化的多元化和交往方式的现代化,无不凸显着诚信的价值并要求践行诚信。我们可以把诚信定义为适应现代市场经济发展要求的、同现代经济契约关系和民主政治密切相关并继承了传统诚信美德的真诚无欺、信守然诺的心理意识、原则规范和行为活动的总和。诚信的本质,要从以下几个方面来把握。

首先,诚信是一种人们在立身处世、待人接物和生活实践中必须而且应当具有的真诚无欺、实事求是的态度和信守然诺的行为品质,其基本要求是说老实话、办老实事、做老实人。诚信之"诚"是诚心诚意,忠贞不贰;诚信之"信"是说话算数和信守然诺,它们都是现代人必须而且应当具备的基本素质和品格。在市场经济的条件下,人们只有树立起真诚守信的道德品质,才能适应社会生活的要求,并实现自己的人生价值。

其次,诚信是一种社会的道德原则和规范,它要求人们以求真务实的原则指导自己的行动,以知行合一的态度对待各项工作。在现代社会,诚信不仅指公民和法人之间的商业诚信,而且也包括建立在社会公正基础上的社会公共诚信,如制度诚信、国家诚信、政府诚信、企业诚信和组织诚信等。这就是说,任何政府和制度都要按照诚信的原则来组织和建构,也需按照诚信的原则行使其职权。一旦背离了诚信的原则和精神,政府就会失信于民,制度就会成为不合理的包袱。

最后,诚信是个人与社会、心理和行为的辩证统一。诚信本质上是德行伦理与规范伦理或者说信念伦理与责任伦理的合一,是道义论与功利论、目的论与手段论的合一。如果说"诚"强调的是个人内心信念的真诚,是一种品行和美德,那么"信"则是诚这种内在品德的外在化显现,是一种责任和规范。诚信不仅是一种道德目的,是人们应当具有的一种信念,而且也是一种道德手段,是人们应当承担的一种社会责任和谋取利益实现利益的方式。诚信,既可以是价值论和功利论的,又可以是道义论和义务论的。价值论和功利论的诚信观把诚信作为一种价值和实现目的的手段,认为人们如果不讲诚信就无法实现自身的发展和完善,也很难取得长久而真正的利益。道义论和义务论的诚信观则把诚信视为一种应尽的义务和内在的要求,认为人们讲求诚信是提升自身素质和实现全面发展的需要,讲求诚信哪怕不能带来物质上的利益,仍然是弥足珍贵的。我们主张在诚信问题上把道义论和功利论结合起来,既把诚信的讲求视为一种牟利和促进发展的手段,又把诚信的讲求视为一种神圣的使命和内在的义务,使诚信的讲求既崇高又实用,既伟大又平凡,这体现了中国传统文化所倡导的"极高明而道中庸"的价值特质。

总之,诚信是一切道德的根基和本原。它不仅是一种个人的美德和品质,而且是一种社会的道德原则和规范;不仅是一种内在的精神和价值,而且是一种外在的声誉和资源。诚信是道义的化身,同时也是功利的保证或源泉。

(三)诚信的准则

诚信是做人的基本准则,但究竟怎样才算是有诚信?这部分将为你介绍诚信的准则,并看看中国古代哲贤如何实践诚信之道。

1. 戒欺

"戒欺",即不自欺亦不欺人。《礼记·大学》说:"所谓诚其意者,毋自欺也。"意谓真诚实意就是不自欺。宋代哲学家陆九渊也说:"慎独即不自欺。"即使在闲居独处时,自己的行为仍能谨慎不苟且,不会自欺。中国现代学者蔡元培说过:"诚字之意,就是不欺人,亦不可为人所欺。"可见,戒欺是诚信的重要准则之一。

2. 过而能改

《左传·宣公二年》曰:"人谁无过?过而能改,善莫大焉。"孔子曰:"过而不改,是谓过矣。"韩愈曰:"告我以吾过者,吾之师也。"陆九渊曰:"闻过则喜,知过不讳,改过不惮。"古人申居郧曰:"小人全是饰非,君子惟能改过。"由此可见,中国古代哲贤认为如何对待过错,是君子与小人的重要区别之一。

中国古代哲人强调知过即改,这是诚实的一种表现。《孟子·滕文公下》载有一则寓言。有一个人每天都偷邻居家的鸡,有人劝告他说:"这不是有道德者的行为。"那人回答说:"那么,我打算减少一些,一个月只偷一只鸡,然后停止偷鸡。"这则寓言说明,如果已经知道这样做是不道德的,就应立即改正!所以,人对于过错应该"迁善如风之迅,改过如雷之烈"。一定要与过错一刀两断,彻底改正。

3. 信守承诺

《左传·僖公十四年》曰:"弃信背邻,患孰恤之。无信患作,失援必毙。"意思是说,若自己丧失信用,背弃邻国,遇到祸患有谁会同情自己?失去了信用,一旦祸患发生,没有人来支援自己,就必定会灭亡。由此可见,重诺守信是十分重要的。如果我们对别人许下诺言,就须认真对待,对自己的承诺负责,切勿掉以轻心,失信于人。在平日待人处事时,我们可先从守时开始做起,然后对家人、朋友信守承诺,以诚信待人。

4. 诚信待人

中国古代哲学家认为诚信是人的修身之本,也是一切事业得以成功的保证。《河南程氏遗书》卷二十五云:"学者不可以不诚,不诚无以为善,不诚无以为君子。修学不以诚,则学杂;为事不以诚,则事败;自谋不以诚,则是欺其心而自弄其忠;与人不以诚,则是丧其德而增人之怨。"说明"诚"对于"做人""做事"是何等的重要!

5. 言行一致

中国古代哲人要求言行一致,《礼记·中庸》曰:"言顾行,行顾言。"切不可"自食其言""面诺背违""阳是阴非",所以朱熹认为"信是言行相顾之谓",要求"口能言之,身能行之",这才是"国宝";如果"口言善,身行恶",那是"国妖",是君子所不取的。孔子说过:"始吾于人也,听其言而信其行;今吾于人也,听其言而观其行。"意思是说,从前孔子对于人,只要听了他讲的话,就会相信他的行为;今天孔子对于人,当听了他讲的话后,还要观察他的实际行为。在这里,孔子肯定道德实践是评价诚信品格的标准。

西南大学《大学生诚信守则(试行)》(第五次修订)

立身诚为本,处世信为基。
养德始于真,修业成于勤。
忠诚报祖国,荣耻铭于心。
信仰须高洁,立场当坚定。
精诚探真知,独创著文章。
评奖要真实,考试应自警。
真挚敬师长,坦诚待同学。
文明行网络,是非应辨明。
花销要适度,兼职重信誉。
诚实求助贷,守信还款清。
客观荐自我,郑重许承诺。
踏实干事业,契约必践行。

守则缘起:

《大学生诚信守则(试行)》(以下简称《守则》)系教育部2006年哲学社会科学研究重大课题攻关项目"当代大学生诚信制度建设及加强大学生思想政治工作研究"的研究成果,《守则》为大学生的学习和生活提供了诚信规范,对引导大学生树立诚信意识、践行诚信美德具有重要意义。

《守则》成文历时近四年,2010年3月《守则》试行文本正式定稿。其间,《守则》得到了社会各界,特别是大学生的高度关注。《中国教育报》曾给予专题报道,在全国大学生中引起了强烈反响。广大大学生通过网络论坛、来信等方式给《守则》的修订提出了近万条建议。课题组组织召开大学生专题座谈会6场,听取各方意见,六易其稿,最终形成《大学生诚信守则》(试行)。

守则释义:

守则共12句,分为总述(第1、2句),政治诚信(第3、4句),学习科研诚信(第5、6句),交往诚信(第7、8句),经济诚信(第9、10句),就业诚信(第11、12句)五部分;单句采用五言形式,为"2+1+2"句式,即"名词(副词)+动词+名词(副词)"。在音韵上,偶句押韵,押 ing(in)韵。

总述两句,总领全文,论述诚信作为中华民族传统美德和传统文化的精神追求,是为人处事之本、养德修业之源。

分述为以下五方面:

(1) 在政治信仰方面,从忠诚报祖国、铭记社会主义荣辱观、坚定政治立场等角度出发,倡导大学生在政治生活中以诚信为价值取向,坚定中国特色社会主义理想信念,勇担政治责任和历史使命,自觉践行政治信用。

(2) 在学习科研方面,从追求真知、创新学术科研、真实评优评奖、严守考试纪律等角度出发,号召大学生坚守诚信学习品德,杜绝学术欺诈、考试作弊等不良行为,共同营造良好的学习科研风气。

(3) 在人际交往方面,从师生交往、同学交往、网络交往等角度出发,提倡大学生以诚实守信的人格素养作为人际交往的基础和前提,构建和谐人际关系。

(4) 在经济生活方面,从大学生日常花销、校园兼职、助学贷款等角度出发,要求大学生科学理财、守信还款,自觉抵制恶意拖欠助学贷款等不正之风,将诚信作为经济生活中最基本的道德准则。

(5) 在就业创业方面,从求职自荐、签订协议、踏实工作、履行义务等角度出发,号召大学生遵守诚实守信的道德规范,将诚信理念贯穿职业生涯始终。

三、时间管理

(一) 时间管理的定义

牛顿力学中的时间是作为度量物质运动变化过程流程的一种参照,通过我们所定义的标准的时间单位,去衡量物质运动变化本身的变化规律。设置时间的目的就是描述物质运动变化的参照,并提供一种事件运动变化的标准流程的计量模式,同时它又是事件进程描述的一个基本的物理量。

时间管理是指通过事先规划并运用一定的技巧、方法与工具实现对时间的灵活及有效运用,从而实现个人或组织的既定目标,EMBA、CEO必读12篇及MBA等主流商业管理教育均将时间管理能力作为一项对企业管理者的基本要求涵括在内。由于时间所具备的基本特性,所以时间管理的对象并不是时间本身,而是指面对时间而进行的"自管理者的管理",所探索的是如何减少时间浪费,以便有效地完成既定目标。

典型案例

水桶效应的分析

一个用不同长度的木板拼成的水桶,其存水量的多少不是由最长的那块木板决定的,而是由最短的那块木板决定的。因为,水桶里的水位到最短的那块木板的边缘就会溢出,水位就不会再增长。长木板也因为短木板的局限,不能发挥更大的作用而变得多余。如果让水桶装更多的水,就必须把众多木板中那块最短的木板加长。

这如同个人成功所需要的资源。个人成就的大小不是由个人所具有的最富有的资源决定的,而是由各种资源中最稀缺的资源决定的。一个人的成就到了一定程度,就会受到最稀缺资源的制约。要取得成功,就必须找到制约成功的那块"短木板",然后把它补齐。

案例分析:时间是个人成功道路上最稀缺的资源,它制约着其他各种资源效果的发挥,决定着成果的大小。无论个人还是企业,要取得更大的成果或者成功,就必须对时间管理予以重视,对时间进行有效管理。

时间独特和绝无仅有的特性决定了它是世界上最稀缺、最宝贵的一种资源。但是时间是最不为人们理解和重视的,时间的浪费比其他资源的浪费更为普遍,也更为严重。当人们无所事事,或者忙得晕头转向却不见成效时,应该暂时停下来审视一下自己的时间利用效率,审视一下自己在时间中所处的角色,寻找一条更为合适的途径,实现自己的目标,追求自己的人生价值。

(二)时间管理的法则

1. 要和你的价值观相吻合

你一定要确立个人的价值观,假如价值观不明确,你就很难知道什么对你最重要,时间分配一定不好。时间管理的重点不在于管理时间,而在于如何分配时间。你永远没有时间做每件事,但你永远有时间做对你来说最重要的事。

2. 设立明确的目标

成功等于目标,时间管理的目的是让你在最短时间内实现更多你想要实现的目标;你必须把今年度4~10个目标写出来,找出一个核心目标,并依次排列重要性,然后依照你的目标设定一些详细的计划,你的关键就是依照计划进行。

3. 改变你的想法

美国心理学之父威廉·詹姆斯(William James)对时间行为学进行研究时发现这样两种对待时间的态度:"这件工作必须完成,它实在讨厌,所以我能拖便尽量拖"和"这不是件令人愉快的工作,但它必须完成,所以我得马上动手,好让自己能早些摆脱它"。当你有了动机,迅速踏出第一步是很重要的。不要想立刻推翻自己的整个习惯,只需强迫自己现在就去做你所拖延的某件事。然后,从明早开始,每天都从你的计划中选出最不想做的事情先做。

4. 遵循 80/20 定律

生活中肯定会有一些突发和迫不及待要解决的问题,如果你发现自己天天都在处理这些事情,那表示你的时间管理并不理想。成功者花最多时间在做最重要的事,而不是最紧急的事情上,然而一般人都是做紧急但不重要的事。

5. 安排"不被干扰"时间

每天至少要有半个小时到一个小时的"不被干扰"时间。假如你能有一个小时完全不受任何人干扰,把自己关在自己的空间里面思考或者工作,那么这一个小时可以抵过你一天的工作效率,甚至有时候这一个小时比你三天工作的效率还要好。

6. 严格规定完成期限

帕金森(Cyril Northcote Parkinson)在其所著的《帕金森定律》(*Parkinson's Law*)中,写下这段话:"你有多少时间完成工作,工作就会自动变成需要那么多时间。"如果你有一整天的时间可以做某项工作,你就会花一天的时间去做它。而如果你只有一个小时的时间可以做这项工作,你就会更迅速有效地在一个小时内做完它。

7. 做好时间日志

你早上出门(包括洗漱、换衣、早餐等)花了多少时间,搭车花了多少时间,出去拜访客户花了多少时间……把每天花的时间一一记录下来,你会清晰地发现浪费了哪些时间。这和记账是一个道理。只有找到浪费时间的根源,你才有办法改变。

8. 理解时间大于金钱

用你的金钱去换取别人的成功经验,一定要抓住一切机会向顶尖人士学习。仔细选择你接触的对象,因为这会节省你很多时间。假设与一个成功者在一起,他花了 40 年时间成功,你跟 10 个这样的人交往,你不是就浓缩了 400 年的经验?

9. 学会列清单

把自己要做的每一件事情都写下来,这样做首先能让你随时都明确自己手头上的任务。不要轻信自己可以用脑子把每件事情都记住,而当你看到自己长长的清单时,也会产生紧迫感。

10. 同一类的事情最好一次把它做完

假如你在做纸上作业,那段时间都做纸上作业;假如你是在思考,用一段时间只作思考;打电话的话,最好把电话累积到某一时间一次把它打完。当你重复做一件事情时,你会熟能生巧,效率一定会提高。

11. 每1分钟每1秒做最有效率的事情

你必须思考一下要做好一份工作,到底哪几件事情是对你最有效率的,列下来,分配时间把它做好。

(三) 时间管理的方法

1. 计划管理法

关于计划,有日计划、周计划、月计划、季度计划、年度计划。时间管理的重点是待办单、日计划、周计划、月计划。

待办单:将你每日要做的一些工作事先列出一份清单,排出优先次序,确认完成时间,以突出工作重点。要避免遗忘就要避免半途而废,尽可能做到,今日事今日毕,干一件结束一件。

待办单主要包括的内容:非日常工作、特殊事项、行动计划中的工作、昨日未完成的事项等。

待办单的使用注意:每天在固定时间制定待办单(一上班就做);只制定一张待办单;完成一项工作划掉一项;要为应付紧急情况留出时间;最关键的一项,每天坚持。

每年年末做出下一年度工作规划;每季季末做出下季末工作规划;每月月末做出下月工作计划;每周周末做出下周工作计划。

2. 目标 ABC 原则

在最有价值的那些项目旁边,标上大写的 A 字,在稍低价值的项目旁边标上大写的 B 字,在价值最低的项目旁边标上 C 字(A＝必须做的,B＝应该做的,C＝不值得做的)。

目标 ABC 包括了目标制定的"ABCDEFGQ"原则和要素,即可行、可信、可控、可界定、明确、属于你自己、成长的和可量化的。依照 ABC 原则制定的目标,可以让你对职业选择或发展的考虑更加周密且具有现实性。

3. 时间"四象限"法则

美国著名领导力大师、人际关系专家史蒂芬·柯维(Stephen R. Covey)提出了一个时间管理的理论,把工作按照重要和紧急两个不同的程度进行了划分,基本上可以分为如表7-1所示的四个象限:既紧急又重要(如人事危机、客户投诉、即将到期的任务、财务危机等)、重要但不紧急(如建立人际关系、新的机会、人员培训、制定防范措施等)、紧急但不重要(如电话铃声、不速之客、行政检查、主管部门会议等)、既不紧急也不重要(如客套的闲谈、无聊的信件、个人的爱好等)。时间管理理论的一个重要观念是应有重点地把主要的精力和时间集中地放在处理那些重要但不紧急的工作上,这样可以做到未雨绸缪,防患于未然。在人们的日常工作中,很多时候往往有机会去很好地计划和完成一件事,但常常又没有及时地去做,随着时间的推移,造成工作质量的下降。因此,把主要的精力有重点地放在重要但不紧急这个象限的事务上是必要的。要把精力主要放在重要但不紧急的事务处理上,需要很好地安排时间。一个好的方法是建立预约。建立了预约,自己的时间才不会被别人所占据,从而有效地开展工作。

该法则由两个维度的变量划分四个区间,然后按照四个区间的定义将计划任务放进去。两个维度分别是重要性和紧急性,由此划分成四个区间分别是重要紧急、重要不紧急、紧急不重要、不紧急不重要。

紧急的事情就是拖不得,必须马上完成的。重要性与目标有关,凡有价值、有利于实现个人目标的就是要事。

(1) 第一象限是既紧急又重要的事。

该象限的事情需要立即处理,通常被称为"危机问题"。这类事务往往消耗掉大部分的时间和精力。很多人整天都在处理危机,满脑子都是问题,忙于应付各种紧迫任务。

如果整天都忙于第一类事务,那么它们的范围就会变得越来越大,最终占据全部的时间和精力。就像冲浪一样,来了一个大问题,把你从冲浪板上打到水里,好不容易爬上去,下一个问题又来了,疲于奔命。

该象限的本质是缺乏有效的工作计划,导致本处于"重要但不紧急"第二象限的事情转变为紧急的事情,这也是传统思维状态下的通常状况,就是"忙"。

当然如果遇到突发事件,如领导交代下来的紧急事件,也要算在这里,这是没有办法的事情。

(2) 第二象限是重要但不紧急的事。

高效能人士的思维定式是预防型的,总是能够防患于未然。当然,他们也有真正意义上的危机和紧迫事件需要马上处理,但这类事件的数量相对较少。

这一象限的工作应该是自己所做的计划可有序开展的内容。因为和目标高度吻合,而且已经提前做好了计划、有充分的准备,所以这种类型的工作应该是我们重视并且得到妥善处理的。在现实中,第二象限的工作经常受到第一和第三象限工作的挤压和阻拦,使得这个区域的工作很多时候由重要不紧急变成了重要而紧急,因为原本计划好的时间都被紧急的事情占用了。所以在对待第二象限的工作时,要有一个坚持的态度,坚持一个原则底线,不管其他紧急的事情如何扑面而来,也不要让其影响到这个象限的事情。

在四个象限当中,第二象限的工作是最重要的,也是最体现时间管理质量的,这是时间管理中的第一原则。应该把大部分的精力投入到该象限的工作,使第一象限的"急"事逐渐变少,不再瞎"忙"。

若要集中精力于要务,就得排除次要事务的牵绊,此时需要有说"不"的勇气。必要时,拒绝别人一些不是当务之急的事情,在急迫和重要之间,知道取舍。

(3) 第三象限是紧急但不重要的事。

这个区域很纠结,既然事情紧急,那按照思维习惯就要赶紧去完成,但它并不重要,而且关键是,这些紧急不重要的事很可能是由一些"极为关键"的人所下达的。稍微不慎,会导致极其恶劣的后果。好多材料给出的意见是:授权别人去做。但对于大部分没有下属的人而言,授权似乎不太现实。

对待紧急不重要的事情,可以"能推则推"。如果推不掉,就在确认这项工作确实属于自己的工作职责范畴的基础上尽最将其转化为不紧急的事务。千万不要因为事情紧急而产生"这件事很重要"的错觉,而把它归到第一象限中去。

(4) 第四象限是既不紧急也不重要的事。

不紧急不重要的事情,尽量不要去做。但也不要过于偏激,哲学上说:存在的就是有意义的,任何事务都有着其存在的价值。所以诸如看新闻、锻炼身体、聊天、说笑话这些看似不紧急不重要的事情其实是工作和生活中的润滑剂,是调节工作强度和生活压力的调和品,也可以适当去做。其中有些事情,如锻炼身体,甚至可以归入重要但不紧急的事中去。

四个象限的事务因其重要性和紧急性,在时间安排中占据比例各不相同,这里给出一个参考比例:第一象限占20%,第二象限占65%,第三象限占10%,第四象限占5%(见表7-1)。这些数值只是反映了一个概念,没有绝对的意义,因为实际上没有人能做到准确无误地统计每时每刻所发生的事情和所占用的时间。

如果我们天天在忙,而且忙得不得要领,可以认真领会时间管理的四象限法,活学活用。它会让我们的工作变得高效,工作不再是负担。

表7-1 时间管理四象限表格

性质因素	时间因素	
	紧急	不紧急
重要	A1 既紧急又重要的事情 权重:最高 20%	A2 重要但不紧急的事情 重点:成功人士最高 65%
不重要	A3 紧急但不重要的事情 权重:高 10%	A4 既不紧急也不重要的事情 权重:最低 5%

注:1. 花时间去做A2的事会让你避免去做更多A1的事情,如果你在事情变得紧急之前就被控制,或许事情根本就不会演化到紧急的程度,甚至变得不重要了。

2. A3的事情要交给下属做,或者寻找可以帮助你的其他人协助你完成。

3. A4的事情要形成习惯,每天保证在某个固定情景中会碰触到。

4. 把要做的事情按照重要和紧急的权重分别列在四个区域里,用时间来为每件事情树立参考点,让事情处理有参照,达成率就会高很多。

4. 有效的时间管理法

美国管理学者彼得·德鲁克(P. F. Drucker)认为,有效的时间管理主要是记录自己的时间,以认清时间耗在什么地方;管理自己的时间,设法减少非生产性工作的时间;集中自己的时间,由零星而集中,成为连续性的时间段。

5. 考虑不确定性法

在时间管理的过程中,还需应付意外的不确定性事件,因为计划没有变化快,需为意外事件留时间。有三个预防此类事件发生的方法。第一是为每件计划都留有多余的预备时间。第二是努力使自己在不留余地又饱受干扰的情况下,完成预计的工作。这并非不可能,事实上,工作快的人通常比慢吞吞做事的人精确些。第三是另准备一套应变计划。迫使自己在规定时间内完成工作,对你自己的能力有了信心,你仔细分析将做的事,然后把它们分解成若干意境单元,这是正确迅速完成它们的必要步骤。

考虑到不确定性,在不忙的时候,把一般的必然要做的工作先尽快解决。

在工作中要很好地完成工作就必须善于利用自己的工作时间。工作是无限的,时间却是有限的。没有时间,计划再好、目标再高、能力再强,也是空的。时间是如此宝贵,但它又是最有伸缩性的,它可以一瞬即逝,也可以发挥最大的效力,时间就是潜在的资本。应该充分合理地利用每个可利用的时间,压缩时间的流程,使时间价值最大化。

四、主动与勤奋

1. 主动及其意义

主动性是指个体按照自己规定或设置的目标行动,而不依赖外力推动的行为品质。其由个人的需要、动机、理想、抱负和价值观等推动。埃里克森认为,这是个体心理社会性发展的第三个阶段,即主动对罪恶阶段(3~6岁)可能形成积极品质。在父母的鼓励下,具有该行为品质的儿童对外界事物好奇,充满兴趣,积极探索和控制外在环境,形成目的意识,为自信心和创造性品质的形成打下基础。

一般说来,工作主动性分为四个层次。第一个层次是不用别人告诉你,便能积极出色地完成自己的各项工作;第二个层次是领导安排任务后,才去做领导安排的工作,自己职责范围内的工作,领导不安排就不知道去做;第三个层次是领导安排任务后,多次督促,迫于形势才去做;第四个层次是领导安排任务后,告诉他怎么做,并且盯着他才去做。显而易见,公司所希望的主动工作便是主动性的第一个层次,即不论领导是否安排,都能积极主动并出色地完成自己的工作。积极主动不仅是一种行为美德,也是一个人在工作中应该持有的态度。

史蒂芬·柯维在其《高效能人士的七个习惯》一书中,将积极主动界定为高效能人士的第一个习惯。积极主动即采取主动,为自己过去、现在及未来的行为负责,并依据原则及价值观,而非情绪或外在环境来下决定。积极主动的人是改变的催生者,他们扬弃被动的受害者角色,不怨怼别人,发挥了人类四项独特的禀赋——自觉、良知、想象力和自主意志,同时以由内而外的方式来创造改变,积极面对一切。他们选择创造自己的生命,这也是每个人最基本的决定。

如果你不向前走,谁又会推你走呢?因此,积极主动的态度,是实现个人愿景的原则。积极主动是书中提及的第一条习惯,作者认为:客观条件受制于人,并不足惧,重要的是,我们有选择的自由,并且可以对现实环境进行主动积极回应;人要对自己的生命负责,为自己创造有利的机会,做一个真正"操之在我"的人。其中很有分量的一句是"有选择的自由",现代社会的重要特征是:社会的个体拥有选择的自由。每个人都可以选择自己想要的生活,潜规则是不能妨碍他人选择的自由。接着,个人必须为自己的选择导致的结果承担责任。当外界出现刺激时,积极主动的人必须能够根据自己的价值判断做出属于自己的选择,然后给出个人特色的回应。这种自由被视为"人类最终的自由",即在任何环境中,人有能力自由选择自己的态度及回应方式。这给广大没有做出选择的人提供了一线光明和希望。

我们经常说"我不小心忘记了……""我迟到,因为……""其实是有原因的……"我们每天都在不停地找借口或是抱怨,其实我们应该积极主动地创造未来,实现梦想。所以,有效能的人士为自己的行为及一生所做的选择负责;他们致力于实现有能力控制的事情,而不是被动地忧虑那些没法控制或难以控制的事情;他们通过努力提升效能,从而扩展自身的关切范围和影响范围,同时积极的心态能让他们拥有"选择的自由"。

2. 主动的一般行为特征

(1)坚持,当面对障碍与困难时也不放弃。能够与团队进行有效沟通,共同处理障碍和解决困难。

(2)了解及把握机会。对领导安排的工作,能够按时完成且工作程序规范、工作质量良好。

(3)超出工作要求的绩效表现。在理论上、实践上有思考,在工作内容和工作方法上有探索,并做出一定的工作成绩。

(4)事先准备面对一个尚未发生的特殊机会及问题。能够超前思考工作,根据自己的工作内容和特点,提前做好工作准备。

3. 勤奋及其意义

勤奋是指坚持不懈地、高频率地做自己认为有意义的事。文学家说勤奋是打开文学殿堂之门的一把钥匙,科学家说勤奋能使人聪明,而政治家说勤奋是实现理想的基石。勤奋是成功的唯一途径。没有它,天才也会变成呆子。

在我国传统的教育文化中,"书山有路勤为径,学海无涯苦作舟"恐怕是最具奋斗痕迹的经典名句。但是是不是勤奋了,就会有结果呢?现概括出以下几点"奋斗无用论":"我以前奋斗过,但没有用""社会上都凭关系背景,我奋斗又有什么用""我和别人已差得太远了,再怎么奋斗也没用了""我自己一无是处,光凭奋斗根本不行"……那么,我们应该怎样看待关于勤奋意义的困惑呢?

首先,勤奋不光是取得幸福的手段。有些年轻人认为勤奋是痛苦的,是在受折磨。其实,"勤奋"不是为了成全某种功利的目的,它本身就意味着激情、快乐与自豪,意味着收获与赠予。这样的"勤奋",方能吸引人始终勤奋着。

其次,人的心理常常容易受到伤害的原因之一,就是要求事事都合理公平。所以才会有不少人产生"社会上都凭关系背景,我勤奋又有什么用"的观点。其实,把事事都公平作为人类的理想而为之勤奋是应当的,但若把公平当成现实的,则很幼稚。因为在现实世界里,不存在绝对的公平。不少年轻人遇到不公平的事,往往爱发牢骚、抱怨,甚至有的人还将"不公平"作为自己消极无为、逃避现实的托词而不努力,结果丧失了许多转变命运的机会。

最后,有的人总是想证明自己,他们把目光盯在别人身上,这类人以是否战胜了别人来定自己的荣辱。别人一有成就,他就觉得自己被远远地落下了,勤奋也觉得没什么意义了。这样的人,只把丰富的人生定为一个目的,那便是要比别人强,比别人更成功。实际上,人生最重要的目的,是要通过努力和勤奋来发展自己。发展自己的人往往立足于自己的事业,建立对自己适合的目标。他们在充实和提高自己的同时,享受自己勤奋的乐趣,而不是以外界的好恶来评定自己的成绩。他们在发展自己的过程中,考虑的是所做的事是否适合自己,是否感兴趣,是否有价值。自然,他们因为有不同于他人的、适合于自己的人生目标,也就没有绝对落后他人、勤奋也赶不上他人的烦恼和自卑感。

在现实生活中,很多自卑的人,往往沿着这样的思路考虑问题:因为我不行—所以我不去做—我真的不行吧!。如果能换为:因为我不行—所以我要加倍努力—行动起来—我变得越来越行了!积极思考、努力探索,每一位大学生一定可以走出自卑的泥潭,在漫长的人生的道路上,留下坚实的足迹。

4. 创新思维也是勤奋

创新思维的本质在于将创新意识的感性愿望提升到理性的探索上,实现创新活动由感性认识到理性思考的飞跃。这些探索与飞跃都基于人们不断的努力进取,从量变到质变,逐渐积累的过程,它也是勤奋的一种结果。

对创新思维的理解是多方面、多层次的,至今没有一个一致的界定。在一般情况下,寻求对问题的全新的、独特的解答,这样的思维过程,我们叫创新思维。创新思维是相对于传统性思维的,创新思维是所有人都有的。

然而,创新思维还可以从更广泛的含义上去理解,即不仅我们可把那些做出完整的新发现、新发明的思维过程称之为创新思维过程,而且还可以把那些尽管没有取得最后的发现和发明,但在思考问题的方法和技巧上、在某些局部的结论和见解上具有新奇独到之处的思维活动看成是创新思维。

纵观古今,各种对人类影响深远的发明创造和知识创新,无不是创新思维的结果。中国古代四大发明、近代的产业革命、当代的科技进步、相对论的创立、卫星的上天、电脑的出现、信息技术对社会的全面渗透等,集中展示了人类创新思维的巨大力量和对人类发展的意义。

(1) 通过创新思维,可以增加人类知识的总量,提高人类认识世界的水平。创新思维因其对象的潜在特征,表明它是向着未知或不完全确定的领域进军,不断扩大着人们的认识范围,不断地把未被认识的东西变为可以认识和已经认识的东西,科学(无论自然科学、人文社会科学抑或技术科学)上每一次的发现和创造,都在增加人类知识总量的同时,也拓展了人类对客观世界和自身的认知,哥白尼的"日心说"、达尔文的"进化论"、弗洛伊德的"精神分析",极大地改变了人类对世界和自己的认识;20世纪以来的生命科学、信息科学、物质科学、地球科学、认知与脑科学等领域的知识创新使人类的知识总量呈几何级数增长,并将人类认识世界的水平提升至前所未有的高度。

(2) 通过创新思维,拓展人类的认识途径和提高改造世界的能力。创新思维是一种高超的艺术,创新思维活动及过程中的内在的东西是无法模仿的。这内在的东西即创新思维能力。这种能力的获得依赖于人们对历史和现状的深刻了解,依赖于敏锐的观察能力和分析问题能力,依赖于平时知识的积累和知识面的拓展。伴随每一次创新思维过程的结果都可能是一次认识途径的开阔和知识的创新,因为要想获得对未知世界的认识,人们就要不断地探索前人没有采用过的思维方法、思考角度去进行思维,就要独创性地在没有先例的情况下,去寻求正确、有效地观察问题、分析问题和解决问题的方法,从而极大地拓展人类认识未知事物的途径,为人类由必然王国进入自由王国不断地创造条件。

(3) 通过创新思维,可以改变人类的生活方式,提高人类生存的质量。创新思维的开拓性、灵活性、独特性、有效性和非常规性特征表征了人类崭新的视野和探索精神。在这种精神的支配下,人们不满于现状,不满于已有的知识和经验,总是力图探索客观世界中还未被认识的本质和规律,并以此为指导,进行开拓性的实践,开辟出人类实践活动的新领域和新的生活方式。蔡伦的造纸术、毕昇的活字印刷术、莱特兄弟发明的飞机、贝尔发明的电话、爱因斯坦的相对论等为人类展现了崭新的宇宙观和生活方式。30多年来,邓小平由于创造性地开辟了中国特色的社会主义道路,才有了中国翻天覆地的变化。倘若没有创新思维和知识创新,人类只信奉已有的知识和经验,等待人类的将是房龙描述的"无知山谷"中的饥声遍野,遑论人类的发展与进步。

(4) 通过创新思维,可以促进科技进步,加速经济增长。人类正在进入知识经济时代,所谓知识经济就是主要依靠知识创新、知识的创造性应用和知识的广泛传播和发展的经济。据估算,科技进步对经济增长的贡献率在农业经济时代不足10%,工业经济时代后期达到40%以上,而在知识经济时代将达到80%以上,国家的综合国力和国际竞争能力将越来越取决于教育发展、科技进步和知识创新的水平。知识创新是推动人类进步和科技发展的唯一动力。

简而言之,创新思维就是脱离窠臼、开辟新路的思维方式。而这是要经过大量、反复、深入的思考之后,才能豁然开朗、获得顿悟的。要学会和掌握创新思维方式,人们必须自觉地培养和训练,才能逐步具备良好的思维功底和思维品质;必须积累丰富的知识、经验和智慧,才能厚积薄发。

各类职业对人才素质的要求

表7-2列出了各类职业对应的职业道德、职业能力和知识结构的要求。

表7-2 各类职业对人才素质的要求

职业类型	职业道德	职业能力	知识结构
社会文化	1. 要有坚强的毅力和不屈不挠的精神 2. 要有强烈的社会责任感	1. 敏锐的观察力 2. 丰富的想象力 3. 迅速吸收新思想的开放心态 4. 不断创新的精神和能力 5. 特殊气质和全神贯注的创作冲动	1. 良好的美学知识 2. 对主流文化的充分了解
应用技术	1. 要有不辞劳苦、艰苦奋斗的创业精神 2. 要有严肃认真、一丝不苟的工作态度	1. 勇于创新的精神及科技成果转化能力 2. 分析问题和解决问题的能力 3. 较强的图表运用、文字表达能力	1. 扎实的基础理论知识、专业知识和一定的相关知识 2. 有较强的外语水平,能够迅速掌握本学科最新的技术动向

续表

职业类型	职业道德	职业能力	知识结构
经济管理	1. 要有高尚的职业修养 2. 要有强烈的金融责任意识 3. 严格保守金融、商业机密	1. 迅速捕捉最新信息的能力 2. 良好的人际关系协调能力 3. 熟练的业务处理技能 4. 很强的社会实践能力、市场开发能力 5. 预测与决策能力 6. 战略设计与策划能力	1. 坚实的专业知识,用以确保分析判断的准确性 2. 极强的外语水平,能够迅速掌握最新的世界经济动态 3. 极强的计算机应用能力
科学研究	1. 热爱专业,对科学有着浓厚的兴趣 2. 勤于实践,刻苦钻研,不畏艰辛,不计较名利 3. 具有高度的协作精神,在科研攻关中善于与人协作 4. 服膺真理	1. 较强的创造力 2. 较强的调查研究能力 3. 较强的抽象思维和逻辑推理能力 4. 社会活动能力、语言文字表达能力、理解判断能力 5. 高度的综合能力	1. 精通本学科的基础知识和专业知识 2. 精通外语和计算机 3. 懂得与本专业相邻学科的基础知识 4. 有一定的哲学基础
行政管理	1. 要有坚定的政治立场 2. 要有坚强的组织纪律观念 3. 要有高度的事业心和责任感 4. 要有大局意识 5. 要有奉献精神 6. 要有敬业精神	1. 筹划能力 2. 组织协调能力 3. 人际交往能力 4. 随机应变能力 5. 开拓创新能力 6. 信息管理能力	1. 要有高度的理论修养 2. 要有广博的知识面 3. 要积累工作经验
公共服务	1. 具有较为强烈的服务意识 2. 具有强烈的事业心和责任感	1. 较强的理解能力、社会活动能力和组织协调能力 2. 很好的语言表达能力和自我形象设计能力	1. 具有扎实的专业基础知识及一定的相关知识 2. 具有较高的外语水平和计算机应用能力

第二节 个人素质的提升

一、职业目标对个人素质的要求

(一) 个人素质概述

1. 何谓个人素质

个人素质是指人在认知、情绪情感、意志、性格、自我意识、价值观及社会交往与适应能力等方面的素养。它是在环境的熏陶下,个体经过长期的修养,逐步内化出的一种心理结果。

个人素质在职业中的体现,表现为职业素质,其主要表现在职业兴趣、职业能力、职业个性及职业情况等方面。影响和制约职业素质的因素很多,主要包括:受教育程度、实践经验、社会环境、工作经历及自身的一些基本情况(如身体状况等)。

2. 良好个人素质的标志

良好个人素质的标志主要包括:智力正常、情绪稳定、意志健全、人格统一、人际关系和谐、行为适度等。

(二) 个人素质对大学生就业的影响

(1) 个人素质对大学生求职择业的影响。良好的个人素质不仅有益于求职中的大学生的身心健康,而且对大学生求职的各个环节都有着十分重要的作用:有利于大学生择业目标的合理确定,有利于择业目标的正确实施,有利于择业目标的顺利实现。

(2) 个人素质对大学生职业适应与职业成就的影响。良好的个人素质有利于大学生就业后尽快适应职业,缩短适应期;有利于热爱职业、献身职业,做出职业成就。

(三) 职业目标对个人素质的要求

(1) 要培养职业意识。很多高中毕业生在跨进大学校门之时就认为已经完成了学习任务,可以在大学里尽情地"享受"了。这正是他们在就业时感到压力的根源。清华大学的樊富珉教授认为,中国有 69%~80% 的大学生对未来职业没有规划,就业时容易感到压力。中国社会调查所2006年完成的一项在校大学生心理健康状况调查显示,75%的大学生认为压力主要来源于社会就业;50%的大学生对于自己毕业后的发展前途感到迷茫,没有目标;41.7%的大学生表示目前没考虑太多;只有8.3%的人对自己的未来有明确的目标并且充满信心。培养职业意识就是要对自己的未来有规划。因此,大学期间,每个大学生应明确:我是一个什么样的人?我将来想做什么?我能做什么?环境能支持我做什么?着重解决一个问题,就是认识自己的个性特征,包括自己的气质、性格和能力,以及自己的个性倾向,包括兴趣、动机、需要、价值观等。据此来确定自己的个性是否与理想的职业相符,对自己的优势和不足有一个比较客观的认识,结合环境如市场需要、社会资源等确定自己的发展方向和行业选择范围,明确职业发展目标。

(2) 掌握知识、开发智力。掌握知识,用知识丰富自己,才能见多识广、高瞻远瞩,才能有助于提高心理素质。智力与知识密不可分。智力是通过学习活动在掌握知识技能的基础上发展起来的,它反过来又影响知识技能的掌握。人的智力通过对知识的加工表现出来,在加工的过程中发展完善。要开发智力就要努力培养观察力、记忆力、思维能力、注意力、想象力和创造力。

(3) 培养各方面的隐性素养。隐性职业素养是大学生职业素养的核心内容。核心职业素养体现在很多方面,如独立性、责任心、敬业精神、团队意识、职业操守等。事实表明,很多大学生在这些方面存在不足。有记者调查发现,缺乏独立性、会抢风头、不愿下基层吃苦等表现容易影响大学生的前程。

如在厦门博格管理咨询公司的郑甫弘参与的一次招聘中,一位来自上海某名牌大学的女生在中文笔试和外语口试中都很优秀,但被最后一轮面试淘汰。他说:"我最后不经意地问她,你可能被安排在大客户经理助理的岗位,但你的户口能否进深圳还需再争取,你愿意吗?"结果,她犹豫片刻回答说:"先回去和父母商量再决定。"缺乏独立性使她失掉了工作机会。而喜欢抢风头的人被认为没有团队合作精神,用人单位也不喜欢。

如今,很多大学生生长在"6+1"的独生子女家庭,因此在独立性、承担责任、与人分享等方面都不够好,相反他们爱出风头、容易受伤。因此,大学生应该有意识地在学校的学习和生活中主动培养独立性、学会分享、感恩、勇于承担责任,不要把错误和责任都归咎于他人。自己摔倒了不能怪路不好,要先检讨自己,承认自己的错误和不足。

职业化基本素养是职业化素养的一部分,排除了职业技能后,提炼了十个方面内容(见表 7-3)。

表 7-3 职业化基本素养

序号	职业化基本素养	核心要素
1	学会敬业——从平凡到卓越	敬业
2	学会诚信——结果就会不一样	诚信
3	学会务实——小行胜于大言	务实
4	学会表达——说的要比唱的好	表达
5	学会协作——1+1＞2	协作
6	学会主动——不拨也要转	主动
7	学会坚持——水滴石穿	坚持
8	学会学习——步步才会高	学习
9	学会自控——从学生到职业人的转化	自控
10	学会创新——拥有核心竞争力	创新

(4)保护和增强心理健康。心理健康是指个体在各种环境中能保持一种良好的心理状态。大学生要保护和增强心理健康,就要学会科学用脑,自觉控制和调节情绪,提高耐挫折的能力,最根本的还是要从培养正确的人生观、价值观、世界观入手,加强思想修养,加强人格品质的锻炼。

二、制订提高个人素质的规划

(一)提高应对择业心理问题的调适能力

1. 择业自卑心理的调适

面试时最怕的是紧张,因为一紧张什么都乱了,该做的事情没有做好,该有的水平没有发挥出来,真是越紧张越坏事。后果是该通过的没有通过,该被录用的没有被录用。

自卑心理是大学生在进行职业选择时必须消除的心理障碍,市场经济需要开拓精神和自信心,这正是有自卑心理的人所缺乏的。自信心是求职过程必不可少的心理素质,求职时畏首畏尾会给人以无能的印象,使求职不易成功。如何克服自卑心理呢?

首先,正确评价自己对有自卑感的人来说是至关重要的。正确评价自己的办法就是要纠正过低的自我评价,多找自己的长处,即使微不足道也不要忽略,这些本来就属于你的财富,对于你恢复自信心是十分必要的。人都有所长,利用自己的优势以长补短,寻求成功的经验,增强自信,可以有效克服自卑感。

其次,要经常对自己进行积极的心理暗示。比如说:"别人能干好,我一定也能干好""我行,我一定能干好"等。

最后,克服惧怕心理。不要怕失败,因为失败并不表示你不如别人,失败更不表示你一事无成。充满自信心,是成功的前奏。

2. 择业焦虑的调适

要克服焦虑的心理,主要是要更新观念,打破中国传统的事事求稳、求顺的思想,树立市场竞争的新观念。市场经济就是竞争经济,生活在市场经济中,竞争恐怕要伴随你一生。大学生求职过程就是竞争过程,即使你得到了比较理想的职业,如果没有竞争意识,不继续努力,也还可能丢掉这个工作。有竞争必定会有风险和失败,确立了竞争意识,不怕风险和挫折,焦虑的心理必定得到缓解或克服。当然还应克服择业心切、急于求成的思想。这样做容易使择业失败,失败的体验又会强化沮丧、忧虑的情感。客观地分析自己,合理地设计求职目标,尽量减少挫折,增强求职的勇气,也会减轻心理焦虑的程度。

3. 择业嫉妒心理的调适

嫉妒心在大学生中是比较常见的一种心理,只不过轻重有别。在实际生活中,任何理由都可以成为嫉妒的对象,如嫉妒别人长得高、漂亮,嫉妒别人能歌善舞,嫉妒别人朋友多,嫉妒别人学习好等。在求职问题上嫉妒心理的表现,如看到别人某些方面求职条件好;或找到比较理想的工作时,产生羡慕,转而痛苦,又不甘心的心态;甚至为不让别人超过自己,而采取背后拆台等不良手段;别人成功了就说风凉话、讽刺挖苦、造谣中伤以发泄自己的恼怒。在择业中嫉妒心会使人把朋友当对头,使朋友关系恶化,所以嫉妒心是于人于己都不利的不良心态。

嫉妒心产生的原因是多方面的,如心胸狭窄、虚荣心太强、名利思想太严重等,实质上这是自私的表现。嫉妒心是市场竞争中的一种不正当的以极端个人主义为核心的有害心理。它主要靠加强自我修养、提高道德水平来克服。其中最重要的是要做到两点:一是要真诚待人,二是要学会爱人。做人要诚实,这是立身之本,诚实的人既不自欺也不欺人,一生光明磊落,襟怀坦荡,潇洒地工作和生活,不会因做了亏心事而自欺欺人、担惊受怕,惴惴不安。诚实的人还可以主动改善人际关系,做好工作,使事业取得成功。爱人是我国的传统美德,是我国几千年优秀传统文化遗留下来的宝贵的道德遗产。孔子在解释"仁"的含义时只概括为两个字:"爱人"。"爱人者恒爱之",是古今以来颠扑不破的真理。有了这种精神境界,就能够设身处地为别人着想,别人有困难时给予帮助,有痛苦时给予安慰,就不会产生嫉妒心理。当然提高道德水平绝不是一朝一夕的事情,需要在日常生活中从一点一滴做起,长期地加强自我修养。如果体察到自己有嫉妒心,就要通过自我意识的控制、调节,及时把这种不良意识排除在自我人格之外。如果别人在某些方面确有优势,而自己明显不足,就要坦然对待,审时度势,下决心去超越,或转移竞争方向,在其他方面努力做出成绩。欢迎别人超过自己,更要有勇气超过别人。

4. 择业怕苦心理的调适

现代大学生没有经过艰苦生活的磨炼,普遍缺乏艰苦奋斗的创业精神。目前在大学生中存在的学工不爱工,学农不爱农,在毕业分配中死守天(天津)、南(南京)、海(上海)、北(北京),不去新(新疆)、西(西藏)、兰(兰州)的现象,就是明显的例证。在大学生求职过程中,普遍存在着攀高心理,理想职业的选择标准是三高,即起点高、薪水高、职位高。起点高是要求工作环境好,又有发展前途。薪水高,就是注重经济收入,追求生活水平高。职位高就是要求社会地位高。大学生要求所选择的工作要名声好一点儿,牌子响一点儿,效益高一点儿,工作轻一点儿,离家近一点儿,管理松一点儿,这是典型的贪图享受怕吃苦的表现。

要克服怕苦心理,首先要从思想上认识到能吃苦是一个人最基本的能力,不能吃苦就不会有事业的成功,即使是"三高"职位也同样需要吃苦。曾有过一些大学生,千方百计挤进了外企后,又很快跳槽了,其原因是受不了外企紧张的节奏和工作的高效率。另外也应认识到,越艰苦的环境,越容易锻炼人,也越易成功。例如,世界大富翁、世界级企业家美国的哈默(Armand Hammer)博士,他在23岁时已是百万富翁,他完全可以在美英这些发达国家发展自己的事业,但是在第二次世界大战结束后,他勇敢地进入百废待兴、千疮百孔的苏联,在那里他住的是污秽的房间,与臭虫、老鼠为伴,没有洗澡间,没有水,没有面包。在这种艰苦的环境下他做了石棉、铅笔、毛皮、古董等多项生意,他的事业又取得巨大的成功。当然,要克服怕苦的心理,培养自己艰苦奋斗的作风更需要实践,大学生要在日常的工作学习中有意识地做好吃苦耐劳的思想准备,这对求职成功会大有益处。

(二)提高个人心理素质的基本方法

1. 提高大学生自我调适的自觉性

在求职择业中,社会能够为大学生提供的职业岗位是客观的,就业政策、机制、用人单位的意愿也不以大学生个人的意志为转移。如何认识自己、调整自己的心理状态,才是可把握因素。大学生只有自觉进行心理调适,才能使自己的主观意愿与客观现实相符合。

2. 学习运用心理调节的方法进行自我调适

(1) 认识和评价自我的方法。正确认识和评价自我,才能找到自我调适的立足点。认识和评价自我的方法很多,常用的有自我静思法、社会比较法和心理测验法等。

(2) 自我调适的方法。在现实生活中,自我心理调适的方法有很多种,适用于大学生求职择业的方法有:自我转化法,自我适度宣泄法,自我慰藉法,松弛练习法,理性情绪法等。

以上所列都是大学生在求职择业时自我心理调适的一些应变方法,但更重要的则是要树立远大的理想和正确的人生观,培养良好的品质,保持豁达的生活态度。

(3) 提供必要的社会关怀。对于大学生择业期间心理素质的培养和心理障碍的消除,除了学生本身的自我调适外,社会各个方面也应给予必要的关怀。首先,社会要努力为大学生提供良好的择业环境,建立公平、公正的竞争机制;其次,学校要大力加强就业指导和心理咨询工作;另外,家长和亲友要主动关心大学生择业期间的心理状况,帮助他们在择业期间保持健康的心理。

(三) 如何规划积极的个人心理素质

个人心理素质是人的心理由于各种信息刺激所做出反应的趋向,积极正确的心态不是先天固有的,而是后天修炼获得的。我们的祖先早就懂得了这个道理。"人之初,性本善。性相近,习相远。"人刚出生到这个世上的时候都是一样的善良,本无品行好坏、素质高低、心态优劣之分,是后天的练习造就了人们的不同。到底如何修炼正确的心态呢?孟子说:"天将降大任于斯人也,必先苦其心志,劳其筋骨……"苦其心志就是利用各种方式、方法,用各种信息去激发、去催生正确的心态。如何修炼正确的心态,具体的做法应该从以下几个方面着手。

(1) 学习知识就是力量。获得知识的唯一方法就是学习。只有学习才能明大势,只有学习才能知不足,只有学习才能求改变。我们要向社会学习,向书籍学习,向古今中外的先贤哲人学习,向一切比我们优秀的人学习。通过学习不断地增强我们的使命感、责任感和危机感,唤醒我们心中的动力。天生我才必有用,人生在世不能白来一趟。报效祖国,贡献社会,这是历史赋予我们的使命。所有的人,从你降生的那一刻起,就被赋予了这种使命。这种使命将伴随你的一生,谁也不能推托。人类已进入了21世纪,这是一个光速、多变、危机的时代。生活中充满了挑战,为了生存挑战危机,是谁也无法回避的现实。我们只有时刻牢记历史赋予我们的使命,时刻牢记我们在社会中所承担的责任,时刻意识到我们的生活中到处充满着危机,用使命感、责任感、危机感不断鞭策自己、激励自己、改变自己,就能不断修炼成积极正确的心态。

(2) 优化自己的生活空间,多和比自己优秀的人在一起。物以类聚,人以群分。近朱者赤,近墨者黑。潜移默化的威力太大了。一个人如果长期和那些心态消极的人在一起,自己的心态也会变得消极。环境、氛围的影响至关重要。所以,要修炼积极的心态就要和比自己优秀的人在一起;远离那些愚昧、落后、心态消极的人,主动地去感触和接受优秀人物,使自己的心态受到积极的影响和感染。

(3) 多读成功人士的传记和著作,多听成功人士讲课。每个成功人士,他们走过的都是坎坷成功路,他们的著述的都是精彩拼搏图。多读哲人、伟人和科学家的传记和著作,用他们那些传奇的人生经历,永远奋进的精神,不断地激励自己,锤炼自己的心态。

(4) 凡事主动出击,一切从今天开始。多少事,从来急,天地转,光阴迫,一万年太久,只争朝夕! 机不可失、时不我待、改变自我,修炼心态必须从现在开始,从今天开始,绝不能等到明天。明天只是一种期待和希望,是一张无法兑现的空头支票。很多智慧超群的人,留在身后的仅仅是没有实现的明天的计划和半途而废的诱人方案。明天是那些懒散无能之辈逃避改变、掩饰失败的最好的搪塞之词。提炼正确心态不能推诿,不能拖延,要立即行动,从现在开始,从小事开始,从身边的一点一滴做起。不利于修炼正确心态的事,再小也不能做;有利于修炼正确心态的事,哪怕再小也要立即行动,马上去做。

(5) 克服怯懦,增强自信。很多事情的失败不是因为困难而是因为怯懦。争取成功的过程还没开始,就因为怯懦的心态而放弃了努力,这样,再容易的事情也不可能做成。修炼正确的心态必须克服怯懦,充满自信。在任何情况下都要坚信:我能行! 我最棒! 我一定能成功!

(6) 远离无聊。无聊的本质就是消极、无奈、无意义,它使人意志消沉、无所事事,在不知不觉中走向消亡。它是成功的腐蚀剂。修炼正确的心态就要远离无聊,不做无聊的事情,不说无聊的闲话,不交无聊的朋友。树立积极向上的心态,时刻把事业放在心上。

(7) 驱除懒惰,百事勤奋。懒惰是人的一种本能,很多美好的事业都是因为懒惰而失败。勤奋是人的一种美德,很多艰难的事业因为勤奋而成功。勤奋如春起之苗,不见其增日有所长;懒惰如磨刀之石,不见其损日有所消。一位科学家说过:世界上有两种动物能登上金字塔顶,一个是雄鹰,另一个就是蜗牛。雄鹰凭借不懈的飞翔,蜗牛凭借坚韧的爬行。一个人的成功除了环境和机遇等外部条件外,勤奋努力就是主要内因。只要勤奋,哪怕是质资平庸的蜗牛也能登上塔顶;如果懒惰,就是天资奇佳的雄鹰也不能登上塔顶。修炼心态,提升自我就要驱除懒惰,百事勤奋。

(8) 正视现实。正视现实包括正视社会和正视自身两个方面。社会是客观的,既有利于自己的一面,也有不利于自己的一面。积极的心态是正视社会、适应社会;消极的心态是脱离社会、逃避社会。大学生应该一切从实际出发,处理好理想与现实的关系,对自己的思想表现、学习状况、个性心理特征等有一个比较客观的认识。只有对自己有了客观的认识,才有利于将主观愿望与客观实际结合起来。

(9) 敢于竞争。大学生就业制度的改革,使竞争越来越激烈。只有敢于竞争,才能适应新的就业机制的要求。敢于竞争,就要从实际出发,发挥特长,依靠真才实学,准备经受挫折,做竞争的强者。

(10) 不怕挫折。由于各种原因,大学生在求职择业时,或多或少地会遇到挫折。面对挫折,大学生应该保持健康的心理,采取冷静的态度,认真分析失败的原因,勇于战胜挫折,不要消极退缩。

(11) 放眼未来。由于各种原因,一部分大学生的个人意愿难以完全实现。对此,大学生应有充分的估计和思想准备,要从长计议,放眼未来,从大处着眼,用发展的眼光看待问题。

正确认识跳槽

1. 跳槽的含义

跳槽是指人们离开原来的工作单位,另谋高就。跳槽包含着为什么"离开"、怎样"离开"、什么时候"离开",以及"离开"了以后怎么办,什么是"高和低"等一系列问题。

2. 个人跳槽的动机

一个人跳槽的动机一般有两种,即被动跳槽和主动跳槽。

被动跳槽,即个人对自己目前的工作不满意,不得不跳槽。

主动跳槽,即面对着更好的工作条件,如待遇、工作环境、发展机会,促使自己跳槽。

3. 完美跳槽中的5个"W"

对职场人来说,跳槽是一种挑战,也是一种冒险。如何最大限度规避跳槽风险,在新一轮人才行情中顺利晋级,实现完美跳槽？中华英才网人力资源专家欧阳晖提出了5个需要考虑的"W"。

(1) 为什么(Why)跳。

在职场的不同发展阶段,会为不同原因而跳槽。职场新人往往更多会禁不住高薪的诱惑而选择另谋高就;而为更好的发展空间而跳槽是有相当职业能力的中年白领的常见选择;对那些在职场上奋斗了十几年后小有成就但不想自己创业的人,选择新东家的主要原因可能是因为企业文化。

(2) 凭什么(What)跳。

三项资质是在成功跳槽中缺一不可的。跳槽首先凭的是业绩,没有你现在岗位的业绩支撑,你在接受新企业老板的面试时是苍白无力的。其次凭的是信誉,这种信誉标准不一定是你做了什么大的好事,它可以小到生活中的各种各样的琐事。跳槽最后凭的是人际关系,如果平时你没有融入社会的大职场之中,没有建立自己的事业圈和人际圈,你很难有大局思维观念。

(3) 往哪里(Where)跳。

这里的 Where 除了指你想跳到哪个城市,还可以指你想进入哪个行业,你为什么要进入这个行业。你的选择除了要考虑地区的经济环境与行业特点,还需要考虑你的个人职业兴趣、家庭生活的安排等综合因素。

(4) 向哪家(Which)跳。

这里是指想跳槽到哪一家公司,你必须足够具体地了解每一家目标公司的实际情况。如果你是长期打算,就不能只看未来公司给你多少薪水,而更需要了解它的企业文化和你未来在这里的发展平台有多宽广。

(5) 何时(When)跳。

什么时候跳槽是可以计划的,有时机会降临又是不能计划的。但在没有真正的机会降临之前,可以计划你的跳槽时间,但不应该草率跳槽。如果选择跳槽,必须先有明确合理的目的性,然后做好充分的准备和规划。

(选自刘世明. 大学生就业指导[M]. 杭州:浙江大学出版社,2012.)

课后思考

1. 大学生择业中常见的心理误区和心理障碍有哪些?
2. 适用于大学生自我心理调适的方法有哪些?
3. 大学生应该具备什么样的择业心态?

第八章
择业与求职

学习要点

- 依据自身素质、能力和知识架构，合理定位职业。
- 掌握基本的求职方法和技巧。

第一节　知己知彼,合理定位

  毕业生小王来自农村,在郑州某民办院校就读。刚进大学时,他就看到师兄、师姐和高年级的老乡们为找工作辛苦奔波的情景,心中也暗暗为自己的将来着急。因为他知道父母能供他读大学已属不易,将来自己的工作只有靠自己寻找,父母是无能为力了。从大二开始,小王就有意识地搜集求职方面的资料。有一次,一位即将毕业参加工作的老乡在临别时,除告诫小王寻找工作的艰难外,还将一些介绍用人单位的资料、发布就业信息的报纸、就业指导方面的刊物和一本职业指导书送给了小王。小王利用课余时间把资料翻了一遍,对有关的求职知识和技巧有了大概的了解,他还细心地把老乡打印好的通信地址、网址和联系方式记录了下来,准备将来派上用场。从那以后,一有师兄、师姐和老乡毕业,他就主动向他们索取他们剩下来的有关求职就业方面的资料,并请求他们将来找工作时多提供信息,师兄、师姐和老乡们都爽快地答应了他。平时,学校就业指导中心发布的就业信息他每期必看,并将用人单位的有关信息记录下来。一年下来,这些信息已经汇集成厚厚的一大本了。从对这些信息分门别类的整理中,他了解到哪些单位是学校主要用人单位,哪些地区需要的毕业生较多,他甚至对同一个单位三年不同的需求情况都一清二楚。有了这本求职宝典,他对自己以后的求职充满了信心。大三第一学期,小王就不动声色地忙开了。他先是给一些在广东和浙江工作的师兄、师姐和老乡们打电话,请他们提供本单位年度的需求信息;然后,他去班主任及亲戚家,留下自荐材料;最后,他到校就业指导中心查询了学校本学期就业工作的安排和即将举行的各地人才交流会的信息。做完这些之后,他又根据自己搜集的需求信息,对学校的主要用人单位需求情况做了一番分析和预测,估计今年有可能需要他这个专业毕业生的用人单位,他就发一份求职信过去。春节前,各种渠道的信息慢慢地反馈回来。出乎他的意料,有六七家单位愿意接收他,许多单位都对他如此熟悉本单位的情况惊讶不已。小王最终选择了一家自己满意的公司,并决定先去那儿实习。就这样,当其他毕业生还在毫无头绪地搜集就业信息的时候,他已在计划着怎样才能迈好走向社会的第一步。

案例分析： 上述案例显示就业信息在毕业生找工作过程中的重要作用。找工作本身就是毕业生的第一份工作，是对就业信息的搜集、整理、分析和应用的过程，所以大学生应了解就业信息的相关知识，学会搜集、运用相关就业信息，从而获取理想的就业岗位。

如何获取就业信息，在毕业时做到知己知彼、合理定位，对于毕业生而言是个非常重要的问题。在信息时代，谁最先占有更多有效信息，谁就会掌握主动权，就有可能找到理想的工作。通过本章相关知识的学习，大学生可掌握就业信息的相关知识，了解就业信息搜集的策略及方法。这样，大学生在求职过程中，才能正确处理和利用搜集到的就业信息，为找到理想工作打下坚实的基础。

一、求职前的自我盘点与职业探索

就业不仅取决于一个人的知识、能力、体力、社会和经济等因素，而且也取决于就业信息。信息越全面准确，决策过程中思维的深度和广度也就越大，决策质量就会越高。科学的决策只能形成于准确、可选、全面系统的信息基础之上，信息错误必然导致决策失误。择业决策同其他决策具有同等的性质，绝不是瞬间的行为，而是一个动态过程。它将贯穿就业决策的始终。毕业生要想在激烈的人才竞争中取胜，就必须注意搜集、处理和运用好就业信息，进行相应的自我盘点与职业信息探索。

（一）自我盘点与职业探索的作用

1. 自我盘点与职业探索能够增强学习的针对性和自觉性

心理学研究表明，目标对人的行为有很强的激励作用。"有志者事竟成"也是这个道理。一个合适的目标一旦被接受，就能诱发人的动机，规定行为方向，提高实现目标的自觉性。大量的实践证明，明确的目标，可以激发学习的积极性与主动性。由于我国基础教育片面追求升学率，学生把时间集中花费在对书本知识的学习上，与社会的联系较少，一旦考入大学后不少学生不知道所学专业与未来工作的关系，不懂得各门课程的实践意义和应用价值，目标模糊，学习缺乏动力。但通过对就业信息的了解，对人才供求变化情况和用人单位对从业人员的素质要求的分析与研究，通过对未来可能从事的某些具体职业类型特点、岗位能力标准的思考与预测，就可以使自己进一步明确学习的目的，认识到学习的重要性。

2. 自我盘点与职业探索能使毕业生认清就业形势，转变择业观念

毕业生求职择业，不仅取决于自己所学专业和个人素质，还与社会经济发展的大环境有很大关系。就业信息作为经济信息的一个分支,将及时体现出国家经济改革和发展的新成就、新情况、新要求,可帮助毕业生了解就业形势,转变择业观念。由于学校在人才培养上需要一个过程,社会对人才的需求总是不断变化的,人才培养与社会需求在某些环节上有可能不平衡,因而会出现有的专业供大于求、毕业生就业相对困难的现象。近几年大学毕业生就业情况表明,国有企业、事业单位所提供的就业岗位已远远不能满足毕业生的就业要求,如果仍然坚持只有进入国有企业、事业单位才是就业的观念,那么自己的就业面将会变得很狭窄,甚至会造成就业困难。所以,毕业生要树立新的就业观念,提高自身素质,主动适应社会主义市场经济的要求。

3. 自我盘点与职业探索是毕业生择业的基础

(1) 自我盘点与职业探索是毕业生进行就业决策的依据。

毕业之际,大家都要考虑毕业后到什么地方去工作,如何找一份比较满意的工作,如何更好地为社会做出贡献。如果仅凭个人主观想象,盲目判断,往往不能做出符合实际的就业决策。在市场经济体制下,人才和劳动力市场竞争日趋激烈,做到"知己知彼"、取得求职择业的主动性,必须有及时、准确、丰富的就业信息作保证。首先,做就业决策前,无论分析就业形势、确定择业方向,还是选择就业地区,或者拟选就业岗位,都必须拥有各种就业信息,这既有宏观方面的(如政策法规信息、社会经济状况信息、人才需求信息等),也包括微观方面的(如地方发展前景、就业具体办法及规定、招聘毕业生的专业及素质要求、用人单位概况、岗位特点等);既要注意搜集有利于毕业生就业的直接信息,又要留意对就业有参考价值的间接信息,否则将给就业决策带来失误。其次,在就业决策过程中,应将自己掌握的就业信息进行整理、筛选和分析,拟订出择业的初步方案,逐一进行可行性分析,然后判断拟订的方案是否妥当、合理,是否符合实际,然后选择最佳方案。最后,在求职择业过程中,要根据就业信息反馈,来检验、调整、评价各个阶段的结果是否符合决策要求,以便及时调整择业方向。

(2) 自我盘点与职业探索是确定就业单位的依据。

大学毕业生与社会接触不多,即使参加过一些社会实践活动,也由于时间、范围的限制,无法深入了解。因而,他们在求职择业中缺乏主见和独立性。参加"供需见面"会后,他们会觉得几个用人单位都不错,但最终如何抉择,却犹豫不决,拿不定主意。在这种情况下,只有对用人单位的信息认真进行分类处理、分析研究,才可以找出用人单位在发展前景、企业声望、市场环境、经济效益、工作条件、职业收入等方面的特点,看到用人单位的长处和短处、优势和不足,找到自己理想的工作岗位。所以就业信息对毕业生确定就业单位有着极其重要的作用。

(3) 自我盘点与职业探索是毕业生走向就业的桥梁。

毕业生就业是一个复杂的系统工程,就业工作涉及毕业生、家长、学校、用人单位、就业主管部门等各个方面。现阶段,毕业生就业人数多,专业、素质构成复杂,学校教育体制相对封闭,学生社会活动范围小,毕业生、学校与社会缺乏联系。一方面学校和毕业生不太了解用人单位对人才的具体需求,另一方面用人单位也不了解学校和毕业生的情况,这就需要彼此之间以信息为桥梁进行沟通。例如,各类毕业生在毕业之际纷纷对外发送求职信息,通过信息同用人单位取得联系,争取面试,加深认识,落实工作;用人单位有人才需求时,及时发出人才招聘信息,通过相互认识了解,招聘到所需的人才,所以说就业信息是毕业生实现就业的桥梁。

(二)自我盘点与职业探索的内容

就业信息的内容较多,范围也比较广泛,它包括就业方针政策、法律法规、社会经济发展状况、社会各行业及各种职业需要的动态、用人单位的人才需求及就业的参考信息,等等。

1. 宏观方面

(1) 就业政策方面的信息。

就业政策方面的信息即有关就业的方针、政策、规定等方面的信息。其既包括国家就业方面的大政方针、法律法规,也包括各个省、市、自治区及地方的有关就业方面的具体政策规定。国家的方针政策是一定历史时期客观经济要求的集中体现,反映着社会经济发展的需要,代表着广大人民群众的意志和利益。政策既是政府对整个社会进行统一管理的依据,也是任何组织和个人活动的行为准则。毕业生就业是一项政策性很强的工作,如果能了解政策、掌握政策、按照政策提供的条件办事,那么,就能有所收获,有所发展;反之,不明白政策或与之抵触,或违背政策,都会有损组织及个人的根本利益。因此,在求职择业活动中,必须注意搜集、掌握和正确运用国家有关就业的方针政策,以及地方政府贯彻执行国家就业政策方面的具体规定。

(2) 法律法规方面的信息。

法律法规是国家最高权力机关、行政机关、地方权力机关制定的规范性文件,是国家调整社会关系、管理和规范组织与个人活动、协调组织间纠纷、制裁违法行为的依据。法律法规既赋予组织和个人进行各种活动的权利,又赋予组织和个人同一切侵犯自己合法权益的行为做斗争的权力。法律法规中关于毕业生就业工作的原则,就业工作程序,政府、学校和中介机构的职责,用工单位、毕业生的权利和义务,保证公开公平竞争,毕业生就业市场和就业行为等方面的内容,都属于法律法规类就业信息。目前已出台的法律法规有《中华人民共和国劳动合同法》《中华人民共和国就业促进法》《普通高校毕业生就业工作暂行规定》及部分省、市先后制定的人才劳务市场、中介服务机构管理条例等。

2. 形势及行业方面

(1) 社会经济发展信息。

社会对各类专门人才的需求与社会经济发展紧密联系。当经济发展处于上升时期,社会各方面都处在发展之中,对各类专门人才的需求量就增加,毕业生求职择业成功的机会也比较多。目前,随着我国经济体制的改革,经济建设对人才需求的信息也会越来越丰富。例如,在社会经济发展战略,经济体制改革措施,国民经济生产布局及产业发展规划,国家大型、特型工程建设,高新技术工业区开发,铁路新线建设,房地产复苏,新行业、新产品、新公司、新项目的出现等经济信息中都含有就业的信息,若能及时掌握这类信息,就能帮助自己分析经济建设形势和人才需求状况,明确择业方向,确立就业目标。

(2) 社会职业变化信息。

目前,我国国民经济按行业划分可分为第一产业、第二产业和第三产业三大类别。在人类历史上,产业结构调整总是随着社会经济发展和科学技术进步而进行的。从世界上多数国家第一、第二、第三产业的就业人口上看,其变化趋势为:第一产业呈下降趋势;第二产业开始呈上升趋势,然后呈下降趋势;第三产业逐渐兴旺。在这个变化过程中一些职业会自然淘汰,另一些职业不断产生。目前我国的产业状况是,第一产业(农、林、渔、畜牧业等)人数比重明显偏高,而第三产业(商业、服务业、旅游业、信息业等)人数比重偏低。由此可见,在我国产业结构调整过程中,主动了解社会职业需求信息,根据社会职业冷热变化特点确定自己的择业方向是很重要的。

3. 用人单位需求信息

用人单位信息是指具有用人单位内部特点的信息。其主要包括用人单位的所有制性质、隶属关系、规模、发展前景、地理环境、经营范围和种类、经济状况、福利待遇(包括工资、福利、奖金、住宿等)及用人单位的联系方式等。毕业生择业时,若对用人单位的情况不甚了解,又没有相应的对比,择业时将带有很大的随意性和盲目性。相反,自己了解和掌握用人单位的信息越多越全面,择业成功的希望就会越大。

(三) 择业的原则

所谓择业原则,就是在选择职业岗位时应当遵循的原则,是指一个人在认识和处理职业岗位选择问题时的准绳。大学毕业生在就业过程中,能否掌握正确的职业岗位选择原则,不仅关系到个人能否找到合适的职业岗位,而且影响到个人的成长、成才和职业理想的实现。在具体的职业选择过程中,每一个人都希望找到一份与自己兴趣、爱好、能力相当的职业,这是可以理解的,然而要实现这种理想却又不那么简单,因为就业是一项关系到社会、经济、文化及家庭等诸多因素的复杂的系统工程,不是单凭主观愿望就能解决好的。

1. 符合社会需要的原则

所谓符合社会需要的原则,是指一个人在选择职业岗位时,把社会需要作为出发点和归宿,以社会对自己的要求为准绳,去观察、认识问题,进而决定自己的职业岗位。把个人兴趣、爱好、专长与社会实际需要有机结合起来,处理好个人需要和社会需要的关系。

2. 发挥素质优势的原则

大学生在面临职业选择时,应综合自己的素质情况,侧重某一特长或某一优势来选择职业岗位,以利今后在职业岗位上顺利地、出色地完成本职工作。对于人的素质,按不同的学科,从不同的角度可以有不同的理解。这里所讲的个人素质,是指在选择职业岗位时应具备的基本条件,主要包括思想品德素质、科学文化素质、身体素质、个性心理品质素质等。在坚持符合社会需要原则的前提下,为什么还要发挥个人的素质优势呢?因为每个人在素质上是有差异的,由于主客观因素的限制,任何人都不可能十全十美,各人有各人的长处,也有各人的短处,重要的是怎样做到扬长避短。正所谓"骏马能历险,犁田不如牛;坚车能载重,渡河不如舟"。从心理学上讲,当一个人对主观体验感到满意时,就会情绪饱满,干劲倍增;而当一个人的主观体验不满意时,就会心灰意冷,意志消沉。因此,如果一个人所在的职业岗位正是其素质所长和优势所在,就会比其他的人更容易完成本职工作,这样就会受到周围同事、领导的肯定,从而激励他更加努力地去完成一个又一个任务,而在完成任务的过程中,不仅提高了技术能力水平、使其更加成熟,而且也从中感受到自身价值实现的意义。

3. 有利于发展成才的原则

大学生择业时,考虑的因素是多方面的,但成才是大学生的渴望。这就要求大学生在择业时,既要考虑现实需要,又要考虑自身的发展,把两者有机地结合起来,以利于岗位成才。

4. 分清主次的原则

在毕业生就业过程中,摆在毕业生面前的选择是多方面的。比如,单位性质、工作地点、工作条件、生活待遇、使用意图、发展方向等诸多的方面,不可能样样遂人的心愿,重要的是在择业过程中怎样权衡利弊,分清主次。从用人单位的情况来看,有的单位可能性质较好,如科研、设计部门,既有较好的工作环境,又有较高的社会地位,也容易出成果,但也许其所在地域较偏僻,生活条件较差;有的单位可能生活条件较好,待遇也高,但工作劳动强度大,有风险;有的单位在大城市或沿海地区,文化条件较好,但专业不对口,英雄无用武之地;有的单位虽然生活条件艰苦,基础条件差,但其发展前景广阔,而且有利于毕业生的成长和成才。凡此种种,该怎样取舍,如何选择?事实上,在目前的社会条件下,很少有单位是十全十美的,作为新时代的大学毕业生,应从是否有利于自己才智的发挥、是否符合社会的需要出发,分清主次,做出抉择,切不可因一味求全、急功近利、好高骛远而失去良机。

5. 着眼长远、面向未来的原则

毕业生在选择职业时,不能只看眼前实惠,不看企业发展前景;不能只看暂时困难,而不看企业的未来;不能只图生活安逸,而不顾事业的追求等。毕业生应找到自己的最佳位置,牢牢把握职业选择的主动权。

6. 争取及时就业的原则

毕业生要正确地对待现实,调适心理状态,实现渐次就业。有些毕业生待业是由自己造成的,在这种情况下,应调整自己的择业观念,争取及时就业。

(四) 自我盘点与职业探索信息的应用

人们搜集信息的直接目的是应用它。通过对自我盘点与职业探索信息的搜集、辨别,毕业生要达到以下目的。

1. 充分了解用人单位情况

通过就业信息,要了解用人单位的准确名称、隶属关系、单位性质、规模、发展前景、地理环境、经营范围和种类等。要了解用人单位需要的专业、层次、使用意图、具体工作岗位、用人单位的福利待遇(包括薪金、福利、保险、奖金、住房、培训、休假、工作时间、提薪机会等)、用人单位的联系方式(如人事部门联系人、电话、通信地址、邮政编码、E-mail等)。

2. 综合分析自己的实力

在了解用人单位详细情况的前提下,也要对自身有个准确定位,可从以下几个方面评价自己。

(1) 专业知识。

专业知识是毕业生在择业方面比其他非专业人员更具竞争力的一个主要因素。

(2) 技术能力。

技术能力主要是指毕业生使用计算机的能力,英语会话和阅读能力,第二外语的掌握程度,在财会、法律、管理、驾驶等方面的能力,等等。除此以外,社会还对毕业生的动手能力、实践能力、协调能力、创新意识、敬业精神、奉献精神、事业心等提出了较高要求。根据历年就业工作经验,学生党员、学生干部、三好学生、各种能力证书的获得者,都会受到社会的青睐。

(3) 兴趣爱好。

兴趣爱好是一个人事业取得成功的重要条件。了解自己属于哪类人，所追求的是什么，擅长做哪类事，喜欢做哪类事，是职业策划的关键。加强自我了解，有助于你去设想哪些职业最适合自己的个性、兴趣、爱好和理想。

(4) 性格特征。

性格特征也与职业选择有很大的关系。不同性格的人适合从事不同类型的职业。毕业生应根据自己的性格特征来选择自己适宜的工作。

(5) 特定素质。

毕业生可根据自己特有的能力来选择适合的工作。特定素质包括逻辑思维、抽象思维、记忆力、想象力、观察力、反应速度等方面的能力。例如，经济头脑强、反应速度快的学生，可以从事外贸、进出口、市场营销方面的工作；逻辑思维能力与抽象思维能力强的人，可从事计算机软件开发等。

3. 明确目标与现实之间的差距

长期以来，大学毕业生的社会期望值一直较高，但目标与现实之间常常存在着差距。在明确目标的同时，应仔细分析了解自己的优缺点，将目标放置于现实之中，明确两者之间的距离。寻找工作时，要对自己目前掌握了什么、欠缺什么，做到心中有数。否则，盲目自信、急于求成都难以成功。明确自己的目标与现实的差距后，下一步的问题即怎样缩短差距，并为尽可能地缩短这一差距找出最适合的途径。

(五) 信息的利用价值分析

劳动人事制度和毕业生就业制度的改革，使毕业生求职择业面临机遇和挑战。在新的就业制度下，对就业信息的应用包含以下几个方面。

1. 研究分析就业信息，确定合适的择业目标

择业目标是求职者的职业期望，是求职者对某项职业的追求和向往，是兴趣、能力、价值观与社会职业需求之间不断协调的结果，最终确定的目标是择业者从各项选择中挑出来的最有可能性的一种选择。要制定切合实际的择业目标，除应对自身条件有很清楚的认识外，还必须通过搜集就业信息，明确择业政策范围，熟悉行业特点及与自身条件相关的行业状况。然后，根据社会需求信息与相关用人单位的岗位要求确定择业目标。在实施过程中发现有偏差时，还应及时根据信息反馈情况，调整择业目标。

2. 应用就业信息，锻炼和评估自己的择业能力

择业能力是人们进行求职择业活动的本领，是在人们先天生理素质的基础上，经过训练和培养而形成的。在自主择业条件下，择业能力的强弱与人们能否择业成功关系

很大。一般来说,择业能力强的人,择业成功的可能性较大;反之,成功的可能性较小。因此,当今的毕业生仅有专业知识与实践技能还不够,应当抓住机遇,主动与用人单位接触,通过面试、测试,锻炼自己的应变能力和择业技能,同时,也对自己的择业能力进行了检测和评估。

3. 应用各种具体信息,选择就业岗位

用以指导自己确定择业目标和择业方式的信息,大都应从总体上去把握。但在选择确定自己的职业岗位时,必须充分重视应用通过各种途径搜集到的具体单位的用人信息(包括用人单位直接发出的人才需求函、招聘广告、就业市场上用人单位的招聘信息、亲朋好友介绍的某单位的用人需求等),不失时机地对各种具体用人信息进行考证、核实,抓住适合自己的有效信息,争取早日成功就业。

二、求职前的职业定位与心理准备

典型案例

武汉市2010年应届毕业生就业专场会上,一家企业把"心理素质好"作为招聘人才的基本条件。

这家网络公司的招聘启事上写着:"高中以上学历,有很好的语言表达能力及沟通能力,心理素质好……"负责招聘的业务总监高女士介绍,心理素质好是员工要具备的基本条件。

高女士解释说,现在各行各业竞争都非常激烈,网络公司也是如此。如果招聘来的人才,承担不了工作压力,难免会被淘汰。尤其是业务人员,需要与不同客户打交道,时常会碰壁,如果没有良好的心理素质是做不来的。

高女士说:"设定'心理素质好'为招聘条件就是想提前告诫应聘者,这个行业竞争激烈,有一定压力,如果没有良好的心理素质,就不要来尝试。"

那么如何判定应聘者的心理素质呢?高女士介绍,在面试中他们会设定一些案例,问应聘者如何理解。如果应聘者没有主题地说上一大堆,或者把整个案例复述下来,证明这位应聘者比较紧张,心理素质较差;心理素质好的人,一般会用一两句话来说清楚案例表达的含义。"这只是举例,具体情况还需要具体分析。"高女士介绍,该公司还会安排一些拓展训练,来考查应聘者的心理素质。

案例分析:目前,心理测试作为一种行之有效的科学手段,已经在就业招聘、研究生录取、公务员录用、征兵入伍等方面被广泛使用。借助心理测试,用人单位可以较为准确地了解和把握应聘者的个性特点、人际关系、情绪稳定性、职业发展倾向及事业成功的概率等情况,以此作为录用与否的参考借鉴。

在就业竞争中,用人单位除了对大学生的知识、技能等方面有具体要求外,对心理素质的要求也越加明确。大学生心理素质已经成为影响就业的决定性因素之一。

如果把就业竞争所检验的毕业生基本素质称为"就业素质"的话,就业素质主要是指大学生在就业过程中表现出来的知识技能品质和心理意识品质的综合,是大学生个体合理择业、顺利就业和成功创业的基础,包括就业观念、就业技能和心理素质等方面。其中就业观念是统领,就业技能是核心,心理素质是保证。就业心理素质是指大学生在就业过程中在认知、情绪情感、意志、性格、自我意识、价值观念、人际交往、社会适应等方面的综合素养。就业心理素质可以直接或间接影响就业观念和就业技能,在一定程度上决定了就业成败。

常言说,机遇总是垂青于有准备的人。在就业竞争中,每一个毕业生都渴望成功。要想在这场没有硝烟的战斗中笑到最后,就必须从踏入大学校门开始,做好就业心理准备。

(一)认清就业形势

近年来,就业形势异常严峻,就业环境空前复杂,这对于大学生来说既是机遇又是挑战。认清就业形势,是进行就业心理准备的第一步。

1. 机遇与挑战并存

严峻的就业形势,是多方面因素综合发力的结果。2008年由美国次贷危机引发的全球性金融危机,使我国部分出口型企业、中小企业受到直接冲击,就业岗位大幅减少。我国高等教育进入大众化阶段,2010年大学毕业生人数已达631万人,之后毕业生规模更是屡创历史新高。同时,我国经济发展转型造成的劳动力过剩、新的劳动法规实施等情况,加剧了就业竞争。不过也应该看到,我国政府加大宏观经济调控力度,如4万亿元刺激经济计划、大规模减税、"家电下乡"等举措已初见成效。国家把高校毕业生就业摆在就业工作首位,出台多项政策,下大力气促进毕业生就业。各高校根据形势发展和社会需求,采取改革人才培养模式、强化实践环节等举措来提高人才培养质量,毕业生竞争力得到一定提高。

2. 正视就业竞争

在高校毕业生就业市场化格局下,就业竞争已成为大学生叩开理想之门的必过关卡,大学生应当正确看待就业竞争。必须认识到,随着我国高等教育从"精英教育"转型为"大众化教育","铁饭碗""计划分配"等词汇已经退出历史舞台。在当前,只有正确看待、勇敢面对就业竞争的人,才有可能去实现自己的就业目标。

(二) 正确认识自我

"认识你自己",这是一条镌刻在古希腊德尔斐的阿波罗神庙上的箴言,也是大哲学家苏格拉底最为推崇的名言,千百年来影响了无数后人。对于大学生来说,正确认识自我是进行就业心理准备的重要环节。

1. 参加心理测试

新生入学时,学校一般会组织专业人员对新生进行心理健康普查,采用心理学的标准化量表,对新生的性格、气质、能力、心理健康状况等进行测试,了解新生的个性心理特征。对于个别有心理障碍的学生,专业人员一般会给予指导性的意见,建议通过心理咨询和治疗,促使其尽快解决和克服,为其健康成长提供保障。

需要指出的是,单纯根据一次心理测试的结果就下结论是不科学的,还需要通过多次测试,由专业人员对测试结果进行科学分析,才可以作为依据。

2. 进行职业测评

目前,一些企业纷纷将职业测评作为帮助判断求职者是否可以被录用或担任重要岗位的工具。宝洁、摩托罗拉等全球知名的500强企业更将职业测评纳入网上测评或者笔试环节,作为初选淘汰的一种常用方法。

大学期间,有条件的学校会组织大学生参加职业测评,包括职业兴趣测评、职业规划测评等,通过测评帮助大学生发现自己的职业兴趣和能力特长,确定合理可行的职业生涯发展方向,提高毕业生竞争力。

3. 客观分析自我

要想正确认识自我,需要在参加心理测试和职业测评的基础上,认真、客观地分析自己的性格、兴趣、爱好、特长,还有学校、专业、能力,以及相貌、身高、性别、家庭等因素。在进行分析时,要坚持辩证原则,既要看到优势,又要看到不足。对于自身的不足,要深入分析哪些是可以通过努力改变的,哪些是不能改变的,以及能否变劣势为优势,如何尽快弥补提高。

4. 正确评价自我

评价自我时,要学会"以人为镜",虚心听取老师、同学的意见和建议,得出正确结论。尤其注意评价要适度,既不要过分美化自己的优点和长处,也不要过分突出缺点和不足,更不能以偏概全,全盘肯定或否定。

把你认为对职业生涯发展最重要的社会能力,写在表 8-1 左侧格中。再根据自己的实际能力,在强、中、弱中选一个画上△。然后在右侧格内写上你想用来提高这种能力的措施。

表 8-1 重要的社会能力

重要的社会能力	强	中	弱	训练措施

(三)科学规划自我

科学规划自我,可以帮助大学生树立就业意识,选择最适合自己发展的职业,增强大学期间学习、实践的计划性。

1. 结合实际做规划

毕业生在做规划时,要从就业形势和个人情况的实际出发。诸如个人专业与社会需求,个人素质与岗位要求,考研与就业选择,个人愿望与父母意见等因素,都需要认真考虑。做出规划后,要虚心征求老师、同学的意见进行调整。

2. 适合自己最重要

当前很多大学生在进行就业规划时,功利性比较明显,理想化色彩突出,渴望去大城市、大单位,热衷福利待遇好、社会地位高的岗位,希望就业过程顺风顺水,一步到位。殊不知,这样的就业规划可能脱离个人实际,缺乏实现的可能性,也就失去了规划的意义。

3. 确定目标要适中

进行就业规划时,就业目标期望值要适中,为个人就业寻找一个比较恰当的定位点。要根据个人实际,选择难度适中的目标作为努力方向。如果确定目标盲目求高,那么就不切实际,可能成为"一厢情愿"。如果目标过低,往往会带来不利于个人职业发展的不良后果。

4. 着眼长远是关键

做职业规划,应着眼于个人的长远发展,不能只看重就业岗位的待遇、福利、住房等条件。如果当前形势下不能获得理想的就业岗位,应当树立"先就业,后择业,再创业"的理念,适当调整规划,更改自我设计,先投身职场、锻炼能力、积累经验,再逐步实现目标。

(四)培养良好心理

俗话说,养兵千日,用兵一时。大学期间,大学生要多方面入手,培养良好心理,迎接就业竞争所带来的挑战。

1. 树立科学"三观"

世界观、人生观、价值观是大学生思想政治素质的核心,也是培养良好心理素质的前提。当前,大学生应自觉学习践行社会主义核心价值体系,树立科学的世界观、人生观、价值观。要通过学习,明确"人为什么而活着""人应该怎样活着"等一系列的人生基本问题,从而树立远大理想,积极认识和适应社会,充分发挥主观能动性来培养良好心理素质。

2. 学习心理知识

当前,许多高校已经为大学生开设《大学生心理健康教育》等课程。大学生要在课程学习的同时,积极参加心理健康教育讲座、心灵访谈、心理电影放映、心理剧展演等活动,学习心理健康知识,掌握心理调适的方法,解决心理问题的困扰,培养良好的心理品质。

3. 加强人际交往

要培养良好心理,大学生还应当加强人际交往,建立和谐人际关系。必须树立正确的人际观,积极主动地与他人交往。在交往中学会尊重与关心别人,严格要求自己。要通过交往,实现开阔视野、增进了解、舒缓焦虑、释减紧张的目的。

4. 提高心理承受能力

从个体发展角度看,大学生正处在从青年期向成年期的转变过程中,是人生的重要转折时期,也被称为第三次断乳期。由于大学生的心理发展尚未完全成熟,自我调节和自我控制能力还不是很强,承受挫折的能力普遍较差。

大学生应当在大学期间有意识地锻炼自己,学会耐受挫折、磨砺意志,提高自己的心理承受能力。只有这样,才能在就业竞争中把握机遇,迎接挑战。

(五) 树立积极心态

在严峻的就业形势下,大学生的心态非常重要,能在一定程度上影响就业目标的实现。

1. 变被动适应为主动出击

近年来,我国就业市场化格局已基本形成,自主择业、双向选择的就业模式要求大学生必须主动出击,而不是消极的"等、靠、要"。从新生入学开始,大学生就应当利用寒暑假、周末等闲暇时间走进社会,了解形势,提高实践能力,为就业打好基础。大学期间,在认真参加《大学生就业指导》《大学生职业生涯规划》等课程学习的同时,还要多参加考研报告会、就业报告会等活动,听取优秀校友、成功人士的奋斗经验,以此接受指导、激励自己。临近毕业,大学生要主动搜集就业信息,积极向辅导员老师和就业咨询专业人员请教,多到双选会上去锻炼自己,赢得就业竞争中的主动地位。

2. 树立积极的就业心态

在就业市场上,心态可以影响能力的发挥,影响机会的把握,从而影响到就业成败。那么,大学毕业生应树立怎样的就业心态?

(1) 乐观向上。

近年来,媒体对大学生就业形势过度渲染,使一些大学生受到影响,对就业悲观失望。保持乐观向上的心态,才能辩证地看待就业形势,客观地分析自我,以良好心态去迎接就业竞争。

(2) 勇敢自信。

狭路相逢勇者胜。在激烈竞争中,只有勇敢自信的人,才会成为最终的胜利者。很多求职者,害怕竞争,缺乏自信,结果越害怕失去机会就越不能把握机会。

(3) 正确归因。

遭遇就业挫折、失败时,正确归因很重要。要冷静下来,理性分析自己失败的原因,为下一次参加竞聘提供参考和借鉴。要思考一下:究竟是客观原因,还是个人主观原因?是岗位选择的问题,还是职业选择的问题,或是地域选择的问题?是技不如人,还是发挥失常?……通过分析,找到正确答案,进行有针对性的调整和改变,从失败中收获难得的经验。

(4) 坚韧不拔。

就业路途上,在屡屡受挫的时候,是退缩,还是坚持?只有意志顽强、坚韧不拔的人,才能坚持到最后,实现就业目标。只要善于总结,调整目标,继续努力,那么迎接你的就一定是成功。

第二节　职业适应与角色转换

王强是广告设计专业的大学毕业生,到一家广告公司面试,经理问他:"你能接受的月薪是多少?"王强当场愣住了,其实心里早想好了,就是不敢说。说高了,怕对方嫌他太狂;说低了,又怕对方嫌他没志气。后来经理看他设计的作品不错,勉强把他留了下来。

进了设计部,王强的能力得到了体现,作品得到了客户的一致认可。不过王强不敢说话的毛病依然不改,总是担心做错,凡事都要等经理点头后才敢动手。

三个月的试用期要到了,正好公司接了一个大项目,设计部加班加点完成了设计初稿,王强是主力干将。经理很满意地说:"这个项目我要亲自跟客户面谈,争取一次谈妥。"眼看水到渠成,王强就能顺利转正了。

第二天,业务部的小张带着客户来看初稿。不巧经理有事外出,电话也不在服务区。小张怕对方着急就对王强说:"要不你给介绍一下这个设计的创意吧。"王强犹豫了一下说:"还是等经理回来介绍吧,他了解得更全面一些。"

其实王强对这个设计创意的来龙去脉都很了解,只是觉得自己是个新人,最好少出风头多干实事。等了半个多小时,经理还没有回来,客户有些不耐烦了,但王强还是坚持不愿"出风头"。

直到下班时,经理才匆匆赶回来,可客户早已怒气冲冲地走了。了解了事情的经过后,经理狠狠地把王强训斥了一顿,第二天又亲自登门向客户道歉,可还是没把丢掉的业务抢回来。

出了这样的事,王强自然无法继续留在公司。离开后,他给经理写了一封信,委屈地问:"难道我的设计能力不行吗?"经理回信说:"你的设计能力不错,但不敢表现自己,不敢承担责任。平常讨论创意时,你也是听得多说得少。希望你今后能注意并改正。"

案例分析:新人做事谨慎是必要的,但不能怕事。新人应该主动寻找机会培养自己独当一面的能力,如果有了这个机会而主动放弃,很容易被人误以为是能力、信心不够。从自身的发展来看,新人也应该抓住展示自己的机会,只有看准机会果断出手,才能充分展示自己的能力和才华。王强的最大毛病在于没能及时从学生时代的依赖心理中解脱出来,独立意识不强,勇于承担责任并适时表现自己的信心和意识不够,被公司辞退当然不会让人感到意外。

走出校门、走上社会是大学生人生发展中的重大转折点,是从"自然人"向"社会人"过渡的重要阶段。学校和社会是有差距的,其运行规则和社会的运行规则有很大不同。这种环境的隔离,往往使得"象牙塔"里的大学生对社会的看法趋于简单化、片面化和理想化。面对与以前截然不同的生活环境和人生阶段,如何更好地适应新的工作环境,转换角色,完善自我,是本节主要介绍的内容,也是大学毕业生初入社会时面临的一个全新课题。

一、转换角色、适应环境

社会角色是指个人在社会关系位置上的行为模式。它规定一个人活动的特定范围和与人的地位相适应的权利义务与行为规范,是社会对一个处于特定地位的人的行为期待。心理研究证明,当人们社会角色发生变化后,往往会很自然地产生一些困惑和焦虑心理,这是人自我保护的本能反应。但是如果一个人在一个群体中长期处于这种心理状态之下,就会影响到角色转变和自我发展。因此,大学毕业生要缩短自己的适应期,尽快转换角色,学会自觉调整心理状态,学会面对现实。

（一）学生角色与职业角色的对比

学生角色,是指在社会教育环境的保证下和家庭经济的资助下,学习知识,培养能力,全面提高自身素质,努力使自己成长为社会的合格人才;职业角色则是指在某一职位上,以特定的身份,依靠自身知识和能力并按照一定的规范具体地开展工作,在行使职权、履行义务为社会做出贡献的同时取得相应的报酬,属创造者、主动者和有责任者。两者的不同在于：一个是受教育,掌握本领,接受经济供给和资助,逐步完善自己;一个是用自己掌握的本领,通过具体的工作为社会付出,以自己的行为承担责任,并取得相应的报酬。大学毕业生走上工作岗位之后,不仅要认识学生角色与职业角色的差异,更重要的是应该遵守职业角色规范,正确行使职业角色的权利,忠实履行职业角色的义务,使自己的言行与职业角色的内在要求相适应。

（二）学生角色到职业角色的转换

"外面的世界很精彩,外面的世界很无奈",这句歌词很好地形容了大学毕业生从学校到社会这一转折时期的复杂心态。角色冲突是普遍存在的,不过,可以通过角色协调使得角色冲突尽可能地降至最低限度。协调新旧角色冲突的有效方法是角色学习,即通过观念培养和就业能力训练,提高角色扮演能力,使角色得以成功转换。

1. 增强职业角色意识

角色规范总是与角色的社会责任联系在一起,不同的角色也意味着承担不同的社会责任。人们评价一个人不仅要看他是否遵守了角色规范,还要看他所承担的社会责任,以及他的社会责任意识。社会对在校大学生的评价,主要看其学习是否勤奋,品行是否端正,学习是否优良等。由于在校期间较少地承担社会责任,因此,这些通常都被看作个人的事。但是毕业后走上工作岗位,其工作的质量、效率、贡献等,就不再简单地被看作个人的事,而是从其所承担的社会责任来加以评判。因此,大学毕业生就职以后,必须自觉地提高自己的社会责任意识,必须时刻意识到自己所从事的工作与社会发展的关系,明确自己对社会所承担的责任,按照职业角色规范的要求,努力履行自己应尽的社会义务。

2. 提高角色扮演能力

(1) 打牢专业能力的根基。

目前在就业中有很多毕业生从事着与自己所学专业不相关的职业,但是这并不意味着专业课程的准备在就业中可有可无。相反,专业课程的学习和知识的掌握,在就业中仍占有相当重要的比重。任何专业工作岗位,之所以称其为专业,是因为并不是任何一个人都可以胜任这项工作。如果毕业生能够具备扎实的专业基础知识,不论是应聘工作还是步入工作岗位之后,其竞争优势都是很明显的,对于个人的发展都能够起到积极的作用。

(2) 加强基础能力的培养。

根据美国一份有关失业的研究报告,失业人员中的90%不是因为不具备工作所需的专业能力,而是因为不能与同事、上司友好相处,或者经常迟到。随着职业要求的不断提高,单纯的专业能力不能满足工作的发展需要,从业人员还需具有广博的综合知识和全面的基本能力,以辅助工作顺利开展。重视和加强基础能力的锻炼,有助于提高自身素质,提升自身修养,从而在工作群体中脱颖而出。

(3) 重视自身竞争力的提高。

现代社会是一个分工高度发达的社会,在这样一个社会中,就业的实质就是要找到适合于自身的分工位置,实现自身特长、需要与社会需求在分工结构中的有机结合。而分工的一个重要特性就是工作性质的差异性,这种差异性客观上要求劳动者的知识与能力具有差异性,或者说劳动者的能力具有个性特点,这种差异性体现在"人无我有,人有我优"等方面。有了这种差异性,才会有核心竞争力。

(三) 角色转换过程中易出现的问题

大学生在从学生角色向职业角色转换的过程中,往往会面临着新旧角色的冲突。

有些人由于受到社会因素、家庭因素,尤其是自身认知能力、人格心理发展、意志品质及情绪情感等因素的影响,不能正确认识角色转换的实质,或者在角色转换中不能持之以恒,于是在从学生角色到职业角色的转换过程中容易出现以下问题。

1. 角色意识不强

产生这种障碍的一个重要原因是对学生角色的依恋心理。多年的学生生活所养成的学习、生活和思维方式一时不容易改变,而对自己所担任的社会角色认识不清,不知道自己在职业生活中应履行怎样的权利和义务,应遵循怎样的职业规范,应体现怎样与自己身份相符的言行举止、穿着打扮等社会行为模式。与那些角色意识较强的人相比,他们缺乏职业归属感,不能产生对自己所从事职业的热爱之情,从而不能在工作中激发自己的创新潜能,高效率地完成工作任务,创造较好的工作业绩。

2. 实践经验欠佳

许多刚走上工作岗位的大学毕业生会发现自己十几年寒窗苦读的书本知识在实际工作中很少运用,这与上学期间缺乏社会实践和动手能力培养有很大关系,由此也会让初入职场的大学生产生很多矛盾与不适。这表现为眼高手低,只想做高层次工作,看不起基层工作和基层工作人员。现实的工作不仅要求人们具备专业理论知识,还需要有较强的实践经验。在这种情况下,当遇到一些问题时,大学生往往会手足无措,从而产生自卑心理。不同于单纯的校园学习生活,在工作环境中,职员往往要有"三头六臂",通常会是一个小时内需要处理多项事务,这就考验一个人的统筹协调能力,而刚毕业的大学生就多多少少会有些力不从心。

3. 人际关系障碍

在校园中,老师和同学之间会形成一个相对稳定、互帮互助的群体,同学之间以这个群体为纽带,共同学习和生活,构成了大学生的主要社会关系。毕业以后,身份的变更使他们的交往范围和交往方式发生了变化,人际关系变得复杂而多样,使他们在短时间内往往有离群之感,有的甚至较长时间不能适应,形成"交往真空",特别一些性格内向的毕业生更是显得无所适从。

学校人与职业人

1. 我们从社会责任、权利义务、人际关系三方面,对学校人、职业人做比较,归纳成表 8-2。请想一想,你能在相应空格再补充些内容吗?

表 8-2　比较学校人与职业人

	社会责任	权利义务	人际关系
学校人	提高素质、学习知识、训练技能,为从业做准备	依法接受教育,享受他人劳动成果	受教育者,被关心、被爱护,组织和人际关系简单
职业人	在职业活动中运用知识、技能,创造价值、形成绩效	依法从事职业,为他人服务,取得相应报酬	被管理者,组织和人际关系复杂

2. 请同学们分成两组,一组讨论好学生的标准,一组讨论好员工的标准,把这两方面的标准呈现在黑板上,加以区别对比。

3. 学生填写后,组内交流,小组展示。

4. 教师总结。

结束语:学校人和职业人在社会上是两个不同的角色,其权利、义务、规范都存在极大差异,要提前做好准备。

(四) 角色转换的途径和方法

角色转换的成功与否直接影响着事业的成功与失败,因此,应充分重视角色转换的重要性,以积极、认真的态度,促使学生角色向职业角色顺利过渡。

(1) 正确认识自己所从事职业的角色规范。

要懂得工作中哪些是必须严格遵守和执行的行为,这是由职业角色的基本职能来规定的;要分清工作中哪些是可以增减的行为,这些行为一般不会影响职业角色基本职能的完成,但可以增强或减弱工作效果;要明确工作中哪些是严格禁止的行为,这些行为会损害自己的职业形象,干扰职业角色基本职能的完成。

(2) 树立终身学习的意识。

适应社会的过程是一个学习、适应,继续学习、不断适应的过程。只有不断学习,才能跟上时代的步伐,才能更好地完成工作。毕业生无论是到科研机构、机关处室,还是到基层单位,切不可自恃清高,夜郎自大,要老老实实拜群众为师,做到嘴勤、眼勤、手勤,才能学到真本事。工作中,要多问,不要不懂装懂,既要有不耻下问的勇气,又要有敢于求教的耐心。

(3) 培养脚踏实地的工作态度。

想在一个单位站稳脚跟,必须靠辛勤的汗水去创造工作成绩,如此才能得到领导和同事的认同、赞誉和信任。要把课本知识与工作实际紧密结合,才能发挥自己的优势。

在工作中,对于重要的工作任务,不要畏惧退缩,拿出蚂蚁啃骨头的精神,周密计划,认真实施,定会出色地完成;对于任务较小的工作项目,也不能忽视大意,因为"细节决定成败",如果轻视一件小事,可能会带来很多不必要的麻烦,也会让你在领导和同事心目中的形象大打折扣。

(4) 积极主动地与人交往。

马克思曾说过:"一个人的发展取决于和他有直接或间接交往的其他一切人的发展。"因此,培养群体意识,建立和谐的人际关系,尤为重要。那么如何才能让自我走进社会,让他人了解自己呢?首先要克服狭隘的"自我"观念,把你自己看成是你所生活的群体中当然的一员。其次要培养自己多方面的兴趣、爱好,培养参与精神。例如,通过参加集体活动把自己置身于社会、群体、人群之中。最后要克服自傲、超越自卑,善于与他人接触和交流。

(五) 适应工作新环境

毕业生进入社会后,面对社会新的环境和生活,能够尽快顺利地实现角色转换和角色适应,是一项艰巨的人生任务。只有积极主动地适应环境、尽快容纳于新环境而又不被环境所左右的人,才能开创出适应自身发展的空间,真正有所作为。

1. 良好个人形象的树立

个人形象是指在社交中,一个人的外观、形体在对方心目中形成的综合化、系统化的印象,是影响交往能否融洽、能否成功的重要因素。随着市场竞争的日益激烈,用人单位越来越重视组织形象和员工个人形象在企业发展中的重要地位。因此可以说,良好的个人形象是一个人在社会上的立足之本。

(1) 仪表恰当。

戴尔·卡耐基曾说过:"良好的仪表犹如一支美丽的乐曲,它不仅能够给自身提供自信,也能给别人带来审美的愉悦;既符合自己的心愿,又能左右别人的感觉,使你办起事来信心十足,一路绿灯。"如着装上要求你所穿服饰与所去的时间、地点、环境因素相一致,另外还要对服装的质地、面料、款式、色彩等方面的文化含义有所了解,并内化为自我的审美修养。仪容要美观、自然、协调。美好的仪容既反映了个人的素养,也是对交往对象的尊重。

(2) 举止得体。

俗话说:"坐有坐相,站有站姿。"每一个人的举止、动作、表情,均与其教养、风度有关。真正的美是内外统一的美。光有美丽的外表,而没有实际内涵的人,在有些时候会让人觉得是一个没有礼貌的人,也会因此失去很多关系到命运的机会。所以,得体的举止也是职场生存的必备素质。

(3) 谈吐不凡。

言语的交谈作为人类交际中最直接、最常用的一种方法,在现代社会的人际关系中起着决定性的作用。如果你是一个字句间都透着谈吐魅力的人,那么你就会吸引更多的人,结识更多的朋友,创造更多的财富。

2. 和谐人际关系的建立

IBM 人力资源招聘总监白艳说:"IBM 认为对于一个优秀的毕业生而言,知识结构和技能都不是问题的关键所在,它们可以通过后天的学习和磨炼得到提高,而唯一不能改变的就是一个人的态度、理念和做事的习惯。"人际关系是职业生涯中一个非常重要的课题,良好的人际关系是舒心工作、安心生活的必要条件。如今的毕业生,绝大部分是独生子女,刚从学校里出来,自我意识较强,来到社会错综复杂的大环境里,更应在人际关系方面调整好自己的坐标。

(1) 与领导相处时,先尊重后磨合。

任何一个领导,做到这个职位上,至少有某些过人之处。他们丰富的工作经验和待人处世方法,都是值得我们学习借鉴的,我们应该尊重他们精彩的过去和骄人的业绩。但每一个领导都不是完美的,所以在工作中,唯上司是从是并无必要的,不过也应记住,给领导提意见只是本职工作中的一小部分,尽力完善、改进、迈向新的台阶才是最终目的。要让领导心悦诚服地接纳你的观点,应在尊重的氛围里,有礼有节、有分寸地磨合。不过,在提出质疑和意见前,一定要拿出详细的足以说服对方的资料和方案。

(2) 与同事相处时,多理解慎支持。

同事间的关系是一种微妙的关系,其中既有各自利益也有人性情感的成分。同事和同学是两个截然不同的交往对象。初入新环境,要首先培养自己的归属感,如在同事遇到难处时,给予一点儿安慰和鼓励;有高兴之事时与同事共同分享;多参加一些集体活动;不随便传播同事的隐私等。同时,尽管对工作要拥有挚诚的热情,对同事则必须选择慎重地支持。支持意味着接纳他人的观点和思想,而一味地支持只能导致盲从,也会滋生拉帮结派的嫌疑,影响单位决策层的信任。

(3) 与竞争对手相处时,大度宽容。

在工作生活中,处处都有竞争对手。在一个群体里,每个人的工作都很重要,任何人都有可爱的闪光之处,对手有时也会是自己事业发展的动力。当你超越对手时,没必要蔑视对方,别人也在寻求上进;当竞争对手超越你时,你也不必存心添乱找碴儿,因为工作成绩是大家团结一致努力的结果。无论对手如何使你难堪,千万别跟他较劲,轻轻地露齿微笑,先静下心干好手中的工作。从容一笑,既展现了大度开明的风范,又给你一个豁达的好心情。

3. 初入职场压力的疏导

环境的改变、角色的转换、理想和现实间的差距等都会给初入职场的大学毕业生带来前所未有的困惑和压力,更有甚者会影响到自己的身心健康。因此,有效疏导职场压力对于提高工作效率、助推职业发展有着重要意义。

(1) 产生职场压力的原因。

职场压力是指当职业要求迫使人们做出偏离常态机能的改变时所引起的压力。职场压力在个体身上造成的后果可以是生理的、心理的,也可以是行为方面的。对于刚踏上工作岗位的大学毕业生来说,职场压力的产生主要有以下几方面的原因。

① 环境改变因素。

环境在人的成长过程中有着举足轻重的作用。一个人气质、性格、理想的改变很大程度上都是受到周围环境的影响。告别"三点一线"的校园生活,来到陌生的工作单位,交往对象、工作内容等都会发生变化,这些陌生的环境因素都需要去慢慢适应,一旦不适应,便会产生压力。

② 角色转换不当。

角色转换是大学生从"学校人"到"职业人"的必经阶段。角色定位模糊、角色意识不强等原因会使很多毕业生遇到困惑和障碍,这也会成为毕业生职业压力的成因之一。

③ 生活压力过大。

大学生走出校门,没有了父母的经济支持,需要自己独立解决生活问题,结婚成家、孝敬父母、朋友交往等现实问题都摆在了他们面前。而刚工作的大学生收入偏低,多方面的经济开支、日益增长的生活成本使"月光族"越来越多。

④ 工作经验缺乏。

理论知识丰富而工作经验缺乏是大学毕业生普遍存在的问题,如果不能进行很好的调适,便会忧心忡忡,担心失去工作等,也会产生自卑、焦虑、烦躁、抑郁等不良心理。

(2) 缓解职场压力的方法。

不难看出,职场压力是普遍存在的。调节和管理压力,除了要求用人单位营造和谐的工作氛围外,更重要的是要进行自我调节。

① 正视压力,理性面对。

第一,理性分析压力产生的原因。对可能发生的压力有心理准备,不要总强调工作压力是如何的不合理,自己是如何的不喜欢。要真实地面对内心世界,需要了解自己担心失去什么,是工作、职位、领导的重视、发展机会、家人的信任,还是稳定感,预测失去它们对自己的影响,是暂时的还是长期的,是根本的还是局部的,是可以承受的还是无法承受的。总之,如果需要缓解压力,就必须像一个旁观者一样进行理性的思考。

第二,正确评估自己,接受自己。不要过高地把自己定位于无所不能;也不要把自己看得一无是处。不要把目标定得高不可攀,凡事量力而行,随时调整目标也未必是弱者的表现。不要时时处处与别人比,尤其是不要拿自己的短处与别人的长处比。

第三,认识环境,适应环境。我们正处在一个竞争激烈的现代社会,这是一个适者生存的世界。这个环境中肯定有许多不公平、不合理、不能适应、不近人情之处,但对个体来说,这个环境又是不可更改的事实。我们只能入乡随俗,而不可能让乡俗随我。埋怨不能改变环境,不能解决问题。

② 保持心态平和。

第一,学会放弃,知足常乐。人的压力来自欲望。大多数人都受控于各种各样的"需要",并以不断"拥有"来获得成就感,而且乐此不疲,却没有意识到自己已经背负了过于沉重的压力。这时候放弃是必要的,珍惜自己所拥有的,保持良好的个性,知足常乐。

第二,记住好事,忘记坏事。心情是否愉悦不取决于你遇上好事,还是遇上坏事,而取决于你是记住好事,还是记住坏事。

第三,积极的自我暗示。要多对自己说一些:"我行!我能胜任!我很坚强!我不惧怕压力!我喜欢挑战!"少对自己说一些:"我不行!我太差了!我受不了了!我要崩溃了!"积极的自我暗示可以影响你的心态,进而影响你的行为及结果。

③ 善于应对工作。

第一,提升工作能力。工作是必需的,如果我们的工作效率与效益更高了,压力自然会有所减轻。俗话说:"艺高人胆大。"艺高人也自信、充实。的确,当你对工作高度胜任之时,你的面前就不会有很大的压力,即使有压力也能坦然面对。

第二,扮演好工作中的角色。社会是一个大舞台,每个人都在其中扮演一定角色。角色扮演得成功与否,直接关系到一个人的生活质量、社会关系状态及自我的内心感受。许多职场人士的工作压力在很大程度上来自于在工作中没能正确扮演好自己的角色,即角色混乱。

第三,挖掘工作中的积极面。如果仅把工作作为谋生的手段,对之毫无兴趣,体验不到任何的乐趣与成就感,那是够累的。工作是繁重的,也是枯燥的,但也未必没有一点儿乐趣。要努力去寻找这种乐趣,去体验其中的快感。

④ 掌握减压技巧。

第一,交流法。遇到一些棘手问题时,不要憋在心里不愿诉说,可以找合适的机会和有经验的同事、领导进行交谈,听听他们的意见,会产生"听君一席话,胜读十年书""柳暗花明又一村"的效果。

第二,自我倾诉法。如果不便于与他人交流,则可以把压力、烦恼写出来,记压力日记,把引发你压力的事件记录下来,再作理性分析,然后找出相应的对策。

第三,娱乐休闲法。可以通过参加体育活动、外出旅游、逛街购物、参加公益活动等方式,暂时转移注意力,让自己适度放松,调整心态。

二、立足岗位、厚积薄发

立足岗位,就需要关注当下的职业选择,增强职业适应力。职业适应力是适应职业和适应社会能力的总称,主要是指个体对工作环境、工作任务、工作活动的适应,以及对自身行为和新的工作需要的适应。

(一)偏离岗位的问题

要想立足岗位、胜任岗位就一定要提升个人的职业适应能力。其最大特点是强调人的个性要服从所从事的职业要求,同时培养人的个性及能力来满足职业活动的需要,只有当二者达到和谐统一时,才能有效推动社会经济健康发展,反之则会产生一系列问题。

1. 影响就业和入职后发展

随着高校扩招,大学毕业生数量的急剧增长,使得以往"饥不择食"的卖方市场转为买方市场,也使得大学毕业生就业面临着严峻的形势。在人与职业的关系中,人居主导地位,起决定作用,人们若对自己从事的职业没有兴趣,就会在很大程度上影响工作积极性的发挥,使自己很难适应所从事的职业,造成不是积极主动地去开展工作,而是被动地接受各种工作安排的局面,久而久之,逐渐失去了工作的动力,更不用提在所从事的职业中有所创新。

2. 延长胜任岗位工作的过渡期

当人们对自己所从事的职业比较满意时,能大大缩短人与职业不相适应的时间,同时最大限度地激发出其潜能。一是使思想获得解放,思想的解放即是生产力水平的提高;二是使新办法、新点子不断出现,有效地节约人力物力;三是在宽松和谐的环境中促使发明创造、技术革新不断产生,从而最大限度地提高工作效率。反之,如果职业不适应,则会大大延长胜任岗位工作的过渡期,在生产上影响生产效率的提高,无形之中增加企业用人成本。

3. 导致"跳槽"和工作消极

劳动力资源作为生产要素可以合理流动,是市场经济的重要特征之一。社会职业的不断加速变动,要求劳动者也要进行相应流动,而劳动者也总是会向能发挥自己专长并感兴趣的岗位流动,而每个工作岗位也需要能适应岗位并能带来社会或经济效益的人来从事,在这种双向选择中,劳动力资源也就得到优化配置。

但是,如果职业不适应,而妄想通过频繁"跳槽"来改变,这不仅无益于人生价值的实现,而且很容易产生自我怀疑,对自身的能力、素养等各方面不自信,在工作上消极应付。另外,由于职业不适应还会相应地增加劳动力流动的负担,不利于社会发展需要。

(二)立足岗位、提升适应力的方法

立足岗位、提升职业适应力,要求大学生注重对于职业适应力的自我培养。同时,学校和社会作为培养学生职业适应能力的重要场所,对大学生毕业后对工作岗位的适应性起着重要的作用。

1. 大学生职业适应力的自我培养

(1) 正确认识自我。

大学生应该按照职业辅导的三大原则(详见第五章第一节的"特质因素理论"),自觉主动地听取就业指导专家的分析与建议,理性、集约地利用信息资源选择最佳职业。

(2) 培养职业角色适应和竞争意识。

大学生在毕业之前积极主动地参加社会实践活动,无疑会为日后就业奠定一定的感性认识基础与实践基础。大学生可以利用多种方式,有计划、有步骤地与社会接触,拓宽视野,培养自己对社会的责任感和亲切感,锻炼自己的胆识和技能。这些都是职业环境中非常重要的素质。如果大学生具有多学科的知识,形成了博专相融的知识结构,那么需要补充的知识比例将大为减小。这样的大学生职业适应力就强,职业竞争力也自然会提高。

(3) 树立正确的职业价值观。

人们的每一项选择几乎都建立在一定的价值取向基础上,大学生的职业选择作为人生的重要抉择更是如此。但价值取向随着社会的政治、经济、文化的变迁将发生或快或慢的变化。如果价值取向新旧交替过快、碰撞过猛,将会给刚刚就业的大学生带来冲击和不适,大学生需要对此做出积极的反应。这就需要大学生树立远大的理想,正确的苦乐观、现实的地位观、客观的待遇观。

(4) 培养综合能力和素质。

职业适应最关键的因素是人的能力结构,它包括工作能力、环境适应能力、接受新事物的能力、工作的创新能力等。人的能力越强,与职业要求相符的程度就越高,职业的适应就越快。所以培养和强化与职业相适应的能力是非常关键的。大学生要善于培养自己根据客观情况变化而随机应变的调节能力,保证自己从学校到社会的顺利过渡。

(5) 提前进行自身的职业生涯规划。

大学生应该树立起职业生涯发展观,这是职业生涯规划的基础。职业生涯发展观,不仅应是合理的,还应是通过努力能够实现的。大学生尤其是大学毕业生要树立终身的职业生涯发展观,只有这样才能以积极、乐观的心态面对现实,积极准备,把握机遇,不断开拓自己职业发展的新道路。大学生有必要通过自我分析和职业实践不断调整对自己的认识,辩明自我所追求的职业价值观,厘清自己选择未来职业所秉持的动机与需要,明确自己选择的职业所属的领域,并据此进行关键能力的自我发展,为未来的职业生涯适应与发展进行积极的准备。

2. 提升大学生职业适应能力

推动大学生提升其职业适应能力,需要放宽教育的视界,真正实践"以人为本"的理念,学校应该从各个方面努力为学生的职业适应能力和职业生涯发展奠定良好的基础。

(1) 重建教育与职业的关系。

传统的教育理念中,学校更多地注重彰显自身"普通教育"机构的特色,以推动学生的"一般发展"为教育追求,在一定程度上忽略了学生的职业发展问题。但在如今科技和信息革命风起云涌、职业环境不断变化的新时代背景下,大学生会表现出若干缺失与不适应。要从根本上提高大学生的职业适应能力,有必要重新审视传统的教育观,着眼于新的教育与职业之间的关系。

(2) 重视大学生的职业生涯发展。

高校要注重引导学生在劳动中体验和认识职业世界,要让学生参与劳动才能引导其理解劳动、尊重劳动者,并且建构对职业生活的理解。在推动学生的职业生涯探索活动方面,学校应当善于设计各种劳动课程,鼓励学生充分利用各种机会扩大职业接触点,增加职业的感性经验。此外,还要重视和推进大学生的职业生涯教育,引导学生个体对自己的职业未来进行合理的设计,并制定有效的发展策略。

(3) 积极拓展培训就业技能。

一般来说,毕业生初次面对社会,其最大的职业适应障碍来自于选择了不适合自己的职业,甚至根本不能就业,就更谈不上对职业的适应。因此,高校有必要从以下几方面来提高大学生的职业适应能力。

① 开设就业指导课,把就业指导课作为大学生的必修课程。

② 开展就业指导专题报告,根据学生的求职意向、求职心理,分析求职过程中经常出现的各种技能问题,丰富学生的就业知识,提高学生的求职技能。

③ 加强日常训练,通过各种形式的活动(如模拟面试、辩论赛等)培养学生的求职能力和技巧。

④ 组织学生参加社会实践活动,如组织学生利用双休日、节假日到有关企业进行锻炼,到企业家创业基地参观学习,到人才市场了解用人情况等。

⑤ 有针对性地进行个别指导。即面对面的指导,做到具体情况具体分析。

(三)厚积而薄发开拓职业发展

在如今激烈的市场竞争和就业压力下,大学毕业生能够找到一份适合自己的工作实属不易。告别校园,走上工作岗位,成为"职场新人",要度过一个职业适应期。如何得到上司和同事的认可,为以后的职业发展打下良好的基础?如何在众多"职场新人"中脱颖而出,并迅速转变为职场精英?如何才能够让自己保持职业发展的强劲势头呢?

1. 树立终身学习观念

人们面对的是全新的和不断变化发展的职业、家庭和社会生活。若要与之适应,人们就必须用新的知识、技能和观念来武装自己。终身教育强调人的一生必须不间断地学习,不断地更新知识,保持应变能力,其理念正好符合时代、社会及个人的需求。事实上,当今社会中的每一个人,都要学会生存,而要学会生存就离不开终身教育,因为生存发展是时代的主流,会生存就必须会学习,这是现代社会给每个人提出的新课题。同时,外部条件的改善,使人们开始进一步注重精神生活的充实,期望通过个人努力来达到自我完善。要实现高层次、高品质的精神追求,靠一次性的学校教育是难以达到的,只有依靠终身教育的支持才有可能完成。

2. 强化职业生涯规划管理

职业生涯规划管理是指根据一个人的主客观环境分析,确定未来职业发展目标,以及制订相应的工作、培训和教育计划,并按照一定的要求,以实际行动实现职业目标的过程。大学生的职业生涯都要经历许多阶段,按职业生涯理论来划分应为四个阶段,即职业准备和选择阶段、职业生涯早期、职业生涯中期、职业生涯后期。大学阶段正处于职业生涯的准备和选择阶段,树立良好的职业意识与选择正确的职业方向是后续职业发展的前提与基础。

刺猬理念

在古希腊寓言里,狐狸是一种狡猾的动物,能够设计无数复杂的策略,偷偷向刺猬发起进攻。每一次刺猬都缩成一个圆球,浑身的尖刺指向四面八方。而故事的结尾,通常是刺猬战胜了狐狸。这个故事表达的精神,我们称之为刺猬理念。它的核心内容就是将事情简单化,集中精力进行单点突破,运用到规划中就是化繁为简。

> 那么刺猬理念具体关注的内容是什么呢？首先提出几个问题：你在哪个工作领域可以做到最优秀？是不是你最感兴趣的那个领域？是什么驱动你的经济引擎，让你努力工作？你的职业热情表现在哪个方面？
>
> 你的工作能否满足以下三点？第一，你对从事的工作有与生俱来的天赋，并且运用天赋将其做到最好；第二，你从事的工作有丰厚的回报；第三，你对所从事的工作充满激情，享受工作本身带来的乐趣。把这三点转变成一个简单的概念，用来指导你的人生选择，这就是你的刺猬理念。

（四）工作中应注意的问题

1. 熟悉业务，掌握必备技能

在学校学习的时候，学生注重的是学习理论知识，然而到了职场上，就要注重动手能力和累积的经验。因此，大学毕业生参加工作之后应该立刻投入再学习中，熟悉业务知识，提高职业竞争力。

放下架子，虚心学习。事实证明，一个人在学校学到的东西毕竟有限，大部分知识和能力仍需在工作实践中学习、积累和锻炼。有经验的领导、师傅、技术人员和同事都是很好的老师，他们在岗位上工作多年，具有丰富的专业知识和实践经验。大学生只要放下架子，虚心学习，就能从他们身上学到许多观察问题、分析问题和解决问题的方法和能力，就能逐渐完善自我，尽快实现角色转换。

善于观察，勤于思考。只有善于观察，才能发现问题，运用自己所学的知识努力解决问题，真正探索职业对象的内部结构，掌握第一手资料。也只有勤于思考，在工作中才会有自己的见解，逐步培养独立开展工作的能力，出色完成工作任务。

挤出时间，多学习一些专业以外的技能。当今社会是一个需要复合型人才的社会，如果一个人仅仅掌握了一门岗位技术，而对其他诸如外语、计算机、企业管理等应用较为广泛的技能知之甚少，那么他将来发展的路子就相对窄一些。从另一方面讲，各单位的改革不断深化，岗位变换、调整的情况经常出现，毕业生在校时所学专业有可能在具体工作中派不上用场，如果这时还擅长其他方面的业务，那么对岗位的选择机会就多一些。

2. 脚踏实地，从小事做起

"合抱之木，生于毫末"。在即将开始的任职实践中，只要立足本职，从点滴学起、做起、干起，在实践中不断提高自己的综合能力，胜任本职工作只是时间早晚的问题。职场新人在自己的部门可以从整理报纸文件、接听电话等做起，为其他同事做些辅助性工作,如打印资料、填写简单表格等,业余时间打扫一下卫生、帮老同事倒杯水,给人留下勤快、易于相处的印象,就能和同事们相处和谐,得到大家的帮助支持。

3. 适者生存,能者成功

理想与现实之间总是有距离的,刚踏上工作岗位的毕业生之所以不适应新的工作环境,大多与其事先对新岗位估计不足、不切实际有关。当他们在这种前提下接触现实环境时,往往会产生一种失落感,感到处处不如意、不顺心。因此,毕业生在工作后,要能够根据现实的环境调整自己的期望值和目标。

第三节 招聘信息的收集及处理

一、招聘信息的特性

在现实生活中,人们每时每刻都在不断地接收信息、加工信息和利用信息,都在与信息打交道。随着科学技术特别是信息工程、计算机技术等高科技技术的飞速发展和普及,当今世界已进入信息时代,信息在人类生活中显示出越来越重要的地位。毕业生求职择业也不例外,招聘信息在毕业生求职过程中的重要性不言而喻。

招聘信息的分类有多种,有广义和狭义之分。广义的招聘信息是指与毕业生就业有关的宏观国家政策、规定和微观的具体的用人信息、招聘活动等。从党中央、国务院及各部委、各省市制定的毕业生就业政策、专门下发的文件,到有关毕业生就业的规定,以及有关研究机构、新闻媒体对毕业生就业率的统计、分析和预测都属于这一范畴。狭义的招聘信息是指参加就业的主体(毕业生)或从事就业工作的部门使用多种方法和手段,通过各种渠道收集到的有关用人岗位需求或有关供需见面的时间、地点等方面的消息、资料和情报。我们平常所说的招聘信息就属于狭义的招聘信息。

1. 招聘信息的共性

(1) 共享性。信息的传递不像物质和能量传递那样遵循守恒规律,具有共享性。即如果把自己掌握的招聘信息传给别人,别人虽然获得了这些信息,但是你拥有的招聘信息并没有减少。根据招聘信息共享性的要求,择业者一旦获得这种招聘信息,应及时分析研究并马上做出决断,向招聘单位表明自己的意向,这样在求职过程中就能捷足先登。

(2) 变化性。整个社会经济形势和人才供需状况是不断变化的,所以招聘信息作为整个社会经济状况和人才供求状况的反映,也是在不断变化的。例如,有的专业人才前些年十分紧俏,那么这类专业毕业生的就业就容易些,当这些专业人才的需求量下降时,学生就业就比较困难了。招聘信息具有的这种不断变化、不断更新的特性,要求我们在求职择业时,要重视最新的招聘信息,否则,就会给求职择业带来困难。

(3) 社会性。不同历史时期的经济状况、生产结构、人口构成和劳动力素质等因素决定着招聘信息的内容、特点。所以,招聘信息的社会性在宏观上表现为与整个国家的政治、经济状况联系紧密,从而形成指导毕业生就业的法律、法规和方针政策;微观上又联系着国民经济的各行业、各部门、各地区、各企事业单位及人们的具体活动。所以,从招聘信息的社会属性上,人们要运用事物相互联系的观点、全面分析的方法去收集招聘信息、研究招聘信息、处理招聘信息。

(4) 实用性。任何信息都具有一定的实用性,招聘信息也不例外。一方面它可消除人们对某一事物的不确定性,另一方面可对人们的行为产生影响。招聘信息的实用性就在于它的价值性。例如,毕业生根据招聘信息谋求到自己满意的工作岗位,这既满足了个人生存、成才、发展的需要,同时也使用人单位招聘到合格人才。一般来说,招聘信息的实用性只对特定的接收者才能显现出来。

(5) 传递性。招聘信息总是通过一定的载体来传递的,如报纸上各种招聘广告、用人单位的资料、毕业生个人简历等文字材料、电视中人才招聘广告,等等。比如,学校的就业指导机构从有关部门、企事业单位获得需求信息后,及时公布给毕业生,可使毕业生从中得到最新的就业资料,获得最佳择业机会。由于招聘信息的传递性,使得招聘信息总处在一定的传递过程中,从而成为人们相互联系的纽带,也为人们搜集、整理、综合分析招聘信息和掌握就业知识提供了方便,为毕业生正确认识就业形势、把握就业机会创造了条件。

(6) 时效性。招聘信息的时效性是指招聘信息有一定的期限,到了这个期限,它的功能就会减少,甚至全部丧失。例如,"某公司某日前招聘一名营销人员"这个招聘信息也许在次日就失去了价值。毕业生在收集到丰富的招聘信息时要及时处理,尽早向用人单位反馈,不要犹豫不决,以免错过良机。

2. 招聘信息的自身特性

(1) 招聘信息具有鲜明的目的性。招聘信息较之于其他信息来说,它具有更加鲜明的目的性。首先,招聘信息能清晰地反映社会经济活动与劳动者数量及素质的关系,直接为人们求职择业服务;其次,招聘信息的收集、传递和应用,是人们有目的的行为,为社会发展的一定目标服务;最后,招聘信息的收集、加工、传递等一系列的处理工作,是由专门的机构和人员来进行的,完全是一种有目的的行为。

(2) 招聘信息涉及的范围是固定的。招聘信息涉及的范围包括一切与毕业生就业有关的就业政策、用人单位的需求信息、供需见面活动安排等内容。

(3) 招聘信息具有明显的分阶段性特点。为了保证高校的正常教学秩序和实习效果,教育部明文规定各高校在每年的 11 月 20 日之前不得接待用人单位,因此各高校毕业生就业工作的真正启动时间都在每年的 11 月 20 日以后。一些国内外知名高新技术企业和三资企业因用人机制灵活,招选毕业生工作启动较早,所以在 11 月下旬到当年年底的一段时间里,这些单位的需求信息较多。次年的 2 月至 4 月,各高校毕业生择业陆续达到高潮,各地的供需见面会、双选会也频繁召开,各种单位的需求信息量也到达高峰,有时一所高校一天内就可以收到几十家单位的数百条信息,其中尤以机关、事业单位和国有大中型企业的需求信息为主。进入 5 月份,大部分毕业生与用人单位签订了就业协议或达成意向,所以需求信息量大为减少,转而以接受接收函为主。

二、招聘信息的收集渠道及策略

(一)招聘信息收集的基本要求

1. 主动及时

招聘信息具有时效性,一般情况下,时间越长,招聘信息的效用越小;时间越短,招聘信息的效用越大。可见,招聘信息的时效性要求我们收集招聘信息时一定要主动及时。因为,招聘信息价值的大小,与它的收集、传递、使用是否及时有着直接的关系,如果能及时收集和运用,就可能发挥较大作用。特别是在当今的大学毕业生就业市场上,如果我们不能主动迅速地收集招聘信息,并采取相应的对策,那么在激烈复杂的市场竞争中,必然处于不利地位。

2. 真实可靠

收集到的招聘信息一定要真实可靠,这是招聘信息收集工作最起码、最基本的要求。如果收集的信息是虚假信息,不但起不到好的作用,反而会给求职带来很多麻烦。要做到信息真实可靠,首先要求信息源要可靠,特别是通过间接方式收集招聘信息时,更要注意这一点;其次,在信息收集过程中,要注意分析鉴别,及时剔除不可靠的资料,对一些较模糊的信息,要追根溯源,直到弄清楚为止。总之,收集信息时要真正做到深入实际,多观察,勤思考,以保证收集的信息真实可靠。

3. 目的明确

收集招聘信息时必须有明确的目的。作为一个择业者,其收集招聘信息的主要目的是:① 熟悉国家就业政策、法律法规、就业原则和实施办法;② 认清就业形势,预测就业趋势;③ 明确择业目标;④ 制订求职择业计划。招聘信息的收集,不能漫无边际,而应根据求职择业的实际需要有针对性地进行。如果在招聘信息收集工作中不注意目的性,不加限制地收集,就会造成时间和人力上的浪费,甚至严重影响求职择业活动的成功。

4. 全面适用

毕业生对招聘信息的收集必须做到既全面又适用。由于毕业生求职受多方面因素的影响和制约,因此只有广泛地收集与求职择业有关的各方面信息,才能保证择业的顺利进行。可见,收集信息必须坚持全面性原则。同时,随着人才市场的发展,招聘信息日益丰富,如果信息收集过程中忽视信息的适用性,那就可能在众多的招聘信息中把握不准方向,收集不到有价值的信息。这就要求毕业生在收集信息的时候,必须对自己有一个客观的认识。然后根据自己的专业、特长、能力、性格等各方面因素去收集有关的招聘信息,避免收集范围过大,浪费精力和时间。从这个角度来说,招聘信息收集还必须坚持适用性原则。总之,只有当收集的招聘信息既全面又适用,才有可能成为求职择业者的有效信息。

(二)招聘信息的收集方法

获得一定数量的与自己择业方向和范围有关的人才需求信息,是正确地进行职业选择的必要前提。

1. 文件研究法

文件研究法是指从政府主管部门颁布的各类文件中寻找所需招聘信息的方法。这类文件包括国务院、教育部及各省(自治区、直辖市)、市政府部门颁布的各种关于毕业生就业形势与政策方面的文件。在官方就业网站上一般都有就业政策相关内容。

2. 媒体收集法

通过报刊、广播电视、网络等途径收集招聘信息也是主要途径之一。特别是毕业生就业主管部门和劳动人事部门创办的就业指导报、人才报等刊登的招聘信息,其针对性更强,内容更集中,对毕业生也更实用。广播电视作为现代化的传播工具,具有传播速度快、覆盖面广、信息量大等优势。毕业生通过收听、收视有关节目,也可以获得大量的招聘信息。毕业生不仅可以通过网络了解就业需求信息,还可以在网上直接与用人单位沟通等。

3. 全方位收集法

全方位收集法是把与专业有关联的招聘信息收集起来,再按一定的标准进行整理和筛选,以备使用。在收集信息时不要仅仅局限于专业对口单位,对非对口单位的需求信息也要注意收集。但是在广泛收集的基础上,要确保有重点,要全面了解专业对口单位的需求,因为这样的单位对相应人才的需求量较大。

4. 定向收集法

定向收集法是指根据自己选定的职业方向和求职的行业范围来收集相关的信息。这种方法以个人的专业方向、能力倾向和兴趣特长为依据,便于找到更适合自己特点、更能发挥作用的职业和单位。需要注意的是,当你选定的职业方向和求职范围过于狭窄时,有可能大大缩小选择范围,特别是如果所选定的职业范围是竞争激烈的岗位工作时,很可能给下一步的择业带来较大困难。

5. 定区域收集法

定区域收集法是指根据个人对某个或某几个地区的偏好来收集信息,而对职业方向和行业范围较少关注和选择,这是一种重地区、轻职业方向的信息收集法,按这种方法收集信息和选择职业,可能由于所面向地区的狭小和"地区过热"(有较多择业者涌向该地区)而造成择业困难。

招聘信息虽然有很多种收集方法,但每一名毕业生的基本情况、个人条件不同,所以其最佳信息收集方式也不相同。例如,对互联网非常熟悉的同学来说,从网上获取招聘信息是最佳的;对于经常和院系老师接触的同学来说,从学校、院系老师那里获取信息是非常方便的;对于有一定社会关系的同学来说,其家人、亲友所提供的招聘信息可能更有价值。所以,毕业生在收集招聘信息时应该找到一种适合自己的最佳方式,并以此为主,以其他信息收集方式为辅,收集各种招聘信息。

(三)招聘信息的收集策略

毕业生在收集招聘信息时,应该有轻重缓急之分。比如,对自己感兴趣的信息要重点收集,对自己所在高校的具体管理规定要重点收集,对一些涉及自己今后可能遇到的问题的政策规定要注意收集。对于其他的信息只要平时留心就行了。毕业生在收集招聘信息时应抓住重点、兼顾其他,能够以最小的付出获取最大的收益。毕业生在收集招聘信息的过程中,应该做到"多看、多问、多查、多试",即多看报纸、电视,多向学校、院系老师咨询,多上网查询,多参加供需见面会和到单位面试。信息不会从天而降,机会总是留给有准备的人的。所以,毕业生应该积极主动地去收集招聘信息,为自己能找到满意的单位打下良好的基础。

(四)招聘信息的收集渠道

1. 学校毕业生就业工作部门

学校毕业生就业工作部门是学校的一个职能部门,在长期的工作交往中与上级毕业生就业主管部门及用人单位有着广泛而密切的联系,是用人单位向学校寄送需求情况的信息集中地。经过学校毕业生就业工作部门筛选和分类的用人单位,其可信度高、信息量大。可以说,学校毕业生就业工作部门是毕业生获取招聘信息的主要渠道。通过学校毕业生就业工作部门获得的信息有以下两个特点。第一,针对性强。一般用人单位是在掌握了学校的专业设置、生源情况、教学质量等信息后,才向学校发出需求信息的,这些信息是完全针对该校应届毕业生的。而在人才市场和报纸杂志上获得的需求信息,大多是面向全社会的,往往都要求求职人员具有几年以上的工作经验,不能适用于应届毕业生。第二,可靠性高。为了对广大毕业生负责,在把用人单位发送给学校的需求信息公布给学生之前,学校就业指导部门要先对招聘信息进行审核,从而保证了招聘信息的可靠性。一般情况下,毕业生只要符合条件并善于把握好机会的话,在学校召开供需见面会时,供需双方面谈合适,马上就能签下协议书。

2. 各地人才服务中心

人才服务中心是各市、区、县劳动人事部门设立的专门从事人才交流、职业介绍的服务机构。在这里既可以通过咨询获得当地就业规定、实施办法,又可以了解当地的人才需求情况。他们会定期收集所在地用人单位的需求信息,经过整理、分类汇编成册,然后通过多种渠道发布出去。这些信息几乎涵盖了当地各行业的需求信息,因此地域性较强。对于有明确的就业地点要求的毕业生来说,这种渠道的招聘信息就显得尤为重要。

3. 供需见面会及人才市场

高校单独或联合举办的毕业生供需见面洽谈会、各地市举办的主要面向本地区的用人单位和毕业生的供需见面会及定期举办的人才市场招聘会,能在较短的时间内汇集众多用人单位和大量的需求情况,因而时效性很强。对于毕业生来说,高校举办毕业生供需见面会的针对性更强。毕业生将直接面对招聘单位,通过彼此的交流可以获得更为丰富和全面的信息,而且可以当场拍板、签订协议,比较简捷有效,可以大大提高毕业生应聘的成功率,用人单位也可以挑选到自己满意的毕业生。目前,各地的人才市场越来越重视高校毕业生这一极具潜力的市场资源,也纷纷举办毕业生专场招聘会。部分省市已经建立了固定的毕业生就业市场,毕业生可以常去查询。

4. 院系领导及老师

院系的领导、老师直接与毕业生接触,比一般人更了解本专业毕业生适合就业的方向和范围,以及近几年来毕业生的就业情况。而且他们当年的同学、同事多在相关行业和单位中工作,熟悉这些用人单位的经营状况、工作环境和人才需求情况,他们提供的信息针对性更强。因此,毕业生可以通过自己的老师获得有关用人单位的相关信息,从而不断充实自己的信息库,且可以直接请老师作为推荐人或引荐人,以此提高自己求职成功的可能性。在实际工作中,一些院系领导、老师经常受其同学、好友的委托,为单位推荐合适的毕业生。

5. 校友

校友是指那些已经毕业并参加工作的"师兄""师姐"。他们大多在对口的单位工作，对所在单位、行业的情况比较了解。一些校友对母校怀有深厚的感情，而且熟悉学校的人文环境，了解毕业生的情况，当其单位需要毕业生时，他们自然首先考虑的是回母校挑选人才。校友提供的招聘信息，其最大特点是比较适合本校，尤其是本专业的毕业生。尤其是近几年毕业的校友更有着职业信息的获取、比较、选择、处理的经验和竞争择业的亲身体会，这比一般纯粹的职业信息更有参考和利用价值。由于校友和求职者曾经在同一所学校学习、生活过，有共同熟悉的师长、近似的专业，他们容易将对母校、老师、校友的情感扩散，常会不遗余力地为"师弟""师妹"提供有用信息和种种帮助，尽可能多地从自己的社会关系中获取有用的招聘信息。

6. 家长、亲朋好友等社会关系

家长和亲朋好友是尚未步入社会的大学生社会关系网的主要构成。他们来自社会的各个行业、各个阶层，与社会有多种联系，可以从不同渠道带来各种用人单位的需求信息。他们比较了解大学生本人的求职意向，提供的信息也就比较直接、有效、可靠；毕业生一旦接受家长和亲朋好友提供的信息，由此进入就业岗位的可能性就比较大。毕业生的家长和亲朋好友在不同的岗位上工作，他们十分了解自己工作的单位，并与各部门有着较广泛的接触，知道本单位哪个部门要进人、待遇如何，甚至相关单位的用人需求信息，家长和亲朋好友们都可以直接告知毕业生本人。所以，毕业生的社会关系也是获取招聘信息的一个重要渠道。

7. 互联网

随着互联网的普及，越来越多的用人单位、高等院校和其他一些企事业单位利用互联网发布招聘信息，与毕业生就业相关的网页也如雨后春笋般冒了出来。一些网站以就业政策咨询为主，一些网站以提供就业需求信息为主，还有一些网站为毕业生介绍求职经验，提供就业指导，帮助其进行职业生涯规划分析。通过网络求职是近年来在大学毕业生中比较流行的方式。用人单位和毕业生将招聘信息与求职信息上网公开，双方可以通过网络互相选择、直接交流。这种渠道具有信息透明度高、方便快捷、费用低廉等特点，其发挥的作用也越来越大。

8. 报刊、广播、电视等新闻媒体

这些传统媒体历来关注高校毕业生的就业情况。一些用人单位的简介、需求信息、招聘启事等都会在当地主要媒体登出、播报，或在报纸辟出专栏登载招聘信息。一些专门针对毕业生就业的期刊汇集了就业政策、就业指导和就业需求信息。由于它们是当地就业主管部门创办的,所以具有一定的权威性。每年在大学生毕业择业时期,广播、电视、报纸、杂志上都会有大量关于大学生就业的信息,包括就业政策、行业现状、职业前景、人才需求等方面的报道和分析。这些信息从不同侧面和角度反映了当年大学生就业的整体情况,受到招聘机构和求职者们的一致青睐。

9. 实习、社会实践、社交等活动

毕业生在实习、社会实践中可以直接与用人单位接触,可以更清楚地了解有关需求情况,也让用人单位更多地了解自己。无论是现在共青团青年就业创业见习基地的建立,还是各地纷纷建立的见习机制,都是大学生社会实践重要、可靠的途径。社会实践是大学生收集职业信息的重要途径。在社会实践的过程中,通过自己的努力赢得用人单位的好感、信任,取得职业信息甚至直接谋得职业的大学生不乏其人。因此,大学生在各种社会实践活动中,在了解社会、提高思想觉悟、培养社会能力的同时,也要做一个收集招聘信息的有心人。

此外还有一个很重要的实践环节是毕业实习,毕业实习是学生踏入社会的前奏曲,是参加工作的预演,所以每个毕业生都必须充分认识到这是一个非常难得也是很有价值的经历。通过实习,一方面使用人单位对学生有所认识和了解,另一方面使学生对择业领域有了更深的了解。

以上招聘信息来源渠道的划分并不是绝对的。比如,学校毕业生就业工作部门的信息会在互联网上发布,同时学校也会主动收集其他渠道的招聘信息。在实际的操作过程中,招聘信息是纵横交错、相互补充的。

三、招聘信息的处理

大学生通过各种渠道获得就业信息,由于信息的来源和获取的方式不同,真假难辨,这就要求毕业生必须对所获取的信息进行认真的辨别处理,判断信息的真实性、可信性,去伪存真,从中筛选出有利于毕业生求职择业的信息。

一般说来,无论来自何种渠道的就业信息,它都是一种原始状态的信息资料,通过就业信息的处理,就能大大提高信息的真实度和准确度,保证就业信息的质量。同时,通过对就业信息的处理,还能及时发现就业信息资料的漏收情况,有利于及时补充收集,提高就业信息的完整性。只有就业信息准确、可靠、全面、有效,才能对求职择业者有所帮助。所以,在应用就业信息前有针对性地对其进行处理是很有必要的。

1. 信息鉴别

信息既蕴藏着机会,也可能潜伏着陷阱;有时无比珍贵,有时却是一堆"垃圾"。鉴别信息是信息处理的第一步,也是一个重要的前提。首先,要鉴别信息的真实性,由于所获取信息不一定都全面、准确,因此要对信息进行严格的鉴别和判断,并加以澄清和剔除,使之更好地为自己的求职择业服务。就业信息的鉴别一般可分为对第一手资料的审核和对第二手资料的审核。第一手资料的审核是指就业信息需要者对通过直接调查、实地考察等手段获取的就业信息材料的审核。这种信息资料的审核一般采用边调查边审核的办法,及时弄清事实真相,保证所收集的信息、材料的准确性和完整性。第二手资料的审核是指对通过间接手段获得的信息资料的审核。其次,要鉴别信息的内容是否齐全,特别是发现没有自己所想知道的细节或者不清楚时,要抓紧时间进行实际考察,旁敲侧击地询问,或通过其他渠道了解,还可以在应聘时向主聘人提出。总之,要等信息基本准确之后再做决定,这步工作做好了,才能保证随后的工作按照正确的方向进行下去。相反,如果这步工作判断错误,则会让毕业生的求职过程一开始就处于被动,很可能给自己心理和行动带来许多负面影响。

2. 信息整理

毕业生收集就业信息后,应对它们进行分类、分析。首先,搞清楚哪些是国家的规定,哪些是省市的规定,哪些是所在高校的规定,哪些是就业需求信息,哪些是供需见面会的信息,哪些是用人单位的具体规定。其次,把这些信息分门别类地整理并保存,以便需要时就能非常方便地查找到,从而使信息发挥其应有的作用。就业信息的专业分类,即根据招聘单位的所有制特点、专业性质及对毕业生的专业要求、学历程度、特别要求等进行分类,然后以自己的现实情况为标准进行排序。现在是信息经济的时代,面对大量的就业信息,特别是从报刊、互联网上收集来的信息往往令人眼花缭乱,仔细加以辨认,就会发现有许多已经过时的信息,所以还要对信息的时效性进行分析,剔除那些已经过时的信息,然后按时间的远近顺序排列整理。就业信息还要按地域分,即根据招聘单位所在省、市进行登记分类,然后采取不同的应聘方式。

请同学将收集的招聘信息建立以下两个管理库(见表8-3和表8-4)。

表8-3 个人就业信息管理库

发布时间	单位名称	单位性质	招聘专业	招聘人数	岗位要求	联系人	联系电话	E-mail及网址	单位地址

表8-4 用人单位基本情况管理库

单位名称：　　　　　　所有制性质：　　　　　　单位所在地：

所属行业	成立时间	经营范围	经济状况	福利待遇	发展前景	单位简介	备注

3. 信息把握

在信息加工之前，先给自己草拟一个职业选择提纲，确定择业标准；再按照标准进行初选，即去粗取精，去伪存真，对剩下的信息进行再一次的分析和处理。毕业生要对所掌握的信息进行比较和选择，看看自己的性格、兴趣、特长与哪个单位更匹配，哪个单位更符合自己的职业生涯规划目标，从中选出重点。对重点单位的内部信息要进行深入细致的分析，分析它需要的人才的特点、对人才使用的方向，以及该单位未来发展的前景，等等。在把握这些情况以后，毕业生再根据自己的实际情况和用人单位的要求，有针对性地设计自己的应聘材料，从而提高应聘的成功率。

4. 信息挖掘

许多信息的价值往往不是浮在表面上的，必须经过深入挖掘才能发现。比如，根据有些单位的现状，可能还难以判断、预测单位和自己今后的发展；有些单位虽然目前可能条件差一些，但从长远来看是有前途的，能够给人才较大的发展空间。这就要求毕业生既要站在高处，从长远的、大局的方向看职业、单位的发展趋势，又要留意信息的细枝末节，由表及里地挖掘信息的内涵价值。有时，还需要有一些专业知识和经验。譬如，从单位的组织结构发现其管理模式和运作机制，从单位的人事、财务报表分析它的人力资源状况和经济状况，从单位历年的招聘岗位和人数的变化了解它的经营方向的变化，等等。

5. 信息反馈

在这个快节奏的时代，就业信息由于其传播速度快，共享程度高，毕业生得到的信息仅仅代表着一种可能的机会，而且充满着竞争，机会稍纵即逝。因此，毕业生获取信息后，一定要尽快分析处理并向信息发布者反馈，早动手未必一定能得到这个岗位，但反应迟钝者肯定会错失这个机会。

第四节 就业渠道

一、企业

企业是吸纳劳动者最多的用人单位,也是多数大学生选择的用人单位。按照所有制标准来划分,企业可以分为国有企业和非国有企业两大类。

(一) 各类企业介绍

1. 国有企业

国有企业是指所有制形式上属国家所有或国家控股的企业。国有企业是我国经济发展的命脉,是我国国民经济收入的主要来源,在资金、人员、技术、管理等方面都有比较雄厚的基础。在科学技术、管理经营、人才培养等方面起着示范和带头作用。国有企业,尤其是国有大型企业具有福利待遇优厚、工作环境好、注重对员工的人文关怀等优势,成为许多大学生择业的首选目标。

与非国有企业不同的是,很多国有企业对于求职者的硬性指标卡得比较死,很看重求职者的学历、专业、毕业院校。在应聘过程中,往往学习成绩好、拿过奖学金的党员和优秀干部,积极参加学校活动并拥有策划过大型活动等经验的学生很容易被录用。

2. 外资企业

外资企业是建立在我国领土上,根据我国有关法律规定,由一个或一个以上的国外投资方独立经营或与我国投资方共同经营,实行独立核算、自负盈亏的经济实体。

在人事管理方面,外资企业一般按照国际惯例从事管理,根据双向选择的原则,实行聘用合同制、择优任用制。

3. 集体所有制企业和乡镇企业

集体所有制企业是指在所有制关系上属于劳动者集体所有,共同劳动,以按劳分配原则为主体的社会经济组织。集体所有制企业的人事管理制度与国有企业基本相同,专业技术职务的聘任也与国有企业大体相当。

乡镇企业是指乡镇或村办的企业及部分农民联营合作的企业等,它是改革开放的产物。

(二) 企业对员工素质的基本要求

1. 要有肯吃苦的思想准备

"时间就是金钱,效率就是生命"。这些单位一般劳动强度大,工作效率高,管理制度严格,对员工的工作要求甚至是苛刻的,因此要做好应付紧张工作的心理准备。

2. 要有一定的风险意识

这种风险意识来自两个方面。一是企业面临激烈的竞争,这些企业在市场经济的海洋中并非个个坚如磐石,倒闭、破产者屡见不鲜,若企业因经营不善而倒闭了,你应承受得住这种压力,坦然面对现实。二是企业内部的竞争也是激烈的,对每一个人来说都面临适者生存、不适者被淘汰的选择,一旦被解聘,切不可无所适从,垂头丧气,而应振奋精神,寻找新的生活天地。

3. 要有从事各种工作的能力

由于这些单位讲求效益,人员精简,因而要求应聘者具备多种能力,仅仅只能从事某一种工作的应聘者是不受欢迎的。其中外资企业对应聘者的外语水平、公关意识有较高的要求。

二、报考研究生

研究生分两个层次:硕士研究生和博士研究生。对于本科学生而言,提到"研究生"通常指硕士研究生。近年来,考研的学生越来越多,如果你准备在毕业的时候参加研究生考试,要做好以下准备。

(一) 了解研究生考试的内容

研究生考试的内容可以分为两大部分,公共课和专业课。专业课由所报考院校负责出题(也有相关专业由全国统考),公共课主要包括政治、英语、数学三大部分,由教育部统一命题,全国统考。

1. 政治

每年考试内容变动较大,考研的同学要及时了解新大纲,以2010年为例,考试的学科范围包括:马克思主义基本原理概论、毛泽东思想和中国特色社会主义理论体系概论、中国近现代史纲要、思想道德修养与法律基础、形势与政策及当代世界经济与政治等。

2. 英语(非英语专业)

现在英语考试分为英语一和英语二,其中英语一考试内容包括英语知识运用、阅读理解和写作三个部分,供报考学术型研究生考试使用,部分对英语水平要求较高的专业学位类别也使用英语一;英语二考试内容包括英语知识运用、阅读理解、英译汉和写作四个部分,供 19 个专业学位类别中的部分专业类别使用。

3. 数学

数学考试分为数学一、数学二、数学三。其中工学门类使用数学一和数学二,经济学和管理学门类使用数学三,具体适用专业请参看当年的考试大纲。

(二)做好考研准备

1. 准备时间

一般而言,考研的准备时间不宜太长,进入大三准备即可,但是如果跨专业考研的话,准备时间要适当提前。

2. 准备内容

(1)明确考研目的。

(2)收集考研信息。

(3)选择报考专业和院校。

(4)制订一个合理的复习计划,持之以恒、心无旁骛地进行复习。

(三)大学生考研的误区

误区一:准备时间越长越好

有些同学从进入大三、大二甚至大一就开始考研准备。他们认为,考研准备得越早,时间越长,胜算也就越大。其实,这是一种认识上的误区。

原因:准备时间过长,既容易过早进入疲劳期,又不利于知识的扩充。

一方面,长时间的准备会导致过早地进入疲劳期,到了考前的 11 月、12 月,若正处于疲劳期,之前的努力就要大打折扣。

另一方面,有些同学准备得过早,是想在指定的教材上多下功夫。但是,这种做法限制了学习视野,不利于新知识的扩充;研究生入学考试不仅有专业知识的深度,更有综合知识的广度。

准备得过早,对于有的科目也容易造成资源浪费。这主要体现在政治和专业课的复习备考上。政治考试大纲每年都会有变化,可以说是一年一个样。专业课是报考学校自主命题,主观性和变动性也比较大。对于这些科目的备考,只有抓住最新的动态,才能事半功倍。

建议:考本专业的同学一般在大三下半年或暑假开始准备即可;跨专业考研的同学一般在大二下半年或暑假开始准备即可。

误区二：考研辅导班多多益善

考研辅导班令人眼花缭乱。辅导班个个都有强化班、冲刺班、押题班，都说自己请的是名师，命中率高。有的同学一口气报了四五个，这个辅导班报政治，那个辅导班报数学，还有的辅导班报外语，报了强化班又报冲刺班，心想：不就是多花点儿钱吗，多多益善！

辅导班报得越多越好？答案是否定的。

原因：首先，辅导班报得太多容易导致体力不支，影响整体复习进程。考研辅导班一般暑假开课，大礼堂里几百人甚至上千人，从早上七八点到下午六七点，连续地强化训练。十多个小时的紧张培训令人头昏脑涨，全身无力，同时报几个辅导班更辛苦。

其次，辅导班报得太多容易产生依赖心理。有的同学报了政治的全程辅导班，把老师讲的背背，忽视对知识整体全面的把握及在细节上的查漏补缺。

建议：上辅导班只是复习中的一种补充，一种巩固提高。应该结合自身实际有选择地上辅导班。

误区三：厚此薄彼，只抓"重点"

考研的同学常常会有这样的议论："我一学英语头就痛！打算这几个月专攻英语，拿下它！""政治简单，上上辅导班，背背重点就行了。关键是数学，我要花大部分时间在它上面！"这些同学厚此薄彼，把大部分精力放在自己认为的"重点"上。

原因：4－1＝0。4门学科偏废任何一门都将功亏一篑，而且，总分和各学科均要求过线（国家或所报考学校划定的录取分数线）。有的同学可能总分过线了，单科却没过线，十分可惜。

建议：突出"重点"，还要兼顾其他。

误区四："拜见"导师方可成功

见导师的目的，一是想从导师那里获得专业课的"指点"；二是复试、面试时请导师留点儿情面，不至于被刷。

建议："拜见"导师，还靠自己努力。

误区五：考研、就业两头忙

每年的11月、12月，大学校园里一群人一边争分夺秒地复习备考，一边又隔三岔五地参加各类招聘会。这些同学认为：只有"两手准备"，才能万无一失。

考研和找工作两者并不矛盾，关键是要学会合理调度。除了年底的招聘高峰外，第二年的2月、3月，以及5月都有专场招聘会。

建议：专心致志，全力以赴。

误区六：横跨专业曲线考研

最近几年，跨专业报考研究生的数量逐年提高。有些考生换专业是出于对某一专业的浓厚兴趣；不少考生盲目追捧热门专业，只是曲线"救己"而已。

隔行如隔山，跨专业报考的难度在考研中是最大的，如果没有任何知识积淀，盲目换专业，会有满盘皆输的风险；即便勉强过关，在之后的专业学习上也会因为基本功不扎实而出现严重的"水土不服"。

建议：理性对待跨专业考研，量力而行。

三、公务员、事业单位

（一）公务员

1. 公务员简介

按照我国公务员法的规定：公务员是指依法履行公职，纳入国家行政编制，由国家财政负担工资福利的工作人员。

2. 公务员考试的基本知识

（1）公务员考试的分类。

我国每年都会举行数十次大大小小的公务员考试，从纵向来划分，可以分为中央、国家机关公务员考试和地方公务员考试两种；从横向来分，又可分为各个系统的公务员考试，如公安系统公务员考试、司法系统公务员考试、海关系统公务员考试等。一般系统单独招考的情况比较少，都是由人事部门统一招考各系统的公务员，所以公务员考试中最主要的就是中央和各省人事部门组织进行的统一招考。

中央、国家机关公务员录用考试是指中央、国家机关及中央国家行政机关派驻机构、垂直管理系统所属机构录用机关工作人员和国家公务员的考试。

地方公务员考试是指地方各级党政机关，为招录机关工作人员和国家公务员而组织进行的各级地方性考试。

各项考试单独进行，不存在什么从属关系，大学生根据自己要报考的政府机关部门选择要参加的考试，也可同时报考，相互之间不受影响。

（2）公务员考试录用范围。

根据《国家公务员暂行条例》，我国考试录用公务员的范围，仅指主任科员以下领导职务的公务员。包括办事员、科员、副主任科员和主任科员。高级职位特别是领导职位上的公务员需要丰富的工作经验、领导才能和娴熟的业务知识，这些都必须经过较长时间的实践锻炼才能逐步积累，而非通过一次考试所能证明。

(3) 报考公务员的条件。

根据《国家公务员暂行条例》和《国家公务员录用暂行规定》第十四条的规定,报考公务员的有关人员必须具备中华人民共和国国籍,享有公民的政治权利,拥护中国共产党的领导,热爱社会主义等政治条件,还有年龄要求,18周岁以上,35周岁以下,当然报考者还要达到招考部门规定的体检要求。但是下列人员不得报考公务员:第一,曾受过刑事处罚、劳动教养或行政开除处分的;第二,曾因贪污盗窃、行贿受贿、泄露国家机密等原因受到党纪、政纪处分的;第三,正在接受审查或受过处分未解除的;第四,参加与"四项基本原则"相悖的组织或活动,存在严重问题的。

(4) 对少数民族和应届毕业大学生给予照顾。

根据民族区域自治法和党的民族政策的基本精神,在民族自治区政府和民族事务的工作部门录用公务员时,对他们予以照顾。或规定一定的录取比例;或同等条件下优先录用;或适当降低分数线。此外,计划录用的少数民族公务员只在少数民族中招考。

为了缓解毕业生就业压力,在招录公务员时对应届毕业生给予照顾。公务员招考的很多职位都只招应届毕业生,应届毕业生报考公务员的选择面很宽广。

(5) 考试科目。

中央的公务员考试包括笔试(公共科目、专业科目)和面试。公共科目笔试按 A、B 类职位分别进行。A类职位笔试公共科目为《行政职业能力测试》(A)和《申论》;B类职位笔试公共科目为《行政职业能力测试》(B)。专业科目笔试和面试时间由招考部门自行通知。

各个地方的考试科目都是地方自定的,一般都分笔试和面试。笔试科目各有不同,北京考《行政职业能力倾向测验》和《公共基础知识》;河南、上海、广东等地考《行政职业能力倾向测试》和《申论》。

公务员考试的笔试内容庞杂,但一般深度较浅,注重考察知识面,而且要求快速作答。以《行政职业能力测试》为例,它的考试内容包括常识判断(涵盖政治、经济、法律、管理、人文、科技等)、言语理解与表达、数量关系、判断推理和资料分析等五个部分。这就要求同学们在日常生活、学习中,要广泛涉猎各个学科,努力扩大自己的知识面。

(二) 事业单位

事业单位是为党政机关和国民经济、社会生活各个领域服务的,为国家创造或改善生产,增进社会福利,满足人民文化、教育、科学、卫生等方面的需要,不以为国家积累资金为直接目的的单位。下面简要分析一下各类事业单位对人才的需求标准。

1. 科研类岗位

科研工作的性质决定了其更为看重扎实、全面的基础知识和专业知识,发现问题、分析问题和解决问题的能力,以及追求真理的科学精神。所以,要求应聘者的基本条件是硕士、博士研究生或大学本科生中的学习成绩优秀者。

2. 教育类岗位

教育是人类文化和社会进步的基石。教书育人是教育工作者的天职。教育工作的特点决定了应聘者在具有较高的综合素质的基础上,还应具备甘为人梯、为人师表的良好品质,广博的知识积累,良好的语言文字表达能力和一定的教学组织和管理能力。具体地说,就是要求应聘者在具备专业知识和技能的同时,对心理学、教育学有所了解,能讲普通话、口齿清晰、板书工整、条理性强、善于做学生的思想工作、五官端正等。高等学校担负着培养高级专门人才和发展科学技术文化的重大任务。大学教师应当既能教学,又能从事科研;既有较高的理论水平,又有一定解决实际问题的能力。因此,大学教师职位还会要求应聘者具有较高的专业素养、理论水平和科研能力。所以,应聘大学教师的条件是硕士、博士研究生或大学本科优秀毕业生。

3. 医疗卫生类岗位

医疗卫生事业直接关系到病人的安危,关系到人民的身体健康,也影响着国家与民族的兴衰成败。所以,医疗卫生单位要求应聘者具有良好的医德和精湛的医术。具体地讲,基本条件就是:接受过医科院校的专门培训,取得合格的成绩,具有良好的医疗作风、正确分析和诊断病情的逻辑思维能力、精确细致的动手能力和遇事不慌、坚定果断的心理素质。

4. 文化新闻类岗位

各类文化新闻单位除要求应聘者具备相关的专业知识和技能外,还要求应聘的大学生具有较强的政策观念和贯彻党的路线、方针、政策的自觉性。同时,文化新闻单位普遍对应聘者的语言文字表达能力有较高的要求。具体地讲,应聘者要有较高的政治觉悟,熟悉语法、修辞、逻辑等基础知识,能讲标准的普通话,等等。

5. 工程技术类岗位

工程技术类职位要求应聘者在相关的专业知识基础上具备筹划、论证、设计、组织实施及解决各种工程技术实际问题的能力,要求工作认真细致,一丝不苟,理论联系实际,积极深入生产第一线。

四、基层就业项目

（一）大学生村官

1. 什么是大学生村官

大学生村官，是指具有专科以上学历的应届或往届毕业生，担任村党支部书记助理、村主任助理或其他"两委"职务的工作者。

2. 大学生村官和公务员的区别

大学生村官不是公务员，而是村级组织特设岗位人员，系非公务员身份。大学生村官要进入公务员队伍，还必须经过公务员考试。当前社会上有些人以为当上大学生村官就进入了公务员队伍，这是一种误解。但是对于表现优秀、聘期考核合格的大学生村官，可以享受公务员报考的优惠政策。

3. 大学生村官项目的特点

大学生村官工作与"三支一扶"计划、农村教师特岗计划、志愿服务西部计划均有不同。其中，最大的不同就是其更具有长远和战略方面的考虑，根本目的是培养熟悉农村情况，经过艰苦环境磨炼的党政干部后备人才和能够带头创业、带领群众共同创业致富的新农村建设的骨干力量，着眼于加强农村基层组织建设，优化党政干部队伍来源结构，夯实党执政的政治基础和组织基础。大学生村官是村级组织特设岗位人员，从事村务管理工作，工作地点在村里，而其他三类主要从事服务性工作，工作地点以县市和乡镇为主。大学生村官工作和其他三类项目主要有以下不同。

（1）"入口"条件及程序不同。

大学生村官要求是全日制普通高校专科学历以上毕业生，重点是本科以上学历和中共党员、学生干部，程序是个人报名、资格审查、考试考察、体检公示等；"三支一扶"计划要求是普通高校应届毕业生，招聘程序是公开招募、自愿报名、组织选拔；农村教师特岗计划要求是高等师范院校及其他院校应届毕业生、具有教师资格和实践经验的高校毕业生，采用公开招聘方式；志愿服务西部计划要求是普通高校应届毕业生，程序是公开招募、自愿报名。

（2）报酬待遇及经费来源不同。

大学生村官工作生活补贴比照从高校毕业生中新录用乡镇公务员试用期满后的工资水平，办理医疗、养老、人身意外伤害等保险，经费由中央和地方财政共同承担，中央财政补助标准是东、中、西部地区每人每年5000元、10 000元、15 000元；"三支一扶"计划的待遇各地差距较大，大约是每人每月600~2000元，办理医疗、人身意外伤害保险，经费由地方财政安排;农村教师特岗计划执行国家统一的教师工资制度和标准,纳入当地社会保障体系,经费由中央和地方财政共同承担,中央财政补助标准是每人每年1.5万元;志愿服务西部计划生活补贴(含交通补贴和医疗、人身意外伤害保险费用)平均每人每月为800元,经费由中央财政统一支付。

(3) 聘用期限及期满"出口"不同。

大学生村官聘用期为2~3年,期满后的"出口"是鼓励留任村干部、择优选拔基层领导干部和公务员、扶持自主创业、引导另行择业、继续学习深造。"三支一扶"计划总的原则是自愿服务、期满自主择业,服务期为2~3年,期满后事业单位拿出一定职位专门聘用,报考研究生、公务员加分、优先录用。农村教师特岗计划聘期为3年,期满后鼓励继续留任,对自愿留在本地学校的,负责安排落实工作岗位。志愿服务西部计划服务期为1~3年,服务期满后鼓励扎根基层或自主择业,享受报考研究生、公务员加分政策,颁发服务证书和奖章。

4. 如何准备大学生村官考试

(1) 了解报考条件。

大学生村官的报考条件不尽统一,可在以下两个网站查询:① 大学生村官网,http://www.54cunguan.cn/;② 大学生村官之家,http://cunguan.youth.cn/。

这里列举福建省的相关规定以供参考。

福建2014年村官选聘对象及条件:选聘对象为28周岁以下(1985年11月25日以后出生)本省生源的普通高等院校全日制应届本科、硕士研究生毕业生(本科生须在2014年8月1日前取得学士学位,研究生须在2014年9月1日前取得硕士学位),或符合报考选调生条件愿意兼报大学生村官的人选。参与大学生村官选聘的毕业生,必须是参加全国普通高等院校本科、研究生统一招生考试或按规定免于考试录取的。对报名参加选聘的人员在同等条件下,优先录取中共党员、学生干部、三好学生等优秀学生,以及硕士研究生和已进入选调生考核范围的人选。

选聘的基本条件是:① 思想政治素质好,组织纪律观念强,服从分配,踏实肯干,志愿到农村基层工作;② 有一定的组织协调能力和较强的语言表达能力;③ 学习态度端正,学业成绩良好;④ 身体健康,符合规定的体检要求;⑤ 除省外"211工程"的重点大学、省内厦门大学、华侨大学、福州大学、福建师范大学、福建农林大学、福建医科大学、福建中医药大学、集美大学、闽南师范大学应届毕业生和硕士研究生外,需担任学生干部1年以上。

(2) 明确大学生村官考试内容。

大学生村官考试内容在每个地方都不一样,分为笔试和面试两大部分,笔试部分内容大体为新农村建设、行政职业能力测试、时事政治、申论等。具体考试内容在选聘公告中会显示。

2013年湖北省选聘大学生村官2566人

根据中组部《关于做好2013年大学生村官选聘工作的通知》(组通字〔2012〕56号)要求,现将湖北省2013年大学生村官选聘工作有关事项公告如下:

一、选聘数量

根据中组部要求,我省今年新选聘大学生村官2566人,按一定比例分配到各市(州)、直管市和神农架林区。

二、选聘对象和条件

全日制普通高等院校本科及以上学历(不含网络学院、成教学院、自考助学班和联合办班的毕业生,以及各类委培生和定向生),年龄30周岁以下(1983年1月1日后出生),博士研究生可放宽到35周岁以下(1978年1月1日后出生)。

选聘的基本条件:① 思想政治素质好,组织纪律观念强;② 在校期间学习成绩良好,具备一定的组织协调能力;③ 志愿到农村基层工作,具有较强的吃苦精神;④ 身心健康。

三、选聘工作组织及原则

选聘工作按照统一组织、分级负责的原则,由省委组织部会同省委高校工委、省财政厅、省人力资源和社会保障厅等有关部门负责组织,由市(州)组织、财政、人力资源和社会保障部门负责实施,高等院校党委组织部参与配合。

选聘工作坚持自愿报名、双向选择,公开选聘、择优录用,合理安排、保障待遇的原则。

四、选聘工作程序

选聘工作5月下旬启动,7月下旬结束。其中,5月31日9:00至6月15日16:00为网上报名时间,6月23日笔试,6月下旬至7月上旬以市(州)为单位组织考核(考察或面试)、安排体检,7月下旬由省委组织部组织集中培训。

五、待遇保障政策

大学生村官为"村级组织特设岗位"人员,系非公务员身份,工作管理及考核比照公务员的有关规定进行,由任职所在的乡镇党委、政府负责;人事档案由县(市、区)党委组织部管理,党团关系转至所在村。大学生村官在村工作期限为3年。工作期间,县(市、区)党委组织部与大学生村官签订聘任合同,明确各自遵守的条文。大学生村官任满1个聘期、考核称职的,可按有关程序续聘;任满2个聘期、未当选村"两委"副职以上干部的,原则上不再续聘。大学生村官必须到村工作,选聘期间上级党政机关和其他单位不得借用。选聘到村任职的高校毕业生,享受国家规定的有关政策待遇(详情请登录湖北人事考试网查询)。

(以下略)

中共湖北省委组织部
2013年5月28日

(二)"特岗计划"

"特岗计划"是农村义务教育阶段学校教师特设岗位计划的简称。为加强农村义务教育教师队伍建设,促进农村义务教育均衡发展,国家决定自2006年起用5年时间在县以下地区实施"农村义务教育阶段学校教师特设岗位计划"。

1. "特岗计划"的目标和任务

通过公开招聘高校毕业生到县以下农村学校任教,引导和鼓励高校毕业生从事农村义务教育工作,创新农村学校教师的补充机制,逐步解决农村学校师资总量不足和结构不合理等问题,提高农村教师队伍的整体素质。

2. "特岗计划"招聘对象和条件要求

(1) 以高等师范院校和其他全日制普通高校应届本科毕业生为主,可招少量应届师范类专业专科毕业生。

(2) 取得教师资格,具有一定教育教学实践经验,年龄在30岁以下的全日制普通高校往届本科毕业生。

(3) 参加过"大学生志愿服务西部计划"、有从教经历的志愿者和参加过半年以上实习支教的师范院校毕业生同等条件下优先。

(4) 报名者应同时符合教师资格条件要求和招聘岗位要求。

3. 特岗教师的服务期限和实施范围

特设岗位教师聘期3年。国家"特岗计划"实施范围:山西、内蒙古、安徽、江西、河南、湖北、湖南、广西、海南、重庆、四川、贵州、云南、陕西、甘肃、宁夏、新疆、青海、河北、吉林、黑龙江,以及新疆生产建设兵团。

特岗教师的岗位设置相对集中,一般1个县(市)安排100个左右,1所学校安排3~5人。原则上安排在县以下农村初中,适当兼顾乡镇中心学校。人口较少的边境县、少数民族自治县和少数民族县可安排在农村生源占60%左右的县城学校。

4. "特岗计划"的相关保障政策

(1) 特设岗位教师享受《中共中央办公厅 国务院办公厅印发〈关于引导和鼓励高校毕业生面向基层就业的意见〉的通知》(中办发〔2005〕18号) 和人事部等部门《关于组织开展高校毕业生到农村基层从事支教、支农、支医和扶贫工作的通知》(国人部发〔2006〕16号) 规定的各项优惠政策。由相关省(自治区、直辖市) 负责制定具体落实政策和措施。

(2) "特岗计划"的实施可与"农村学校教育硕士师资培养计划"相结合。符合相应条件要求的特设岗位教师,可按规定推荐免试攻读教育硕士。特设岗位教师3年聘期视同"农村学校教育硕士师资培养计划"要求的3年基层教学实践。

(3) 特设岗位教师在聘期内,由地方教育行政部门对其进行跟踪评估。对成绩突出、表现优秀的,给予表彰;对不按合同要求履行义务的,要及时进行批评教育,督促改正;对不适合继续在教师岗位工作的,及时将其调整出教师队伍并取消其享受的相关政策优惠。更多信息可登录"特岗计划"教师招聘网查询(http://tg.ncss.org.cn)。

(三)"三支一扶"

1. 什么是"三支一扶"

"三支一扶",是指大学生在毕业后到农村基层从事支农、支教、支医和扶贫工作。计划的政策依据是人事部2006年颁布的第16号文件《关于组织开展高校毕业生到农村基层从事支教、支农、支医和扶贫工作的通知》(以下简称《通知》),其目的在于为高校毕业生向基层单位落实就业问题提供具体的指导和保障。

2. 具体内容

(1) 计划落实方式。公开招募、自愿报名、组织选拔、统一派遣,从2006年起连续5年,每年招募2万名左右高校毕业生,主要安排到乡镇从事支教、支农、支医和扶贫工作。

(2) 实施过程。主要包括组织招募和对大学毕业生工作期间的管理服务两方面内容。组织招募有一套详细的工作流程,即每年4月底前,各地搜集、汇总、上报乡镇一级教育、农业、卫生等基层岗位需求信息;每年5月底前,各地根据下达的招募计划,采取考核或考试的方式进行公开招募;每年7月底前,派遣"三支一扶"大学生到服务单位报到。《通知》在对"三支一扶"大学生工作期间的户档管理、日常管理、考核管理和经费保障等方面都做出了详尽的规定。对服务期满考核合格的大学生,颁发由中华人民共和国人力资源和社会保障部统一印制的《高校毕业生到农村基层服务证书》,作为服务期满后享受相关就业优惠政策的依据。

(3) 时限。工作时间一般为2~3年,工作期间给予一定的生活补贴。工作期满后,自主择业,择业期间享受一定的政策优惠。

(4) 就业服务及优惠政策。

① 工作期满后,如原基层服务单位有工作空缺,优先考虑"三支一扶"人员,所在县、乡的企事业单位如有职务空缺,也要拿出部分职务吸纳该部分毕业生。

② 对于准备自主创业的人员,可享受行政事业性收费减免、小额贷款担保和贴息等有关政策。

③ 服务期满且考核合格的"三支一扶"毕业生可以享受一定的政策加分或同等条件优先录用。

④ 到西部地区和艰苦边远地区服务2年以上,服务期满后3年内报考硕士研究生初试总分加10分,同等条件下优先录取。

⑤ 服务期满考核合格的"三支一扶"大学生,根据本人意愿可以回到原籍或到其他地区工作,凡落实了接收单位的,接收单位所在地区应准予落户。

⑥ 进入国有企事业单位时,由接收单位按照所任职务比照同等条件人员确定其职务工资标准,其服务期限计算为工龄,在今后晋升中高级职称时,同等条件下优先评定等。

扩展阅读

湖北省2013年度招募选派"三支一扶"高校毕业生公告

根据省委组织部、省人事厅等部门《关于组织开展高校毕业生到农村基层从事"三支一扶"工作的实施意见》(鄂人〔2006〕16号)和《湖北省"三支一扶"工作管理办法(试行)》(鄂人社规〔2012〕3号)等文件精神,我省2013年继续按照公开招募、自愿报名、组织选拔、统一派遣的方式,招募选派一批优秀高校毕业生到我省农村基层从事"三支一扶"服务。现将有关事宜公告如下:

一、招募计划

2013全省共计划招募选派1200名高校毕业生从事"三支一扶"工作,服务期二年(今年因我省继续对农村中小学教师实行"统招统派",不选派支教生)。

(一)招募选派245名高校毕业生到乡镇从事农业、农技、畜牧、兽医、农机、水产、林业、农村经营、农村能源等公益性支农服务。

(二)招募选派260名医疗卫生等相关专业高校毕业生到乡镇卫生院从事支医服务,重点培养全科医生。

（三）招募选派80名医疗卫生等相关专业的高校毕业生到乡镇计划生育技术服务机构从事基层计生服务。

（四）招募选派110名高校毕业生到贫困乡镇从事扶贫开发、农村文化和贫困村整村推进等专项服务。

（五）招募选派90名高校毕业生到农村基层从事青年事务综合岗位工作。

（六）招募选派305名高校毕业生到农村基层从事人力资源和社会保障综合服务。

（七）招募选派110名高校毕业生到农村基层水利部门从事基层水利服务。

二、招募选派基本条件

招募对象主要为2013年普通高校本科及以上学历应届毕业生（边远艰苦地区、特殊岗位生源不足时，可经批准适当放宽到普通高校应届专科毕业生），2011届、2012届本科及以上学历普通高校毕业生也可招募。招募对象应具备以下基本资格条件：

（一）政治素质好，热爱社会主义祖国，热爱农村基层工作，拥护党的基本路线和方针政策。

（二）学习成绩良好，具有相应的专业知识。

（三）具有敬业奉献精神，遵纪守法，作风正派。

（四）身心健康。

（五）普通高校本科毕业生25周岁以下（1988年7月31日以后出生），硕士研究生28周岁以下（1985年7月31日以后出生），博士研究生31周岁以下（1982年7月31日以后出生）；边远艰苦地区、特殊岗位生源不足时，经批准可适当放宽1～2岁。

（六）符合招募岗位要求的其他资格条件。

三、招募选派程序

2013年度招募选派"三支一扶"高校毕业生，坚持公开、平等、竞争、择优的原则，按照以下程序进行：

（一）查询岗位。

各地各服务岗位的具体招募计划及岗位要求等详见《2013年度湖北省"三支一扶"高校毕业生招募选派计划分配表》。高校毕业生可从即日起登录湖北省人力资源和社会保障厅网站（http://www.hb.hrss.gov.cn/hbwzweb/html/xwzx/ztpd/rlzyscc/rlzyscc.shtml?szyf）和湖北人事考试网（http://www.hbrsks.gov.cn）查询。

对"三支一扶"相关政策和拟服务岗位的专业、学历等资格条件需要咨询时，请高校毕业生直接与拟服务岗位所在市州、直管市、神农架林区"三支一扶"办联系，也可咨询相应的省级项目主管部门（联系方式附后）。

(二)网上报名。

1. 提交申请。高校毕业生确定服务意向后,下载并填写《2013年度湖北省高校毕业生"三支一扶"计划登记表》(见附件),自即日起至2013年5月23日16:00前以电子邮件形式发送至拟服务岗位所在市州、直管市、神农架林区"三支一扶"办(邮件名格式统一为"岗位+姓名+报名",如"支农张三报名"),同时发送至拟服务岗位相应的省级项目主管部门备案。高校毕业生只能选择一个服务岗位进行报名,不得用新、旧两个身份证号同时报名,已参加"三支一扶"服务的高校毕业生不得重新报名。提交的报名申请资料应当真实、准确、完整。提供虚假报考申请资料的,一经查实,即取消招募选派资格。对伪造有关证件、材料、信息,骗取招募选派资格的,将按规定予以处理。

2. 资格初审。市州、直管市、神农架林区"三支一扶"办在收到报名申请后5个工作日内对高校毕业生报名资格进行初审。高校毕业生可于2013年5月15日至5月24日期间联系拟服务岗位所在市州、直管市、神农架林区"三支一扶"办查询是否通过资格初审。通过资格初审的,不能再报其他岗位;资格初审不通过的,可以改报其他岗位,但不得再次报同一岗位。

3. 资格考试考查。若报名人数与招募计划达到5∶1以上时,由服务岗位所在市州"三支一扶"办视情况商所在县级"三支一扶"办自行组织双向选择资格考试或考查,并按1∶3的比例确定双向选择人选。考试考查工作要确保公开、公平、公正,并报省"三支一扶"办备案。

2013年6月5日前,由市州、直管市、神农架林区"三支一扶"办将符合招募条件的高校毕业生名单在当地指定网站上公示并报省"三支一扶"办备案。

(三)双向选择。

2013年6月(具体时间地点另行公告),由省"三支一扶"办统一组织县(市、区)"三支一扶"办(基层用人单位代表)与符合招募条件的高校毕业生进行沟通交流、双向选择。符合招募条件的高校毕业生须下载并填写《2013年度湖北省高校毕业生"三支一扶"计划登记表》并贴近期免冠1寸登记照(一式五份),并附由高校毕业生就业指导部门出具的毕业证明(往届生出具毕业证、学位证)、本人身份证原件及复印件。市、县"三支一扶"办会同省级项目主管部门现场复审高校毕业生报名资格,并按"本科以上学历优先、专业对口优先、党员学生干部优先、回原籍优先"的原则确定"拟招募"对象、录入湖北省"三支一扶"工作管理信息系统、发放《湖北省2013年"三支一扶"计划岗前培训通知书》。

（四）岗前培训和体检。

2013年7月（具体时间地点见《湖北省2013年"三支一扶"计划岗前培训通知书》），由省"三支一扶"办统一组织"拟招募"对象进行上岗前集中培训，并对"拟招募"对象参照《公务员录用体检通用标准（试行）》集中组织体检。省"三支一扶"办对岗前培训结业、体检合格者发放《选派通知书》。

（五）选派到岗。

2013年7月底前，"拟招募"对象凭省"三支一扶"办发放的《选派通知书》到服务岗位所在县（市、区）"三支一扶"办报到。由县（市、区）"三支一扶"办负责完善"三支一扶"高校毕业生数据库信息、派遣到岗并组织服务单位与选派对象签订服务协议。逾期不报到者，视为自动放弃。

（六）公示和审批。

2013年8月，省"三支一扶"办依据各地"三支一扶"办汇总上报的选派到岗人员名单审核确定《湖北省2013年"三支一扶"计划拟招募选派人员名单》并在湖北省人力资源和社会保障厅网站公示7天，接受社会和高校毕业生监督。公示内容包括服务类别、服务地区、拟招募选派人员姓名等。凡举报者应署实名，实事求是地反映问题，并提供必要的调查线索。

公示期满，符合招募选派条件的，经省"三支一扶"工作领导小组审批后由省"三支一扶"办发文确认。公示反映有不符合招募选派条件并经调查属实的，不予选派。

温馨提示：

1. 咨询方式。涉及报名资格初审、资格复审、体检、公示等环节的有关具体问题，高校毕业生应于2013年5月15日后的工作时间内，首先按下面提供的咨询电话（略），依次与市州"三支一扶"办、省级项目主管部门、省"三支一扶"办联系咨询。对招募选派基本政策有疑问的，可与027-12333-2-0联系咨询。

2. 请高校毕业生网上报名时务必留下两种联系方式（手机和固定电话），在资格审查、调剂、双向选择和递补期间保持通信畅通，通信方式变更后，应主动告知拟服务岗位所在市州、直管市、神农架林区"三支一扶"办，避免失去服务机会。

3. 请高校毕业生在网上报名时仔细核对拟服务的岗位，从七类岗位中选择一个填报并注明是否服从调剂，错报岗位的一切后果由考生个人承担；因故错过报名时限的高校毕业生，也可带齐相关资料直接到双向选择会现场，经批准补报（报名人数与招募计划之比已达5：1以上并通过考试确定双向选择人选的岗位除外）并参加双选。

4. 服务期间待遇。"三支一扶"高校毕业生服务期间给予生活补贴，并按当地城镇职工参保办法办理基本养老、基本医疗、工伤、失业和生育五项社会保险；每人每年发放交通补贴400元;年度考核合格等次以上者,每人每年给予5000元的奖励。生活补贴标准参照当地乡镇事业单位从高校毕业生中新聘用工作人员试用期满后工资收入水平的标准确定(到37个国定、省定扶贫开发重点县与国务院明确的比照西部大开发有关政策的县、市,以及到其他乡镇基层服务的,可按国家和我省有关规定高定薪级工资一至两级),从报到的当月开始按月发放。

5. 服务期满优惠政策。鼓励高校毕业生在"三支一扶"服务期满后留在当地就业,支持自主创业,扶助自主择业。今后,参加"三支一扶"项目的事业单位相对应的自然减员空岗,全部聘用服务期满考核合格的高校毕业生。县、乡各类事业单位,有岗位空缺需补充人员时,也可拿出一定岗位通过人社部门考核直接聘用这部分毕业生。各地县以上相关事业单位公开招聘工作人员时,对"三支一扶"服务期满2年且考核合格的高校毕业生,可采取定向招聘或笔试加分的办法予以政策倾斜;定向招聘比例应不低于40%,综合科目笔试成绩总分增加5分,定向招聘和加分优惠措施不同时实行。考试录用公务员时,将拿出部分职位定向招录"三支一扶"服务期满考核合格的高校毕业生。"三支一扶"高校毕业生到农村基层服务2年以上,服务期满后3年内报考硕士研究生的,初试总分加10分,同等条件下优先录取。

热忱欢迎德才素质好、有志于到农村基层服务的广大高校毕业生踊跃报名应聘,并随时注意查看双向选择、岗前培训、公示等环节的工作公告。

市州、直管市、神农架林区"三支一扶"办报名、政策咨询电话电子邮箱(略)

湖北省"三支一扶"工作协调管理办公室
2013年5月13日

(四)大学生志愿服务西部计划

1. 什么是大学生志愿服务西部计划

根据国务院常务会议精神,从2003年开始,团中央、教育部、财政部、人力资源和社会保障部共同组织实施西部计划,按照公开招募、自愿报名、组织选拔、集中派遣的方式,每年招募一定数量的普通高等学校应届毕业生,到中西部贫困县的乡镇一级从事志愿服务工作。志愿者服务期满后,鼓励扎根基层,或者自主择业和流动就业,并在升学、就业方面给予一定政策支持。

2. 工作内容

该计划的工作内容会根据每年形势发展进行相应调整。以2010年全国项目为例,主要内容为支教、支医、支农、基层青年工作、新疆双语教学(原新疆汉语教学)、灾后重建、全国农村党员干部现代远程教育、西部基层检察院、西部基层法律援助、西部基层人民法院、西部农村平安建设和开发性金融等专项行动。服务期限为1～3年。

3. 志愿者选拔标准

志愿者选拔标准包括：① 具有志愿精神；② 学分总绩点（或学业成绩）排名在本院系同年级学生总数前70％之内；③ 通过本校毕业体检和西部计划体检；④ 获得毕业证书并具有真实有效居民身份证；⑤ 本科及本科以上学历优先；⑥ 优秀学生干部和有志愿服务经历者优先；⑦ 西部急需的农、林、水、医、师、金融、法学类专业者优先；⑧ 入学前户籍所在地在西部地区者优先；⑨ 已录取为研究生的应届高校毕业生和在读研究生优先；⑩ 参加基层青年工作专项行动的志愿者应累计有1个月以上基层工作、志愿服务经历或者曾获校级及以上表彰奖励、担任过各级团学组织主要负责人。志愿者还需要通过笔试和面试，择优录用。

4. 政策支持

（1）服务期间，享受一定的生活补贴（含交通补贴和人身意外伤害、住院医疗保险）。

（2）服务期间，计算工龄，党团关系转至服务单位。本人要求户口和档案保留在学校的，按规定保留两年，在此期间，档案管理机构对保管其档案免收服务费用；本人要求将户口转回入学前户籍所在地的，公安机关按照规定为其办理落户手续，人事、教育部门所属人才交流机构负责办理相关手续，人事部门所属人才交流服务机构免费提供人事代理服务。服务期满落实工作单位后，公安机关按有关规定办理户口迁移手续。

（3）自2010年开始参加西部计划的，服务期满2年且考核合格的志愿者，3年内报考研究生，初试总分加10分，同等条件下优先录取。

（4）志愿者服务期满2年且考核合格的，报考公务员等享受适当加分、同等条件下优先录用等相关优惠政策，具体政策规定由省级人力资源和社会保障部门确定。

（5）服务期满自主创业的，可享受行政事业性收费减免、小额贷款担保和贴息等有关政策。

（6）从2009年开始，对参加西部计划并到西部地区县以下农村基层单位履行3年服务期限的应届毕业生，实施相应的学费和助学贷款代偿。

（7）志愿者服务期为1年、服务期满考核合格的，授予中国青年志愿服务铜奖奖章。志愿者服务期为2年、服务期满考核合格的，授予中国青年志愿服务银奖奖章，表现优秀的授予中国青年志愿服务金奖奖章，表现特别优秀的推荐参加中国青年五四奖章、中国十大杰出青年、中国十大杰出青年志愿者、国际青少年消除贫困奖等评选。有意了解更多信息者，可登录大学生志愿服务西部计划网（http：//xibu.youth.cn）。

五、参军

（一）有关政策规定

1. 征兵对象以男性为主

应届大学生参军入伍的征集对象包括：普通本科、高职等全日制公办和民办学校当年毕业的学生。往届毕业生、成人教育、各类非学历教育、培训类学校及自考类学校学生不包括在各级各类学校应届毕业生范围之内。

对应征者的年龄要求，高职应届毕业生可以放宽到23岁，本科及以上应届毕业生放宽到24岁。

2. 大学生入伍可获5大政策照顾

（1）应届毕业生优先报名应征、体检、政审，合格的农业户口应届毕业生预征对象未全部批准入伍前，不得批准往届毕业生和初中学历青年入伍。

（2）在选取士官、考军校、安排到技术岗位等方面优先，符合规定的可直接选拔为基层干部。

（3）由中央财政实施相应的学费补偿和国家助学贷款代偿。

（4）退役后，享受政法招录优先、考研初试总分加10分等优待政策，立二等功及以上的，免试入读硕士研究生。

（5）退役后，由入学前户籍所在地按照国家有关安置政策接收安置。

（二）报考条件

1. 国家鼓励高校应届毕业生应征入伍服义务兵役

这里的"高校应届毕业生"是指中央部门和地方所属全日制公办普通高等学校、民办普通高等学校和独立学院的全日制普通本专科（含高职）、研究生、第二学士学位应届毕业生。不包括往届毕业生及成人高等教育、高等教育自学考试类学生、各类非学历教育的学生。

2. 应征入伍需要满足的基本身体条件

应征入伍者要身心健康、体魄强健。其中，有几项基本条件：

（1）身高。男性162cm以上，女性160cm以上。

（2）体重。男性不超过标准体重的+20%、-10%，女性不超过标准体重的±15%，个别体格条件较为优秀的应征男青年，体重可放宽至不超过标准体重的25%，不低于标准体重的15%。

（3）视力。大学专科以上文化程度的青年入伍，右眼裸眼视力放宽至4.6，左眼裸眼视力放宽至 4.5。

(4) 内科。乙型肝炎表面抗原呈阴性,等等。

(三) 高校毕业生应征入伍服义务兵役要经过的程序

(1) 参加兵役登记和预征报名。高校所在地县级兵役机关会同有关部门到学校开展兵役登记,进行征兵普查工作,高校毕业生本人可向所在高校有关部门报名。

(2) 在高校参加预征。5 至 6 月,高校所在地县级兵役机关会同教育、公安、卫生等部门,到高校组织身体初检和政治初审,符合基本征集条件的确定为预征对象,并填写《应届高校毕业生预征对象登记表》。身体初检时对视力、肝功等项目进行重点检查。

(3) 到户籍所在地报名应征。10 至 11 月,确定为预征对象的高校毕业生,冬季征兵开始前持《应届高校毕业生预征对象登记表》到入学前户籍所在地县(市、区)征兵办公室报名应征。通过体格检查、政治审查并符合其他征集条件的,由县(市、区)人民政府征兵办公室优先批准入伍。

六、 出国留学

(一) 留学的种类

在我国,根据经费来源不同,出国留学主要有以下三种类型:

(1) 公费留学,指国家根据需要,按计划派遣由国家提供出国学习、生活及往返旅费的出国留学,一般分为大学生、研究生、进修人员和访问学者等公费留学。因选派部门不同,可分为国家公派和单位公派。

(2) 自费公派,指由个人自费按国家公派的方式加以管理,实际上也是公派的一种,近几年来,这部分人纳入单位公派的范围。在各机关、企业、事业团体里工作的各类专业骨干人员、毕业研究生、优秀文艺骨干、优秀运动员、机关工作业务骨干和具有特殊技能的人才,经过本单位的同意,通过取得各种奖学金、贷学金或者亲友的资助后,均应纳入所在单位、部门的派遣计划(在政府部门所属人才交流机构存档人员除外)。

(3) 自费留学,指出国学习、生活、医疗和往返一切费用由自己承担或者由国外亲友资助。根据《中国公民入境管理法》自费留学需要具备三项基本条件:① 申请人必须是具备法律上的公民资格,并且不存在民事上的或刑事上的法律责任;② 申请人必须是具有可靠的经济来源,无论是通过什么方式,只要能够自己解决学习和生活费用即可;③ 申请人必须能够提供外国录取学校的入学许可证。这种申请不受年龄、学历和工作年限的限制。到国外学习的学校,一般应当是大学,读专科、本科或者读研究生、博士生学位及进修。

(二) 留学的申请及签证手续

不论到什么国家、什么学校留学,必须经过获得入学许可、申领护照和办理签证三道手续。

1. 申请入学

不同国家、不同学校的入学手续会存在一些差异,但总体上都是相同的,一般经过以下步骤:

(1) 索取入学申请表格。申请人应在入学前一年或半年向学校写信,索要入学申请表格及与学校相关的其他材料。如果学校向外国留学生提供奖学金或助学金,申请人有条件还应尽力争取申请到奖学金或助学金,在索要入学申请表格的同时也应索要奖学金或助学金表格。写信要使用学校所在国家的官方语言文字,书信格式要符合该国的传统习惯。信的内容不要太长,主要说明自己对该学校感兴趣,想到该校深造学习,自己的简单学习经历,但一定要把申请人的姓名、国籍和通信地址写清楚,以免在邮寄中出现差错。

(2) 认真填写入学申请等表格。校方在收到索取函后,会很快给申请人寄来入学申请表等表格。申请人在收到这些表格后,要仔细阅读,逐项填写。

(3) 向学校寄送申请表等表格。要在截止申请日期之前把表格寄送到学校,如果学校收取申请费,也要同时汇寄。一般学校为了确定是否录取申请人,还要求寄送学生在校学习成绩单、个人简历、经济担保书和身体检查合格证明等文件。申请入学英语国家的大学一般需寄送托福成绩单。如果学校能够提供全额奖学金,则不需提供经济担保证明。

(4) 等待入学录取通知书。如果学校决定录取申请人,但不提供奖学金,有些国家的学校将会要求预先交付一定的学费、押金、外国学生健康保险费等,然后才发给申请人入学通知书。申请人如获高额奖学金,则不需交付以上费用。通知书上会注明入学时间、学习年限、所读学校类型、学习和生活费用的多少、经济来源等。

2. 申领护照

护照是国家主管机关发给短期出境或定居外国的本国公民的证件,以证明该公民的国籍和身份。出国留学人员应持本人身份证到户籍所在地的公安机关领取出国出境申请表。然后把填好的申请表、入学通知书、照片和相关资料交到公安机关审查合格后,会在 20～30 天以内把护照发给申请人。

3. 办理签证

签证是各国政府的外事机构所签发的允许外国人进入本国国境的证件,主要内容有:签证的时间、地点、有效期和种类。

办理程序:首先,要持护照和入学通知书到外事部门申请留学签证,领取留学签证申请表和其他相关表格并填写好；其次，把上述表格、学习成绩单、学历证书、入学通知书、护照等文件一同递交外事部门。外事部门会根据申请人的情况做出签证决定。如果同意，发证；不同意，会通知本人并说明拒签原因。

办理签证的必备文件：

（1）入学通知书及其复印件，正副本各一份。

（2）护照。

（3）签证申请表等表格，包括申请人的基本情况和简历、家庭状况，申请表上需贴本人照片。

（4）经济担保书和支持学费等费用的收据，如财产证明。

（5）关于学生的证明材料，包括近几年的学习成绩单、毕业证、获奖证明、英语能力证明及托福考试成绩。

（6）监护人证明。如果申请人不满16周岁，绝大多数国家要求家长或监护人出具监护证明。

第五节 自荐材料的准备及自荐的形式与技巧

一、自荐材料的准备

自荐材料是毕业生用来和用人单位取得联系、介绍自己基本情况、全方位展现自己风采的一种说明性和证明性的材料，形式上它既可以是纸质材料，也可以是电子版本。自荐材料是个人的"门面"、求职的"敲门砖"，在毕业生求职准备中自荐材料必不可少，并且其质量好坏直接影响着求职的成功与否，需要每位毕业生精心准备。

自荐材料内容主要包括：自荐书、个人简历、毕业生就业推荐表、附件等内容。自荐书和个人简历的内容及撰写技巧稍后将做重点介绍。

毕业生就业推荐表是学校为帮助毕业生就业，专门向用人单位出具的正式的推荐材料，是学校给每位毕业生提供的权威性认证，用人单位对此有较高信任度，增强了用人单位对自荐材料的可信度及毕业生的自荐力度。推荐表能证明毕业生的毕业身份、专业和培养方式等，一般包括本人及家庭基本情况，在校期间学习成绩、奖惩情况，自我鉴定和组织意见等内容。推荐表需要由毕业生本人按表格要求认真填写，经所在院系严格审查、学校毕业生就业主管部门审核签章后，方可用于向用人单位推荐。每位毕业生只能持一份推荐表原件，联系不同的单位时先使用复印件，原件备用人单位审验，待完全确定了用人单位后,再将原件交予用人单位。

附件是指能证实自荐材料中所列出的各方面情况的原始证明材料,它是证明自荐材料的真实性和自荐人各种能力的有力佐证。一般包括:成绩单、个人各类证书、相关成果证明材料、发表的作品等。为防止投递过程中丢失,一般这些证明材料都选用复印件,原件妥善保存备用人单位当面审核。

(一)自荐书

自荐书是毕业生向用人单位表达求职愿望、陈述求职理由、提出求职目标、自荐谋求职位的书信,是踏入社会、寻求工作的第一块敲门石,也是求职者与用人单位的第一次"短兵相接"。如何通过表述求职意向和对自身能力的概述,引起对方的重视和好感;如何让自己的才能、人格魅力在有限的空间里炫出夺人的光彩,在瞬间吸引住用人单位的眼球,这封自荐书极其关键,在一定程度上它决定了毕业生个人的前途和命运。

1. 自荐书的内容

自荐书是一封书信,一般应包括:标题、称呼、引言、正文、结尾和落款。

(1)标题:页面首行正中写"自荐书"。

(2)称呼:另起一行,定格书写,后加冒号。自荐书的称呼往往比一般书信的称呼要更加体现严谨、规范、礼貌和尊敬。一般而言,自荐书的审阅人往往是用人单位参与招聘、录用工作的重要人士,因此要特别重视审阅人的姓名和职务,要根据不同的对象而区别对待。

(3)引言:引言要说明写信的原因和目的等。通过自荐者的表述吸引用人单位能够继续阅读自荐材料,引导其自然而然地进入自荐书的正文。引言写法有很多,举出以下几种形式供参考。

① 自我描述式引言。用一句话概括你最重要的求职资格和工作能力,并简要说明这些资格和能力能够最好地满足求职岗位的需要。比如,"获悉贵公司欲招聘平面设计工作人员 1 名,本人有 6 年该工作从业经验,自认能够胜任贵公司工作,特自荐应聘"。

② 提名推荐式引言。提及一个推荐你前去且为用人单位所熟知和尊敬的人的名字,增加信任感,但不能给人以盛气凌人的感觉。比如,"很高兴得知贵校正在招聘语文教师,省重点中学××校长推荐我应聘此职位"。

③ 应征式引言。说明你是在什么地方看到了用人单位的招聘广告,并摆出自身优势能够满足招聘要求。比如,"据悉贵公司在扩大规模,拟招聘新人,且昨日又在××报上读到贵公司的招聘启事,故冒昧写信,前来应聘××经理一职"。

④ 赞扬式引言。赞扬招聘单位近期取得的显著成就和发生的重要变化,表明你渴望成为其中的一分子。比如,"久闻贵校声誉卓著,升学率极高,发展迅速,据悉贵校正积

极招聘,充实师资,故冒昧写信,热切期望早日加盟贵校"。

⑤独创性引言。如果你有足够的想象力和独创性,并且保证这种独创不至于引起用人单位的误解和反感,那么你完全可以用能够表现你这方面才华的句子来展现自我、吸引用人单位。

以上引言方式只是归纳的几种,实际操作中可以单独也可以合并使用。

(4) 正文:是自荐书的主体部分,是整篇自荐书的重点。正文部分要简洁突出自己的优势,从自己的专业知识、社会经验、技术特长、性格、能力等方面向用人单位表明,他们的需求正是你感兴趣且有能力胜任的岗位,使对方感觉你各方面的情况与他们的招聘条件相一致。正文写作的具体内容,也可以概括为以下五个方面:主要的学习经历(知识结构),工作经历(社会实践经历),个人的能力,兴趣、性格和爱好,提示说明(说明你在求职信后还附有相关的简历或证明、证书附件等)。

(5) 结尾:主要包括结束语和祝颂语。结束语写在正文之后,另起一行,目的在于提醒用人单位希望得到他们的答复或回电,或表达出渴望用人单位给予面试机会或表示面谈的愿望,内容要简明,语气要热情、诚恳,言语要有礼貌。例如,可以写"如蒙约期面谈,请惠告时间和地点,我将准时拜见""希望能得到您的回音""盼复"等。

通常在结束语后面还应写一些简短的表示敬意、祝愿之类的祝颂语,另起一行,如"此致""敬礼""祝您身体健康、工作顺利、事业发展""顺候安康""深表谢意",等等。

(6) 落款:包括署名和日期。

署名部分应注意与自荐书开头的"称呼"相一致,应写在结尾祝颂语的下一行的右后方,直接署上自己的姓名即可。

日期一般应写在署名右下方,最好用阿拉伯数字写,并写上年月日。

2. 自荐书的撰写技巧

写自荐书看起来并不难,但要写得出色却并不容易,不少毕业生的自荐书发出不少,但能得到用人单位回应的却很少;有些毕业生却能做到"百发百中",成功的奥秘在于其中有一定的技巧。

(1) 针对性强:不打无准备之仗。自荐书书写之前,最好能够对应聘单位情况有所了解,把自己的能力与优势恰如其分、有针对性地展示出来。自荐书要与应聘单位能够一一对应。目前有许多毕业生的自荐书一稿多投,本来想"普遍撒网,重点捕鱼",结果却"石沉大海,杳无音信"。

(2) 摆正位置:你能为用人单位做什么?美国前总统肯尼迪曾经说过:"各位美国人,你们国家并不向你们索取什么,但请你们扪心自问,你们能为自己的国家做些什么?"要写好自荐书,这句名言可以提供启示,首先要想想你能为用人单位做什么。或者换句话说,不应该写自己需要什么、获得该职位对自己有什么好处等,而应该写自己能为单位做些什么。这样自己的事业心和责任感会通过自荐书自然而然地呈现给用人单位，会引起用人单位的好感和重视。

（3）真情流露：传"诚"传"情"。"感人心者，莫先乎情"。自荐书若能做到真实坦诚，优点不羞谈、缺点不掩饰，不夸夸其谈，不自我卖弄，朴实无华，真诚可信，必能取信于人，感动对方。

（4）言简意赅：传递有效信息。自荐书要向用人单位传递有效精练的信息，篇幅太短显得没诚意，说不清问题，自然难以引起注意；篇幅太长会浪费阅读者时间，也会引起反感。所以在书写自荐书时要反复推敲，意思要表达清楚，用词要得当到位，内容做到简练完美。

（5）内外讲究：给人以美的享受。自荐书格式要规范，行文要正确，初稿完成后，要再三阅读，认真校对，不要出现错别字等错误；对于一些不太明白、没有把握的用词，要格外小心，避免用错词语，贻笑大方，自己的意愿甚至被误解。字迹要清晰工整，给人留下良好的第一印象。如果字写得不好，不如用打印稿；如果有一手漂亮的好书法，也可手写，以展示自己的书法才艺。

（二）个人简历

个人简历是毕业生个人身份、学习、工作、经历、成绩及有关能力的概括集锦，也是展示自身能力和价值的重要载体。一份成功的简历，不仅可引起用人单位的注意，还可以让招聘单位从其中看到毕业生优秀的品德、出众的才华、强烈的事业心、卓越的团队意识等。

1. 个人简历的内容

写简历前首先思考一下你是谁，你要应聘什么职位；如果你要应聘这个职位，你具备的经验或核心技能能否胜任这个岗位。其次，不妨先请教一下已毕业的校友，看看他们是如何制作自己简历的，再请周边同学、经验丰富的专业人士帮忙对简历做进一步修改润色；能够有机会听听更前沿、更权威的招聘单位的意见，做到精益求精，会使自己个性化简历大放异彩。

求职目标：这一部分是整个简历的核心，如同文章的中心思想，决定了简历的内容如何选择与组织。用简明的语言清楚地陈述你想从事的事情、希望在什么样的地方工作，以及与期望职位相关的技能。所提及的技能在简历正文中应有事实支持。低年级大学生如果对自己的求职目标不清楚，花一点儿时间，去和辅导员、专业课或就业处的老师及学长聊聊，这样你可以在一定程度上知道自己本专业的学长毕业后都有什么出路，外在环境是选择的基础，他人影响是选择的参考。

相关经历：这一部分是简历的主体。如今的企业更注重的是学生实际工作能力和工作经验。企业根据职位的需要对应聘者进行选拔，并不是你所有的优点、能力对企业都有用。取舍简历内容的标准为"是否符合应聘职位的需要"，即应聘的职位需要哪方面的素质,在简历中就突出哪方面,与职位无关的文字一律不写。

技能不仅限于你较正式的工作经验,实习、兼职、社团活动、班级职务、志愿者工作等都可以很好地体现你的技能,要学会整合自己的技能,而不是按照时间顺序罗列。描述自己的技能时,首先要强调你做了什么——是你的专业技能和通用技能,而不是介绍这个单位、这份工作或这个活动,通常用通用技能的行为动词开始每一个句子,如"组织""领导""建议"等。其次是你如何做的——你的工作态度、自我管理技能。使用积极简明的语言,但尽可能提供具体细节,以数字量化自己的成绩,用形容词和副词来修饰描述你的态度行为。最后由于你的行为而取得了什么样的效果,以及这件事的重要性。用动词来表达,如"提高""改进""增加"等。

具体细化而言,一份成功的简历一般应包括以下几个方面的内容:

(1) 个人资料:姓名、性别、出生年月、籍贯、政治面貌、婚姻状况、身体状况、兴趣、爱好、性格及住址、电话等。

(2) 受教育的程度:就读学校、所学专业、学位、外语、计算机掌握程度等。

(3) 本人经历:主要包括自己从事某项工作的起止时间,所担任职务的名称,主要成就等。在介绍这部分经历时,一定要突出与自己求职目标相关的工作。

(4) 所获荣誉:包括三好学生、优秀团员、优秀学生干部及奖学金等方面所获荣誉。

(5) 其他技能培训:外语等级证书、计算机操作等级证书、汽车驾驶执照等。另外所参加过的与该工作有关的其他辅导或培训课程,也应该反映出来,并注明完成的日期。如果目前正学习某一科目,你就应把将完成的日期写出来。例如,"计算机三级等级考试,将于明年1月完成"。

(6) 研究工作及成果:应该把做过的重大研究项目写进个人简历,要注明项目名称和项目合作者的姓名及该项目的赞助单位,最后注明完成该项目的时间。

(7) 自我评价及个人愿望:总结大学阶段的表现,并由辅导员(班主任)或学院主管领导填写意见;根据自己的爱好、兴趣和特长,表明自己即将愿意从事的工作。

(8) 说明部分:如果你对求职可以做出特别的说明,且这些说明与你的求职有关,并能引起招聘者的兴趣,那么你的简历上也应包括这部分。

2. 个人简历的撰写技巧

个人简历真正的用处就是让用人单位充分了解自己,从而提供可能的就业机会。因此简历要写得简洁精练,切忌拖泥带水。简历的格式要便于阅读,有吸引力,从而使用人单位对自己留下良好的印象。

(1) "简""力"结合。简历要"简",一是要阐明总体情况,二是要有针对性,三是针对应聘的职位列出自己学了什么,能做好什么,有什么实践成果和创意设想,有这三方面的内容就足够了。简历要有"力",即要有说服力,让招聘者一看你的简历就认为你"就是单位急需的人才"。比如,一位学广告设计的毕业生,一掏出简历,用人单位就当场拍板要了他,原因很简单,他把简历设计成了一张普通名片,正面是个人基本情况、求职意向,背面是实习作品。在厚厚的一沓资料面前,它无疑是有创意、有说服力的。

(2) 突出成就。仅有漂亮的外表而无实际内容的简历是不会吸引人的,招聘人员想要你以证据证明你的实力,所以简历要证明你以前的成就及你从中得到了什么益处。强调以前的经历,一定要写上结果,如参与了某著名跨国公司组织的计算机软件竞赛活动,并获得了一等奖。记住,别平铺直叙自己过去的经历,短短一份"成就纪录",远胜于长长的"工作经验"。

(3) 坦率真诚。内容真实是简历的最基本的要求。有一些求职者,为了博得用人单位对自己的好印象,不惜给自己的简历造假。比如,过分渲染自己的学业成绩和能力,甚至擅改自己的学业成绩,造假者可能一时未被人识破,但终归有暴露真相的一天,到时候,对自己的伤害会更大。

(4) 重点突出。由于时间的关系,招聘人员可能只会花短短几分钟的时间来审阅你的简历,因此简历一定要重点突出,应将你的能力分析和你能够胜任这份工作的理由作为重点予以突出。一般来说,对于不同的用人单位,不同职位的不同要求,求职者应当事先进行必要的分析,有针对性地将其设计为简历的点睛之处,既要深思熟虑,写得精彩,又要巧妙布局,不落俗套。例如,用边框突出正文,或使用一些字体格式,如斜体、大写、下画线、首字突出等。

(5) 精准字词。许多负责招聘的工作人员都说他们最讨厌错别字,甚至有人说:"我一发现错别字,就停止阅读。"因此,我们最好不要使用拗口的语句和生僻的字词,更不要有病句、错别字。外文要特别注意不要出现拼写和语法错误,一般招聘人员考察应聘者的外语能力就是从其简历开始的。同时行文也要注意准确、规范,大多数情况下,作为实用型文体,句式以简明的短句为好,文风要平实、沉稳、严肃,以叙述、说明为主。

(6) 凸显专业。适当引用应聘职位所需的主要技能和经验术语,能使简历更显深度。例如,要应聘办公室人员,就要熟悉计算机汉字处理系统;招聘工程师,需要懂绘图和设计软件。总之,招聘单位对不同的职位有相应的具体的素质和技能要求;若你学习掌握这些要求,那么引用一些相关专业术语在你的简历中,能表现出你是内行或具有这方面的资历。

(7) 扬长避短。撰写求职简历还要考虑到竞争对手给你造成的麻烦,所以要知己知彼,突出自己的长处,回避自己的短处。再有,你可强调你具有较强的可适应性来弥补所欠缺的工作经验,以你在校期间参加过的勤工助学、实习和实践的成就证明你"勤奋肯干""能迅速掌握新技能"。同时,你也可以考虑表达接受困难条件的意愿,如"愿意在周末和晚上加班"或"能够出差或外派"等。

典型案例

范例一：

```
×××
工作年限：    三年以上                  手　　机：  ×××××××××
居 住 地：    ××市××                 电子邮件：  ×××××@163.com
学　　历：    大专                     专　　业：  中国语言文学

性　　别：    女                       出生日期：  19××年×月×日
地　　址：    ××市××区××路××号××室
邮　　编：    ××××××
目前年薪：    3~4万人民币
户口所在地：  ××
```

自我评价

2009年 在猫扑网上出现了一则名为＜×××××× ＞的帖子之后各路媒体纷纷报道 这是我个人到现在为止所作的最为成功的市场营销案例 到现在为止，您可以通过搜索：上海求婚女 或 陆家嘴求婚女等词条很容易的在百度或者谷歌上面找到我的相关报导 我相信 对任何一家公司而言，如果没有冲刺500强的兴趣和必要 完全不用录取一名具国际视野 经济学头脑的市场营销人员来做营销经理 但是如果您要巩固自己的地位 缓慢向前发展 来几个金融危机都屹立不倒,或进行业务重组 我相信我完全可以充任这个职位 作为一名销售人员或者管理人员 我管理一家公司完全绰绰有余 我希望到银行工作 希望有平均每月5000元的收入，希望工作稳定 恳请获得这个机会

因上班期间不接电话,请用人单位将面试信息发送至本人电子邮箱

求职意向

2009 /6至今：家乐福南方店(500人以上)
所属行业：   批发/零售
收银   **收银主管/收银员**
超市收银员。

2008 /12-2009 /3：上海森果商贸有限公司
所属行业：   计算机硬件
电子产品销售   **销售代表**
手机、数码相机、电脑等产品的销售推广与售后服务。

2007 /12-2008 /10：湖南亚华乳业有限公司(500人以上)
所属行业：   快速消费品(食品、饮料、化妆品)
销售   **客服专员/助理(非技术)**
大区售后服务专员。职责为收集并整理客户资料。上级售后服务主管，隶属于大区销售部门。

教育经历

2004 /9-2006 /7   湖南大学   中国语言文学   大专
课程：教育学，心理学，古代汉语，现代汉语，语言基础。

语言能力

英语（一般）

优点：①排版比较合理；②内容比较全面；③个人展示充分。

缺点：①结构不清晰；②态度不端正；③用词不恰当；④表述不准确；⑤"求职意向"与内容不符；⑥标点符号使用有误。

范例二：

姓　名	××	性别	女	民族	汉
政治面貌	共青团员	户籍	××省××市××县		
出生年月	19××年××月	婚姻状况	未婚	入学时间	2010年9月
主修专业	电气信息类（电子通信类）			文化程度	本科
就读学校	××大学工商学院				
英语水平	校内一级	计算机水平	计算机一级		
联系方式	联系电话	×××××××××	邮政编码	××××××	
	通信地址	××省××市××大学工商学院××楼××室			
	电子邮箱	×××××××@qq.com			
工作简历	1. 2010—2011年度在大学生职业发展协会参与了大学生职业生涯规划大赛活动的举办。 2. 参与举办了2011年春季双选会的招选活动。 3. 参与2011年简历设计大赛的主办活动。 4. 在校期间积极参加了一些社会实践活动，有丰富的实习经验。				
自我评价	本人性格开朗、自信热情、做事稳重、有责任心、能吃苦耐劳，富有时间观念，富于团队合作精神和集体荣誉感及企业忠诚度，有一定的语言表达能力，善于沟通交际，具有良好的人际关系，坚信"工作的人生最美丽"。我的理念是：在年轻的季节我甘愿吃苦受累，只愿通过自己富有激情、积极主动的努力实现自身价值并在工作中做出最大的贡献。作为初学者，我具备出色的学习能力并且乐于学习、敢于创新，不断追求卓越；作为参与者，我具备诚实可信的品格、富有团队合作精神；作为领导者，我具备做事干练、果断的风格，良好的沟通和人际协调能力。受过系统的相关专业知识训练，有很强的忍耐力、意志力和吃苦耐劳的品质，对工作认真负责，积极进取，个性乐观执着，敢于面对困难与挑战。本人为人正直、善良，性格直率、开朗，爱好运动及看书。人缘较好，易让众人接受。适应能力强，勤于学习与钻研，敢于挑战未知领域，乐于在自身及周围世界寻求突破。我工作认真负责，诚实守信，适应和交际能力强，勤奋好学，具有良好的团队精神、敬业精神和吃苦精神，对未来的工作前景充满希望和信心。				

优点：① 风格简洁；② 基本信息详尽。

缺点：① 无用信息过多；② 信息未做详细分类；③ 工作经历过于简单（"简历"应为"经历"）；④ 自我评价过于冗长，不能突出重点，自夸成分过大。

简历简历,简单有力。一张纸要涵盖你大学几年的阅历、成绩、收获,它将成为开启职业生涯的一把必不可少的"钥匙"。要让这把"钥匙"强劲有力而又恰到好处地帮你开启职业之门,从低年级就要围绕自己的职业素质上狠下功夫,越是低年级的学生,自我完善与弥补的空间越大,自主性发挥的范围越广,在大学有限的时间创造自己的求职简历,而不是毕业时编写自己的简历。只有未雨绸缪才会有备无患,有效而又适当的简历是推销自我的首要途径,只有这样每一位大学生才能在职场中尽快找到适合自己的位置。

扩展阅读

国企与外企在简历甄选上的不同

表8-5中列出了国企与外企在简历甄选上的不同。

表8-5 国企与外企甄选简历的区别

	外企	国企
个人信息	较为简单:姓名、地址、电话、邮件	较为丰富:除了基本信息之外,还可能需要性别、民族、籍贯、婚否、身高、体重、政治面貌等
教育经历	可能需要学分、成绩	通常直接看成绩
长度	本科生最好1页,除非经历足够丰富	可1~2页
学术活动	对本科生一般不看,仅作为参考;研究生而言可作为研发能力的表现	很关注学术获得,发表论文、参与学术研究的经历能得到好感
工作经历	能体现出个人适应工作素质的所有经历都会受重视	与职位相关度高,不相关的经历可能不受重视
校园活动	对教育背景的补充,重视其对个人带来的能力提升,仅有校园活动并不太足够	很重视校园活动,尤其是在其中的职位。学生干部更受青睐
奖励	不仅关注奖励本身,也在意获奖难易程度,如一个班级多少人获得,评奖标准	比较看重奖励的数量。对政治要求比较高的,对学生干部、优秀党员之类的奖励比较看重
职业技能	相比证书,更看重软性职业技能	比较看重各类证书,尤其国家承认的职业技能证书

二、自荐的形式与技巧

自荐即自我推荐,是毕业生向用人单位介绍自己、展示自己,让用人单位了解自己、认识自己和选择自己的实战过程;是毕业生在求职择业过程中的基本环节,也是打下良好择业基础的重要阶段。

(一) 自荐形式

自荐有直接自荐和间接自荐两种。直接自荐是指由本人向用人单位做自我介绍、自我评价、自我推销。间接自荐是指借助中介推荐自己,即先不与用人单位直接接触,只需要将自己的想法和条件告诉第三者,或形成材料就能达到推荐自己的目的。综合起来,自荐的方式主要包括以下几种。

1. 当面自荐

这种自荐方式,要求求职者必须亲临用人单位或招聘现场。其优点是直接面对用人单位,便于展示自己的风度和才华,容易给人留下深刻的印象。如果自己表现出色,可能会被用人单位现场录用;其缺点是涉及面有限,尤其对路途遥远的单位更难实现。对个人来说,如果自己风度潇洒,谈吐自如,反应敏捷,此种自荐方式更能发挥自己的优势。对用人单位来说,新闻、外贸、外事、旅游、教育等部门也更青睐此种方式。

2. 信函自荐

信函自荐即通过向用人单位邮寄或呈送自荐材料的形式推销自己。此种方式是毕业生求职择业过程中最常用、最重要的手段。它覆盖面宽,可以扩大自荐范围,不受时空限制。科研、出版、金融单位和工矿企业等注重实际的用人单位,乐于接受此类自荐方式。

3. 电话自荐

现代社会里,电话日益普及,已经成为人们日常生活中不可缺少的最为快捷、方便的通信工具。在日常的人际交往、商务会谈及求职择业中,都起着不可忽视的作用。但是,由于电话自荐仅靠声音传递信息,具有局限性,只能是"投石问路",仍需要书面材料或面试方式。

4. 网络自荐

网络自荐是伴随网络发展而新出现的一种新的自荐方式,它是借助网络传递求职信息,使双方在网络上"供需见面,双向选择"。这种自荐方式时效性好、覆盖面广,是今后自荐发展的方向。

5. 实习自荐

实习自荐即通过各种实习、社会实践机会推荐自己,也就是先相亲,后过门。

6. 其他自荐

(1) 学校推荐。这是一种间接的自荐方式。这种方式的特点是,学校向毕业生推荐的单位往往是主动向学校提供明确的用人需求的或是与学校有密切合作、相互信任的工作关系,因此,招聘信息可靠,用人单位的情况明确,值得信赖;同时,在用人单位看来,学校对毕业生的情况比较了解,学校对毕业生的介绍可信度高,有权威性。因此,经过学校的推荐,求职者和用人单位往往容易互相认可,成功率较高。

(2) 他人推荐。这是利用老师、父母、亲友推荐而达到自我推荐目的的一种自荐方法。有的教师与一些对口用人单位的领导或业务骨干有较为密切的联系,或已在某个行业、学科中具有较高的学术声望,因此,他们的推荐容易引起用人单位的重视和信任。当然,父母、亲友的推荐可帮助毕业生扩大自荐的范围,对自己的成功择业也会助一臂之力。

在求职活动中,毕业生可以综合运用以上自荐形式,效果会更好。

(二) 自荐技巧

大学生在自我推荐过程中,要想找到理想的职业,除靠知识、技能等"硬实力"外,还必须重视"软包装",重视非智力因素的表现,依靠灵活的方法和技巧取胜。综合起来,自荐应注意以下方式与技巧。

1. 自荐只是手段而不是目的

战国时的毛遂自荐,终于说服楚王与赵国合作,出兵解邯郸之围,其目的是施展自己的才华,报效国家。大学生自我推荐,首先需要清楚自荐仅仅是一种说服手段,即让对方认可、接受、肯定自己的人格、知识、技能和理想,从而获得成功的机会;而不是倒因为果,以推荐自己为目的,不管结果怎样,只是一味地推荐,其结果只能得不偿失。

2. 要有自信心、主动性和勇气

自信是现代人必须具备的心理素质。一位心理医生曾经说过:"你越对自己有信心,就越能造成一种你很行的气氛。事实上,你的态度全部反映在你的举手投足之间,就好像一个人坐椅子,一个感到自在的人会坐在整个椅子上,而一个不自在的人,只会坐在边缘上。"大学生自我推荐,必须自己相信自己,清醒地知道自己具备达到目标所需的力量,并完全依靠自己的力量进行竞争,这是求职者成功自荐的奥秘之一。

成功的自荐还必须具有足够的勇气,不怕失败。伽利略说过:"追求科学要有特殊的勇敢。"自荐也是一样,你要在别人面前介绍自己,证明自己,如果没有"初生牛犊不怕虎"的勇气,就会畏缩不前、犹豫不决,就会紧张、拘谨甚至自卑。常常会遇到这样一些情况,有的学生去用人单位之前,脑子里已准备好了对各种问题的回答,甚至语调、礼貌话、动作都想好了,可到了用的时候,竟全忘光了,聪明才智不见了,剩下的只是呆板、不知所措。这样的情景如果形成恶性循环,就会使人越发紧张和拘谨,结果给人一种缩手缩脚、没有魄力、无所作为或作为不大的印象。还有一些学生在洽谈会上,由家长和老师陪着东转西看,出谋划策,很令招聘单位费解。其实,像这类事情正好反映出部分大学生对自荐既缺乏自信,又缺乏勇气的被动应付的心理和态度。

3. 要诚恳、谦虚、有礼貌

诚恳、谦虚、有礼貌是为人处世的基本要素,是赢得用人单位好感的应有态度,对大学生应聘十分重要。

诚恳,即做到言而有信。大学生自荐应以信为本,在介绍自己时,要讲真话,有诚意,不吹牛撒谎,不虚情假意,给对方以信任感。比如说,自己对某问题不明白时,可告诉招聘人员:"对不起,我不知道这个问题。"这恰恰反映出你直率诚实的性格。

谦虚,是一种美好的品德,是尊重对方的一种态度。在就业市场上,常有不少学生因口若悬河、夸夸其谈吃了"闭门羹";也有人因为摆出一副"我有知识你就得用"的神气,令用人单位非常反感。因此,要切记,在任何时候,虚心、谦逊都是用人单位最为欢迎的态度。

礼貌,是道德的一种外在表现形式,它在人际关系调节中具有不可忽视的作用。大学生自荐时,无论是表情,还是一句称呼、一声感谢、一个小动作,都能反映出一个人的内在修养和素质,都会被招聘单位看在眼里,作为评价的话题。因此,自荐时要以礼待人,不能认为这都是小节,不说明什么问题。即使对方当场回绝或不太理睬你时也要表现冷静,给自己找个台阶下,给对方留下明理的印象。

4. 要注意对方的需要和感受

自我推荐,应注重的是对方的需要和感受,并据之以说服对方,被对方接受。比如,自己所告诉的正好是对方所要的,自己所问的正好是对方要告诉的。要做到这点,首先,要事先有所准备,想一想一般用人单位需要什么,他们会提出什么问题,对什么最感兴趣;其次,临场要"察言观色",把握对方心理,随机应变。

5. 要善于展示自己

善于展示自己,即"展示适时,展示适度"。"热门"的用人单位往往门庭若市,要想在强手如林的竞争中引人注意,脱颖而出,就应该做到以下几点。

(1) 会介绍自己。"良好的开端是成功的一半"。自荐时,要先入为主,一开始就简明扼要,说明来意。在介绍自己时要有理有据,言简意赅。

(2) 会提问题。提问题是为自我服务,除了想搞明白某个情况之外,还可借助提问题,更好地展示自己。比如"贵单位需要什么样的大学生?"在必要时,也可率先开口,不要总是等对方提问。

(3) 会回答问题。回答问题是为了说明情况,展示自己。因此,要学会正确运用闪避、转移、引申、模糊应答等方法,"以巧力拨千斤"。

(4) 会发挥优势,即展示自己要有特色。自荐必须从引起别人注意开始,如果别人不在意你的存在,那就谈不上推荐自己。引起别人注意的关键是要扬长避短,有自己的特色,使对方对自己产生兴趣。

6. 要学会使用自荐材料

有份好的自荐材料,还要学会使用。例如,在招聘会上,求职人员很多,难以与用人单位的招聘人员交谈,则可先把自荐材料提供给用人单位,从而为自己争取到面试的机会。自荐材料最好亲自呈递,这样做会加深用人单位对你的印象。同时,呈递材料时,还要多准备几份,这样既表示你对每个人的尊重,又无疑为他们在共同商议是否录用你时提供方便。如果无法亲自呈递,或想"广种薄收"等,就采取邮寄的方式。这样做既可扩大投递范围,也比较隐蔽,但邮寄不易引起用人单位的注意和重视。为了避免这种做法的不利,可将自荐材料直接寄给主管人,使他感觉到你很在乎该单位,从而留下一个深刻的印象。

7. 要善于"包装"自己

在竞争激烈的今天,包装不仅限于保护功效,更主要的在于它能弥补个人不足,提高个人价值,发挥"促销"作用。包装分为外包装和内包装。外包装又称初级包装,它是通过一些非语言媒介对自荐发挥作用,如衣着、发式、动作、行为举止、体态、气质等要得体、适度,给人以大方、潇洒、端庄、有知识、有涵养、有信心、符合大学生身份的感觉。研究结果表明,外表有吸引力者,一般会被招聘人员理解为聪明精干、办事认真可靠,使人另眼相待。内包装又称深层次包装,它建立在有真才实学的基础之上,其内容包括个人积累的知识、出色的口才、流利的外语对话、熟练的上机操作、扎实的专业基本功等。

8. 要注意控制情绪

人的情绪有振奋、平静和低潮三种表现。实践证明,无论是谁,心情紧张时,说话总是节奏过快,使听者很费力,容易厌烦。大学生初次接触社会,缺乏说话技巧。因此,在推荐自己的过程中,要善于控制情绪,说话节奏适中,可以表露出自己的才华、学识、能力和社会阅历,增加对方对自己的了解。

第六节　面试的技巧与准备

一、面试的目的、类型及内容

面试即面对面测试,主要指应聘者与面试考官之间面对面的语言和行为的交流。面试,改变了长期以来沿用的从档案看人、以一卷定终生的单向的、静态的传统考核方法,从而使应聘者与招聘单位之间建立起了一座沟通、了解的无形桥梁。通过面试,招聘单位能够多维地、动态地了解应聘者的形象、气质、性格、兴趣、特长、能力等,然后做出是否录用的决定。应聘者也能够通过面谈更进一步了解招聘单位的情况,最后做出是否签约的决定。求职面试对于招聘、应聘双方都事关重大,均需认真对待。

(一) 面试类型

1. 单独面试和小组面试

(1) 单独面试。此种面试是一次只有一个应聘者的面试,现实中的面试大都属于此类。单独面试又分为两种类型:①"一对一"面试,即只有一位面试考官负责整个面试过程,这种面试方式大多在较小的单位录用较低职位的人员时采用;②"多对一"面试,即多位面试考官面试一位应聘者,这种形式在国家公务员录用面试和大型企业的招聘面试中广泛采用。单独面试的优点是能够给应聘者提供更多的时间和机会,使面试能进行得比较深入。

(2) 小组面试。此种面试是多名应聘者同时面对面试考官的面试。无领导小组讨论就是一种典型的小组面试形式,它是一种采用情景模拟的方式对应聘者进行的集体面试,具体操作是将5~8名应聘者组成一个小组,小组成员一起在一段时间内围绕一个主题进行讨论,这个讨论不是随意无限制的,一般有时间的限制,通常是一个小时左右。在这个测试的过程中,面试考官通过观察各个应聘者的行为、发言、肢体语言,以此来评判应聘者的组织协调能力、口头表达能力、辩论能力、说服能力、情绪稳定性、处理人际关系的技巧、非言语沟通能力等各个方面的能力和素质,由此来评价应聘者之间的优劣,决定录用与否。因为效果明显,现在这种面试方式已经广泛应用于各种面试中。

2. 压力性面试和非压力性面试

(1) 压力性面试是面试官将应聘者置于一种人为的紧张气氛中,面试考官穷追不舍地连续就某一问题向应聘者发问,让应聘者接受诸如挑衅性的、非议性的、刁难性的刺激,以考察其应变能力、抗挫折能力、心理承受力等。

（2）非压力性面试是在没有压力的情境下考察应聘者有关方面的素质。

3. 行为性面试、情境性面试和综合性面试

（1）行为性面试是指面试考官通过要求应聘者描述其过去某种工作或者生活经历的具体情况来了解应聘者各方面素质特征的方法。具体操作是面试考官通过一系列问题如"这件事情发生在什么时候""您当时是怎样思考的""为此您采取了什么措施来解决这个问题"等,收集应聘者在代表性事件中的具体行为和心理活动的详细信息。基于应聘者对以往工作事件的描述及面试考官的提问和追问,运用素质模型来评价应聘者在以往工作中表现的素质,并以此推测其在今后工作中的行为表现。

（2）情境性面试是通过给应聘者创设一种假定的情境,考察应聘者在情境中如何考虑问题、做出何种行为反应。它是面试形式发展的新趋势。在情境面试中,突破了常规面试即面试考官和应聘者一问一答的模式,引入了无领导小组讨论、公文处理、角色扮演、演讲、答辩、案例分析等人员甄选中的情景模拟方法。在这种面试形式下,面试的具体方法灵活多样,面试的模拟性、逼真性强,应聘者的才华能得到更充分、更全面的展现,面试考官对应聘者的素质也能做出更全面、更深入、更准确的评价。在情境面试中,应聘者应落落大方、自然和谐地进入情境,去除不安和焦灼的心理,只有这样,才能发挥出最佳效果。

（3）综合性面试兼有前两种面试的特点。

4. 一次性面试和分阶段面试

（1）一次性面试指用人单位对应聘者的面试集中于一次进行。在一次性面试中,面试考官的阵容一般都比较强大,通常由用人单位人事部门负责人、业务部门负责人及人事测评专家组成。在一次性面试情况下,应聘者是否能面试过关,甚至是否被最终录用,都取决于这一次面试表现。面对这类面试,应聘者必须集中所长,认真准备,全力以赴。

（2）分阶段面试。分阶段面试又可分为两种类型,即依序面试和逐步面试。

① 依序面试一般分为初试、复试和综合评定三个阶段。初试的目的在于从众多应聘者中筛选出较好的人选,主要考查应聘者的仪表风度、工作态度、上进心、进取精神等,将明显不合格者予以淘汰。初试合格者则进入复试,复试以考查应聘者的专业知识和业务技能为主,衡量应聘者对拟任工作岗位是否合适。复试结束后再由人事部门会同用人部门综合评定每位应聘者的成绩,最终确定合格人选。

② 逐步面试一般是由用人单位的主管领导、处（科）长及一般工作人员组成面试小组,按照小组成员的层次,由低到高的顺序,依次对应聘者进行面试。面试的内容依层次

各有侧重,低层一般以考查专业知识及业务知识为主,中层以考查能力为主,高层则实施全面考查与最终把关。应聘者要对各层面试的要求做到心中有数,力争每个层次均给面试考官留下好印象。在低层次面试时,不可轻视;在面对高层次面试时,也不必拘谨。

(二) 面试涉及的主要内容

招聘单位在对应聘者甄选的过程中,并不是以面试去测评应聘者的所有素质,而是有选择地用面试去测评它最能测评的内容。面试涉及的主要内容包括以下几个方面。

1. 仪表风度

仪表风度是指应聘者的体型、外貌、气色、衣着举止、精神状态等。国家公务员对仪表风度的要求较高,因此,仪表风度是公务员录用面试的一项重要内容。研究表明,仪表端庄、衣着整洁、举止文明的人,一般做事有规律,注意自我约束,责任心强。

2. 专业知识

面试时了解应聘者掌握专业知识的深度和广度,其专业知识是否符合所要录用职位的要求,是对专业知识笔试的补充。面试对专业知识的考查比笔试更灵活且更有深度,所提问题也更接近空缺岗位对专业知识的需求。

3. 工作经验

面试考官一般根据查阅应聘者的个人简历或求职登记表的结果,做些相关的提问,查询应聘者的有关背景及过去工作的情况,以补充、证实其所具有的实践经验。通过对工作经历与实践经验的了解,还可以考查应聘者的责任感、主动性、思维能力、口头表达能力及遇事的理智状况等。

4. 表达能力

表达能力是指面试中应聘者是否能够将自己的思想、观点、意见或建议顺畅地用语言表达出来。考查的具体内容包括表达的逻辑性、准确性、感染力、音质、音色、音量、音调等。

5. 综合分析能力

综合分析能力是指在面试中应聘者是否能对面试考官所提出的问题通过分析抓住本质,并且说理透彻、分析全面、条理清晰。

6. 反应能力

这种能力主要看应聘者对面试考官所提问题的理解是否准确贴切,以及回答的迅速性、准确性等;对于突发问题的反应是否机智敏捷、回答恰当;对于意外事件的处理是否妥当等。

7. 自我控制能力

自我控制能力对于国家公务员及许多其他类型的工作人员（如企业的管理人员）显得尤为重要。一方面，它是指在遇到上级批评指责、工作有压力或个人利益受到冲击时，是否能够克制、容忍、理智地对待，不致因情绪波动而影响工作；另一方面是指工作时是否会有耐心和韧劲。

8. 人际交往能力

在面试中，通过询问应聘者经常参与哪些社团活动、喜欢同哪种类型的人打交道、各种社交场合所扮演的角色，可以了解应聘者的人际交往倾向和与人相处的技巧。

9. 工作态度

一是了解应聘者对过去学习、工作的态度，二是了解其对现报考职位的态度。在过去学习中或工作中态度不认真，做什么、做好做坏都无所谓的人，在新的工作岗位也很难能勤勤恳恳、认真负责。

10. 求职动机

了解应聘者为何希望来本单位工作，对哪类工作最感兴趣，在工作中追求什么，以此来判断本单位所能提供的职位或工作条件等能否满足其工作要求和期望。

11. 上进心、进取心

上进心、进取心强烈的人，一般都有事业上的奋斗目标，并为之积极努力；表现在努力把现有工作做好，且不安于现状，工作中常有创新。上进心不强的人，一般都是安于现状、无所事事、不求有功，但求能敷衍了事，因此对什么事都不热心。

12. 业余爱好与兴趣

通过了解应聘者业余时间喜欢从事哪些运动，喜欢阅读哪些书籍，喜欢什么样的电视节目及有什么样的嗜好等，可以了解一个人的兴趣与爱好。

13. 待遇要求

面试时面试考官还会向应聘者介绍本单位及拟聘职位的情况与要求，讨论有关工薪、福利等应聘者关心的问题。

二、面试前的准备

凡事预则立，不预则废。面试是应聘者求职择业的关键环节，若得到了面试机会，一定要格外珍惜，认真对待。

1. 了解招聘单位和应聘职位的有关信息

面试考官提出问题的出发点,往往都要以招聘单位为中心,因此,面试前应聘者要尽可能多地了解招聘单位的有关情况,对单位的性质、业务范围、部门设置、职位要求、单位未来发展等做到心中有数。

2. 熟悉自己的有关情况

求职过程中有的人之所以一帆风顺、战无不胜,有的人却屡战屡败、到处碰壁,除了各自的知识、本领、素质的不同外,最根本的区别还在于"知己"的能力上。面试前应聘者要熟悉自己各方面的情况,牢记报名表、履历表中所填的内容,自己学过的课程、掌握的技能、自身特长等哪些与应聘的职位要求有关,在面试时做到顺手拈来、灵活应对。

3. 适当模拟面试场景

面试是应聘者与面试考官直接接触、当面回答的场面,多数人会感到紧张、慌乱,临场发挥不好,见了面试考官后,心跳加快、举手无措,智商、口才、形象、仪态都大打折扣。其实面试可以通过练习进行提高,参加过几次面试后,应聘者要认真总结,面试话题大同小异。某些基本问题,应聘者可以事先准备。例如,可以事先准备好自我介绍的腹稿,到时候流利表达。

4. 做好心理调适

毕业生择业过程是一个复杂的心理变化过程。要想获得择业的成功,没有充分的心理准备、良好的竞技状态是不行的。做好择业前的心理准备,排除心理干扰,应着重克服以下几方面的心理障碍:(1) 盲目自信,胃口高吊;(2) 自卑怯怯,信心不足;(3) 当断不断,患得患失;(4) 依赖心理,人云亦云。

5. 仪容与服饰要大方、得体

面试时,仪容与服饰是第一印象。第一次见面要给人整洁、美观、大方、明快之感。不修边幅会给人以窝窝囊囊的感觉。根据招聘单位的不同,穿着打扮也应有所不同。

6. 其他准备

面试前要搞清楚招聘单位的具体地址,合理安排时间提前到达面试地点;注意携带好自荐材料和有关证件等必备用品;随时携带求职记录本,记上招聘单位的电话、地址、搭乘车辆线路等信息;面试前要注意休息和睡眠,以便有充沛的精力应试。总之,在面试前要准备好各种事务性细节问题,不要造成人为紧张,从而影响了自己的面试。

> **典型案例**

某计算机公司对一位毕业生从面试开始到结束共提出了23个问题,这些问题依次是:

1. 你已经掌握了大学四年中所学的东西吗?
2. 你觉得哪些课程对你最有帮助?
3. 你选修了其他课程吗?
4. 你的毕业论文是自定的还是老师指定的?
5. 你认为计算机软件开发工作难吗?
6. 你对自己的能力有所了解吗?
7. 你喜欢高等数学课程吗?
8. 你担任过什么社会工作?
9. 在大学里你愿意参加哪些活动?
10. 你参加过公开演讲吗?
11. 你认为你的性格有益于交际吗?
12. 你上学是不是边上学边参加勤工俭学活动?
13. 你觉得勤工俭学和其他活动占用你的时间吗?
14. 你觉得挤出时间学习很困难吗?
15. 你认为你有哪些特殊才干?
16. 你的最大优点和弱点是什么?
17. 你对本公司了解吗?
18. 你有什么要问的问题?
19. 关于工作你还有什么问题?
20. 你喜欢在大公司还是小公司工作?
21. 你喜欢什么样的工作环境?
22. 你能很快适应工作环境吗?
23. 对于此,你还有什么问题?

上述问话共有23条,大体上可分为五个方面:

第一,应聘者是否受过良好的教育;

第二,应聘者是否有较高层次的分析头脑和主动性;

第三,应聘者在联系他人方面如何,是否好合作;

第四,应聘者头脑是否清醒,思维的条理性如何;

第五,此人是否有自知之明。

其问题的顺次安排是：

第1—4题,是用来判断应聘者所受教育程度。

第5—7题,是判断应聘者的分析能力。

第8—11题,是考察应聘者联系他人的能力或社交能力。

第12—14题,是考察应聘者的组织能力。

第15—19题,是考察应聘者的自我意识。

第20—23题,是确定应聘者是否适合该公司的工作环境和工作要求。

案例分析：分析这份面试材料,可以发现,招聘单位对应聘者的面试,其仔细程度是令人钦佩的。由此可以看出,从容应付好这样的场面是十分不容易的。所以,应聘者在应试面前,把情况想得复杂些,把问题难度想得大一些,把可能要提出的问题想得全面一些,这样才容易成功。

三、面试技巧及常见问题

（一）面试技巧

(1) 一个了解："知己知彼,百战不殆"。

(2) 两个切忌：一忌好高骛远,不切实际;二忌妄自菲薄,患得患失。

(3) 三个准备：心理准备;业务知识准备;体能、仪表准备。

(4) 四个度：

① 体现高度,在交谈中展示自己的水平；

② 增强信度,在交谈中展示自己的真诚；

③ 表现风度,在交谈中展示自己的气质；

④ 保持热度,在交谈中展示自己的热情。

(5) 五个问题：

① 问单位性质；

② 问录用后是否签订聘用合同或劳动合同；

③ 问工资、工时；

④ 问养老、失业、医疗、工伤、生育等社会保险；

⑤ 问住房、劳保、福利、假期及培训发展等。

（二）面试常见问题

1. 面试七忌

一忌迟到、失约。应提前10～15分钟或准时到达。

二忌数落别人。

三忌说谎邀功。面试时说谎,伪造"历史",或将不属于自己的功劳"据为己有",后果可大可小。

四忌准备不足。

五忌长篇大论。

六忌语气词过多。"嗯""呢""吧"等语气词或口头禅会把面试考官弄得心烦意乱。

七忌没有目标。

2. 面试的常见错误

第一,不善于打破沉默。

第二,与面试考官"套近乎"。

第三,为偏见或成见所左右:"她怎么能有资格面试我呢?"

第四,慷慨陈词,却举不出例子。例如,大谈个人成就、特长、技能时,面试考官问:"能举一两个例子吗?"应聘者便无言应对。

第五,丧失专业风采。例如,贬低自己的专业和老师。

第六,假扮完美。例如,面试考官问:"您性格上有什么弱点?您在事业上受过挫折吗?"有人会毫不犹豫地回答:"没有"。

第七,不知如何收场。

获取招聘信息时常见的招聘陷阱

大学毕业生在获取招聘信息时要加以辨别,判断信息的真实性、可信性,谨防招聘陷阱。招聘陷阱仅举五例。

1. "高薪"诱你搞传销

"只要你加入我们的团队,3个月后就拿到月薪3000元左右,随着你业绩的增加,你的工资将逐月增加。"面对这样的诱惑,你会动心吗?有毕业生称:他们与这家公司洽谈时,公司不看毕业证书,只填一张表格,随后便通知他们说被录用了,并准备带他们去广西、云南等地。在去广西的途中,他们意识到是传销活动后,便在南下途中下车,逃了回来。

2. 收保证金哄你买东西

有两名毕业生遭遇了这样的求职经历：他们经一家职业介绍所介绍后，到成都市一家化妆品代理公司应聘业务主管一职，经过初试、复试后，公司负责人称要试用3个月，让他们先学会推销公司代理的化妆品，每人交了150元信誉保证金，但没有拿到收据。经过实践，他们发现这些产品根本无法推销；后来他们在一家大型商场了解到，这套化妆品的销售价格是70~80元不等。原来，这家公司采用这种"招聘"办法，变相地向求职者卖化妆品。

3. "没经验也可"引你入"套"

据了解，由于很多用人单位都要求求职者具有工作经验，这样将一些应届大学生挡在了"门"外。刚毕业的大学生在人才市场，常有"矮一截"的感觉。因此，当应届大学生在广告上看到"无经验也可"等字眼时，就会眼前一亮，不假思索地争着填写招聘表格，对招聘公司的背景一概不问，最后可能吃亏。一名大学生填了表格后，对方要求收取100元的保证金，屡次找工作受挫的他，毫不犹豫地交了这笔钱。半个月后，他被解雇，要求退还保证金，他却拿不出凭据。

4. 粉饰工种逼你辞职

有多名毕业生有这样的经历：广告上说是招聘"经理"，月薪1800元。当他们交了50元的中介费、办完手续后，被安排在离职业介绍所不远处的一家公司工作。结果上班第一天，公司负责人就让他们"先从基层干起"，让他们先在一个月内，每人推销价值1万元的保健品。一个月下来，他们中没有一个完成任务，自然被辞退了，不但基本工资没拿到，还交了中介费。后来他们通过明察暗访，发现这家所谓的公司就是职业介绍所的员工开设的，是专门用来骗人的。

5. 骗了培训费就"炒"你

一名毕业生经职业介绍所介绍，应聘到一家保健品公司，在与公司签订合同时，公司提出为了提高其工作业绩，将对所有新进人员进行为期半个月的培训，公司将邀请某大学知名教授来讲课，因此这笔培训费用将由个人承担。当该同学犹豫不决时，对方工作人员劝说："培训后，你终身受益，这笔钱出得值得。"听其这么一说，该同学想通了，便交了培训费，结果讲课的并非知名教授，当培训活动结束时，公司通知他：培训不合格，你被辞退了。

诸如此类的招聘陷阱数不胜数，希望广大毕业生增强自我保护意识和辨别真假招聘信息的意识，通过正规渠道取得面试资格，切忌因一时求职心切而上当受骗，以免落入形形色色的陷阱中。

课后思考

1. 请同学们自己建立招聘信息库。看谁收集得多、筛选得好、分类清楚、便于查阅。
2. 自行练习握手、坐姿、站姿、问候等礼仪,班内分小组举行礼仪比赛。
3. 确定就业目标后,请按不同途径收集相关招聘信息,并列出表格以备查询。
4. 结合自己实际,对所收集的招聘信息进行综合分析,并尝试向心仪目标投递一份简历。
5. 大学生村官工作与"三支一扶"计划、农村教师特岗计划、志愿服务西部计划的区别是什么?
6. 由任课老师组织一场以"我心中的就业渠道"为题的演讲赛,并由任课老师点评。
7. 试述角色转换的途径和方法。
8. 你准备从哪些方面提升自己的职业适应力?为什么?
9. 影响大学生择业的社会因素有哪些?
10. 正确的择业原则是什么?如何处理好社会需要与个人需要的关系?
11. 试用心理学的有关测试方法,运用一定的量表对自我进行评价。

第九章
就业政策与权益保护

学习要点

- 了解就业的政策、手续和权益保护。

第一节 就业政策和就业手续

即将毕业的大学生,求职择业之前,如何正确了解自己就业过程中的权利,从而维护自己的合法权益?初涉职场的大学生也面临着诸多挑战。求职择业者需要做好哪些准备,需要防范哪些风险……这些问题都需要大学生了解、掌握,从而使自己在求职中取得成功。本章就以此为出发点,以期对初涉职场的大学生起到一定的帮助。

一、高校毕业就业政策

近年来,国家出台了一系列促进高校毕业生就业的政策措施,基本形成了一整套高校毕业生政策体系。

综合总结历年的政策,高校毕业生就业政策具体内容如下。

(1)鼓励毕业生到基层、到中西部地区就业。

各级政府为毕业生到基层和艰苦地区工作积极创造条件,为毕业生到城市社区、农村基层就业和志愿西部就业提供政策支持。鼓励毕业生"支教、支农、支医和扶贫"。中央就业专项资金对中西部地区高校毕业生就业见习基本生活补助给予适当支持。鼓励医学类高校毕业生到乡镇卫生院工作,充实农村基层卫生服务队伍。鼓励农科高校毕业生到基层农技推广服务一线工作。凡在以上地区工作两年或两年以上的毕业生在报考研究生、报考党政机关和应聘国有企事业单位时享受优惠政策;另外,志愿服务西部的毕业生在服务期间计算工龄,两年志愿者服务期满后鼓励其扎根基层或者自主择业和流动就业。

(2)鼓励高校毕业生入伍服兵役。

高校毕业生应征入伍服义务兵役的,可以全部代偿助学贷款或者补偿学费,服役期满后,参加政法院校为基层公检法定向岗位招生考试时,优先录取;具有高职高专学历的,退役后免试入读成人本科,或经过一定考核入读普通本科;或者可根据需要参照应届毕业生办理就业报到手续。

(3)鼓励和支持高校毕业生到中小企业就业、自主创业和灵活创业。

鼓励各类企事业单位特别是中小企业和民营企事业单位聘用高校毕业生;对高校毕业生初创企业,可按照行业特点,合理设置资金、人员等准入条件,并允许注册资金分期到位。允许高校毕业生按照法律法规规定的条件、程序和合同约定将家庭住所、租借房、临时商业用房等作为创业经营场所。对应届及毕业两年以内的高校毕业生从事个体经营的,自其在工商部门首次注册登记之日起三年内,免收登记类和证照类等有关行政事业性收费;登记求职的高校毕业生从事个体经营,自筹资金不足的,可按规定申请小额担保贷款,从事微利项目的,可按规定享受贴息扶持;对合伙经营和组织起来就业的,贷款规模可适当扩大。完善整合就业税收优惠政策,鼓励高校毕业生自主创业。对灵活就业高校毕业生申报就业的,提供免费劳动保障和人事代理服务,做好社会保险关系等的接续。落实符合就业困难人员条件高校毕业生灵活就业的社会保险补贴政策,逐步实现就业的稳定。

(4) 做好毕业生就业指导和服务工作。

强化对高校毕业生的就业指导,加强思想政治教育,引导高校毕业生树立正确择业观。高校要建立和完善就业指导服务机构,开设就业指导课并作为必修课程,提高高校毕业生求职就业能力。大力发展适合高校毕业生求职特点的互联网就业服务,加强对网络招聘市场的监管。开展公共就业服务进校园活动,为高校毕业生提供"三个一"服务:送一批就业岗位信息进校园;组织专家开展一次就业政策咨询和职业指导活动;提供一本就业手册。人力资源社会保障部门与教育部门、公共就业(人才)服务机构与高校毕业生就业服务机构要加强高校毕业生离校前后管理服务工作的衔接,实现信息资源共享。要以离校未就业高校毕业生为重点,建立"未就业高校毕业生信息库",确立"一对一"的帮扶工作机制,通过举办高校毕业生就业服务周、就业服务月等专项活动,对凡是需要招聘信息服务的,至少提供3次基本符合其条件的招聘信息;凡是希望提高职业技能的,至少提供一次职业技能培训机会;凡是符合享受扶持政策的,帮助其落实有关扶持政策。各地、各高校还要针对女大学生特点,强化有针对性的就业服务,促进就业公平。

(5) 强化对家庭困难和就业困难的高校毕业生的就业援助。

各省级教育主管部门和高等学校要进一步加大对家庭经济困难毕业生、就业困难毕业生、残疾毕业生、少数民族毕业生等特殊群体的就业帮扶力度。如果入学前是城镇户籍,则到相应街道或社区劳动保障基层平台进行登记;如入学前是农村户口,则到户籍所在地县及县以上公共就业服务机构进行登记。符合条件的,由他们为毕业生提供"一对一"的就业帮扶,譬如优先推荐参加见习、向用人单位重点推荐、帮助自主创业等。如果还不能就业,则通过政府开发的公益性岗位进行安置,落实社会保险补贴和公益性岗位补贴等就业扶持政策。

(6) 做好少数民族高校毕业生就业工作。

鼓励少数民族地区的少数民族未就业高校毕业生参加职业技能培训,符合条件的按规定给予职业培训补贴。对少数民族地区结合实际开发的基层医疗卫生服务、农牧业生产指导、生态环境保护等基层公益性岗位,安置少数民族就业困难毕业生的,给予社会保险补贴和公益性岗位补贴。各专门项目招募人员时要向少数民族高校毕业生予以倾斜。少数民族地区招录公务员和招聘事业单位工作人员,以及在少数民族地区的国有大中型企业招用员工,同等条件下优先招录少数民族高校毕业生。

二、高校毕业就业手续

典型案例

　　小张是一所某省属师范大学思想政治教育专业的毕业生。因为是女生,父母都是农民,故在大四上学期12月初,一所县级中学——自己的母校到学校招聘毕业生时,小张经过面试、试讲和到学校现场考察,顺利地与母校签订了就业协议书。这样,当其他毕业生还在为考研和找工作而奔波的时候,小张为自己在激烈的就业竞争中顺利地找到工作而暗自庆幸。

　　大四下学期开学初,小张所在的学校组织了大型的双向选择洽谈会,小张去招聘现场后心中的平衡被打破了。看到同宿舍的姐妹有的签到了高校,有的签到了大中城市,而自己却签到了一所县级中学,抱着试试看的态度,小张到一家市一中展位前进行应聘,经过面试、试讲等,顺利进入了签约程序。当用人单位要求小张带上就业协议书签约时,小张谎称就业协议书在家中需回去取为由,回原签约学校办理了违约手续。因为是母校,加之校主要领导是原来上高中时的班主任,违约手续办理得比较顺利。小张到学校就业指导服务中心按照规定办理了一份新的就业协议书,从而与市一中顺利地签了约。在签约过程中,小张和新单位市一中达成了协议,如一方违约,违约方须向另一方赔偿违约金5000元整,并经双方签章同意,在备注栏中注明了详细的条款。

　　一个月后,一所职业技术学院的到来再一次打破了小张心中的平静。这所学校恰好需要小张所学的专业。看到招聘单位许诺的优厚待遇及招聘条件,小张再一次动心了。经过相应的招聘程序,用人单位决定录用小张,给小张两天的考虑时间,如愿意到单位工作,两天后带上就业协议书到学院签订协议书。这样,小张需要再一次办理违约手续。这次违约手续的办理没有小张想象的顺利。在两天的时间里,小张与父母一道频频奔波在职业技术学院和原签约单位之间。因市一中与小张事先有约,小张一下子不可能拿出这么多现金,而市一中也有自己的苦衷,招聘的"黄金季节"已过,市一中已将小张下学期所带班级的课程排上,如果现在再去重新招聘毕业生,难度相当大,双方就这样僵持了下来。经过近一个星期的奔波与努力,小张终于将钱筹齐与市一中办理了违约手续。等到小张兴冲冲地将再次办理的就业协议书拿到职业技术学院时,因已过了职业技术学院承诺的两天时间,职业技术学院已和其他的毕业生签订了协议书。

案例分析:上述案例虽是个案,但它在大学生择业过程中却屡见不鲜。在当前大学生就业难的形势下,大学生在择业时,一定要详细了解就业手续办理程序,以期达到在择业过程和办理就业手续过程中少走弯路或不走弯路,从而找到理想工作的目的。

(选自刘世明. 大学生就业指导[M]. 杭州:浙江大学出版社,2012.)

从上述案例可以看出大学毕业生在择业过程中了解就业手续办理流程的重要性。在这里将详细介绍大学生办理就业手续的流程。对大学毕业生来讲,正确认识就业形势,全面了解毕业生就业过程,了解就业手续办理的各项程序,把握好各个环节,扮演好自己的角色,十分重要且十分必要。毕业生在求职择业时,只有充分了解就业手续办理流程,才能在就业过程中取得主动权,达到顺利就业的目的。

(一)毕业生就业主管部门工作内容

毕业生就业主管部门主要由各级政府部门和高校组成。教育部主管全国高校毕业生就业工作;各省、市、自治区和中央各部委负责本地区、本系统或本行业的毕业生就业工作;地(市)和县(区、市)负责本地区的毕业生接收和安排等就业工作;高校负责本校毕业生的就业管理和服务工作。

1. 国家、省毕业生就业主管部门

(1)调查研究和政策制定。

教育部根据中央和国务院的有关方针、政策,在对年度国民经济发展和重点建设工程及人才需求情况进行调查研究的基础上,制定相应的政策,从而确定年度的就业工作意见。各省、自治区、直辖市、中央各部委按照教育部文件精神制定出本地区、本部门所属学校毕业生就业工作的具体意见,并召开专门会议,研究部署毕业生就业工作。省政府、省毕业生就业主管部门每年召开全省毕业生就业工作会议,部署、安排全省毕业生就业工作。

(2)资格审查和生源统计。

毕业生资格审查工作首先在学校进行。一是将毕业生名单同原招生录取审批表逐一核对,看是否属于国家计划内招生的学生;二是将毕业生名单与学籍表核对,看是否属于取得学籍的学生;三是将毕业生名单与每个学生的学业成绩进行核对,看是否修业期满、成绩合格,能否取得毕业资格;四是将特殊毕业生问题,如转学、休学后复学、转专业等情况的毕业生情况进行专门整理和备注。在按照上述几个步骤逐一核对无误的情况下,学校就业主管部门将生源统计情况上报省级毕业生就业主管部门,由其复查、核实,作为编制毕业生就业方案的依据。省级就业主管部门最终汇总各高校的毕业生生源,上报至教育部,作为本省、直辖市或自治区的毕业生生源,最终形成全国当年的毕业生人数。

(3)就业工作评估。

近年来,随着社会主义市场经济体制的完善和高等教育大众化进程的推进,高校毕业生就业制度改革也逐步深化,"自主择业"的高校毕业生就业制度已得到广泛推行。在此背景下,开展高校毕业生就业工作评估,构建完善的高校毕业生就业工作评估制度势在必行。就业工作评估的顺利开展,对高校如何做好毕业生就业指导与服务工作将起到极大的促进作用。因此,高校毕业生就业评估问题已成为高等教育领域一项新的实践性很强的重要课题。为进一步深化高校毕业生就业制度的改革,教育部出台了向社会公布各高校毕业生就业率的改革措施,把就业率作为一项衡量高校办学质量、学科设置、专业结构及毕业生竞争力的重要指标,并同其招生计划、新专业申报及研究生教育等相挂钩。通过开展毕业生就业评估,达到"以评促建、以评促改、以评促管、评建结合、重在建设"的目的。

高校就业工作评估主要包括以下几个方面的内容:毕业生就业工作的组织领导、条件保障、服务指导、规范管理、工作绩效及特色项目等方面。高校毕业生就业工作评估是进一步加强和改进高校毕业生就业工作的重大举措,这对于更好地推动高校毕业生就业工作制度化、规范化建设,形成有效的毕业生就业市场运行机制,提高人才培养质量具有重要的意义。

2. 学校就业管理服务部门

(1)制定学校相关毕业生就业政策和措施。

高校作为毕业生就业工作的直接管理者和参与者,在毕业生就业工作中起着举足轻重的作用。一般来讲,国家、省(直辖市、自治区)关于大学生就业的政策只是大方向的,对大学毕业生普遍适用。而各个院校的毕业生,由于专业不同,或者是高校办学性质不同,毕业生就业的方向、区域和就业的领域也有所不同。所以,高校可以根据国家、省(直辖市、自治区)关于大学生就业的政策,针对本校实际,将政策更加细化,这样也更有针对性和实效性。

(2)提供就业需求信息。

各级毕业生就业工作部门及学校主管毕业生就业工作部门通过各种渠道对毕业生

的需求信息进行收集,经过汇总、分析、分类,向毕业生发布。同时,举办不同类型、不同区域、形式多样的毕业生供需双向选择见面会,为毕业生提供多层次、全方位的就业需求信息。

(3) 思想教育和就业指导。

对毕业生进行思想教育和就业指导是毕业生就业工作的重要一环。学校承担着对毕业生进行思想教育和就业指导的主要任务,其重点是加强对毕业生在就业形势政策、素质培养、心理调适和求职技巧等方面的指导。

(4) 创业教育和职业生涯规划教育。

① 创业教育。大学生创业教育不同于以往的适应性、守成性教育。创业教育是解决和应对大学生就业压力和挑战,提高大学生就业能力的一种有效手段。在大学生中开展创业教育,可帮助大学生转变就业观念,提高创业能力,从而增加其创造工作岗位、自我就业的机会。创业教育本质上是一种素质教育,是为我国建设创新型国家进行人才储备的一种重要教育内容。大学生在受教育期间接受创业教育,对于大学生增长社会知识、提高自身素质等方面都很有益处。

② 职业生涯规划教育。大学生职业生涯规划,既是大学生应该树立的世界观,同时也是一种方法论。大学生职业生涯规划教育,除了帮助和引导大学生树立基本的职业生涯规划意识之外,还应引导他们掌握职业生涯规划的基本方法和步骤。职业生涯规划一般经过树立生涯志向,进行自我剖析和定位,评估职业生涯机会,确定职业生涯目标,选择职业生涯路线,制定职业生涯策略并实施,对职业生涯设计进行评估、反馈与修正等步骤。大学生通过职业生涯规划的训练,能帮助自己避免学习的盲目性和被动性,循着自己的职业理想,努力提高自己各方面的综合素质,构建合理的知识结构和能力结构,激发学习、实践的动力,不断为实现各阶段目标和终极目标而进取。

(5) 就业网站维护。

这里所说的就业网站,是指学校就业管理服务部门所开发的,主要面向用人单位和本校学生的网站。学校就业网站的主要内容包括:招聘信息网的开发、建设和维护;招聘信息的收集、整理和发布;招聘单位信息数据库的建设和更新;毕业生就业等相关信息管理、数据生成、系统开发及技术支持;网上招聘会、远程面试和网上测评系统的管理与维护。

(6) 就业市场开拓。

就业市场开拓的主要范围是校内就业市场,同时,也可以建立校际合作就业市场,主要功能是为毕业生提供更为便捷的择业场所。就业市场开拓主要有以下几个方面:就业市场的开拓和培育;就业基地的建设;各类招聘活动的组织、安排;组织毕业生调查和就业工作调研分析；开展就业市场调研，进行就业市场的动态分析和预测等。

（7）办理就业手续。

毕业生择业期两年，自毕业生毕业当年的 6 月 30 日至两年后的 6 月 30 日。本书中所讲的办理就业手续一般指离校前和择业期内的相关手续。

各学校在完成全部教学计划后，一般在 6 月份，根据毕业生就业协议和毕业生生源名单，形成毕业生就业建议方案，报省毕业生就业工作主管部门办理就业报到手续。此次为第一次办理就业报到手续。一般情况下，除了直接到一些有独立人事权的企业和事业单位外，其他到各厅、局、委和地、市人事局或教育局毕业生工作部门的毕业生及省外院校到本省的毕业生还将进行第二次或第三次就业报到手续的办理。

毕业生就业手续办理流程如图 9-1 所示。

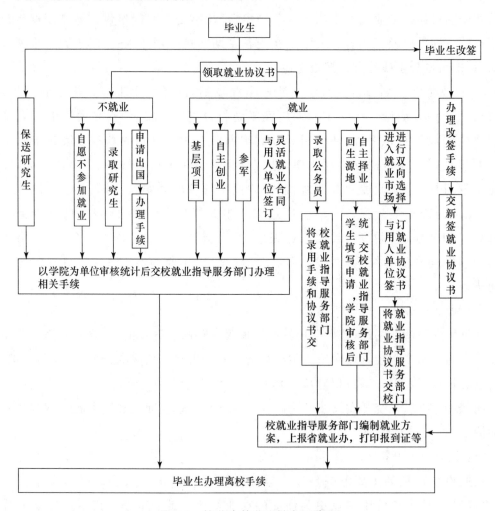

图 9-1 毕业生就业手续办理流程

(二) 离校、报到的程序

1. 毕业生离校程序

(1) 毕业生鉴定工作。

毕业生鉴定是对毕业生在校期间德、智、体综合情况的一个总结,是毕业生质量的一个重要体现,是招聘单位录用毕业生的重要依据。因此,毕业生鉴定至关重要,要切实做好这项工作。

① 毕业生应认真做好自我鉴定。

自我鉴定是毕业生对自己在校期间的一次全面认识、评价和总结。那么,如何做好毕业离校前的自我评价呢?

首先,自我分析。在动笔之前,要认真、全面、客观地自我剖析,将自己在校期间的思想、学习、工作和生活等方面进行认真总结,力求做到客观、全面、准确,在肯定成绩、总结经验的基础上进行自我认识和自我评价。

其次,他人分析。一般来说,一个人要达到客观地认识、评价自己,实属不易。为此,不妨多听听老师和同学们的意见。同学之间几年朝夕相处,情同手足,互相比较了解,临别之际,能讲出许多有益的肺腑之言。老师则从师生角度对所教的学生有所观察、了解和认识。注意吸取他人的意见,对写好自我鉴定无疑会更有帮助和启示。

再次,写实为主。有些毕业生进行自我鉴定时往往落入空话连篇的俗套,甚至优缺点都和别人差不多,这样的自我鉴定材料,招聘单位看了不仅毫无印象,甚至会置之不理。所以,自我鉴定应该以写实的方式,简要而又具体地概括出自己的主要优缺点,坦率地写出自己的长处和缺点会显得你诚实可信。

最后,态度认真。有的毕业生对做好自我鉴定思想上不重视,态度上不认真,写出的自我鉴定材料马马虎虎、字迹潦草、不能成文。自我鉴定材料实际上就是很好的"自我推销广告",招聘单位考核录用毕业生,凡是自我鉴定材料写得马马虎虎、字迹潦草,甚至错字连篇、语句不通者很难被录用。自我鉴定的内容代表了一个人的过去,而自我鉴定的态度则是预示着一个人的未来,希望每个毕业生都能以认真的态度对待自我鉴定。

② 学校对毕业生应给予实事求是、恰如其分的鉴定。

学校在毕业生个人鉴定的基础上,根据国家有关规定要求,按照培养目标,组织同学、老师进行认真评议,既要充分肯定成绩,又要指出不足,提出努力方向,力求做到实事求是、恰如其分,准确无误。同时,要注意突出特点,切忌千篇一律。

(2)《毕业生登记表》的填写。

《毕业生登记表》包括毕业生基本情况、个人总结、组织鉴定等内容,是毕业生综合情况的记载,是毕业生身份的一个重要标志,是毕业生档案的主要材料。因此,毕业生要按照每个栏目要求内容实事求是地认真填写。学校要认真核实《毕业生登记表》的各项内容,要以对国家负责、对毕业生负责的态度严肃对待。

(3) 毕业生离校手续的办理。

办理离校手续一般要在毕业生离校前的一周内,按照各自学校的有关规定进行。一般来说,程序如下。

① 毕业生到所在院系领取毕业生离校通知单,认真填写自己的系别、专业、班级和姓名。

② 毕业生到学校的图书馆或图书资料室归还自己借读的图书、报刊、资料等,并交还图书资料借阅证。如若将学校的图书、报刊、资料损坏或丢失,应按照学校的有关规定予以赔偿。

③ 毕业生到学校财务部门核对、结清自己应该缴纳的一切费用。其中,享受国家助学贷款或者学校贷款的毕业生,应按照规定或协议办理相关手续。

④ 毕业生到学校的总务后勤部门退还自己使用的桌凳等公共物品,归还体育器材等。若有损坏,应按照学校的有关规定予以赔偿。

⑤ 毕业生到学校的党委组织部门或者团委办理自己的党团组织关系转移手续。

⑥ 毕业生到学校的有关管理部门交还自己的学生证和校徽等有关证明学生身份的证件。

毕业生按照以上程序办理完手续,并且以上每个工作部门都加盖公章后,方可领取《毕业生就业报到证》。

(4)《毕业生就业报到证》的办理和领取。

根据《普通高等学校毕业生就业工作暂行规定》,毕业生必须使用由省毕业生就业主管部门统一审核、打印、签发的有教育部统一印制的《全国普通高等学校毕业生就业报到证》(以下简称《毕业生就业报到证》),招聘单位凭《毕业生就业报到证》接收毕业生。公安部门凭《毕业生就业报到证》,办理户口迁移手续。

办理和领取《毕业生就业报到证》的程序如下。

① 毕业生就业手续一般由学校到省毕业生就业工作部门办理,采用集中办理和分期分批相结合的方式进行。毕业前联系到就业单位的,由学校集中到省毕业生就业主管部门办理,集中办理时间一般在6月份到8月底。在毕业后国家规定的择业期内,毕业生签订就业协议书后交到学校,由学校定期到省就业主管部门办理。

② 到省直事业单位就业的毕业生,在办理就业手续时,同时应持省人事部门核发的《机关事业单位增人计划卡》。到省直非国有单位就业的毕业生,由省毕业生就业工作部门直接介绍到接收单位。需要实行人事代理的,由招聘单位到省、市、县、人才交流中心办理相关手续。

③ 从普通高等院校选调到乡(镇)机关工作的应届优秀大中专毕业生的就业手续,凭省委组织部省选调生录用通知办理;考取省直机关公务员的毕业生,凭接收单位证明和国家公务员录用手续办理。

④ 每个毕业生办完全部离校手续后,应根据学校规定的时间到学校毕业生就业主管部门领取《毕业生就业报到证》。

⑤ 毕业生领取《毕业生就业报到证》后,到学校的有关部门领取户口迁移证,方可到用人单位报到。

⑥ 毕业时落实就业单位的毕业生,可以将《毕业生就业报到证》直接开回生源地自主择业,也可以在国家规定的两年择业期内继续择业,择业期满仍未落实就业单位的,可将《毕业生就业报到证》开回生源所在地自主择业。

(5) 特殊情况处理。

① 结业生。结业生通常是指在校期间未按学校规定完成制定课程学分,不能取得毕业资格,只能由学校发给结业证的学生。《普通高等学校毕业生就业工作暂行规定》中规定:结业生可由学校推荐或个人自荐,落实了工作单位的可以办理就业报到证手续,但必须在《毕业生就业报到证》备注栏上注明"结业生"字样;在规定时间内无接收单位的,由学校将其档案、户籍关系转至家庭所在地政府人事部门的人才交流中心,自谋职业。

② 肄业生。肄业生是指具有正式学籍的学生未完成教学计划规定的课程而中途退学者(被开除学籍者除外)。肄业生由学校发给肄业证或学业证明,但不具备办理《毕业生就业报到证》资格。从学校批准退学之日起,学生办理离校手续,其户籍关系等转回入校前户籍所在地。

③ 提前完成学分的优秀学生。在实行学分制的学校,少数学生在提前读完规定学分后,提出申请,经学校有关部门审核后,报省毕业生就业工作部门批准,列入当年毕业生就业计划。

④ 报考研究生的毕业生。由于全国研究生录取通知时间不一致,有些晚于全国高等院校毕业生第一批办理就业报到手续时间。因此,要求报考研究生未确定是否被录取的学生,与其他毕业生一样办理就业报到手续。学校推荐或毕业生应聘时,应向用人单位说明已报考研究生。若被录取为研究生,已纳入研究生招生计划,应通知招聘单位,并应将已办理的《毕业生就业报到证》退还给毕业生就业工作部门。若未被录取,毕业生到该单位工作。

2. 毕业生报到程序

(1) 毕业生到招聘单位报到的有关规定。

根据《普通高等学校毕业生就业工作暂行规定》,国家对毕业生到招聘单位报到规定如下:

① 毕业生持《毕业生就业报到证》到招聘单位报到，招聘单位凭《毕业生就业报到证》予以办理接收手续和户籍关系。

② 毕业生报到后，招聘单位应根据工作需要和毕业生所学专业及时安排工作岗位。

(2) 毕业生到招聘单位报到的注意事项。

① 离校前，毕业生应检查离校手续是否办理完毕。首先，要看报到证、户籍关系、党团组织关系、毕业证书、学位证书是否已领取（有些学校将这些证件随档案发到招聘单位，让毕业生到招聘单位领取）；其次，要认真核查这些材料、证件上的姓名、性别等栏目填写准确无误后，方可离校，以免给报到带来不便。

② 报到途中一定要注意保管好自己的行李物品，尤其是上述证件，一旦丢失，将带来许多麻烦。

③ 毕业生应按《毕业生就业报到证》上开具的报到地点、单位，在报到期限内前去报到。确因特殊原因不能去报到者，要主动向招聘单位发函说明并请假。

④ 报到后，按招聘单位的规定，一般要经过一段适应期考察，签订劳动合同，即成为该单位的正式职工。毕业生应按其规章制度严格要求自己，服从组织安排。

(3) 对招聘单位拒绝接收的处理办法。

在毕业生到招聘单位报到的过程中，有个别毕业生可能遇到招聘单位拒绝接受的情况，这时切忌急躁，应该详细询问招聘单位拒绝接收的原因。

如果因为报到时给招聘单位提出了一些过分的要求，引起了招聘单位的反感和不满，或者言行失当引起招聘单位不快，就应该主动承认错误，进行自我批评，以取得招聘单位的谅解。

如果是招聘单位将要撤销、合并等，则要其解释并请该单位与其上级主管部门取得联系，以求妥善解决问题的方法。

总之，毕业生在遇到上述情况时，应持冷静、耐心的态度，力求取得招聘单位的理解和支持。因为无论招聘单位以何种原因将毕业生退回学校重新办理就业报到手续，对毕业生个人来说都不是一件愉快的事情。

如果经过努力，招聘单位仍拒绝接收时，不宜与对方争吵，因为争吵无助于问题的解决，甚至会把本来可以解决的问题复杂化，这时应主动与学校毕业生就业工作部门联系，说明情况，请学校出面交涉。

3. 毕业生户籍关系的迁转

(1) 毕业时已落实就业单位的毕业生。

根据《普通高等学校毕业生就业工作暂行规定》，毕业生持《毕业生就业报到证》到招聘单位报到，招聘单位凭《毕业生就业报到证》予以办理接收手续和户籍关系。

(2) 择业期内落实就业单位的毕业生。

毕业时已落实就业单位并且已办理《毕业生就业报到证》者,由学校持《毕业生就业报到证》到学校所在地公安机关办理迁出手续,由毕业生携带至就业单位办理入户手续。

(3) 择业期满仍未落实就业单位的毕业生。

毕业生改派需在择业期内办理,逾期不再办理改派手续。超过择业期的毕业生需按在职人员有关规定办理人事调动或直接到相关人才交流中心办理,户籍关系随转。

4．毕业生学籍档案的转递

(1) 学籍档案的整理。

毕业生归档材料主要有如下内容。

① 学生登记表。

② 选拔、保送学生登记表。

③ 毕业生登记表。

④ 毕业生就业通知书。

⑤ 入党(团)材料。

⑥ 奖学金登记表。

⑦ 在校期间奖励、表彰及惩处决定。

⑧ 军训鉴定表。

⑨ 新生入学体检表和毕业生体检表。

⑩ 在校期间辅修课程成绩表。

⑪ 在校期间成绩表。

⑫ 学年鉴定表。

⑬ 参与社会实践活动登记表。

⑭ 中考或高考成绩单。

⑮ 学生在校期间参加社会实践活动的证书及证明。

⑯ 毕业研究生档案中需要有研究生毕业登记表、研究生学籍和在校成绩表、研究生学位申请表、研究生毕业论文评阅意见和体检表。

⑰ 出席团代会、党代会登记表。

⑱ 其他可提供组织参考的有保存价值的材料。

(2) 学籍档案的转递。

对于毕业时联系到就业单位的毕业生,其档案应在毕业生就业手续办理后15日内,由学校负责将毕业生档案寄送接收单位。

根据国家大中专毕业生就业工作的有关政策规定,在规定的择业期内学校可以根据毕业生申请将档案存放在学校,学校不得借故收取任何费用,如违反规定,要追究有关责任人的责任。择业期内就业的,学校根据毕业生就业情况将档案发往其就业单位人事部门;对超过择业期仍没有落实就业单位,户口仍留在学校的,由学校将该生户口和档案转往其生源地人事部门人才交流中心。

(3) 学籍档案转递的注意事项。

① 档案材料的转递必须通过机要交通或派专人送取,原则上不准自带。

② 转出毕业生档案时学校要再次审核,必须保证完整齐全,不得扣留材料或分批转出。

③ 转递毕业生档案必须按《学生档案转递通知单》的项目详细登记,严密包封。

④ 在转递过程中,对违反规定,涂改、伪造毕业生档案材料的要追究责任,严肃查处。

(三) 毕业生遗留问题的处理

1.《毕业生就业报到证》的改签

毕业生已落实就业单位且办理就业手续后,原则上不得改签。如因特殊情况、确需改签《毕业生就业报到证》的,在择业期内,可以申请改签。

改签《毕业生就业报到证》须提供以下材料:

(1) 原接收单位同意解除协议的证明;

(2) 与新接收单位签订的《就业协议书》或接收函;

(3) 原《毕业生就业报到证》。

省内普通高等学校毕业生改签到省辖市、省直(含省直非国有单位)、部属单位和省外的,由省毕业生就业主管部门负责办理改签手续;在省辖市范围内改签的,由省辖市毕业生就业主管部门负责办理改签手续。

2.《毕业生就业报到证》的遗失

(1)《毕业生就业报到证》不慎遗失的,须由毕业生本人提出补办申请,同时由毕业生就业单位出具《遗失证明》。注意:因招聘单位不慎遗失的,须由招聘单位出具《遗失证明》;因毕业生本人不慎遗失的,由个人提出申请,不需要招聘单位开具《遗失证明》。

(2) 毕业生凭补办申请或就业单位的《遗失证明》,到学校就业指导服务部门办理。

(3) 在择业期内,由学校统一到省就业办办理,重新补发新证,并在备注栏内注明"遗失补证";超过择业期的,省就业办不再补发新证,只开具《遗失证明》。

3. 毕业证遗失

按国家规定,高校毕业生《毕业证书》遗失后,可以申请补办《学历证明书》,不能补发《毕业证书》。《学历证明书》由教育部统一印制,内容与《毕业证书》基本相同,贴本人免冠照片,盖学校印章并编号。《学历证明书》具有《毕业证书》同等效力,出国使用者可由公证处公证。补办《学历证明书》一般应遵循下列程序：

（1）《毕业证书》丢失后，应登报声明原《毕业证书》作废，并向毕业学校申请补办，写出书面材料，写清自己的入学时间和毕业时间，以及所学专业、年龄、性别和现工作单位等。

（2）毕业学校对其情况核查无误后，将上述材料和录取审批表等一同报省教育主管部门申请补办《学历证明书》。

（3）省教育主管部门对其情况核准后，可补发《学历证明书》。

（4）由原毕业学校具体办理并加盖公章。

4. 户籍关系遗失

户籍关系遗失后，申请补办应遵循下列程序：

（1）本人写出书面申请，写清证件丢失原因，证件迁出和迁往的地点及编号，申请补办；

（2）由迁往所在地乡镇户籍关系管理部门及县以上户籍关系管理部门出具未入户的证明；

（3）到学校户籍关系管理部门申请补办，并填写《户籍关系补发审批表》；

（4）由户籍关系迁出部门依据迁出原始材料，核对无误，给予审批补发，并在补发证件上注明原号码的证件作废。

5. 学籍档案丢失

学籍档案丢失后，申请补办应遵循下列程序：

（1）本人提交书面申请；

（2）出示《毕业证书》原件及单位介绍信；

（3）到校招生部门复印录取花名册并加盖招生办公章；

（4）到校教务部门办理学籍材料手续并加盖学籍管理章；

（5）到校就业指导服务部门领取《高等学校毕业生登记表》并办理相关手续；

（6）到毕业时所在院系办理有关材料等。

以上手续办理完毕后，由校档案管理部门密封后按规定转递到毕业生所在就业单位。

6. 其他问题

在大学生就业手续办理过程中，会遇到各种意想不到的特殊问题。当遇到不能解决的问题时，毕业生一定要沉着冷静，积极寻求妥善解决问题的办法。最有效的办法是积极与学校就业指导部门联系，寻求在就业手续办理过程中最有效的办法和措施。

第二节 就业权益保护

一、就业权益的内容

（一）基本权利阐释

《中华人民共和国劳动法》规定，劳动者享有平等就业和选择职业的权利、取得劳动报酬的权利、休息休假的权利、获得劳动安全卫生保护的权利、接受职业技能培训的权利、享受社会保险和福利的权利、提请劳动争议处理等权利。

（二）就业权益的内容

对于大学毕业生而言，作为就业的一个重要主体，其就业权益具有自己的特点。但目前，我国法律对大学生在就业过程中的权益及其保护缺乏具体的规定，相关研究也比较少，根据目前大学生就业政策和有关法律、法规的规定，大学生主要享有以下就业权益。

（1）平等就业权。平等就业权是大学毕业生最为迫切需要得到维护的权益。它是指用人单位在录用劳动者的过程中应当公正、公平，劳动者不得因其民族、种族、性别、身体等原因而受到歧视，被排斥或被取消就业机会的权利。目前，在我国，由于各项政策和配套措施的滞后，完全公平、开放的就业市场尚未形成，用人单位录用毕业生的过程中还存在着一定程度不公平、不公正的现象。

（2）招聘信息的知情权。从广义上说，招聘信息既包括与毕业生求职择业相关的国家有关政策方针和规定，也包括用人单位的规模、市场、产品、性质、工作环境、学习培训、福利待遇等单位的总体情况及专业需求、未来发展通道等具体的岗位需求信息。招聘信息是毕业生择业的基础和关键，只有充分获取招聘信息，才能结合自我情况，做出合适的职业选择。毕业生获取信息的渠道主要包括：第一，学校的就业主管部门；第二，各级政府主管部门和就业指导机构；第三，各级、各类"双向选择洽谈会"；第四，社会关系；第五，新闻媒体；第六，通过"自荐"获取招聘信息。招聘信息的知情权，应从以下三个方面来理解：

① 信息公开。即所有单位的用人信息应向所有毕业生公开。凡需录用大学毕业生的用人单位及组织须到相关高校就业指导中心进行资质的验证，通过高校向毕业生发布用人需求信息，并由其向所有毕业生公开发布。

② 信息及时。信息具有时间性，公布的信息一旦过时就等于无效。如果毕业生在

短短的几个月内无法及时获取招聘信息,就会错失良好的就业机会。

③ 信息全面。信息不全面就有可能产生误导,从而导致毕业生做出错误的择业决定。一旦毕业生在信息不全面的情况下选错职业或用人单位,就会影响毕业生的发展前途。

(3) 选择权。根据国家有关规定,实行并轨招生的大学毕业生,在国家就业方针、政策指导下自主择业。毕业生在符合国家的就业方针和政策的前提下,可以自由地选择用人单位。

(4) 接受就业指导权。《中华人民共和国高等教育法》明文规定,"高等学校应当为毕业生、结业生提供就业指导和服务"。由此可见,接受就业指导权是毕业生的一项重要权益。为此,各高校都按照国家的有关规定成立专门就业指导机构,配备专门人员对毕业生进行指导,包括向毕业生宣传国家关于毕业生就业的有关政策方针,对毕业生进行择业技巧的指导,引导毕业生根据国家、社会的需要,结合个人实际进行择业,使毕业生通过接受就业指导,准确定位,合理择业。

(5) 被推荐权。被推荐权是指毕业生有权要求学校在择业过程中公正、择优、分类型地向用人单位推荐自己的权利。高校向用人单位推荐毕业生是高校毕业生就业工作的一个重要职责。毕业生的被推荐权包含以下几个方面。

第一,如实推荐。高校在对毕业生进行推荐时应根据毕业生的实际情况如实向用人单位推荐。

第二,公平推荐。学校对毕业生进行推荐时应做到公平、公正。

第三,择优推荐。学校在公开、公正的基础上,根据毕业生的表现实行择优推荐,用人单位在录用时也应坚持择优标准,真正体现优生优分、学以致用、尊重知识、尊重人才。

(6) 签约权。毕业生与用人单位达成就业意向后,需要通过签订就业协议书或劳动合同,将建立的劳动关系或双方达成的有关约定以书面的形式落实下来,对双方的责、权、利进行明确的说明。这既是一种必要的过程,也是毕业生就业的一种权益。不签订就业协议书和劳动合同,或是约定内容和条款过于笼统甚至违法、违规都是对毕业生就业权益的侵犯。

(7) 违约及求偿权。违约及求偿权是指毕业生与用人单位签订就业协议书后,如用人单位无故要求解约,毕业生有权依照《中华人民共和国合同法》要求对方履行就业协议或者支付违约金的权利。因为就业协议书虽不具有劳动合同的性质,但却是毕业生与用人单位签订劳动合同、建立劳动关系的前提,这是由毕业生就业的特殊性决定的。

(8) 户档保存权。毕业生有在择业期两年内将其档案、户口(仅限户口迁移到校的学生)在校保留两年的权利。如果在毕业当年未能找到工作,或只是找到非正规就业单位,那么该生有权在毕业后两年内将档案、户口保留在学校。两年期满后,学校无此义务。学生应及时查询自己的档案去向并按时迁移自己的户籍。

(9)过渡期保障权。过渡期保障权是指毕业生在到用人单位工作前后,在实习期、试用期、见习期中所应当享有的保障个人安全与和谐发展的权利。实习期是指在校学生通过参加实际工作,提高其自身素质的过程或时间。试用期是指用人单位和劳动者为相互了解、选择而约定的不超过6个月的考察期。见习期是指全日制普通高校毕业生到用人单位工作后,实行的一年期见习制度。见习期满后就需由上级人事主管部门为毕业生办理转正、工资及职称评定手续。

(10)隐私保护权。毕业生在择业过程中要按照招聘单位的要求将自己的部分个人信息提供给用人单位,但是这些信息仅限于与应聘岗位招聘条件密切相关的范围之内。除非获得毕业生的许可,任何单位和个人不得将毕业生的个人信息随意发布和使用,用人单位更无权以招聘考核为由过问毕业生的各种隐私。

(11)毕业生有权享受国家和地方政府规定的与就业有关的其他权利。

(三)就业相关法律、法规与权益保护

作为高校就业市场人才供给的主体,毕业生若想使自己的就业权益得到及时有效的保护,就必须成为一个懂法和守法的人,就必须主动学习法律知识提高自身的法律维权意识。只有这样,才能在就业的过程中尽可能防止权益受侵,才能懂得在权益受侵之后如何及时有效地寻求法律救济。我国现行法律法规和毕业生就业权益密切相关的有以下几个方面。

1.《中华人民共和国宪法》和《中华人民共和国就业促进法》中与就业权益保护相关的内容

《中华人民共和国宪法》第三十三条规定:"中华人民共和国公民在法律面前一律平等。"

2008年1月1日开始施行的《中华人民共和国就业促进法》第二十五条规定:"各级人民政府创造公平就业的环境,消除就业歧视,制定政策并采取措施对就业困难人员给予扶持和援助。"第二十六条规定:"用人单位招用人员、职业中介机构从事职业中介活动,应当向劳动者提供平等的就业机会和公平的就业条件,不得实施就业歧视。"第二十七条规定:"国家保障妇女享有与男子平等的劳动权利。用人单位招用人员,除国家规定的不适合妇女的工种或者岗位外,不得以性别为由拒绝录用妇女或者提高对妇女的录用标准。用人单位录用女职工,不得在劳动合同中规定限制女职工结婚、生育的内容。"第二十八条规定:"各民族劳动者享有平等的劳动权利。用人单位招用人员,应当依法对少数民族劳动者给予适当照顾。"第二十九条规定:"国家保障残疾人的劳动权利。各级人民政府应当对残疾人就业统筹规划,为残疾人创造就业条件。用人单位招用人员,不得歧视残疾人。"第三十条规定:"用人单位招用人员,不得以是传染病病原携带者为由拒绝录用。但是,经医学鉴定传染病病原携带者在治愈前或者排除传染嫌疑前,不得从事法律、行政法规和国务院卫生行政部门规定禁止从事的易使传染病扩散的工作。"

2.《中华人民共和国民法通则》(以下简称《民法通则》)中与就业权益保护相关的内容

(1)《民法通则》中关于主体平等、自愿和诚实信用原则。

《民法通则》第三条规定:"当事人在民事活动中的地位平等。"第四条规定:"民事活动应当遵循自愿、公平、等价有偿、诚实信用的原则。"这就是说,在就业市场上,高校毕业生与用人单位在法律地位上是平等的。毕业生在与用人单位签订就业协议和劳动合同时,要以平等的身份与之协商,并最终达成双赢的协议和合同。同时,毕业生在就业的过程中也应当遵守诚实信用原则,在简历中要实事求是地写明自己的情况。毕业生也要注意考察用人单位的诚信状况,调查其是否有事先承诺优厚待遇事后不予兑现的现象,以免签订协议和合同后权益受侵害。

(2)《民法通则》中关于用人单位主体资格的法律法规。

民法承认的民事法律关系的主体主要是自然人和法人。《民法通则》第三十六条第一款规定:"法人是具有民事权利能力和民事行为能力,依法独立享有民事权利和承担民事义务的组织。"用人单位主体应该是法人,一般包括企业法人,机关、事业单位和社会团体法人。签约前一定要行使自己的知情权,详细了解用人单位的情况。

3.《中华人民共和国劳动合同法》(以下简称《劳动合同法》)中与就业权益保护相关的内容

(1)《劳动合同法》规定了劳动关系确立的标准。

《劳动合同法》第七条、第十条第一款分别明确规定:"用人单位自用工之日起即与劳动者建立劳动关系""建立劳动关系,应当订立书面劳动合同。"也就是说,无论是否签订了书面劳动合同,只要存在实际的用工行为,那么毕业生与用人单位之间的劳动关系就算是建立成功了,毕业生随之就能享有与已签订劳动合同者相同的所有权利。

另外,《劳动合同法》在签订劳动合同方面还有新规定。首先,第十条第二款规定:"已建立劳动关系,未同时订立书面劳动合同的,应当自用工之日起一个月内订立书面劳动合同。"这就说明,如果在自用工之日起一个月内订立了书面劳动合同,其行为不违法。第八十二条规定:"用人单位未在自用工之日起一个月内订立书面劳动合同,但在自用工之日起一年内订立了书面劳动合同的,在此期间用人单位应当向劳动者每月支付双倍的工资。"第十四条第三款规定:"用人单位自用工之日起满一年不与劳动者订立书面劳动合同的,视为用人单位与劳动者已订立无固定期限劳动合同。"

(2)《劳动合同法》规定了试用期和合同期限。

《劳动合同法》第十九条规定:"劳动合同期限三个月以上不满一年的,试用期不得超过一个月;劳动合同期限一年以上不满三年的,试用期不得超过二个月;三年以上固定期限和无固定期限的劳动合同,试用期不得超过六个月。同一用人单位与同一劳动者只能约定一次试用期。以完成一定工作任务为期限的劳动合同或者劳动合同期限不满三个月的,不得约定试用期。试用期包含在劳动合同期限内。劳动合同仅约定试用期的,试用期不成立,该期限为劳动合同期限。"第二十条规定:"劳动者在试用期的工资不得低于本单位同岗位最低档工资或者劳动合同约定工资的百分之八十,并不得低于用人单位所在地的最低工资标准。"第二十一条规定:"在试用期中,除劳动者有本法第三十九条和第四十条第一项、第二项规定的情形外,用人单位不得解除劳动合同。用人单位在试用期解除劳动合同的,应当向劳动者说明理由。"这些新的法律规定,将有效制止用人单位对试用期的滥用行为。

(3)《劳动合同法》进一步强化了劳动者的知情权。

《劳动合同法》第八条规定:"用人单位招用劳动者时,应当如实告知劳动者工作内容、工作条件、工作地点、职业危害、安全生产状况、劳动报酬,以及劳动者要求了解的其他情况;用人单位有权了解劳动者与劳动合同直接相关的基本情况,劳动者应当如实说明。"因此,毕业生在与用人单位签订就业协议及劳动合同时,应大胆地向用人单位询问与自己权益相关的问题。例如,工作内容、工作条件、工作地点、安全生产状况、劳动报酬、社会保险及劳动者希望了解的其他与订立和履行劳动合同(就业协议)直接相关的情况,如工作时间、休息休假、福利等。

(4)《劳动合同法》为毕业生的自主择业权的行使提供了新保障。

《劳动合同法》第九条规定:"用人单位招用劳动者,不得扣押劳动者的居民身份证和其他证件,不得要求劳动者提供担保或者以其他名义向劳动者收取财物。"第八十四条规定:"扣押劳动者居民身份证等证件的,由劳动行政部门责令限期退还劳动者本人,并依照有关法律规定给予处罚。"用人单位"以担保或者其他名义向劳动者收取财物的,由劳动行政部门责令限期退还劳动者本人,并以每人五百元以上两千元以下的标准处以罚款;给劳动者造成损害的,应当承担赔偿责任"。因此,毕业生在依法解除或者终止劳动合同时,如果用人单位扣押劳动者档案或者其他物品,就可以寻求法律的帮助。

4.《中华人民共和国劳动法》(以下简称《劳动法》)中与就业权益保护相关的内容

(1)《劳动法》关于工资、女职工特殊保护与社会保险和福利的规定。

《劳动法》第五十条、第五十一条分别规定:"工资应当以货币形式按月支付给劳动者本人""劳动者在法定休假日和婚丧假期间以及参加社会活动期间,用人单位应当依法支付工资"。

《劳动法》第六十一条规定:"不得安排女职工在怀孕期间从事国家规定的第三级体力劳动强度的劳动和孕期禁忌从事的劳动。对怀孕七个月以上的女职工,不得安排其延长工作时间和夜班劳动。"第六十二条规定:"女职工生育享受不少于九十天的产假。"第六十三条规定:"不得安排女职工在哺乳未满一周岁的婴儿期间从事国家规定的第三级体力劳动强度的劳动和哺乳期禁忌从事的其他劳动,不得安排其延长工作时间和夜班劳动。"

第七十二条规定:"用人单位和劳动者必须依法参加社会保险,缴纳社会保险费。"用人单位无故不缴纳社会保险费的,由劳动行政部门责令其限期缴纳,逾期不缴的,可以加收滞纳金。

(2)《劳动法》有关工作时间和休息休假的规定。

《劳动法》第三十六条规定:"国家实行劳动者每日工作时间不超过八小时、平均每周工作时间不超过四十四小时的工时制度。"第三十八条规定:"用人单位应当保证劳动者每周至少休息一日。"

《劳动法》第四十条规定:"用人单位在下列节日期间应当依法安排劳动者休假:(一)元旦;(二)春节;(三)国际劳动节;(四)国庆节;(五)法律、法规规定的其他休假节日。"第四十四条规定:"有下列情形之一的,用人单位应当按照下列标准支付高于劳动者正常工作时间工资的工资报酬:(一)安排劳动者延长工作时间的,支付不低于工资的百分之一百五十的工资报酬;(二)休息日安排劳动者工作又不能安排补休的,支付不低于工资的百分之二百的工资报酬;(三)法定休假日安排劳动者工作的,支付不低于工资的百分之三百的工资报酬。"

(3)《劳动法》中关于劳动合同(就业协议书)的法律地位。

就业协议书是明确毕业生、用人单位和学校在毕业生就业工作中的权利和义务的书面形式。通常主要包括以下内容:毕业生个人基本情况、用人单位的情况及意见、学校意见、违约责任、其他约定等。就业协议书有如下特征:第一,就业协议书是一种三方协议,在毕业生、用人单位和学校三方签字或盖章后生效,作为学校毕业生就业部门列入就业方案的依据,当事人必须严格履行协议内容;第二,协议在毕业生到单位报到、用人单位正式接收后自行终止。

高校毕业生的就业协议书是一种特殊的劳动合同,即录用合同。所谓录用合同,是指以职工录用(雇用)为目的,由用人单位在招收社会劳动力为新职工时与被录用者依法签订的,缔结劳动关系并约定劳动权利和劳动义务的合同。我国《劳动法》第十六条规定:"劳动合同是劳动者与用人单位确立劳动关系、明确双方权利和义务的协议。"录用合同作为一种劳动合同,当然具备劳动合同的基本性质和特征:第一,它是合同双方当事人经平等自愿的协商而达成一致的意思表示;第二,它是确立劳动关系的法律形式,一方当事人为依法有资格录用职工的单位,另一方为具有劳动权利能力和劳动行为能力的自然人;第三,它还可以对将来被录用人正式成为单位职工后双方权利义务进行约定。不过,录用合同与一般劳动合同相比,具有以下特征。

第一,目的的特殊性。录用合同的主要目的在于确定用人单位对劳动者的录用。

第二,时间的特殊性。录用合同是在劳动者正式成为用人单位的职工之前签订的合同。

第三,主体的特定性。录用合同的一方当事人为用人单位,而另一方是作为社会劳动力的被录用者。

第四,内容上的意向性。双方的约定多为意向性的内容,双方的权利义务需要在被录用者到用人单位报到之后以劳动合同进行最终确认。

5.《中华人民共和国劳动争议调解仲裁法》(以下简称《劳动争议调解仲裁法》)中与就业权益保护相关的内容

2008年5月1日起开始执行的《劳动争议调解仲裁法》中的一些新规定在很多方面开通了对毕业生权益受侵后的救济之路。当毕业生的权益受到损害时,可以通过仲裁的方式解决。毕业生与用人单位按照双方自愿的原则,达成仲裁协议,可以向仲裁委员会申请仲裁。没有仲裁协议,一方申请仲裁的,仲裁委员会不予受理。如当事人双方没有达成仲裁协议,都可以向人民法院起诉。

(1)《劳动争议调解仲裁法》中仲裁应遵循一定的法定程序。

① 申请人递交申请书,仲裁委员会收到仲裁申请书之日起5日内,认为符合受理条件的,应当受理,并通知当事人;认为不符合受理条件的,应当书面通知当事人不予受理,并说明理由。

② 仲裁委员会受理仲裁申请后,应当在仲裁规则规定的期限内将仲裁规则和仲裁员名册送达申请人,并将仲裁申请书副本和仲裁规则、仲裁员名册送达被申请人。

③ 被申请人收到仲裁申请书副本后,应当在仲裁规则规定的期限内向仲裁委员会提交答辩书。仲裁委员会收到答辩书后,应当在仲裁规则规定的期限内将答辩书副本送达申请人。被申请人未提交答辩书的,不影响仲裁程序的进行。

④ 仲裁应当开庭进行。当事人协议不开庭的,仲裁庭可以根据仲裁申请书、答辩书以及其他材料做出裁决。仲裁庭在做出裁决前,可以先行调解。当事人自愿调解的,仲裁庭应当调解。调解不成的,应当及时做出裁决。

⑤ 调解书经双方当事人签收后,即发生法律效力。裁决书自做出之日起发生法律效力。

⑥ 当事人应当履行裁决。一方当事人不履行的,另一方当事人可以依照民事诉讼法的有关规定向人民法院申请执行。受申请的人民法院应当执行。

(2)《劳动争议调解仲裁法》有关条款的调整。

①《劳动争议调解仲裁法》改进了仲裁前置。第四十七条规定:"下列劳动争议,除本法另有规定的外,仲裁裁决为终局裁决,裁决书自做出之日起发生法律效力:(一)追索劳动报酬、工伤医疗费、经济补偿或者赔偿金,不超过当地月最低工资标准十二个月金额的争议;(二)因执行国家的劳动标准在工作时间、休息休假、社会保险等方面发生的争议。"同时第四十八条还规定:"劳动者对本法第四十七条规定的仲裁裁决不服的,可以自收到仲裁裁决书之日起十五日内向人民法院提起诉讼。"

②《劳动争议调解仲裁法》改动了劳动争议申请仲裁的时效。我国《劳动法》原规定当事人申请劳动仲裁的时效为60天。而《劳动争议调解仲裁法》第二十七条规定:"劳动争议申请仲裁的时效期间为一年。仲裁时效期间从当事人知道或者应当知道其权利被侵害之日起计算。"在诉讼时效方面也规定,诉讼时效"因当事人一方向对方当事人主张权利,或者向有关部门请求权利救济,或者对方当事人同意履行义务而中断。从中断时起,仲裁时效期间重新计算。因不可抗力或者有其他正当理由,当事人不能在规定的仲裁时效期间申请仲裁的,仲裁时效中止。从中止时效的原因消除之日起,仲裁时效期间继续计算"。

③《劳动争议调解仲裁法》有关证据提供。第三十九条规定:"劳动者无法提供由用人单位掌握管理的与仲裁请求有关的证据,仲裁庭可以要求用人单位在指定期限内提供。用人单位在指定期限内不提供的,应当承担不利后果。"第六条还规定:"发生劳动争议,当事人对自己提出的主张,有责任提供证据。与争议事项有关的证据属于用人单位掌握管理的,用人单位应当提供;用人单位不提供的,应当承担不利后果。"

二、就业权益保护与择业"陷阱"

(一)就业权益保护对策

高校毕业生就业权益保护是个系统工程,是国家与社会、学校、毕业生各负其责、相互配合的和谐就业体系。除了国家加快就业制度改革,创造良好就业环境,不断完善大学毕业生就业市场和大学毕业生就业权益保护的法律体系,高校加强就业指导工作以外,最重要的还是毕业生提高自我保护能力。这就需要做到以下几点。

1. 充分了解用人单位基本情况

知己知彼,百战不殆。毕业生享有全面、真实了解用人单位情况的知情权。毕业生在就业前应先了解应聘单位的背景,确认用人单位是否有法人资格。毕业生还应该尽量通过各种渠道了解单位的组织结构、运作状况、业务流程、招聘信誉、用人意图、岗位职责及企业文化等情况。如果有可能,最好去实地考察工作环境,尤其是比较陌生的单位。

在签订就业协议前应核实单位身份：是否有工商、税务颁发的营业执照；是否有固定的经营场所；单位是否有招工权等。这样可以尽量避免陷入一些用人单位设置的就业陷阱而遭受就业欺诈，也能未雨绸缪地将未来实际就业中权益受侵害的可能性降至最低。

2. 转变法律观念

大学生在就业过程中遭遇就业陷阱和就业歧视却很少有人诉之于法律，其实有些大学生不是不懂得相关的法律知识，而是他们的法律观念还需要转变。这种法律观念包括：对诉讼型法律体系的排斥和对法律的信任度不高。

（1）正确认识诉讼型法律体系。中国素来以"和"为贵，我国的法律体系主要是对国外发达国家的法律体系加以借鉴，适当移植过来的，本土根深蒂固的民族传统要接受这种外来的诉讼型的法律体系是需要一定时间的。当代大学生受中国传统文化的影响，其心理上也不自觉地排斥现存的诉讼型法律体系。因此应做好宣传工作，使大学生对诉讼型的法律体系有正确的认识。

（2）提升对法律的信任度。只有期望值与现实值相平衡，才能使大学生对法律的信任度加强。但是现实法律制度未能给大学生提供足够的权威信息，执法的法律现实与大学生的法律期望值相违背。这样大学生的法律意识必然被削弱。大学生都必须对法律有一种信任感。这种信任感不是盲目地笃信法律的条条框框，而是坚信法治的理念。法律功能价值的真正实现不仅仅依靠的是法律规范的强制性，更需要整个社会对其的一种尊崇与信仰。

3. 充分了解毕业生就业的法规与政策

毕业生应了解目前国家关于毕业生就业的有关方针、政策、规范及它们之间的关系，熟悉毕业生在就业过程中的权利和义务，这是高等学校毕业生就业权自我保护的前提。毕业生在就业市场中择业，必须明确自己的权利和义务，而毕业生最基本的权利是选择权，最基本的义务是遵守市场的规则，把个人的志愿与国家的需要紧密地结合起来，不能只讲权利不讲义务。毕业生应自觉遵循有关就业规范，保证自己的就业行为不违反就业规范，不侵犯其他毕业生的合法权益。

毕业生应对自己的权利有清醒、正确的认识，应特别加强劳动法和合同法等有关法律的学习，使自己能正确享受权利，积极履行义务。

4. 用法律手段维护就业权益

法律手段是解决合法权益受侵犯的最有效途径。针对侵犯自身就业权益的行为，毕业生有权向用人单位的上级主管部门和学校进行申诉并听取他们的处理意见，同时可以提交给当地的劳动争议仲裁机构进行调解和仲裁，也可以直接向人民法院提起诉讼。

在就业中,高等学校毕业生就业权一旦受到侵犯,应该积极运用法律武器,通过申请调解、仲裁、诉讼等合法途径,维护自己的正当权益。而对于用人单位一般的违规行为或争议不大的问题,毕业生可以先与用人单位协商,也可以向该单位所在的区县劳动保障监察机构举报,让劳动保障和监察部门对其进行监督检查和处罚。

(二)择业"陷阱"应对策略

随着我国高等教育大众化进程加快,节节攀升的毕业生人数,使高校毕业生面临诸多的困难,其中大学生就业问题是高校扩招以来最受关注的。由于目前我国人力资源市场建设相对滞后,高校毕业生就业机制不够健全,于是出现了各种不依法用人、违法招聘等为大学生就业设置各种陷阱的现象。

择业"陷阱"是指为求职择业者提供就业为诱饵,或无偿占有求职者的劳动,或骗取择业者的财物,或者择业者从事的工作内容,并不是双方在协议或原先口头承诺的内容要件;或使择业者的人身、财产受到损害,利益受到侵害的骗术或非法行为。尽管择业"陷阱"形形色色,形态各异,但其目的是一样的,对大学毕业生的危害都是巨大的。大学毕业生要防范各种择业"陷阱",首先要了解和认识形形色色的择业"陷阱",识别和预防择业"陷阱"是至关重要的,这也是我们职业能力中一种非常重要而实用的能力。常见的择业"陷阱"有以下几种。

1. 高薪"陷阱"及承诺"陷阱"

每一位大学毕业生,都希望自己能够找到一份满意的工作。然而,目前我国的就业形势非常严峻,就业压力非常大,因此一些毕业生产生了急躁情绪。但是,毕业生在择业时不能因求职心切而放松了对用人单位的考察。一些"用人单位"就利用毕业生求职心切的心理和缺乏社会经验的特点,在招聘广告中介绍本单位情况时言过其实,做一些让人心动的"承诺",以迷惑并吸引毕业生前来应聘。常见的"承诺"有以下几种。

(1)高薪及高福利承诺。"高薪诚聘,年薪10万",高薪的确让人心动。可是,高薪的得来就那么容易吗?求职路上的大学生必须认真考虑这个问题。人才缺口急需填补,情急之下,一些用人单位便想出假高薪的招数。用人单位在招聘、面谈时,往往说得振振有词。可到了发薪水时,或称你工作量不饱和,或以单位效益不佳等为借口,使原先的承诺大打折扣。

(2)职位承诺。一些公司的确需要人才,为引起求职者的关注,招聘者会将职位描述得非常好,而当你真正深入其中才发现,它们不过是表象而已,当你感觉上当转而重新寻找工作时,却错过了最佳时机。

2. 收费及抵押"陷阱"

招聘中以不同名目收取"苛捐杂税"是最常见的招聘陷阱之一,这个招数对于很多应聘者来说都是"温柔的陷阱"。这类诈骗的面试过程往往特别简单,对于你的学历、工作经验等各方面的条件几乎都没有要求,只是派人和你进行简单的几句闲聊或者鼓动,就告诉你已经被录用;而对于公司的具体情况,要么就是避而不谈,要么就是瞎编乱造。同时,还会对你以后的工作许以高薪、工作环境非常轻松等诺言。对方往往以已经招聘录用,需要收取押金、保证金的借口,或者以入职培训的名义,骗取求职者的费用。

国家劳动部门早就明文规定:任何企业在招聘员工时,不得以任何理由、任何形式收取求职者的押金,或者以身份证、毕业证等作抵押。但有的招聘单位要求求职者提供自己的身份证件,理由是便于管理。有的求职者的身份信息被另作他用,因此,求职者对自己的个人隐私权要爱惜和保护。

3. 中介"陷阱"

一些中介机构,本身就没有中介许可证,有的即使有,也不包括职介的范围,它们看到有利可图,便大做广告宣传:一是收取高额的中介费用,与企业合伙蒙骗求职者。二是外地非法中介机构或中介网络,收取一定的费用,却以种种理由推脱责任。有些中介机构虽然介绍了单位,但用人单位的状况与求职的要求相去甚远。三是非法中介机构之间相互串通,以大城市高薪就业、落户等名义开展中介,收取不菲的中介费后,介绍到外地中介等。外地中介找到不法用人单位或私人小企业让大学生去打零工。

4. 试用期"陷阱"

试用期是用人单位对新录用的劳动者是否合格进行考核,劳动者对用人单位是否适合自己进行详细了解的期限。劳动合同试用期作为劳动合同中的一个特殊阶段,对于帮助用人单位以最低的成本风险争取优秀人才加入,促进劳动者的风险意识和竞争意识,都有极其重要的意义。然而,在实际就业市场上,有些用人单位滥用试用期。一是没有试用期可能暗藏玄机。试用期是劳动合同的约定条款,对双方都有约束力,试用期长短或有无由双方依法在劳动合同中约定。一般来说,单位用人有试用期是正常的,试用期的薪水一般都不高,等到转正之后,薪水会有较大幅度提高。很多公司为了使用廉价劳动力,抓住毕业生急于找工作的心理,堂而皇之地打出试用期的牌子,看起来非常规范,待试用期一过,以种种理由告诉求职者不合适就解聘了。这样的公司不断地"炒人",毕业生永远不会成为正式员工。二是过长的试用期。借故延长试用期,或试用期长于国家规定。

5. 协议"陷阱"

就业协议书除具有确立毕业生和用人单位之间的劳动关系、规范二者相关权利和义务,追究违约方违约责任的作用外,还是学校对毕业生就业的一种管理手段,是学校上报就业计划、用人单位申报进人指标、毕业生办理落户手续的证明。就业协议对于学校管理毕业生就业工作,规范用人单位和毕业生在用人、择业过程中的行为,维护各方的合法权益发挥了一定的积极作用。

但这一制度在现实的执行中产生了许多问题,签订就业协议书本来是出于保护学生的目的,而且协议上也明确规定了学生就业后就执行劳动合同,已签订的就业协议书不再生效。但实际上在签订就业协议书后,不少单位在试用期间就不再签订劳动合同,所以常常会出现学生在试用期间要跳槽,按照劳动法不需要承担违约责任,而单位则以就业协议为依据向学生提出索赔要求。按照有关规定就业协议书不能代替劳动合同或聘用合同,但实际上就业协议对毕业生和用人单位却又相当于劳动合同,它甚至可以对劳动合同的期限也进行约定。如果就业协议书签订时的约定内容不能与随后签订的劳动合同或聘用合同内容吻合,就可能在毕业生和用人单位之间产生纠纷。就业协议内容不规范致使一些用人单位为了避免毕业生随意违约,在劳动合同中就不约定试用期,旨在把学生当作廉价劳动力;在就业协议中违约金的数额没有明确,完全由单位与学生协商而定,而由于学生维权意识的缺乏及学生在求职过程中处于相对弱势地位,就使就业协议从某种程度上来说成为"霸王合同"。

6. 传销"陷阱"

所谓传销,本是指生产企业不通过店铺销售,而由传销员将本企业产品直接销售给消费者的经营方式。该经营方式受到国家的严令禁止。现在的传销已大多演变为非法组织以欺骗乃至胁迫的手段,靠强收"入门费"敛财。虽然国家加大了对传销的打击力度,传销在一定范围、一定程度上得到了较为有效的控制,但是有的传销人员并未死心,他们转为"地下"活动。当前日益严峻的就业现实使毕业生降低了审核标准和防范意识,对于传销组织来说,由于大学生拥有的潜在社会资源很丰富,他们未出校门、缺乏社会经验,因而深得青睐。加上就业困难形势下部分毕业生非理性的就业观的存在,更给了传销组织较大的空间。一些非法传销组织利用大学毕业生的不良心理,以知名企业或单位的名义招聘毕业生。传销组织一般以招工为由,利用学生社会接触面不广、对生活的期望值过高,掩盖非法传销的事实,以"好工作、高收入"来诱惑学生。受骗人或听信于传销头目欺骗父母,或经传销组织"洗脑"骗拉熟人,甚至成为传销骨干坑害他人。而且,传销组织采取扣押身份证、现金、通信工具,限制人身自由等手段,导致一些学生或主动或被动地迷失于传销旋涡中难以自拔。

典型案例

"一碟白菜、一碗白饭,我们每天吃的就是这两样,每天的行动被人监视,这段时间简直就像生活在地狱一般！直到现在，我还会痛骂自己，堂堂一个大学生，怎么就那么糊涂？"2008年9月3日，在返回南昌的列车上，刘波（化名）向解救他的民警哭诉其被骗经历时，不停地说自己像经历了一场噩梦。刘波是江西某高校大二学生，8月28日去株洲会网友时被传销组织非法拘禁了5天。

为挣学费，江西省吉安市井冈山医学院药学专业大三学生尹丽芳2008年7月外出"打工"。一个月后，尹丽芳突然给家里打电话称要交下学年学费。9月8日，尹丽芳的父亲突然收到学校通知，称他女儿并未去学校报到。尹丽芳的父亲立即赶赴安徽，3天后，才把女儿从传销窝点解救出来。而据尹丽芳透露，她所在的传销组织有100多人，大多数都是大学生。

类似的大学生被骗入传销组织的事件屡见报端。据报道，南昌某高校学生张华2008年4月被同校相熟的同学以找工作为名骗入传销窝点，出逃时摔坏脊骨和脚趾；北京某知名大学应届毕业生姜峰（化名）也掉进了别人以"招聘"为名的传销陷阱里。而据新华网2008年11月2日的报道，南京破获的一起传销大案中，传销头目之一竟是"放弃本硕连读也要做传销"的高校学生，而834名受害者中，几乎清一色是在校大学生，涉及全国33所高校；菏泽警方2008年查获的一起传销案件中，117名成员中也有三成是被从外地骗来的大中学生。

案例分析： 从上述案例可以看出，在毕业生择业过程中存在形形色色的陷阱。本章以大学生求职过程中的"传销陷阱"为切入点，对大学生的就业权益进行了全面的分析。

7. 培训"陷阱"

在大学生就业中，常常会看到一些培训机构，不断给大学生介绍"高薪就业""保证就业"之类的机遇，殊不知其中陷阱重重。其一，收了培训费后仍然无工作。有些培训机构以"高薪就业""保证就业"的名义引诱大学生交了培训费，但培训结束后，却以种种理由不给安排就业。其二，培训机构与用人单位联手坑害大学生。大学生交了昂贵的培训费后，被推荐到一些位置偏僻、层次较低的企业，在无人问津的低薪岗位工作，甚至在试用期就被借故辞退。其三，用人单位的培训陷阱。有些用人单位要求新进大学生必须经过某某机构培训，考试合格才能录用。于是花费不少的大学生经过培训，考核过关者却寥寥无几。即使如此，被录用者也难逃厄运，工作刚满见习期或试用期即被以各种理由辞退。

8. 感情"陷阱"

不可否认，有时自己的社会关系（如亲戚、朋友、同乡、同学等）在就业过程中起着重要作用，在提供招聘信息、疏通就业渠道等方面发挥着学校无法替代的作用。但是，也有人会打着同学甚至亲戚的幌子招聘你去工作,一不签合同,二不办手续,略有不满,就将你开除;也有的人鼓吹自己"神通广大",非常热情地为毕业生寻找工作,在取得学生及其家长的信任以后,逐渐会提出这样和那样的经济要求,其结果往往是毕业生花了不少钱,所谓的工作却总是迟迟找不到。

9. 网络"陷阱"

传统的集市型的人才交流市场通常受时间、地域等因素限制,不利于统一开放的人才大市场的形成。而网上人才市场则突破了这些局限,通过网络实现了市场信息的共享。网络的便捷、快速、低成本、大信息量等特点使得越来越多的企业和求职者选择人才网站作为招聘和求职的中介。网上求职不受时间、地域、空间的限制,避免了人群大范围集中和对场地依赖的局限,同时又有丰富的信息,所以很多即将毕业的大学生都把网上招聘作为求职的一个主要"路径"。网上求职具有方便快捷、信息共享的优越性,确实是电视、报纸、杂志等传统广告载体与现场招聘会所难以企及的。但凡事有利必有弊,网上求职,也有其难以克服的障碍。如果轻易相信网上的招聘信息,可能会遇到比传统招聘形式更多的麻烦、更大的问题。网上求职涉及隐私权问题。个人在网络上输入的信息,有可能被他人窃取、利用,造成名誉上、经济上的损失。另外,与其他广告载体相比较,网络招聘广告的真实性也值得推敲。所以面对网络,大家一定要保持谨慎,应该到信誉度高的网站应聘,对收取相关报名费的网站要特别小心,对招聘单位最好有个实际的考察。不要公布自己的个人信息,一般留邮箱进行联系即可。

(三)大学生择业"陷阱"的典型特征

大学生就业"陷阱"是指招聘单位利用大学生的弱势地位,以提供就业机会为诱因,采用违法等手段,与大学生达成权利与义务不对等的各类就业意向(协议),以期侵害大学生合法权益的现象。当前大学生择业"陷阱"主要表现出四个典型的特征。

1. 欺骗性

欺骗性主要表现为招聘单位以虚假宣传、不实承诺取得大学生的信任和期望,在协议中提出苛刻的条件,隐藏各种不法目的。

2. 诱惑性

诱惑性主要表现为招聘单位着力包装,夸大事实,并以单位各种招牌、荣誉、待遇和发展前景诱惑大学生。

3. 隐蔽性

隐蔽性主要表现为招聘单位都有十分华丽的诱人说辞,让应聘者听起来合情合理,其实处处是陷阱。

4. 违法性

就业中的违法目的各有不同。有些为留住人才而扣留大学生的户口、证件等；有些软硬兼施，用不切合实际的手段迫使应聘者工作；有的使大学生掉进高薪"陷阱"、中介"陷阱"、培训"陷阱"和传销"陷阱"等，还有些用人单位给大学生设置了协议陷阱、合同陷阱或试用期陷阱。

（四）对择业"陷阱"的自我防范

对于缺乏社会经验的大学生，在求职中容易误入各式各样的招聘"陷阱"。要消除择业"陷阱"需要进一步规范人才市场的秩序，完善相关的法律法规，加大监督力度。但对毕业生而言，如果预先有了防范意识，相信不会落入任何诱人的"陷阱"。为此，毕业生可从以下几个方面入手，增强自己对择业"陷阱"的防范能力。

1. 防范意识的培养

毕业生对择业"陷阱"的防范意识，它是毕业生对择业"陷阱"自我保护能力的重要组成部分，培养和增强毕业生对择业"陷阱"的防范意识，是通过毕业生自我教育、自我完善来实现的。

2. 加强相关的法律法规的学习

毕业生应该主动学习与求职择业密切相关的法律法规、文件，如《中华人民共和国就业促进法》《中华人民共和国劳动合同法》等，提高自己的求职素质和独立思考、明辨择业"陷阱"的能力。

3. 树立正确的择业观和择业心态

毕业生必须转变就业观念，理性地认识就业形势，先就业求生存，后择业谋发展。毕业生应该转变求职理念，降低就业期望，客观评价自己。从低层做起，从基础做起，着眼于非政府部门、劳动密集型企业、中小型企业就业或自主创业。

4. 对招聘信息的防范

一般情况下，从学校就业指导部门、高校或当地毕业生就业主管部门组织的毕业生供需见面会和人才招聘会、正规权威的人才招聘类专业网站、有权威的报纸等途径获取的招聘信息比较真实可信。对自己重点关注的招聘信息，即使其来源可靠，毕业生也要对信息的内容做进一步的核实。毕业生在投递简历前应充分了解用人单位的情况，最好自己到用人单位去看一看。

5. 对中介机构的防范

中介机构为用人单位和毕业生双方沟通联系并进行择业指导，由双方订立劳动合同实现就业。这种方式近年来也成为部分大学生的就业渠道。但大学生在选择中介机构时,一定要认定其合法性。一般来说,一个合法的中介机构必须五证俱全,即工商营业执照、税务登记证、企业资质证、执业许可证和法律法规规定的其他必须公开的证照。同时,还应当公布服务内容、服务规范、收费项目及标准、监督、投诉机构的电话及地址等事项。大学生在选择中介机构时,切记要对其合法性进行鉴别,以免上当受骗。

6. 对网上求职的防范

随着信息时代的发展,人才网络系统已初具规模。一般来说合法网站的建立,都有工商部门下发的经营许可证和通信管理局下发的ICP证,因此应聘者在投递个人简历时,可以先看看网站的两证是否齐全,以防误落不法网站。要强化自己的保密意识,时刻提高警惕。在填写个人简历时,尽量不要填写家庭详细地址及家庭固定电话号码,以免受到恶意的干扰,树立个人信息保密意识。

7. 对面试的防范

大多数用人单位都会提出面试的要求。择业"陷阱"的设置者,也大多通过面试对求职者进行欺骗。因此,面试也是毕业生需要特别注意的环节。正式面试之前要通过多方途径对招聘单位资料进行确认,如通过上网查询、拨打当地"114"电话核实对方公司的联系电话与地址,到工商部门登记、税务登记、人事、劳动等主管部门了解该企业性质情况,必要时到公司所在地明察暗访等,了解公司背景资料、职责范围或行业,落实单位资信情况和信誉等。

正常的面试,用人单位一般会安排在正常工作时间,地点就在自己单位。面试的时间、地点一经确定,没有特殊的原因一般不会无故改变。毕业生一定要避免到僻静或私人场所去面试;不要随便喝别人提供的饮料;毕业生在前往面试或找工作地点前后要注意及时跟家人或师友报告自己的行踪。到外地参加面试时,无论任何理由都不要留下重要的证件。

典型案例

小李收到某公司的一条短信,请其尽快到公司来面试,但小李并没有给这个公司投过简历,于是就打电话去询问,对方答复在某人才网上看到的。小李按时赴约,但找不到地方就再次联系公司。很快一个骑摩托的人过来接小李。车刚开,骑摩托的人就让小李通知公司说很快就到了,在电话中公司对小李说让骑摩托的人接电话另有事安排。小李刚把电话递给骑摩托的人,一份文件就从车上落了下来,出于礼貌小李下车帮忙捡文件,结果摩托车瞬间骑走消失不见了,小李的手机和包也被他带走了。

小刘很顺利地通过了一家公司的面试,并参观了公司,觉得很正规。很快公司通知其参加培训,并要缴纳250元的培训费。小刘觉得机会难得,交了钱并参加了培训。小刘培训后公司又组织其进行体检,交体检费100元,最后却因为视力较低,被公司拒绝录用。后来小刘才知道受骗了。

小韩在一次招聘会向一家科技公司投了简历,经过简单的现场面试,即被通知下午去公司面试。下午,接待小韩的还是上午的招聘人员。招聘人员把小韩领进一个办公室,当着她的面给"经理"打电话,然后对她说"经理"要等会儿才来,让她先等一会儿。过了约5分钟"经理"还没过来,招聘人员欲再次打电话给"经理",不巧他手机没电了,随手借小韩手机一用,小韩也没多想就把手机直接给了他。招聘人员称室内电话听不清楚就出去了,结果一去不复返。

案例分析:毕业生择业过程中会有各种各样的面试活动,必须认真甄别其中的骗局。

8. 对签约的防范

签订劳动合同是一种法律行为。毕业生应该正确认识和严肃对待,慎重签订。毕业生要对准备签订的协议仔细研究,协议必须公平、公正,明确双方的权利与义务。协议应对服务期、工作岗位和工作内容、劳动保护和工作条件、工资报酬和福利待遇、劳动纪律、协议终止的条件、违反协议的责任等做明确规定。签订劳动合同时,要注意保护自己的权益,认真检查合约内容、附带条款。在签订劳动合同时仔细阅读所有条款,如有不清楚或对自己不利的地方,不要立即签约,要仔细研究。

需要提醒毕业生的是,一定要签订合法、有效的书面协议。特别是涉及工作内容、工资报酬、福利待遇、违约责任等敏感内容,毕业生要尽可能地与用人单位达成书面协议。

9. 发觉被骗,及时报案

毕业生一旦发觉上当受骗,要及时向招聘单位所在地的人事局、劳动监察大队或公安局报案,寻求法律保护。

总之,只要毕业生培养防范意识,掌握防范对策,就能够识破择业"陷阱",达到顺利就业的目的。

三、就业协议书与劳动合同

(一)就业协议书的签订

全国普通高等学校毕业生就业协议书(以下简称"就业协议书"),是对毕业生、用人单位、培养院校均有约束力的文书契约。现行的就业协议书是由教育部高校学生司统一制表、省毕业生就业主管部门统一印制。按《普通高等学校毕业生就业工作暂行规定》和教育部的有关规定,为维护毕业生就业工作的严肃性、公正性和公平性,就业协议书明确规定了毕业生、用人单位和培养院校三方在毕业生就业工作中的权利和义务。凡被用人单位正式录用的毕业生均需要签订就业协议书。凭就业协议书办理全国普通高等学校本专科毕业生就业报到证(以下简称"就业报到证")。

1. 就业协议书的填写要求

(1) 毕业生基本信息。

就业协议书要如实填写,其中毕业生情况及意见栏中的填写条目内容,填写时要注意以下要求:姓名以学籍档案上的为准;专业名称应为所学专业的全称,不得简写,以免造成不必要的麻烦;应聘意见应简洁、明确,以1~2个岗位为宜,并签署个人姓名。

(2) 用人单位基本情况。

① 单位名称,与单位公章一致,不要简写、误写或写别名。

② 单位所有制性质及单位性质,用人单位要如实填写,以便于学校及时掌握毕业生签约流向。

③ 单位联系人和联系方式,包括单位法人代表或毕业生接收部门负责人及其有效的联系方式,以便于及时沟通。

④ 档案转递详细地址,用人单位要准确填写人事档案接收单位的全称和地址,用于学校转寄毕业生档案。无人事档案保管权的单位应填写委托保管单位的名称及详细地址。

2. 就业协议书的签订要求

(1) 使用就业主管部门统一印制的就业协议书。

就业协议书一式三份,毕业生、用人单位和学校就业指导服务部门各一份。毕业生与用人单位如有其他约定,应在就业协议书"备注"栏中注明。"备注"栏内容视为就业协议书的一部分。就业协议书经各方签字盖章后生效,无正当理由不得单方面违约。若有一方提出变更或解除就业协议,需征得另外两方的同意。如果毕业生和用人单位事先约定有违约赔偿责任,则违约方要按照约定履行违约赔偿责任。

(2) 签订就业协议书必须合法。

在毕业生和用人单位双向选择过程中,就业协议书的签订必须在国家就业方针、政策指导下进行。对不符合国家有关就业政策规定的签约行为,政府就业主管部门将不予认可。

(3) 签订就业协议书时的注意事项。

① 签订就业协议书时要通过正常渠道进行。其主要渠道是以就业洽谈会、招聘会

为主的有形市场和以信息网络为主的无形市场。

② 查明用人单位的主体资格。签订就业协议书的当事人必须具有合法的主体资格,一般而言,用人单位必须具有从事各项经营或管理活动的能力,单位应有录用指标和录用自主权。

③ 按规定的程序签订协议。毕业生凭学校发的就业协议书,在与用人单位签约后,用人单位留存一份、毕业生自存一份,另一份交学校就业指导服务部门。

④ 有关条款的内容必须明确。毕业生与用人单位在签约时,尽量采用示范条款。如确有必要进行变更或增加,也必须在内容上明确。

⑤ 注意与劳动合同上的衔接。由于毕业生就业协议书的签订在先,为避免在日后订立劳动合同时产生纠纷,应尽可能将劳动合同的主要内容体现在就业协议书的约定条款中,并明确表示在今后订立劳动合同时予以确认。

⑥ 对合同的解除条件做事先约定。毕业生就业协议书一经订立,就对当事人具有约束力,不得随意解除,否则应承担违约责任。

3. 就业协议书的管理及审核

(1) 就业协议书的管理。

① 在择业过程中,毕业生与用人单位达成需求意向后,均须签订由学校统一发放的就业协议书。

② 就业协议书是办理就业报到证的依据,任何单位和个人不得复印、复制就业协议书。

③ 就业协议书不得挪用和转借,一经发现,所发放的就业协议书作废,并追究当事人责任。

④ 就业协议书因污损或损坏不能正常使用时,毕业生可向所在院(系)提出申请并由学生工作负责人签署意见后,凭原就业协议书和申请到学校就业主管部门更换新的就业协议书。

⑤ 考取研究生的毕业生,如未签订就业协议,毕业生离校时必须将就业协议书一式三份交回学校就业指导服务部门。如已签订就业协议,办理相关手续时须向学校就业指导服务部门递交用人单位的退函及就业协议书。

⑥ 毕业生和用人单位在就业协议书上签署意见并加盖公章后,应及时将就业协议书上交学校就业指导服务部门。若因私自滞留就业协议书引发用人单位和毕业生之间纠纷的,由当事人承担相应责任。

(2) 就业协议书的审核。

学校持已签订的就业协议书到省就业指导管理部门办理全国普通高等学校本专科毕业生就业报到证时须对其进行审核,审核不合格即无法办理就业手续。

(二)劳动合同的签订

1. 劳动合同的基本内容

根据《劳动合同法》的规定,劳动合同的内容可以分为两个部分:必备条款和普通条款。必备条款又叫法定条款,就是在劳动合同中必须具备的内容,不可缺少;必备条款又分为一般法定条款和特殊法定条款。

(1)一般法定条款。

一般法定条款包含七个方面的内容。

① 劳动合同的期限。就是合同开始的时间和结束的时间。例如,2009 年 3 月 20 日被录用开始工作,工作时间为 10 个月,那么合同的期限一般规定为:"本劳动合同从 2009 年 3 月 20 日生效,到 2010 年 1 月 20 日结束。"

② 工作内容。这条规定就业者在该单位做什么工作,如在装修公司做木工,那么合同中应该注明工作的内容是"木工",具体承担木制家具制作、装修工作的一些木工活等。

③ 劳动保护和劳动条件。例如,建筑工人应该发放安全帽,高空作业有哪些保护措施等。

④ 劳动报酬。例如,工资给多少,怎么算,什么时候发工资等。

⑤ 劳动纪律。例如,上班时间不得私自外出,如何请假等。

⑥ 劳动合同终止的条件。例如,合同到期终止,或者就业单位出现破产停业等情况终止合同,或者就业者出现特殊情况要求终止合同等,以及终止合同是双方应该承担的责任。

⑦ 违反劳动合同的责任。这一条规定了签约双方的任何一方违反了合同中的规定,应该怎么办等。

(2)特殊法定条款。

这是由于某些劳动合同的特殊性,法律要求某一种或某几种劳动合同必须具备的条款。例如,中外合资经营企业和私营企业的劳动合同中应该包括工时和休假的条款。如果因为用人单位的原因签订了不完整的劳动合同,之后对就业者的权益造成了侵害,用人单位应当承担法律责任。

(3)补充条款。

补充条款又叫商定条款,可有可无,是双方当事人在签订合同时互相商量定下的条款。补充条款是法律赋予双方当事人的自由权利,但是,补充条款的约定不能与国家的法律法规相抵触,不能危害国家、其他组织或个人的权益。

2. 签订劳动合同的基本原则

《劳动合同法》第三条第一款规定,订立劳动合同应当遵循合法、公平、平等自愿、协商一致、诚实信用的原则。劳动合同依法订立即具有法律效力,当事人必须履行劳动合同规定的义务。

(1) 平等原则。

是指订立劳动合同的双方当事人法律地位平等。因此,毕业生应该依据《劳动合同法》的规定,理直气壮地要求与用人单位签订劳动合同。在合同上签字前要仔细阅读合同条款,对内容含混的条款要坚持改写清楚,对不合法的内容要据理力争,以维护自己的合法权益。

(2) 自愿原则。

是指劳动者要完全出于自己的意愿签订劳动合同,用人单位不能强迫或欺骗劳动者签订劳动合同。

(3) 协商一致原则。

是指劳动合同的各项条款是经过平等协商取得一致的意见。

(4) 合法原则。

是指签订劳动合同的双方不得违反法律和行政法规的规定,也就是说,订立合同的主体和内容必须合法。

3. 签订劳动合同的重要作用

劳动合同是劳动者与用人单位确立劳动关系、明确双方权利和义务的协议,是劳动者与用人单位依据《劳动合同法》建立劳动关系的书面法律凭证。劳动合同也是稳定劳动关系、用人单位强化劳动管理、劳动者保障自身权益、双方处理争议的重要依据。

《劳动合同法》规定,建立劳动关系都要签订劳动合同。签订劳动合同主要有以下三个方面的重要作用。

(1) 签订劳动合同可以强化用人单位和劳动者双方的守法意识。

以劳动合同的形式明确劳动者和用人单位双方的权利和义务,双方之间就有了一个具有法律约束力的协议。在劳动过程中,用人单位依据劳动合同管理职工、行使权利和履行义务;劳动者也依据劳动合同保护自身的权益,履行相应的义务。

(2) 签订劳动合同可以有效地维护用人单位与劳动者双方的合法权益。

劳动合同都要规定一定的期限,在合同期内,用人单位和劳动者都不能随意解除劳动合同。合同期满后,用人单位和劳动者可以就是否续签合同等重新进行协商,这就维护了用人单位用人和劳动者求职的灵活性。

(3) 签订劳动合同有利于及时处理劳动争议,维护劳动者的合法权益。

如果没有劳动合同,劳动者可能会在工资收入、工作时间长短、工作条件等方面与用人单位发生争议时,由于没有有效证据而遭受损失。

4. 签订劳动合同的注意事项

（1）签订劳动合同前应熟悉相关法律。

劳动合同是用来约束劳动者和用人单位行为及处理纠纷的重要法律依据。劳动合同的每个环节，都需要劳动者有一定的法律常识，所以劳动者在签订劳动合同之前最好先了解一下都有哪些法律可以保护劳动者的合法权益。我国有关保护劳动者合法权益的法律法规很多，其中以《中华人民共和国劳动法》及教育部《关于贯彻执行〈中华人民共和国劳动法〉若干问题的意见》的规定最为全面，是规定劳动关系的主要法律。此外，有关劳动合同的法规主要有劳动部《关于实行劳动合同制度若干问题的通知》《违反和解除劳动合同的经济补偿办法》《违反〈劳动法〉有关劳动合同规定的赔偿办法》等。

（2）合同形式、内容要合法。

一份具有法律效力的劳动合同，首先签订合同的程序应符合法律规定，并且应当用书面的形式予以确认，合同至少一式两份，双方各执一份，劳动者应妥善保管自己的劳动合同。在劳动合同的内容上，劳动者一定要先确定自己签订的劳动合同是否具备产生法律效力的条件，包括：用人单位应是依法成立的劳动组织，能够依法支付工资、缴纳社会保险及提供劳动保护条件，并能承担相应的民事责任等。

由此看出，劳动合同是劳动者与用人单位确立劳动关系、明确双方权利和义务的协议，一经签订就要履行，谁违约谁就要承担责任。即使是劳动合同的附件，也可以成为双方维权的有效证据。

《中华人民共和国安全生产法》规定，生产经营单位与就业人员签订的劳动合同，应当写明有关保障从业人员劳动安全、防止职业病危害，以及依法为从业人员办理工伤保险的事项。生产经营单位不得以任何形式与就业人员签订协议，免除或者减轻对从业人员因生产安全事故伤亡依法应承担的责任。违法订立这类协议的，该协议无效，对生产经营单位的主要负责人、个人经营的投资人处2万元以上10万元以下的罚款。

劳动合同的内容除必备条款外，劳动者与用人单位还可以在法律法规允许的范围之内，协商约定其他内容作为劳动合同的约定条款，如试用期限、商业秘密的保护及违约金、培训费的支付和有关赔偿等。

（3）警惕合同陷阱。

部分用人单位为了实现自己的利益最大化，千方百计在劳动合同中设立各种陷阱，侵害劳动者的合法权益。主要包括：在合同中设立押金条款；不与劳动者协商；在合同中规定逃避责任的条款，对于劳动者工作中的伤亡不负责任；准备了至少两份合同，一份是假合同，内容按照有关部门的要求签订，以对外应付有关部门的检查，但真正执行的是另一份合同等。

(三) 就业协议和劳动合同的共性与区别

1. 就业协议与劳动合同的共性

(1) 合同的性质一致。

毕业生与用人单位签订了就业协议,毕业生就应按协议要求的时间去用人单位报到上班,用人单位要为毕业生安排相应的工作,从实质上说,这就是确定了一种劳动关系,确定这种劳动关系的依据是就业协议。从这一点来看,就业协议书与劳动合同的性质是一致的。

(2) 在当事人双方自愿情况下签订。

无论是就业协议书,还是劳动合同,都是双方在平等协议、充分表达主观意愿的情况下签订的,双方对协议或合同中订立的权利、义务都是完全认可的,无强制、胁迫等因素的影响。

(3) 法律依据一致。

由于就业协议是确立劳动关系的一种协议,具有与劳动合同相同的性质,因此,在订立就业协议时,应遵循《劳动合同法》中的有关规定,发生争议纠纷,也应依照《劳动合同法》有关规定加以解决。

2. 就业协议与劳动合同的区别

(1) 主体不同。

就业协议适用于应届毕业生与用人单位、学校三方之间,学校是就业协议的签约方,就业协议对用人单位的性质没有明确规定,适用于任何单位;而劳动合同只适用于劳动者(含应届毕业生)与用人单位(不含公务员单位和比照实行公务员制度的组织和社会团体及军人系统)之间,与学校无关。

(2) 内容不同。

就业协议的主要内容涉及毕业生如实填写自己的情况,表达愿意到用人单位就业的意向,用人单位表示愿意接收毕业生,学校同意毕业生与用人单位意见,并列入就业方案。至于毕业生到用人单位后享有什么权利,应承担哪些义务,就业协议并未做出强制要求。劳动合同的内容涉及劳动合同期限、工作内容、劳动保护和劳动条件、劳动报酬、劳动纪律、劳动合同终止的条件、违反劳动合同的责任等内容。由此可见,劳动合同的内容较就业协议的内容更为具体,更为齐全,双方权利义务表达更为明确。

(3) 时间不同。

一般来说,就业协议签订在前,它是在毕业生就业之前签订的,而劳动合同一般是在毕业生到用人单位报到上班后才签订的。当然,也有用人单位要求在毕业生报到之前签订劳动合同的,但程序上也是先签订就业协议,再签订劳动合同。

(4) 目的不同。

就业协议书是毕业生和用人单位关于将来就业和招聘录用意向的初步约定,是对双方的基本条件及即将签订的劳动合同部分基本内容的大体认可。就业协议书一经毕业生、高校、用人单位主管部门的签字盖章,即具有一定的法律效力,是编制毕业生就业方案和毕业生、用人单位将来双方签订劳动合同的依据。

(5) 适用法律不同。

若对就业协议书发生争议,除协议书本身内容外,主要依据现有的毕业生就业政策和法律对协议的一般规定来加以解决,尚没有专门的一部法律对毕业生就业协议加以调整。而劳动合同发生争议时,应依据《劳动合同法》来处理。

(6) 适用的人员不同。

就业协议只适用于普通高校毕业生与用人单位、学校之间,而劳动合同适用于各类人员与用人单位之间。凡是中华人民共和国的公民,只要符合法律规定的条件,一经录用都可与用人单位签订劳动合同。

课后思考

1. 请你谈谈签订就业协议书有哪些注意事项?
2. 签订劳动合同的原则是什么?
3. 求职择业前需要做哪些必要的准备?
4. 在求职过程中,如何正确运用法律武器维护自己的合法权益?
5. 如何从自身做起,防范求职陷阱?
6. 请走访学校保卫处、就业主管部门了解本校学生的就业权益保护情况。

第十章
创业与职业发展

学习要点

- 了解创业的意义与机会,大胆地进行个人职业发展。

第一节　我国大学生的创业

那一天/我不得已上路
为不安分的心/为自尊的生存/为自我的证明
路上的心酸/已融进我的眼睛
心灵的困境/已化作我的坚定
在路上/用我心灵的呼声
在路上/只为伴着我的人
在路上/是我生命的远行
在路上/只为温暖我的人
温暖我的人

——中央电视台创业励志节目《赢在中国》主题曲

这首创业者之歌唱出了许多创业者的心声，感动和激励着人们在创业的道路上一路前行。在这首歌曲的字里行间，我们能够深切地感受到，创业绝不仅仅是创办一个企业、一个公司，它有着更为丰富的内涵和外延。

一、创业概述

（一）创业的含义

研究者们从不同角度概括了创业的含义。

郁义鸿在《创业学》中认为，创业是一个发现和捕获机会并由此创造出新颖的产品、服务或实现其潜在价值的过程。

Robert D. Hisrich 和 Michael P. Peters 在《企业家精神》(*Entrepreneurship*)一书中指出，创业就是通过奉献必要的时间和努力承担相应的经济、心理和社会风险，并得到最终的货币报酬、个人满足和自主性的创造出有价值的新东西的过程。简单地说创业就是创造新东西的过程，并承担风险和得到回报。

从以上定义来看，创业的含义是有广义和狭义之分的。广义的"创业"指的是创立基业、开创事业、开拓事业、开拓业绩、创建新职业、新行业和新岗位等；狭义的"创业"指的是创办企业，其内涵体现了开办和首创的困难与艰辛，体现了过程的开拓性和创新性，体现了在前人已有的成就和业绩的基础上有新的成果和贡献。从这两个层面的含义来看,创业不仅仅是一个创办企业的活动,更有着适用于广泛领域的创新精神、开拓精神的内涵。无论是何种意义上的创业,其目的都是更充分地实现人生价值,其意义都是更充分地创造社会服务和财富,其隐含的都是开拓创新、积极进取的创业精神与品质。在本书中,主要以狭义的创业概念为切入点。

(二) 创业精神的含义

创业精神是和创业活动紧密联系在一起的重要概念,从某种意义上来说,创业精神是创业活动的核心和灵魂。对于创业精神的准确定义,目前还没有统一的界定,国内有学者认为,创业精神的本质是一种创新活动的行为过程,其主要含义为创新,也就是创业者通过创新的手段,将资源更有效地利用,为市场创造新的价值。

无论何种角度的定义,创业精神都代表着积极进取、勇于冒险、开拓创新,代表着突破资源限制,通过创新来创造机会、创造资源的行为。从这个意义上来讲,创业精神已经超脱了创业行为本身,不只存在于新事业,对于成熟的组织,只要创新活动仍然旺盛,该组织依然具备创业精神。创业精神所代表的积极进取、开拓创新的态度和品质,对于任何个人、任何职业、任何社会都有重要意义,它使个人、组织和社会保持活力、不断进取、创造价值,并使创业教育具有更广泛更深远的意义。

(三) 创业教育的含义

1989年联合国教科文组织在北京召开的"面向21世纪教育国际研讨会"上,首次提出"事业心和开拓教育"(enterprise education),后被译成"创业教育"。会议要求把创业能力提高到与目前学术性教育和职业性教育同等的地位,成为学习的"第三本护照"。联合国教科文组织于1989—1991年"提高青少年创业能力的教育联合革新项目"东京会议报告中进一步指出,"创业教育,从广义上来说是培养具有开创性的个人,它对拿薪水的人也同样重要,因为用人机构或个人除了要求受雇者在事业上有所成就外,正越来越重视受雇者的首创、冒险精神、创业能力、独立工作能力以及技术、社交和管理技能"。南开大学张玉利认为:"创业教育是为社会培养创业人才,服务于社会实践,实现个人价值,提升社会效益。创业教育并不是要受教育者都去创建自己的企业,而是要传授创业知识,让受教育者知道创业活动的过程的内在规律以及所涉及的问题,可能遇到的问题和风险,帮助他们理性地规划职业发展道路。"

总结起来,和创业的概念相对应,创业教育也有狭义和广义之分。狭义的创业教育以具体的操作技能为主要目标;广义的创业教育则以人的创新能力和综合素质培养为核心。或者说,广义的创业教育包含基础层面和操作层面,基础层面主要着眼于人的创新能力、创造性的培养和综合人文素养的形成,操作层面关注人的具体创业技能的传授。广义的创业教育更着眼于深层次人的发展,也是创业教育意义的重点所在,是对大学生进行就业指导和创业教育的主要出发点。

（四）创业活动的类型

创业活动根据不同的标准有多种分类方式，以下就几种有代表性的创业类型作介绍。

1. 生存型创业和机会型创业

生存型创业是指创业者出于生存目的，为获得个人基本生存条件而又没有其他更好的工作机会而不得已选择创业。这种类型的创业较多地存在于零售、租赁、个人服务、社会服务和娱乐业等，如某失业人员租赁柜台用于销售商品且自负盈亏就属于这个概念范畴。机会型创业是指创业者通过发现或创造新的商业机会，为追求更大的发展空间和财富而选择创业。在高科技、金融、保险、房地产等商业或服务业中，这类创业相对较多，如某大学毕业生开发计算机软件，利用风险投资进行企业运作，之后通过产品上市获得收益口。

机会型创业与生存型创业的不同不仅表现在动机方面，还反映在能力上。前者看重的是新创造出来的市场而且是新的大市场和中型市场；后者则很少考虑是否进入了新市场，最常见的是在现有市场中捕捉机会。从成功率来看，在机会型创业所占比例较高的国家，初创企业倒闭比例较低，而在生存型创业比例高的国家，初创企业倒闭比例较高。机会型创业者得到风险投资青睐的概率也大大高于生存型创业者。

研究表明，与生存型创业相比，机会型创业能够创造更多的就业、出口和新的市场机会，能够产生更多经济效益和社会意义。特别是在富裕国家，只有创业者引进尖端技术，创业活动才会对国家有利。对于这些国家而言，最重要的是创新。但在一定的条件下，生存型创业可以向机会型创业转变。中国第一份创业观察报告——《全球创业观察中国报告（2002）》显示，2002年参与创业的中国人中，有60%属于生存型创业，只有40%属于机会型创业。而2006年生存型创业与机会型创业的比例则为38.7∶59.2。就总体而言，目前中国的创业市场还存在社会基础薄弱、劳动力创业能力欠缺等问题，从而影响到机会型创业活动的发展。对于青年学生来说，应关注自身的创业精神和创业能力提升，开展更多的机会型创业活动。

2. 自主创业和企业内创业

自主创业指自己创办企业，包括独立创业和脱胎创业。独立创业是在资源和经验相对较少的条件下创办企业。脱胎创业则指具有一定管理经验和行业背景，且具有一定技术或客户资源的人，由于与原管理者不和或是发现新商业机会而产生创业冲动，或新商机不被原管理层认同或重视等原因，而从原公司脱离，自己开办企业的创业类型。

自主创业的过程是一个充满未知的过程，从企业创业之初到整个企业运营过程，都是白手起家、自力更生，需要创业者投入很大的时间、精力，并要承担较大的风险和压力。这种创业形式，一旦成功，它给创业者所带来的回报和成就感是很大的。我们所熟知的许多创业英雄和故事，如阿里巴巴、微软、谷歌等都是这样的创业类型。然而，巨大的风险也使这种类型的创业过程有着相当高的失败率，销路不好没有市场，无法长期顶住压力，缺乏某一方面的技能和知识，或者资金所剩无几，不同的原因却导致了同样的结果——不得不以倒闭结束。

企业内创业是指企业成立以后在运营过程中扩展新业务领域、对企业的组织结构进行改革，或其他创新行为。这类创业有可能是因为企业面临困境时不得不采取的较大力度的革新，也可能是在正常或者良好的企业运营状态下为维持现状或进一步发展所进行的创新行为。例如，我国国有企业所经历的承包经营责任制、股份制及建立现代企业制度几个阶段的改革，每个阶段的改革在某种程度上都是一种创业过程。再如，联想集团从国内市场向国外市场的大规模拓展，也是一个新的创业过程。与自主创业的单打独斗不同，企业内创业可以拥有更多的优势资源和支持，例如省去注册企业的烦琐手续，同时开展业务的一些资质也已具备，包括较为健全的部门人员配置、既有的管理经验教训、现成的销售渠道和其他能够对创业过程中遇到的困难给予及时有效的帮助的资源。

3. 兼职创业和全职创业

这两个概念从字面上就比较容易理解。全职创业是以创业为主要职业形式和收入来源。兼职创业则是在其他职业形式或收入来源之余的创业活动，是一种普遍存在的创业之初的创业形式。例如，大学生在学校期间创业，一些企事业单位职员在职期间创业或参与创业活动，获得正常工作以外的收入等。有些兼职创业者的创业活动相对程序化，风险不大，投入精力和获得回报都较为稳定，例如通过网络店铺售卖商品；有些人的事业逐渐发展壮大而后便全身心投入到公司中，会从原公司离职而成为全职创业者。

这两种创业类型各有优劣。兼职创业者有相对稳定的工资收入和保障，不需要背水一战，可以大大降低创业风险，但工作和创业所牵涉的精力分配可能存在矛盾，容易顾此失彼，身心劳累，同时这类创业还可能因为兼职创业活动涉及本职工作的相关资源和业务而面临职业道德和相关法律方面的问题。全职创业者由于投入更多的精力和金钱，需要承受更大的经济压力和风险，但与兼职创业者相比，他们有更为强烈的成功欲望和进取心，这可以提高创业者的风险承受能力和开拓发展的动力，更多的精力投入也使企业拥有更多的成功机会。在许多情况下，随着业务发展状况和个人想法的变化，这两种创业形式之间是可以相互转化的。

4. 不同行业的创业

国家统计局于2003年5月颁布的《三次产业划分规定》，共有行业门类20个，行业大类 98 个。不同行业的价值链构成、利润率、商业模式、市场机会、相关资源等都有很大的差异，对于创业者来讲，选择合适的行业和领域对于成功与否是十分关键的。那么该如何选择创业行业呢？研究表明，绝大多数成功创业者所开创的公司都与他们曾工作过的公司具有相同的市场、技术、行业。选择自己熟悉的行业和领域，创业者可以充分利用自己既有的经验、技能和资源，从而大大提高成功的可能性。兴趣是选择行业的另一个考虑因素，可以使一个人更可能投入到一个领域中并坚持下来。此外，产业发展阶段和规模、行业特征、是否存在市场机会、行业壁垒等都是人们选择创业行业时必须考虑的。

无论何种创业类型，创业者都需要根据自己的目标、兴趣、所拥有的个人能力和资源，来进行评估和选择。

二、创业是创新

创业活动久已有之，私人开设商号、投资建厂及我们通常所说的摆摊等，都可以理解为广义的创业行为。早期创业活动的最大特点在于其资金的来源。创业所需要的资金多数是原始积累，如个人储蓄、亲友资助、遗产继承等，通常创业者就是投资者。随着社会的发展，资本的持有者同资本的需要者分离，并且出现了规范的信贷制度和专门的投资商，同时技术创新的加快和社会需求的多样化为人们提供了更广阔的创意空间，使得拥有技术和发现市场的机会的人可以充分发挥自己的才干、寻求资金的支持从而成为创业者。资本、技术、社会需求这三方面的变化降低了创业的门槛，最终形成了席卷全球的创业热潮，使每一个人都有机会成为创业者、成功者。

帮助青年创业，是解决青年就业问题，提高青年就业能力，促进青年、经济、社会三方面都实现可持续发展的有效办法。创业和创业教育，与创新、创新精神密不可分，创业及创业教育的发展将对全社会创新体系的形成和发展起到巨大的促进和推动作用，对于中国经济可持续发展和小康社会的建设有着长久而深远的影响。

1. 推动科技进步与创新

江泽民同志说："创新是一个民族进步的灵魂，是一个国家兴旺发达的不竭动力。"创业往往伴随着新技术、新产品、新工艺、新方法的市场进入，特别是科研成果转化型的创业企业，更是对全社会科技生产水平的提高有着不可替代的重要作用。美国国家科学基金会、美国商务部等机构发现，自第二次世界大战以来，美国一半的创新、95%的根本性创新是由小型创业公司完成的。其他研究表明，小型创业公司的研发工作比大型公司更有成果。小型公司每花 1 美元在研发上，可以产生两倍于巨型公司的革新项目。创新和科技进步推动了新产业的产生与发展，信息技术、生物技术、个人计算机等新产业和行业都是从如微软、谷歌等创业企业发展起来的。以创新精神为核心的创业活动改变了整个经济社会。

2. 创造就业机会

创业能够促进就业机会的有效增加。党的十七大报告中指出，要"实施扩大就业的发展战略，促进以创业带动就业"。清华大学经济管理学院中国创业研究中心在2004年发布的《全球创业观察中国报告》中指出，1997—2001年，创业不活跃的国有、集体企业等净减少5343万个工作机会，而创业活跃的民营企业等提供了1407万个工作机会。美国的情况是，15％的新公司创造了94％的新就业机会。"在许多国家，高达99％的企业是小企业，超过40％的员工就职于小企业；小企业创造了约75％的新岗位。"创业本身就是一种就业的形式，小企业也是就业机会的创造者，同时通过小企业创造就业机会所需的成本要比通过大企业低得多，创业活动是促进就业的一个根本途径。

3. 促进经济增长

清华大学中国创业研究中心的全球创业观察报告通过对几十个国家和地区创业活动与经济增长的关系研究发现，创业是促进经济增长的。同时报告指出，创业活动对经济增长的促进作用不是表现在当期，而是表现在未来。经济增长的一个重要的驱动力量是不断创新，而创业是创新得以实现的根本保障，能够促进科技成果转化、产业优化、良性竞争、人才与资源的高效配置等，从而推动整个社会的经济增长与可持续发展。美国新经济的兴起和发展就离不开20世纪80年代硅谷大批创业企业的创立，这些企业的成功创业为美国经济注入了勃勃生机和活力，对于推动国民经济的可持续发展做出了举足轻重的贡献。

4. 促进社会进步

没有哪个组织过程可以像创业过程那样提供自给自足、独立自主和改善经济的机会。创业为人们提供了平等的机会，1996年《福布斯》发布的400名最富有者名单中，86％都是白手起家的。弘扬创业精神，有利于创造积极、进取、平等的社会文化和氛围。而创业企业和创业者所特有的创新、进取的创业精神，不仅对于创业有着重要作用，也是任何岗位和劳动者都必需的，能够促进人的发展，从而成为社会进步的推动力量。

三、我国大学生创业的环境

马云是全球企业间电子商务的著名品牌、全球国际贸易领域内最大及最活跃的网上交易市场和商人社区——阿里巴巴公司的"掌门人"，而王石则是中国内地房地产领域的龙头老大——万科公司的"帮主"。两人创业的成功，首先归功于他们自己，归功于他们独到的眼光和不凡的能力，但创业环境这一因素，对他们创业成功所起的作用也不能小觑,选择某个地方创业的最重要因素应该是该地区的创业环境对初创企业最有利。

创业环境对创业非常重要,但什么是创业环境呢?Scott Shane 认为创业的环境方面包括经济环境、政治环境和社会文化环境。全球创业观察(GEM)项目组认为创业环境在本质意义上是一种制度环境,由规范的制度、认知的制度和规制的制度三个维度组成。GEM 还对创业环境的要素体系有一个明确的界定,把创业环境要素归为九个方面,即金融支持、政府政策、政府项目、教育与培训、研究开发转移、商业和专业基础设施、进入壁垒、有形基础设施、文化与社会规范。也有国内学者认为创业环境实际上就是人们创业的外部条件,它是由综合因素构成的整体。具体而言,它应该包括时代环境、地域环境、人际环境和物质环境四个方面,它们在创业过程中互相联系、相互碰撞形成了人境系统,构筑了创业的活动舞台。

我国的创业环境如何?《全球创业观察中国报告(2006)》对我国的创业环境给予了这样的评价:"创业环境条件的综合状况向良好方面转变。衡量创业环境的九项框架条件尽管有些方面还存在不足,但是,从综合评分看,创业的环境条件已经从较差向较好过渡,2006 年创业环境条件的综合评分进入了较好的评分区间。"

由此可见,尽管我国大学生的创业环境不完全成熟,还存在这样或者那样的问题,但已经向着好的方面发生变化。本节里,我们就从政策环境、社会环境和资金环境三个方面入手,引领大家了解我国大学生的创业环境。

(一)政策环境

十几年来,我国支持大学生创业的政策环境经历了从无到有并迅速改善的过程。1999 年 1 月 11 日,教育部公布了一项新政策,允许在校大学生、研究生休学保留学籍创办高新技术企业,以增强学生的创业意识和实践能力。1999 年全国教育工作会议强调指出要帮助受教育者培养创业意识和创业能力,通过教育部门的努力,培养出越来越多的不同行业的创业者,从而为社会创造更多的就业机会,对维护社会稳定和繁荣各项事业发挥重大的作用。李岚清同志在这次会议的报告中提出:"要探索鼓励高校毕业生自主创业的有效途径和相应的政策措施,通过政府设立小额贴息贷款,或借助社会风险投资基金等方式,扶持大学生开办、承包和改造企业,特别是小型科技民营企业。"2002 年,教育部、原劳动和社会保障部、人事部等出台了鼓励和帮助大学生自主创业、灵活就业的政策,同时加大了户籍管理、人事管理、社会保障等领域的改革,以便与大学生创业机制相配套。

近年,随着大学生就业形势的严峻和国家对大学生创业的重视,中央政府和各地方政府又出台了一系列扶持大学生创业的优惠政策,涉及融资、开业、税收、创业培训、创业指导等诸多方面。这些国家政策的陆续出台不断改善着我国大学生的创业环境。

综观国内现有的政策,可以把支持大学生创业的优惠措施概括为以下几个方面。

1. 注册登记优惠

一是程序简化。凡申请从事个体经营或申办私营企业的,可通过各级工商行政管理部门注册大厅优先登记注册。申请人只需提交登记申请书、验资报告等主要登记材料可先予颁发营业执照,并在一定期限内按规定补齐相关材料。

二是费用减免。除国家限制的行业外,工商行政管理部门自批准其经营之日起1年内免收其个体工商户登记费、管理费和各种证书费。对申办高新技术企业的,如资金确有困难,注册资本达不到最低限额的,允许分期到位。高校毕业生从事社区服务等活动的,一定期限内免予办理工商注册登记,免收各项工商管理费用。

2. 金融贷款优惠

一是优先贷款支持、适当发放信用贷款。对高校毕业生创业贷款,可由高校毕业生为借款主体,担保方可由其家庭或直系亲属家庭成员的稳定收入或有效资产提供相应的联合担保。对于资信良好、还款有保障的,在风险可控的基础上适当发放信用贷款。

二是简化贷款手续。

三是利率优惠。对创业贷款给予一定的优惠利率扶持,视贷款风险度不同,在法定贷款利率基础上可适当下浮或上浮。

3. 税费减免优惠

2003年5月29日,国务院办公厅下发《关于做好2003年普通高等学校毕业生就业工作的通知》(国办发〔2003〕49号),其中第4条规定:"鼓励高校毕业生自主创业和灵活就业。凡高校毕业生从事个体经营的除国家限制的行业外,自工商部门批准其经营之日起1年内免交登记类和管理类的各项行政事业性收费。有条件的地区由地方政府确定,在现有渠道中为高校毕业生提供创业小额贷款和担保。"

4. 员工待遇优惠

一是员工聘请和培训享受减免费优惠。在一定时间内,可在有关网站免费查询人才、劳动力供求信息,免费发布招聘广告等。政府人事部门所属的人才中介服务机构免费为创办企业的毕业生、优惠为创办企业的员工提供培训和测评服务。

二是人事档案管理免一定年限费用。政府人事行政部门所属的人才中介服务机构免费为其保管人事档案两年。

三是社会保险参保有单独渠道。高校毕业生从事自主创业的,可在各级社会保险经办机构设立的个人缴费窗口办理社会保险参保手续。

(二)社会环境

就大学生创业环境而言,社会环境是一个很宽泛的范畴。在这里我们主要从反映社会竞争的市场环境、反映社会对创业者和创业活动的尊敬程度,即与文化和社会规范有关的制度环境及反映人们对知识、技能和信息获取情况的教育培训环境三个方面予以阐述。

1. 市场环境

当前,中国正处于一个深刻的社会转型期。所谓社会转型,一般是指这样两种转变:一是指我国经济体制由计划经济向市场经济的转变;二是指中国逐步由一个封闭的、一元的农业社会向开放的、多元的现代化社会的转变。在这个转型期,市场代替计划发挥着配置资源的基础性作用,社会竞争趋向开放和公平。在一个开放的市场体系中,企业不再受多种体制的束缚、限制,从而使生存空间能够无限延伸,发展活力得以充分施展。对于创业者来说,公平、高效、自由、开放的市场环境能有效降低创业的隐性成本,清除原来可能存在的体制性障碍,无形中增加了创业的成功系数。

2. 制度环境

据《全球创业观察中国报告》(基于2005年数据的分析),在创业文化方面,我国与其他GEM参与的国家和地区相比,具有一定的优势地位,在创业文化关注的6个方面的问题中,都略高于GEM的平均水平。中华民族文化鼓励自立,鼓励人们通过个人努力取得成功,也鼓励创造和创新的精神,面对创业的风险,鼓励创业者承担相应的风险。因此,中国的文化有利于个人创业。此外,在我国,成功的企业家享有较高的威望,这说明人们是羡慕创业者的成功的。企业家的地位一方面反映了社会对于创业成功者的态度,属于创业文化范围;另一方面,较高的企业家地位对于创业者是个极大的激励,使创业者有充分的动机参与创业活动。

3. 教育培训环境

教育和培训是创业活动得以开展的必要条件,也是创业者将潜在商业机会变为现实的基础,受到良好教育和具有较高技能的创业者是创业取得成功的必要保证。我国在教育和培训方面还很难对创业活动的开展提供有效的支持,尤其是中小学教育中普遍缺乏培养学生创造性、自立精神和个人的主动性方面的教育内容,在教育学生关注创业和创办公司方面与发达国家的差距更大。让人欣喜的是,近年来,我国高等院校的创业教育日益普及,大多数高校都开设了不同形式的创业教育课程。以政府机构为主导的创业培训项目不断增多,发挥了良好的较大面积进行社会培训的作用。

(三)资金环境

2007年11月19日,上海市劳动与社会保障局公布了由中共上海市委宣传部、上海市社会科学界联合会开展的有关本市高校青年创业状况问卷调查活动的调查结果,在问卷中问及"现阶段没有创业打算的最主要原因是什么"时,回答"资金不足,没有好的创业方向"的样本人数占样本总量的50.12%。由此可见,资金是困扰大学生创业的最主要原因之一。

随着经济发展和政策驱动,大学生创业的资金来源日益多元化,多种融资渠道都有可能为大学生创业提供资金保障。例如,银行贷款融资、信用担保融资、民间借贷融资、金融借赁融资、风险投资融资、补偿贸易融资、项目包装融资、高新技术融资、产业政策融资、专项资金融资、股权融资等。当然可能不少人对上述融资方式还感觉相当陌生,也不是所有人都能轻松驾驭,但就目前来说,至少有以下几种方式可以成为大学生创业的资金来源。

1. 传统的融资方式

传统的融资方式是指通过亲属、朋友等获得创业资金的融资方式。这也是一种比较常见的融资方式,适用于家庭条件较好或社会关系较广的创业者,由于亲戚、朋友等关系非常容易建立彼此间的信任,所以如果能得到亲人、家属的支持并且具备这样的经济条件,那么创业者就能获得稳定可靠的启动资金。

2. 个人创业贷款

个人创业贷款是指各银行为支持民营经济、私营企业或个体经营者的发展,遵循国家有关政策推出的面向个人、用于从事生产和经营活动所需资金的贷款,旨在帮助发展事业的个人尽早实现目标。一般是个人因创业或再创业提出资金需求申请,经银行认可有效担保后而发放的一种专项贷款。个人创业贷款在上海发端,现已被迅速推广到浙江、四川、安徽、河南、深圳等全国大部分地区。

3. 政府专门设立的大学生创业基金

鼓励大学生自主创业作为国家的一项政策,寄托了国家和社会的期待与关怀,为保证这一政策的顺利实施,不少地方政府都设立了用于支持大学生创业的专项基金。辽宁省下发各校的相关通知要求,从2006年起,省、市建立"高校毕业生创业基金",通过财政和社会两条渠道筹集资金,用于为高校毕业生自主创业提供支持。2006年11月,辽宁省大连市沙河口区创业的33名大学毕业生就从大连市领导手中接过了区政府提供的131万元无偿创业资金。除辽宁外,北京、上海、重庆、广州、杭州等城市及山东、河南、安徽等省份也都分别设立了大学生创业基金,为大学生创业提供资金支持。

4. 风险投资

风险投资是一种新的投资模式,是在创业企业发展初期投入风险资本待其发育相对成熟后,通过市场退出机制将所投入的资本由股权形态转化为资金形态,以收回投资,取得高额风险收益。据统计,2005年,中国创业风险投资机构累计投资3916项,高新技术投资项目达2453项,约占累计投资项目总数的63%,累计投资额达到326.1亿元。其中,累计向高新技术企业投资149.1亿元,约占累计投资额的46%。2006年上半年风险投资在国内完成投资已达 7.72 亿美元,与 2005 年完成投资的 3.39 亿美元相比,增长 128%。毫无疑问,风险投资在我国的发展将呈现蓬勃之势,而这种趋势必将催生出一种新的融资观念和融资方式,从而为创业者提供一条崭新而自由的资金渠道。

国家鼓励普通高校毕业生自主创业政策公告

一、放宽市场准入条件

1. 初创企业时,允许按行业特点放宽资金、人员准入条件,注册资金可分期到位。

2. 按照相关规定可将家庭住所、租借房、临时商业用房等作为注册地点及创业经营场所。

二、享受资金扶持政策

3. 在当地人力资源和社会保障机构登记求职后从事个体经营,自筹资金不足的,可按规定申请小额贷款,从事微利项目的,可按规定享受贴息扶持;合伙经营和组织起来就业的,贷款规模可适当扩大。

4. 视当地情况,可申请"大学生创业资金"。

三、实行税费减免优惠

5. 毕业 2 年以内从事个体经营时,自在工商部门首次注册登记之日起 3 年内,可免交管理类、登记类和证照类等有关行政事业性收费。

6. 从事农、林、牧、渔、环境保护、节能节水等行业,开办高新技术企业、软件企业、动漫企业或小型微利企业等,均可依法享用国家现行规定的税费减免政策。

四、提供培训指导服务

7. 登记求职后,可参加当地人力资源和社会保障部门举办的不少于 10 天的创业培训,符合条件的可领取创业培训补贴。

8. 进入"高校学生科技创业实习基地"创办企业,可以享受减免 12 个月的房租、专业技术服务与咨询、相应的公共设施以及公共信息平台服务等。

9. 在办理自主创业行政审批事项时,可以通过"绿色通道"享受联合审批、一站式服务、限时办理和承诺服务等。

10. 自主创业的高校毕业生申报灵活就业时,可以免费享受劳动保障和人事代理服务。

详细内容请登录全国大学生就业公共服务立体化平台(www.ncss.org.cn)。

第二节 创业过程

一、创业分析与评估

(一)大学生创业现状

大学生创业逐渐成为社会一大热点。如何看待这一现象?大学生创业条件成熟了吗?

据调查显示,77.6%的大学生表示会考虑创业,可最终下定决心走上创业之路的不足2%。华东师范大学团委公布的一份调研报告显示,大学生创业热情有余,办法不足,在资金、社会关系、精力投入等方面面临困难,绝大部分大学生的创业激情与理性并存。

在针对华东师范大学、华东理工大学、上海师范大学、华东政法学院、上海财经大学、上海交通大学等高校的540名全日制本科生的一次问卷调查中,统计结果显示,35.9%的学生认为"资金是大学生创业的最大困难";28.9%的学生认为最大的困难是"社会关系不够宽广,不利于开展工作";19.1%的学生认为最难的是"还要兼顾学业,时间、精力有限"。多数大学生缺乏创业方面的经验,他们在大学期间除从事家教外,只有一些简单的兼职经历,如发广告传单、产品推销与发放调研问卷等。

419名大学生表示有意创业。在创业资金的筹措上,45.1%的学生表示会"向银行贷款",15.6%的学生是"向父母借",20.5%的学生则是"通过筹股集资",15%的学生是"利用创业基金",另有3.8%的学生选择找"风险投资商"。在创业方式的选择上,8.4%的学生选择"单枪匹马,创立自己的工作室",71.1%的学生是"与志同道合的朋友成立小公司",而有19.5%的学生选择"招募社会上有才干的人共同创业"。在投资领域的选择上,18.7%的学生选择IT行业,20.4%的学生选择公共或居民服务业,而选择交通运输、邮电通信、文化教育及广播电视等行业的人几乎没有。

(二)创业机会的评估

在创意提出、机会识别的过程中,创业者无时无刻不在对机会进行评估,尽管这种评估可能是非正式的和非常初步的。在创业准备期,创业者或初始创业团队会对他们认为的创业机会不断进行非正式的评估,直到需要得到外部资源的时候,他们才会与他人沟通,进而根据外部的要求决定是否及如何进行正式的评估。

一般情况下,创业机会可以只做定性的评估。但创业项目一旦需要外部支持,如需获得天使投资或风险投资,就可能需要做出更为严格和精确的评估。预期收益与风险是机会评估最关键的内容。获得预期收益是创业的根本目标,原则上我们可以按预期收益的多少来评估创业机会的好坏,但其标准是因人而异、因创业项目而异的。对创业机会的风险评估非常必要,通常风险越大的项目可能收益也越高,因而在机会选择时要在风险与收益中找到一个最佳平衡点。

创业机会的评估并不能保证一个项目肯定能赚钱,但它的确能在降低风险和减少失败方面起到重要作用。创业机会的评估具体包含以下几个方面。

1. 市场评估

(1) 你的创业想法是否有市场?能够满足市场需求吗?人们愿意、有能力并乐意购买你的产品或服务吗?知己知彼才能为创业有效的定位。

(2) 市场规模有多大?成长性如何?一般而言,市场规模大者,进入障碍相对较低,市场竞争激烈程度也会略为下降。当然如果要进入的是一个十分成熟的市场,那么即使市场规模很大,由于缺乏成长性,利润空间必然很小,这个新机会就不见得是个好机会。反之,一个正在成长中的市场,通常也是一个充满商机的市场,只要进入时机正确,肯定会有获利的空间。

(3) 市场定位怎么样?一个好的创业机会,必然具有特定的市场定位,专注于满足某类顾客需求,同时能为顾客带来增值的效果。不少的创业失败是因为他们想把产品卖给所有的人,应该从最有可能购买你产品的人出发。因此评估创业机会的时候,可由市场定位是否明确、顾客需求分析是否清晰、顾客接触通道是否流畅、产品是否持续衍生等,来判断创业机会可能创造的市场价值。创业带给顾客的价值越高,创业成功的机会也会越大。

(4) "机会窗"的有多大?现在是最佳进入时机吗?随着时间的推移,市场在不断变化。你的创业机会能对你开放多久?你能否在"机会窗"关闭之前把握住机会?倘若"机会窗"仍然开放着,就要分析目前是不是进入市场的最佳时机。聪明的创业家知道选择在最佳时机进入市场,也就是在市场需求正要大幅成长之际进入市场。

(5) 市场结构分析。针对创业机会的市场结构进行分析。有无进入障碍?供货渠道畅通吗?销售渠道在哪里?有无替代性竞争产品的威胁?市场内部竞争的激烈程度怎么样?你的竞争对手在哪里?他们的优势在哪里?你的优势呢?等等。

2. 效益评估

(1) 是否有合理的税后利润。一般而言,具有吸引力的创业机会,至少需要能够创造15%以上税后净利。如果创业预期的税后净利在5%以下,那么这就不是一个好的投资机会。

（2）达到损益平衡所需的时间。合理的损益平衡应该能在2年以内达到，但如果3年还达不到，恐怕就不是一个值得投入的创业机会。不过有的创业机会确实需要经过比较长的耕耘时间，通过这些前期投入，保证后期的持续获利。在这种情况下，可以将前期投入视为一种投资，才能容忍较长的损益平衡时间。

（3）投资回报率。考虑到创业可能面临的各项风险，合理的投资回报率应该在25％以上。一般而言，15％以下的投资回报率，是不值得考虑的创业机会。

（4）资本需求。资金需求量较低的创业机会，投资者一般会比较欢迎。事实上，许多个案显示，资本额过高其实并不利于创业成功，有时还会带来稀释投资回报率的负面效果。通常，知识越密集的创业机会，对资金的需求量越低，投资回报反而会越高。因此在创业开始的时候，不要募集太多资金，最好通过盈余积累的方式来创造资金。

（5）毛利率。毛利率高的创业机会，相对风险较低，也比较容易取得损益平衡。反之，毛利率低的创业机会，风险则较高，遇到决策失误或市场产生较大变化的时候，企业很容易就遭受损失。一般而言，理想的毛利率是40％。当毛利率低于20％的时候，这个创业机会就不值得再予以考虑。软件业的毛利率通常都很高，所以只要能找到足够的业务量，从事软件创业在财务上遭受严重损失的风险相对会比较低。

（6）策略性价值。能否创造新企业在市场上的策略性价值，也是一项重要的评价指标。一般而言，策略性价值与产业网络规模、利益机制、竞争程度密切相关，而创业机会对于产业价值链所能创造的价值效果，也与它所采取的经营策略与经营模式密切相关。

3. 个人与团队评估

（1）作为潜在创业者，你有足够的创业动机吗？你真的要冒险去创业吗？你舍得为此而在其他方面做出牺牲吗？

（2）你具备创业的能力吗？只有符合你能力的机会才是好机会，这份创业能发挥你的能力吗？这份创业真正是你需要的吗？

（3）谁将是你的团队成员？他们有经验、专业知识、社会关系和必备的品质吗？面对变化多端的市场、激烈的竞争，团队管理是一个重要的衡量尺度。机会的实现需要有能力和热情的人来完成，你有足够而且合适的人吗？风险投资者非常重视管理因素，他们经常会说宁愿一个好的管理去经营一个一般的产品或服务，也不要一个不好的管理去经营一个优异的产品或服务。

4. 技术评估

如果你的创业是基于一个高科技含量的产品，那么你要思考其中的关键技术有没有申请专利保护；若是从他人处转让而来，有没有授权许可、排他性合同，等等。要采取措施尽量保护你的机会,减少或消除被人先行、盗用或模仿的可能性。

当然,创业机会评估还包括资金、环境和其他必需资源的评估。调查、分析、评估上述各项内容的过程实际上就是对创业机会进行可行性研究的过程。近年来,国际上通用的做法是,用创业计划书的方式来陈述一个创业项目的可行性。创业计划书也几乎是所有风险投资公司考察、评估投资机会进而决定是否投入资金的依据。

(三) 大学生创业的种类

1. 开店经营

摆摊向师弟师妹卖自己的旧书是创业开店的雏形。在宿舍提供打字、复印服务也只是小儿科。例如,华南理工大学的两个学生就曾经过角逐,坐上了校园书刊连锁店总经理的宝座。从设计、装修到进货都要亲力亲为。不但要考虑经营成本,还要面对校外书店的竞争。到目前为止,书店的经营算是比较成功,据说已经有不少学生对校园文化廊、超市等项目跃跃欲试。

2. 中介服务

代售演唱会门票、游乐套票,介绍家教已经不算什么,更有人租车跑起了运输。利用专业知识自发参与社会企业活动已经蔚然成风。不少学园艺的学生都做起了"园艺顾问",有的到广州和珠三角等地区花场指导园艺种植,有的到市民家里教授种花知识,或者代养花卉,据说收入相当可观。

3. 出卖点子

将发明变成产品,投入到市场才能创造价值,所以技术入股和自行生产也都是创业的形式。例如,华中科技大学应用物理及光纤通信系一学生的自动找零售水饮水机项目,7名南京中医药大学和南京艺术学院的学生创立的保健品有限责任公司。

4. 建立网站

据《文汇报》报道,创业的大学生中有九成都选择了建立网站。有的甚至还提出"给我一个站点,我能转动地球"的口号。"简单、方便、来钱快"固然是选择网站的原因,像丁磊、王志东等成功之士的示范作用也不可忽略。

(四) 大学生创业"五道坎"

一是创新坎。现在学生创业失败的多,一个重要原因就是忽视技术创新。学生创业一定要具备4个条件:其一,有自主知识产权的创造发明;其二,这一发明能转化为有市场前景的产品;其三,这一产品要有预期的销路;其四,要有可靠的资金提供者。

二是知识坎。在创业计划大赛中,评委发现许多创业者无法把自己的创意准确而清晰地表达出来,缺少个性化的信息传递,一些计划甚至是不知所云;对目标市场和竞争对手情况缺乏了解，分析时所采用的数据经不起推敲，没有说服力；相当多的计划书价格取向不明确，没有指明计划会给用户和市场创造什么样的价值，或用户为什么会购买他们的产品和服务，以及企业将如何赢利和保证正常运营。这些无一不反映出大学生在创业方面知识的缺乏。

三是资金坎。学生创业吸引投资存在三个误区。第一，急于得到资金，给小钱让大股份，贱卖技术或创意。有不少核心技术拥有者在公司运营一段时间后，对当初的投资协议深感不满并提出毁约。而这样做的后果只能是在资本市场上臭名昭著。第二，即便投资人不能提供增值性服务和指导，仍与其捆绑在一起。第三，对风险投资不负责任地使用，烧别人的钱圆自己的梦。每一轮融资中的投资者都将影响后续融资的可行性和价值评估。因此，对于尚处早期的创业公司来说，应引入一些真正有实力、能提供增值性服务、与创业者理念统一的投资者，哪怕这意味着暂时放弃一些眼前的利益。

四是心态坎。盲目创业，是学生创业的"通病"。第一，学生创业要有"风险意识"，要能承受住风险和失败。第二，要有责任感，对公司、员工、投资者都必须有责任感。第三，要有务实精神，踏实做事。

五是经验坎。大学生的理想与抱负是有的，但"眼高手低"，在创业过程中除了能"纸上谈兵"之外，对具体的市场开拓缺乏经验与相关的知识。经验不足，缺乏从职业角度整合资源、实行管理的能力，是大学生创业失败的一个重要原因。

（五）大学生创业的几个误区

过去几年的学生创业很大程度上陷入了几个误区。

第一个误区是学生创业仍然脱离不开校园，无论环境还是心态上都没有真正把自己置入到社会。

第二个误区是学生创业者对公司运作认识过于简单，甚至有不少学生创业者根本没有考虑过以后会遇到什么样的风险。许多学生创业者都是做底层技术的，他们不清楚如何融资，如何做商务活动策划，如何开展市场营销，如何确定公司战略，如何塑造管理团队等，甚至他们连根本的财务、管理方面的常识都是一片空白。

第三个误区是把互联网当成创业的捷径。事实上互联网是目前中国竞争最激烈的一块，这里面创业所依赖的技术优势很难发挥，因为互联网是技术公开传播最快的领域，任何技术和新的概念不出一周就可能被全盘复制。互联网目前比拼的还是良好的服务和商务模式，只有这些才能吸引用户和投资商，而这正是学生创业者们所欠缺的。

第四个误区是学生创业只是单纯的学生参与，这往往决定了学生创业的失败。学生创业往往最大的优势是好的点子，再加上年轻、有激情，但正如一个业界人士所说，这个世界满大街都是点子,创业能否成功往往不是取决于点子,而是这个点子的成功实施。而单纯学生组成的团队往往没有经验,他们没有实际管理和业务经验,如果这时能够有一个或者几个有一定经验的社会人士参与,如职业经理人,一个好的点子加一个完善的实施过程,才能产生一个成功的创业公司。

武汉某本科院校毕业生创业工作的通知

自主创业的同学,要注册登录教育部大学生创业服务网(http://cy.ncss.org.cn),按要求在网上提交《高校毕业生自主创业证》申请,并将创业证申请表填好后交至班主任,学院初审合格后将相关信息在网上提交至湖北省教育厅复核,复核通过一周后,同学们可到班主任处领取《高校毕业生自主创业证》。请你们务必记住:该证的申领只针对毕业年度内的高校毕业生,请提早做好准备,千万别错过规定时期。拿到《高校毕业生自主创业证》后,还要向创业地县以上人力资源社会保障部门提出《就业失业登记证》认定申请,由创业地人力资源社会保障部门核发《就业失业登记证》,一并作为当年和后续年度享受税收扶持政策的管理凭证。双证均申领后,还要带上免税申请和税务机关所需提供的其他材料,向创业所在地县以上主管税务机关申请减免税,通过审核后,享受相关创业税收优惠政策。

二、创业的一般过程

创业需要胆量,需要冒险,但更需要理性的计划,巧妙地借力和辛勤的劳动。创业者要善于发现商机,但在对该商机的风险进行理性评估后,就需要果敢快速地投身进去,从而在竞争激烈、机会易逝的市场中抢得先机。

(一)创业计划书的准备

"凡事预则立,不预则废"。在通常情况下,创业者在正式创业之前应制订完整的创业计划,并通过创业计划书的形式向现实的和潜在的合作伙伴、投资者、员工、客户及供应商等全面阐述创业者的创业计划,阐述创立公司、把握创业机会的措施及实施过程,说明所需的资源,揭示风险和预期回报。另外,创业之初,创业者制作创业计划书的过程也可以帮助创业者厘清自己的创业思路,坚定自己的创业目标。

1. 创业计划书的基本概念

创业计划书又称商业计划书(Business Plan)，是采用规范、通用的文本格式形成的创业项目可行性报告，是全面介绍公司和项目运作情况，阐述产品市场及竞争、风险等未来发展前景和融资要求的书面材料。

2. 创业计划书的主要内容

创业企业的产品或服务、市场分析、营销规划、产品实现、融资与财务分析、风险评估、内部管理规划等，都是创业过程中不可或缺的元素。所以，产品或服务、顾客、竞争对手、创业团队、供应商、融资方案、营销策略、财务分析等都是创业计划书必须涉及的内容。

3. 创业计划书的撰写思路

创业计划书的主要目的是争取潜在投资者对本企业的信心。因此创业计划书的撰写一定要围绕投资者可能提出的疑问逐一回答。创业计划书一开始，就应该把你打算提供的产品或服务用最简洁、易懂的方式做出交代，顺便可以介绍一下产生这项创意的背景；然后要交代清楚你的目标顾客是哪类人群，市场需求有多大，你的竞争对手是谁，你是否拥有提供这项产品或服务的技术或能力。若以上的回答都是明确和肯定的，那么你最后要做的是告诉潜在的投资人你自己有多少资金、需要外部提供多少资金、外部投资人什么时候可以获得投资收益、收益有多大、你将怎么来管理这项创业，等等。

4. 创业计划书的编写格式

一份创业计划书是创业者对创业项目的综合描述，不仅要求提供最完整的信息，而且必须提供准确的信息。创业计划书的撰写过程也是你的创业计划不断成熟、不断完善的过程。创业计划书完成以后一定要达到自己满意的程度，才能交给潜在的投资人。如果创业计划书连自己都说服不了，肯定是说服不了别人的。正如 Joseph R. Mancuso（《如何写作一个制胜的商业计划》的作者）所说，"没有创业计划你不能筹集到资金……就它本身而言，一份创业计划书就是一项艺术性的工作。它表达企业和赋予企业人性化的证明。而每个创业计划都是一个独立的艺术品，都是企业家个性的反映。就像不能复制别人的浪漫方式，你也需要寻求你的创业计划的与众不同之处"。因此，创业者绝不能对创业计划书的撰写掉以轻心。对于大学生创业而言，创业计划书不仅是筹措资金的重要工具，还是争取各类政府优惠与扶持政策的必不可少的通行证。

表10-1提供了一份通用的创业计划书写作大纲。在实际撰写过程中，可以根据创业者的具体情况与撰写风格进行适当、灵活的调整。

表 10-1 创业计划书写作大纲

1. 执行摘要 2. 企业描述 　A. 企业的一般描述 　B. 企业理念 　C. 企业的发展阶段(针对已创办企业) 3. 产品与服务 　A. 产品/服务的一般描述 　B. 产品/服务的竞争优势 　C. 产品/服务的品牌和专利 　D. 产品/服务的研究和开发情况 　E. 开发新产品/服务的计划和成本分析 4. 市场分析与营销策略 　A. 市场调研和分析 　B. 营销计划策略	5. 产品实现 　A. 管理机构 　B. 生产设备情况 　C. 质量控制 6. 管理团队 　A. 管理机构 　B. 关键管理人员 　C. 激励和约束条件 7. 财务计划 　A. 企业过去三年的财务状况(针对已创办企业) 　B. 未来三年的财务预测 　C. 融资计划 8. 关键风险、问题和假设 9. 附录

(二)创业企业的建立

创业计划书完成后,一方面要开始筹集资金,另一方面就要按照计划书中的步骤和内容,着手进行创业准备。创业者首先要依法成立公司或企业,然后通过正常的生产经营活动才能实现盈利的目的。目前大学生的创业企业主要有以下三种形式:独立创业、与人合伙创业、引进各类(风险)投资基金创业。创业的资金来源主要有自己筹资、家庭资助、银行贷款、风险投资基金的投资等。

当创业者个人或创业团队正式准备创业的时候,首先要考虑的就是组建一家什么样的企业。除了创业计划书外,创办企业之前要做好以下四个方面的准备。

1. 确定企业的法律形式

创业者应该根据自己的实际情况和实力为创业企业选择合适的法律形式,可以选择个人独资企业、合伙企业或公司(包括有限责任公司和股份有限公司)。各种企业组织形态的利弊及运作方式见表 10-2。

表 10-2 不同企业组织形态比较

项目	公司企业	合伙企业	个人独资企业
法律依据	《中华人民共和国公司法》(2006 年 1 月 1 日起施行)	《中华人民共和国合伙企业法》(1997 年 8 月 1 日起施行)	《中华人民共和国个人独资企业法》(2000 年 1 月 1 日起施行)
法律基础	公司章程	合伙协议	无章程协议
法律地位	企业法人	非法人营利性组织	非法人经营主体

续表

项目	公司企业	合伙企业	个人独资企业
责任形式	有限责任	无限连带责任	无限责任
投资者	无特别要求,法人、自然人皆可	完全民事行为能力的自然人,法律、行政法规禁止从事营利性活动的人除外	完全民事行为能力的自然人,法律、行政法规禁止从事营利性活动的人除外
注册资本	有资金门槛	协议约定	投资者申报
出资	法定：货币、事物、工业产权、非专利技术、土地使用权	约定：货币、事物、土地使用权、知识产权或者其他财产权利、劳务	投资者申报
出资评估	必须委托评估机构	可协商确定后评估	投资者决定
章程或协议生效条件	公司成立	合伙人签章	无
财产权性质	法人财产权	合伙人共同共有	投资者个人所有
财产管理使用	公司机关	全体合伙人	投资者
出资转让	股东过半数同意	一致同意	可继承
经营主体	股东不一定参与经营	合伙人共同经营	投资者或委托人
事务决定权	股东会	全体合伙人或从约定	投资者个人
事务执行	公司机关（一般股东无权代表）	合伙人权利同等	投资者或委托人
利亏分担	投资比例	约定或均分	投资者个人
解散程序	注销并公告	注销	注销
解散后义务	无	5年内承担责任	5年内承担责任

2. 为企业选址

不同类型的企业对选址的要求是不一样的。在传统行业里,企业选址是关系小企业成败的重要因素,因为一个好的地理位置可以使一个普通的企业生存下去,而一个糟糕的地理位置可以使一个优秀的企业失败。尤其是以门市为主的零售、餐饮等服务业,店铺未开张,就先决定了成功与否的命运。对于以门店经营为主的企业来说,好的选址等于成功了一半。但是,对于像基于互联网的企业、IT企业和其他高新技术企业来说,企业选址的重要性就不明显。比如,中国化工网的创始人孙德良1997年在一片被垃圾环绕的破旧平房中租下一间小屋子创办了一家小公司,当时谁也不会想到这家小公司在短短几年间会成长为中国互联网行业的一面"旗帜"。不少世界著名的IT企业就诞生于破旧的车库或地下室里,类似的例子不胜枚举。所以,企业的选址因行业的不同而差异巨大。

3. 选好品牌或公司名称

好的品牌或公司名称要能充分反映你的产品或服务与众不同的特色及独有性。基本上,品牌或公司名称应与产品的功能紧密联系,即要让消费者或顾客群从名称上就能联想到这个产品的基本功能。具有创意的品牌或公司名称不仅有助于建立品牌的形象,同时也容易唤起顾客的购买欲。品牌或公司名称的选择应该具有前瞻性,应该考虑与消费者的亲和性,若能达到让消费者过目不忘或耳熟能详的效果更好。另外,别忘了你所选择的品牌或公司名称不能与已有的名称相同或类似,否则就得不到工商行政管理部门的核准。因此,你要事先准备好几个备用名称。只有经过工商行政管理部门核准的企业名称或正式受理申请的商标,才受有关法律的保护。

4. 登记申请营业执照

在开始营业之前创业者必须去了解所有与自己要从事的商业活动相关的法律条文规定、执照或许可证申请的有关细节与各类表格,要询问地方政府对创业企业的规定,因为各地的规定可能有所差异。

(1) 企业申请登记的必备条件:

① 有自己的名称、组织机构和组织章程。

② 有固定的经营场所和必要设施。

③ 有符合国家规定并与其生产经营和服务规模相适应的资金数额。

④ 有与其生产经营和服务的规模适应的从业人员。

⑤ 有符合法律、政策规定的经营范围。

(2) 申请人需要向登记主管机关提交的文件、证件:包括身份证明、场地使用证明、物资证明等法律要求的各项文件和证明。

(3) 其他注意事项:国家和有关部门对一些特殊行业企业开办有特殊的审批规定,大概有 12 大类 75 个项目需要前置审批。例如,食品生产经营的企业需要提供卫生防疫部门发给的《卫生许可证》等。在登记时可具体咨询有关主管审批机关。

(三) 创业团队的组建

创业的核心是多人完成一项共同的事业,这个事业是需要很多方面的人共同努力才能完成的。纵观时代发展的趋势,社会分工越来越细,越来越专业化,任何创业者想依靠单打独斗而获胜的可能性越来越小。为了创业,必须组建一个相互协作、有稳定组织结构的群体,使其成为一个既有统一意志,又能分工协作,既有章可循,又心情舒畅的具有较强凝聚力和战斗力的集体——创业团队。

高素质创业团队的存在是一个高成长企业与一个私人企业的区别之一。私人企业中的创业者从事的只是一种替代性的工作,仅仅具备雇佣几个家庭成员及少数人的能力。这个孤军奋战的创业者可以谋生,但不容易快速成长。没有团队的新创企业不一定注定失败,但以此建立一个具有高成长潜力的企业是极其困难的。一个新创企业只有依靠创业团队,才有可能在激烈的市场竞争中求得立足与发展。

创业团队对创业成功的重要作用已得到风险投资家的广泛认同。美国学者一项对20世纪60年代创立的104个高新技术企业的研究指出,年销售额达500万美元以上的高成长公司中,有83.3%的公司是由团队创立的。

要组建一个理想的团队,需要处理好以下几个方面的问题。

1. 团队须统一意志

志同才能道合。一个统一的团队,必须具有共同的愿景、共同的意志、共同的目标及共同的价值观。在统一的意志下,团队才可能形成团结战斗的共同目标及共同的价值观。在统一的意志下,团队才可能形成团结战斗的集体。共同的创业理念是组建团队的首要准则。成功的创业者是以正确的创业理念来组建创业团队和指导创业活动的。创业理念决定着创业团队的性质、创业的目标、创业的行为准则,这一基本准则指导着团队成员如何工作和如何取得成功。

2. 成员须分工明确

分工是为了协作,明确的分工就是要让团队中的每个成员清楚自己的职责和任务。科学合理的分工是调动成员积极性和创造性的基础,要做到人尽其才。

3. 团队须有章可循

没有规矩不成方圆。实践证明,以人治的方式进行团队的管理是必定要失败的,虽然团队领军的个人魅力起着重要作用,但以制度管人、以制度管事才是明智的选择。

4. 成员须沟通协作

创业团队的沟通与协作是团队内部进行信息交流和信息资源共享的有效方式,同时也是感情交流、意志统一和坚定信心的有效途径,良好的沟通与协作不仅可以消除误会,还可以使团队更加团结,充满朝气,增强战斗力。

5. 确保团队成员的互补

任何创业者都有不足或缺陷,能否得到弥补,关系到一个新创企业的发展。团队成员如果能弥补并平衡核心创业者的能力不足,则对这个新创企业具有非凡的价值。例如,一个新创企业可能发现只是因为找不到合适的营销员就不能进入一个确定的市场,而反过来,又可能因为有了一个杰出的营销员就能吸引一个顶尖人才来开发或改进一个产品或服务,从而使企业跃上一个新的台阶。

(四)创业资金的筹措

几乎90%以上的创业梦想最后都落空,创业最终获得成功的概率大约不到1%。成败之间,除了不可控制的机运因素之外,影响创业成功的因素中离不开创业资金的筹措。

创业资金的获得是创业成败的关键环节。想要创业的大学生,每个人都有美好的蓝图,都有用不尽的热情,可关键是有多少人能够真正将设想变成现实?第一个大关口就是"钱",白手起家谈何容易,企业的创立、经营和发展均离不开资金的支持。所以,筹措创业资金是贯穿整个企业发展过程的事情。

1. 创业资本的筹措异常艰辛

一般来说,很多银行都不愿贷款给新创企业。在美国,仅 5%~8% 的创业企业可以获得银行资本支持。中关村的 13 000 余家科技型企业中,2007 年得到过银行贷款的只有 500 家左右,还不到 5%。风险投资只关注资本增值大的投资项目,而私人投资者则更加小心谨慎。可见,筹集资本创建企业是一个异常艰辛的过程。另外,如果创业者自己都不在企业里投钱的话,就很少会有投资机构或个人愿意冒险投资。

2. 创业资本的筹集渠道

创业者筹集的创业资本可分为股权资本和债权资本。

(1) 股权资本的获取渠道。

个人积蓄是创业者原始股本的主要来源。创业者首先应该在自己"口袋"中寻找资本,这对其他投资者来说也是一种形式的担保。亲朋好友是新创小企业最常见的获取股权资本的渠道。吸收亲朋好友入股,可以得到他们更大的支持,如果失败,极有可能破坏长期以来形成的友谊或家庭的和睦。合伙人或创业团队是企业原始股本的来源之一。企业所有者可以与一个或多个个人形成合伙关系以获得开办企业的股权资本。

风险投资是高新技术开发领域新创企业通行的融资渠道。风险投资资金专注于投资那些蕴藏着较大失败危险、但成功后能够取得高资本收益的高风险、高回报的项目群。从事高新技术领域创业的大学生,只要你的项目有足够的市场前景,就可以通过创业计划书去吸引风险投资资金的关注,并最终获得风险投资。

(2) 债权融资渠道。

债权融资是指企业通过借钱的方式进行融资。债权融资所获得的资金,企业要承担资金的利息,并且在借款到期后要向债权人偿还资金的本金。

向商业银行这类专业化贷款机构贷款是债权融资的主要渠道。这类机构对新创企业的贷款申请非常谨慎,目前只有极少数的新创企业能从银行贷到够用的资金。一些地方的中小型创业企业,特别是高科技中小企业还可向政府机构申请低息贷款;向亲朋好友借款或从民间机构借款也是较为普遍的债权融资渠道;信用贸易(如让供应商延长设备等商品的回款期)可以减少新办企业的资金需求;如果企业已发展到相当规模,也可发行债券进行融资。

商业银行的贷款有两种基本形式：抵押贷款和担保贷款。抵押贷款又包括不动产抵押贷款（如土地、房屋）、动产抵押贷款（如股票、国债、金银珠宝首饰）和无形资产抵押贷款（如专利权、著作权）。担保贷款包括自然人担保贷款、专业担保公司担保贷款等。

创业者对每一项资金来源都要进行全方位的评估，应在综合考虑各种情况之后做出相应的融资决策。在多数情况下，资金的可获得性是最重要的因素。例如，当一家初创的高新技术公司面临资金紧缺即将破产时，有风险投资公司准备以较低的股权价格介入，公司创业团队面临可能失去公司控制权的局面。这时，获得资金、保证公司渡过难关是最重要的考虑因素。另外，在多数情况下，则主要考虑成本因素。只有当融资总收益大于融资总成本时，融资才具有意义。融资成本从小到大顺序为财政拨款、商业信用、内部集资、银行贷款、发行债券、发行股票。

从脑黄金到脑白金，史玉柱的名字大家并不陌生，但史玉柱的创业是极其艰苦的，他一没有资金，二没有靠山，全部"家当"是东挪西借的4000元人民币。唯一让他充满信心的，是读书期间呕心沥血开发出的一套软件——M6401桌面汉字处理系统。这套软件被储存在集成电路板里，在计算机的扩展槽里使用，当时被人称为"汉卡"。

1989年，史玉柱联合了几位伙伴，大胆承包了深圳大学科技工贸公司计算机服务部，当然，创业资金也就是那一直舍不得花掉的4000元。史玉柱他们当时只有汉卡，穷到了买不起一台计算机的地步。没有计算机，当然无法制造计算机配套产品，"史大胆"当即做出第一个大胆的决策：一台计算机的市场价格是8500元，他以加价1000元的条件，换来延期付款半个月的"优惠"，也就是说半个月内暂不交款。但半个月后却要付出9500元。他的第二项大胆决策是做广告，没有钱交广告费，但同样可以采用延期付款的方式，先打广告后交钱。一家著名的报纸《计算机世界》同意了他的请求用半个版面为M6401做宣传，但规定费用必须在半个月内交清。两项大胆的决策，把史玉柱的计算机服务部逼上了绝路，15天内，他们若挣不到17 000元，就是砸锅卖铁也还不了这个当时属于巨款数字的债务。

1989年8月2日，《计算机世界》刊登了半个版面的广告"M6401,历史性的突破"。接下来漫长的半个月，对史玉柱他们是揪心的等待，在望眼欲穿中，苦苦盼望着用户订单的到来，就像经历了1个世纪，等到第13天，奇迹终于出现了。这一天，史玉柱一共收到了三张订单,近2万元的汇款。这不仅挽救了史玉柱的小企业,也昭示着未来"巨人"的正式起步。当一张张订单纷至沓来后,史玉柱把所得的收入,再次统统投入广告,4个月后,他们的营业收入已经超过100万元。首战告捷的史玉柱,又一次把自己关进一间小房间,以20箱方便面为基本食品,度过了整整150天"集中营式的生活"。痴心不改的史玉柱,在1991年8月继续推出了在排版效果、速度和图文混排等方面有很大突破的M6403型汉卡,从而在这个领域站稳了脚跟。

——摘自人生指南成功励志网(http://www.rs66.com)

1. 创业培训

高校毕业生创业培训是有意愿自主创业的高校毕业生,可以参加高校毕业生创业培训,接受高校毕业生创业培训理论的学习和创业实训情景模拟的实践,以系统学习创办企业的知识,完善创业计划,提高企业盈利能力,降低风险,促进创业成功。

高校毕业生创业培训课程结束后组织考核,考核工作由人才交流机构负责组织实施,考核合格者颁发统一印制的《创办你的企业(SYB)证书》和《高校毕业生创业实训证书》,只有参加了创业培训班并获得证书才能申请创业小额担保贷款。

2. 小额担保贷款

(1) 小额担保贷款额度及贷款期限。

国家规定个人申请额度最高不超过5万元,各地市对申请小额担保贷款额度有不同规定,许多地市额度还高于5万元。合伙经营贷款额度更大。

小额担保贷款的期限一般不超过2年,可延期一年。

(2) 申请小额担保贷款的手续。

按照自愿申请、社区推荐、人力资源社会保障部门审查、贷款担保机构审核并承诺担保、商业银行核贷的程序,办理贷款手续。商业银行、股份制商业银行、城市商业银行和城乡信用社都可以开办小额担保贷款业务,各地市根据实际情况都确定了具体经办银行。

课后思考

1. 在陪父母、朋友到餐馆吃饭、商店购物时,观察经理、收款员、服务员、售货员的工作状态及菜肴、商品的价格和特点,了解各岗位的规范及其落实情况。
2. 平时注意收集有关信息和资料,多阅读各种报纸杂志,收听收看广播电视,把自己感兴趣的新产品、新技术、新发明、新专利、新思想、好点子等及时记录下来,为将来的创新、创业活动积累资料。
3. 积极进行创业实践活动。
4. 好的创业团队具有哪些基本特征?
5. 你认为在当前社会活动中对鼓励大学生创业最不利的因素是什么?
6. 创业筹资过程中,筹集的资金是不是越多越好?为什么?

参考文献

[1] 黄希庭.人格心理学[M].杭州：浙江人民出版社,2002.

[2] 祝蓓里,戴忠恒.卡氏十六种人格因素中国常模的修订[J].心理科学通讯,1988(6)：14-18.

[3] 陈仲庚,等.艾森克人格问卷的条目分析[A].医学心理学文集[C].上海：华东师范大学出版社,1993.

[4] 钱铭怡,武国城,朱荣春,等.艾森克人格问卷简式量表中国版(EPQ-PSC)的修订[J].心理学报,2000,32(3)：317-225.

[5] 陈仲庚,张雨新.人格心理学[M].沈阳：辽宁人民出版社,1986.

[6] Myers I. B. ,Mccan Ley M. H. ,et al. , *A Guide to the Development and Use of the Myers-Briggs Type Indicator* (Third Edition), Palo Alto：Consulting Psychologists Press, 1999.

[7] 罗正学,苗丹民,皇甫恩,等.MBTI-G 人格类型量表中文版的修订[J].心理科学,2000,24(4)：361-362.

[8] 蔡华俭,朱臻雯,杨治良.心理类型量表(MBTI)的修订初步[J].应用心理学,2001,7(2)：33-37.

[9] 郑雪.人格心理学[M].广州：暨南大学出版社,2001.

[10] 马前锋.团体主体统觉测验研究[R].上海：华东师范大学,1997.

[11] 佘凌.中国克雷佩林式心理测验的研究[R].上海：华东师范大学,2000.

[12] 共青团中央,中华全国青年联合会,国际劳动组织.大学生 KAB 创业基础[C].北京：高等教育出版社,2007.

[13] 杰弗里·蒂蒙斯,小斯蒂芬·斯皮内利.创业学[M],6 版.周伟民,吕长春译.北京：人民邮电出版社,2005.

[14] 姚本先.大学生心理健康教育[M].合肥：安徽大学出版社,2011.

[15] 徐献红.加强职业生涯教育提升大学生就业能力[J].经济师,2007(8)：117-118.

[16] 赖新华.加强和改进高校就业指导工作的思考[J].茂名学院学报,2007(5)：17-20.

[17] 杜生民.论职业生涯规划在大学生就业指导工作中的作用[J].成都电子机械高等专科学校学报,2007(2):55-58.

[18] 《中国大学生就业》编辑部.2004年大学生就业首选企业调查——社会环境影响下的个人择业观[J].中国大学生就业,2005(4):12-15.

[19] 蔡克勇.就业结构的变化趋势与高等教育结构的调整(上)[J].理工高教研究,2002(4):5-11.

[20] 周济.在2004年全国普通高校毕业生就业工作会议上的讲话.

[21] 赖三策.中国大学生就业难的原因及对策[J].理论与改革,2004(4):89-91.

[22] 张颖.浅析大学生就业难的原因及其对策[J].河南机电高等专科学报,2004(6):7-8.

[23] 徐思义.大学生就业难的原因与对策分析[J].成都教育学院学报,2005(1).

[24] 唐敏仪.大学生就业心理问题的表现与调试[J].中国科技信息,2010(2):235-236.

[25] 王东辉.大学生就业中的心理问题与调试[J].人力资源管理,2010(2):26-27.

[26] 张美俊,张景书.当前大学生就业的不良心态研究[J].商业经济,2010(4):25-26.

[27] 赵昕.高校辅导员的人格魅力对学生管理工作的影响[J].科学教育,2014(24):1-3.

[28] 张建华,王景明.当代大学生心理挑战与应对[M].北京:知识产权出版社,2005.

[29] 吴武典.学校辅导工作[M].台北:张老师文化事业股份有限公司,1994.

[30] 邱美华,董华欣.生涯发展与辅导[M].台北:心理出版社,1997.

[31] 洛塔·J.塞沃特.时间管理:工作、生活双赢的7个步骤[M].黄青译.北京:中国商务出版社,2004.